Laure Eve

Neon Knights

Das zerschlagene Schwert

Autorin

Laure Eve ist Schriftstellerin und Drehbuchautorin. Sie hat sowohl britische als auch französische Wurzeln, wurde in Paris geboren und wuchs in Cornwall auf. Die bereits veröffentlichten Werke der YA-Autorin waren ein internationaler Erfolg und wurden in zehn verschiedene Sprachen übersetzt. Mit ihrer neuen Urban-Fantasy-Dilogie, ein düsteres Re-Telling der Artus-Sage, begeistert sie nun auch eine erwachsene Fantasy-Leserschaft. Mit der Dilogie »Neon Knights – Das zerschlagene Schwert« und »Neon Knights – Die zerbrochene Krone« feiert Laure Eve ihr Debüt bei Blanvalet.

Die Dilogie von Laure Eve bei Blanvalet:

Neon Knights. Das zerschlagene Schwert
Neon Knights. Die zerbrochene Krone

LAURE EVE

NEON KNIGHTS

DAS ZERSCHLAGENE SCHWERT

Roman

Deutsch von
Charlotte Lungstrass-Kapfer

blanvalet

Die Originalausgabe erschien 2021 unter dem Titel »Blackheart Knights«
bei Jo Fletcher Books, London.

MIX
Papier | Fördert gute Waldnutzung
FSC® C014496

Penguin Random House Verlagsgruppe FSC® N001967

1. Auflage 2024

Redaktion: Angela Kuepper
Umschlaggestaltung: © Anke Koopmann | Designomicon
Umschlagmotive: Shutterstock.com (Sibrikov Valery;
Don_Mingo; Gilmanshin; Vitalii Gaidukov; beadrobin)
SH · Herstellung: sam
Satz: Uhl + Massopust, Aalen
Druck und Bindung: GGP Media GmbH, Pößneck
Printed in Germany
ISBN 978-3-7341-6318-0

www.blanvalet.de

Der echten Red gewidmet –
multitalentierte Künstlerin, fabelhafte Freundin
und eine ständige Quelle der Inspiration –,
die auch noch besser aussieht
als die Red im vorliegenden Buch

TEIL I

Stets beginnt es mit dem Begehren.
Es ist unser Antrieb, unser Feuer.
Aus dem Caballaria-Kodex

KAPITEL 1

Senzatown

Neunzehn Jahre zuvor

Ritterrekrutin Lillath o'Senzatown bohrt den Fuß in den Kies, sodass sich die Steinchen um ihre Ferse auftürmen.

Das leise Knirschen wird von dem dumpfen Summen des verfallenen Gebäudes übertönt, das hinter ihr aufragt. Darin befindet sich eine Relaisstation, ein brodelndes Energiemonster, eingekerkert in dickem Gestein. Von ihnen gibt es Hunderte in kleinen Einöden wie dieser hier, kreuz und quer über ganz London verteilt.

Lillaths schlanke Wade spannt sich an, als sie ihr Gewicht verlagert und den anderen Fuß wie in Zeitlupe zentimeterweise anhebt. Neben ihr steht Lucan, ebenfalls Ritterrekrut. Er hat die Arme vor der Brust verschränkt und das Gesicht in mahnende Falten gelegt. Vor den beiden wiederum steht ein Stuhl, auf dem sich ihr bester Freund Art fläzt, der von dem, was er sieht, belustigt zu sein scheint.

»Was soll das denn werden?«, fragt er. »Du siehst aus, als würdest du unter Wasser kämpfen.«

»Was eigentlich sogar die beste Trainingsmethode ist.« Lucan hebt belehrend den Finger. »Unser Ausbilder lässt uns diese Abläufe jeden Morgen im Salzwasserpool durchgehen, immer und immer wieder. Hinterher brennen meine Muskeln noch stundenlang.« Er wendet sich wieder Lillath zu, die mit erhobenem Bein stehen geblieben ist und in der Schieflage das Gleichgewicht hält. »Runter und nach vorne, Gewicht auf dem vorderen Bein, der rechte Arm beschreibt einen weiten Bogen, Handballen durchgedrückt.«

»Du klingst, als hättest du das Handbuch gefressen«, zischt Lillath, während ihre Gliedmaßen Lucans Anweisungen folgen, weiterhin so träge, als kämpften sie sich durch Sirup.

Lucan ignoriert den Kommentar. Er hat ein überragendes Gedächtnis. Vermutlich hat er das Handbuch einmal komplett gelesen und blättert nun in seiner Erinnerung, als wäre es tatsächlich auf einem Regal in seinem Gehirn abgelegt.

Art zieht an seinem Sicalo und stößt eine bläulich schimmernde Rauchwolke aus, während er seinen Freunden zusieht, deren Silhouetten sich scharf umrissen vor dem grauen Hintergrund aus Stein und Beton abzeichnen. Eine seiner Lehrkräfte merkte einmal an, dass er es offenbar vorziehe, sich mit Kuriositäten zu umgeben statt mit nützlichen Verbündeten. Dieser Feststellung haftete eine gehörige Portion Missbilligung an, doch Art beschloss sofort, es als Kompliment zu betrachten. Seiner Meinung nach sind seine Freunde nämlich ziemlich eindrucksvoll.

Lillath verfügt über die Art von Selbstvertrauen, von der die meisten nur träumen können, gepaart mit ausreichend Charme, um ihm die Schärfe zu nehmen. Zu ihren herausragendsten Eigenschaften gehört die Fähigkeit, stets zu wissen, was andere denken, und ihr Umfeld in einem Maße zur Ehrlichkeit zu zwingen, das zugleich anstrengend und bewundernswert ist.

Lucans strebsame Gelehrigkeit bestimmt auch die Art, wie er das Leben anpackt. Meist wird er wegen seiner geringen Körpergröße und seines unaufdringlichen Wesens von anderen unterschätzt, dabei ist er seinen Mitmenschen gewöhnlich ein bis zwei

Schritte voraus. Zwar ist er in einigen Dingen recht speziell, doch das ist ein kleiner Preis, wenn man bedenkt, wie viel Talent er dieser Welt zu geben hat.

»Wenn ihr so weitermacht, zieht sich eure kleine Demonstration bis nach dem Nachtmahl«, stellt Art nun fest. »Dann werdet ihr wegen der Verspätung ausgepeitscht, und ich darf mir einen bissigen Kommentar von Hektor anhören. Ihr wisst ja, wie er sein kann.«

Lucan runzelt irritiert die Stirn. »Also, zunächst einmal – ›ausgepeitscht‹? Es ist eine Caballaria-Kaderschmiede, kein Gefängnis. Da wird niemand ausgepeitscht.«

»Echt nicht? Nicht einmal ein kleiner Schlag mit dem Übungsschwert, um euch zu lehren, wo euer Platz ist?«

Nun wirft Lucan ihm einen gereizten Blick zu. »Unser Ausbilder ist Si Vergo, Art. Erinnerst du dich etwa nicht an Vergo den Wagemutigen? Unglaublich berühmter Ritter? Ein wahrhaft großer Mann …«

»Selbst den größten Männern unterlaufen hin und wieder Fehler.«

Art beobachtet, wie seine Freunde innehalten. Er weiß, was sie jetzt denken, kann es ihnen am Gesicht ablesen. Für einen Moment glaubt er quasi zu sehen, wie in beiden Köpfen derselbe Gedanke entsteht, der ihn automatisch ausschließt.

Muss schön sein, sich nicht allein zu fühlen.

»Es ist ja nicht so, dass wir direkt für *ihn* arbeiten«, wiegelt Lillath dann ab.

Mit einem humorlosen Lächeln stellt Art fest: »Ihr lasst euch zu Rittern ausbilden. Und alle Ritter dienen dem König.«

»Die Ritter dienen in erster Linie London, dann erst dem König.«

»Das macht keinen Unterschied. Der König ist London, London ist der König.«

So geht es hin und her, aber die Worte haben inzwischen ihre Bedeutung verloren. Diese Diskussion haben sie schon unzählige Male geführt.

Art wirft den Stummel seines Sicalo weg und rutscht auf seinem Stuhl herum. Er hat ihn auf dem überwucherten Grundstück hinter der Relaisstation gefunden, das zu einer Müllhalde verkommen ist, zusammen mit drei anderen, die ebenfalls zum Set gehörten. Es sind teure Möbel aus aufwendig gedrechseltem Holz, aber ein Bein weist eine deutliche Kerbe auf, die wohl für Missfallen gesorgt hat, sodass alle vier entsorgt wurden. Sicher wurde bereits einen Tag später ein neues Set angeschafft. Und die von Makeln behafteten Stühle wurden hier zurückgelassen, bei alldem anderen unerwünschten Schrott.

Er weiß genau, wie sie sich fühlen.

Als nordwestlichster der sieben Bezirke, aus denen sich der ausgedehnte Stadtstaat London zusammensetzt, ist Senzatown für Art von seinem heimatlichen Landsitz aus am leichtesten zu erreichen. Er trifft sich nicht oft mit seinen Freunden, aber wenn es geschieht, kommen sie immer auf dieser kleinen Müllhalde hier zusammen. Vor etwa einem Jahr haben sie den Ort auf einem ihrer Streifzüge entdeckt, sofort erkannt, dass er nicht gesichert war, und ihn deshalb zu ihrem Territorium erklärt. In den verwilderten Ecken von London sind die Sicherheitsvorkehrungen eher dürftig.

Sollte Arts Vormund Si Hektor herausfinden, dass er seine Freizeit auf einem Schrottplatz in der Stadt verbringt, würde er vermutlich in aller Stille eine Herzattacke bekommen und anschließend damit drohen, Art für immer und ewig auf dem Land wegzusperren – ein Höllenszenario, das er nicht riskieren möchte. Im Prinzip hat er ja nichts gegen das Landleben, wenn es nur nicht so unglaublich *öde* wäre. Für seinen Geschmack ist die Natur einfach zu hübsch und idyllisch, während karge, schroffe

Gegenden wie diese eine finstere, grimmige Schönheit in sich bergen, die sein Herz berührt. Hier arbeiten sich nur die zähesten Stadtpflanzen als dürre Gräser durch die Risse im Beton. Es herrscht Einsamkeit, ja, aber auch eine Unbezwingbarkeit, die er bewundert. Relaisstationen mögen vielleicht kein schöner Anblick sein, aber in ihrem Inneren bergen sie eine wichtige Funktion: Sie sind pulsierende Hüter des Lebensfunkens, der das Dasein aller anderen sichert.

Dies sind die verwunschenen Ecken der Stadt, oft eingenommen von den Lagern der Obdachlosen, improvisierten Zeltstädten zwischen Häusern, deren bröckelnde Überreste nach dem letzten Bürgerkrieg nie instand gesetzt wurden. Das Revier der Straßenköter, also der vielen Waisen, die keines der wenigen Herbergsbetten ergattern können, welche der Bezirk mühsam zusammengekratzt hat. Hier halten sie sich notdürftig über Wasser, indem sie die Achtlosen ausnehmen.

Ja, Art weiß um die Risiken, und er weiß auch, was Hektor davon halten würde, aber an diesem Ort kennt wenigstens keiner sein Gesicht. Außerdem kommt er ja nie allein hierher. Er hat schließlich seine Freunde.

Ein lautes Scheppern unterbricht die Trainingseinheit. Der Maschendrahtzaun, der ihr (zumindest für diesen Nachmittag) privates Königreich umgibt, meldet sich wie eine metallische Alarmanlage zu Wort. Lillath und Lucan halten inne und suchen automatisch nach der Ursache des Geräuschs, doch Art rührt sich nicht.

Später wird er jede Sekunde und jeden Gedanken dieses Tages durchgehen, jeden Moment, der sich in seinem Gehirn eingebrannt hat, und er wird sich darüber wundern. Warum er sich nicht umgedreht hat. Warum er nicht einmal aufgeblickt hat.

Hast du es irgendwie geahnt? Es gespürt?

»Hey-ho!«, ruft Lucan. »Du kommst unverzeihlich spät, Garad.«

Das vierte Mitglied ihrer Clique, das eigentlich schon vor einer Stunde hätte eintreffen sollen, stürmt durch das schäbige Tor im Zaun und kommt mit hochrotem Kopf vor ihnen zum Stehen. Die keuchenden Atemzüge übertönen sogar das Summen der Relaisstation.

Garad ist das menschliche Pendant einer mächtigen Raubkatze, gut einen Kopf größer als der Rest der Gruppe. Schon mit sechzehn ein brillanter Kämpfender, ist es xieses innigster Wunsch, der Caballaria beizutreten, um in der Arena für Gerechtigkeit, Ruhm und Ehre einzutreten. Die meisten hoffnungsvollen Anwärter scheitern an der brutalen Ausbildung, aber in der Gruppe herrscht die stillschweigende Überzeugung vor, dass Garad von ihnen allen die größten Chancen hat, es zum Ritter zu schaffen.

»Bin … den ganzen … Weg … gerannt«, presst xier mühsam hervor. »Sie sind … direkt … hinter mir.«

Im nächsten Moment geschieht etwas, das Arts Herz für einen Schlag aussetzen lässt.

Garad sinkt vor seinem Stuhl auf ein Knie.

»Was soll das, du Bauer?«, fragt Lucan verblüfft.

Art weiß, was es bedeutet, doch in seiner Brust hat sich ein so drückender Knoten gebildet, dass ihm die Stimme versagt.

»Art«, beginnt Garad, hält dann aber inne. »Sire …«

Ein lautes Dröhnen übertönt alles, was da vielleicht noch kommt. Hinter dem Maschendrahtzaun wird der Kies von zwei riesigen Motorrädern aufgewühlt. Es sind protzige Maschinen mit glänzendem Lack, deren Motoren ein extralautes Röhren verpasst wurde anstelle eines leisen Schnurrens. Sie dienen vor allem zeremoniellen Zwecken, bei denen die Fahrer sowohl gesehen als auch gehört werden wollen.

Diese beiden Fahrer schieben nun die Ständer heraus, gleiten von ihren Sätteln und treten durch das Maschendrahttor, das sanft vibriert, als sie es hinter sich schließen. Beide sind komplett in Schwarz gekleidet, nur an den Schultern ihrer Lederkluft prangt das Emblem des silbernen Schwertes – nicht sonderlich groß, dadurch aber noch eindrucksvoller. Wem das allein als Abschreckung nicht ausreicht (was eher unwahrscheinlich ist, denn wer der königlichen Garde in die Quere kommt, riskiert seine sofortige Hinrichtung), der lässt sich dann von den schweren Waffen an ihren Gürteln überzeugen.

Die beiden heben die Arme und nehmen die Helme ab. Darunter kommen die verschwitzten Gesichter eines Mannes und einer Frau zum Vorschein, die Art noch nie in seinem Leben gesehen hat. An der Hüfte der Frau hängt eine leicht gebogene elfenbeinfarbene Schwertscheide.

»Dein Vater …«, zischt Garad und erhebt sich eilig, als die beiden Fahrer auf die Gruppe zukommen. »Er ist …«

»Tot.« Mit Mühe presst Art seinen protestierenden Stimmbändern das eine Wort ab.

Lucan schnappt nach Luft.

»Ach du Scheiße«, flüstert Lillath.

»Artorias Dracones«, ruft der Mann, als er nahe genug herangekommen ist. Mit einem schnellen Blick mustert er Arts Freunde, muss dabei allerdings kurz den Kopf heben, um Garad in ganzer Größe zu erfassen.

Art sitzt wie festgewachsen auf seinem Stuhl. Ist mit ihm verschmolzen, eins geworden.

»Ja«, sagt er schließlich. Ganz ruhig klingt seine Stimme. Später wird er dafür dankbar sein. Später wird sich das zu einer Gabe entwickeln, auf die er sich oft verlassen wird: dass er rein äußerlich selbst unter größter Anspannung noch vollkommen gelassen wirkt.

Wie zuvor Garad sinken die beiden Motorradfahrer auf ein Knie.

Die Frau löst mit gesenktem Kopf die Schwertscheide vom Gürtel und zieht eine schmale Klinge daraus hervor – eine vor allem auf das Aussehen abzielende Waffe, dafür gemacht, an einer überladenen Wand in einem Palast zu hängen. Hier, im grellen, kalten Licht einer namenlosen Müllhalde am Stadtrand, wirkt sie protzig und aufdringlich.

»Ihr Vater«, beginnt die Frau förmlich, »wurde von Marvol in seine wartenden Arme geschlossen und reicht nun die Bürde seines Lebenswerks an Sie weiter.« Sie unterbricht sich kurz, dann fragt sie: »Nehmen Sie die Aufgabe an?«

Marvol, der Heilige des Todes.

Sein Leben lang hat diese grauenvolle Möglichkeit in der Dunkelheit gelauert, ist mitten in der Nacht hervorgekrochen, um sich brennend in Arts Innerem festzubeißen. Und doch hätte es nicht geschehen dürfen. Sein Vater ist – *war* – ein starker, gesunder Mann. Und er hat – *hatte* – in Lady Orcade eine junge Ehefrau. Er hätte nicht sterben sollen, bevor sie ihm einen Erben schenken konnte. Immerhin war das Sinn und Zweck ihrer Ehe.

Art ist das Produkt einer skandalösen Verbindung, illegitim gezeugt. Zwar trägt er daran keinerlei Schuld, doch diese Schande verfolgt ihn bereits seit seiner Geburt, hat seine Seele befleckt, noch bevor er auch nur die geringste Chance hatte, sich reinzuwaschen. Eigentlich sollte es gar nicht möglich sein, dass er die Nachfolge seines Vaters antritt. Und doch ist dieses unfassbare Szenario nun eingetreten, kniet sozusagen hier vor ihm auf der Erde.

Er könnte ablehnen. Könnte ihnen sagen, sie sollen ihr Glitzerschwert im nächsten Wasserkraftwerk versenken, wo der grelle Glanz von den Fluten des dreckigen Sees weggefressen wird. Unglücklicherweise gibt es aber keinen anderen Weg, den er wählen könnte. Er ist reich, er wird beschützt, aber die schwindelerregende Furcht der Entscheidung ist ihm völlig neu, und er hat keine Ahnung, welche Richtung er sonst einschlagen könnte.

Und so wird der siebzehnjährige Artorias Dracones in einem ausgemusterten Stuhl auf einer kleinen Müllhalde am Rande der Stadt, umgeben vom Summen einer alten Relaisstation und dem moderigen Geruch der Möbel zum neuen König von London.

Worüber er ganz und gar nicht glücklich ist.

KAPITEL 2

Caballaria-Arena, Rhyfentown

Ein Jahr zuvor

Der Herausforderer verbirgt sein Gesicht hinter einer schwarzen Vollgesichtsmaske, aus der ein schmaler Streifen für die Augen herausgerissen wurde und ein zweiter für den Mund.

Seine Knöchel sind mit Panzerband geschützt, das sich eng gewickelt bis zu den Handgelenken zieht. Der schmale Körper steckt in einem schäbigen, viel zu weiten Pullover, dessen Halsausschnitt so breit ist, dass die Schlüsselbeine daraus hervorlugen. Dazu eine einfache schwarze Hose. Die schweren Stiefel mögen in Sachen Tempo eher ein Hindernis sein, verleihen einem Tritt ins Gesicht dafür aber zusätzliche Wucht.

Insgesamt also ein billiges, zusammengeschustertes Outfit, aber unter den Herausforderern findet man so ziemlich alles: Manche werden von ihren reichen Familien bereits wie Rockstars ausstaffiert, andere kommen direkt von der Straße und sind verzweifelt genug, um eine Tracht Prügel zu riskieren, wenn sie dafür ein paar Nächte in einem der Ställe unterkommen können, und sei es nur in der vierten Liga. Viele von ihnen halten sich für eine große Nummer. Die meisten haben eine Scheißangst.

Dieser hier eher nicht. Kein erkennbares Zittern, sicherer

Gang. Wer sich dem einfachen Bildschirm zuwendet, auf dem die Daten der Kämpfenden angezeigt werden, findet dort den Namen »Red«. Einfach nur Red. Keine Angaben zu Familie oder Bezirk, also muss es sich um eine Waise handeln, einen Straßenköter. Ein Straßenköter, dem keinerlei Furcht anzumerken ist, auch wenn sie sicherlich in seinem Inneren gärt. Ein vielversprechendes Zeichen. Es beweist, dass er ein guter Schauspieler ist, und Showtalent ist die halbe Miete, wenn man ein Ritter der Caballaria werden will.

Normalerweise müsste die Arena gerade mal halb voll sein, die Plätze nur von den fanatischen Fans besetzt, die zu jedem lokalen Kampf erscheinen, egal bei welchem Wetter. Heute aber ist das Stadion überfüllt, denn es ist ein besonderer Tag. Eigentlich sollte niemand wissen, dass es so ist, aber irgendwie ist etwas durchgesickert, und die Information hat sich in den Kneipen der Gegend verbreitet, hat schneller die Runde gemacht als Freibier.

Und nun drängen sich die Menschen ächzend und grölend auf den Rängen, nur notdürftig durch eine löchrige Plane vor dem Nieselregen geschützt. Landet ein Herausforderer im Dreck, zucken sie alle zusammen, doch die Reaktion ist von Gier geprägt, von Aufregung, von finsterem Vergnügen. Mag sein, dass sie zucken, doch dabei grinsen sie erwartungsvoll.

Auch die Scouts sind dort oben, immer auf der Suche nach neuen Talenten für die Stallbesitzer. Die führenden Ställe lassen sich bei kleinen Bezirkskämpfen wie diesem meist von jungen, unerfahrenen Scouts vertreten, die von der Hoffnung getrieben werden, hier eine große Entdeckung zu machen.

Sie tummeln sich in der VIP-Box zwischen blickdichten Wänden und mit bestem Blick auf die Arena, schlürfen billigen Whisky, der wie heißes Motoröl schmeckt, und kaufen die Gewinner der einzelnen Kämpfe ein. Manchmal auch die Verlierer, wenn das Budget klein ist und sie Potenzial zu erkennen glauben. Ja, immer ist die Hoffnung da, einen Funken Talent zu sehen, aus dem man mit etwas Training mehr herausholen könnte. Sollte dem nicht so sein, stehen die Kandidaten nach zwei Wochen wieder auf der Straße. Manche Ställe bieten eine längere Probezeit an, aber es sind nur sehr wenige.

Der aktuelle Herausforderer marschiert in der Kälte auf und ab und wartet darauf, dass sein Gegner seinen großen Auftritt hinlegt. Der Auftritt ist immer wichtig, selbst in einem Hinterwäldlerstadion wie diesem, was der Hexenritter wohl besser weiß als jeder andere.

Er ist der Grund dafür, dass sich vor der Arena all jene halb tot quetschen, die keine Tickets mehr bekommen haben, und nicht einmal vor dem Zorn der Security zurückschrecken, nur um einen Blick auf den berühmtesten Ritter von ganz London – wenn nicht sogar der Sieben Königreiche – zu erhaschen. Seinetwegen sind restlos alle Plätze in der Arena besetzt, sogar die nicht überdachten, auf denen man sofort nass wird, wenn es regnet. Karten für die großen, wichtigen Turniere, in denen er normalerweise kämpft, können sich die Menschen hier nicht leisten. Die müssen sie sich wie alle anderen auch in der örtlichen Kneipe auf dem Leuchtschirm ansehen, grölend und fluchend, während sie den Buchmachern ihre Lektrimünzen in den Rachen werfen.

In der Vorberichterstattung zu den großen Kämpfen reiten sie jedes Mal auf dieser Frage herum: Warum tritt der Hexenritter immer wieder bei durchschnittlichen Anfängerturnieren in Erscheinung? Manche behaupten, es geschehe aus Langeweile. Schließlich muss es doch irgendwann öde werden, zu wissen, dass man nicht geschlagen werden kann. Vielleicht also sucht er auf diesem Weg nach einem Überraschungsmoment. Andere sagen, er habe es sich mit seinem Stall verscherzt, und das sei Teil seiner Bestrafung: Er werde tageweise herabgestuft und zu Kämpfen geschickt, die für ihn nicht mehr Niveau haben als der Dreck unter seinen Stiefeln.

Nichts davon trifft zu. In Wahrheit tritt er bei Kämpfen in solchen Arenen an, weil er auf der Suche nach seinesgleichen ist. Das ist ein offenes Geheimnis. Ein Gerücht, das nie offiziell bestätigt wurde und doch allgemein bekannt ist.

Mit einem Knall öffnen sich die Türen am Ende der Arena. Aus der Menge erhebt sich Gebrüll, unzählige Stimmen schwellen in lautem Crescendo an, sind noch in einer Meile Entfernung zu hören. Schon zweimal haben sie ihn heute kämpfen sehen, kriegen aber nie genug davon. Und er ebenso wenig, wie es scheint.

Der Herausforderer mit dem Namen Red bleibt abwartend stehen. Vollkommen reglos sieht er zu, wie das prachtvolle Monster auf ihn zukommt.

Der Hexenritter. Die Geißel der Gottlosen. Londons linke Hand. Er hat viele Namen, alle wohlverdient. Trotz des kühlen Herbstwetters trägt er lediglich eine Hose, seine bronzefarbene Haut glänzt vom Regen. Die weichen Stiefel, die so gar keine Ähnlichkeit mit dem klobigen Schuhwerk seines Herausforderers haben, sind aus den feinsten Materialien gefertigt – leicht, absolut wasserdicht und mit winzigen, haarfeinen Klingen bestückt, die seine Tritte umso tödlicher machen. Die besten Waffenschmiede Londons überschlagen sich, um diesem Mann ihre Künste anzubieten. Tritt er bei großen, prunkvollen Disputkämpfen auf, die Millionen zum Zuschauen locken, erscheinen ihre Namen auf den Leuchtschirmen, und die Schmiede können in ihren Läden damit werben, dass ihre Ware von ihm getragen wird. So verdienen sie durch seinen Ruhm eine Menge Lektris.

Als die beiden sich einander nähern, wird deutlich, dass der Herausforderer nicht gerade klein ist – zumindest groß genug, um im Gegensatz zu den meisten anderen neben diesem Mann nicht wie ein kleinwüchsiges Gör zu wirken. Allerdings ist er eindeutig zu schmal, um dem breiten, unüberwindlichen Muskelberg viel entgegenzusetzen, der mit gelassenen Schritten auf ihn zukommt.

Sie bleiben stehen, sehen sich an. Hier gibt es keine schicke Lichtshow, keine Auftrittsmusik – so etwas wird nicht an Kämpfe verschwendet, die es nicht einmal auf die Schirme schaffen. Ein elektronischer Pfiff ertönt in den blechern klingenden Lautsprechern der Arena, und das war's.

Der Kampf beginnt.

Anfangs bleiben sie vorsichtig. Das Gebrüll der Menge verebbt, während sie sich langsam umkreisen. Dieser Herausforderer ist kein Angeber, und der Hexenritter lässt ihm jede Möglichkeit, zu glänzen, um sich bei diesem Ungleichgewicht der Kräfte fair zu verhalten. Bei einem echten Kampf, wo viel auf dem Spiel steht, könnte die Sache bereits gelaufen sein.

Dann prallen sie aufeinander.

Überraschenderweise steht der Herausforderer noch, zieht sich wachsam zurück. Doch als sie erneut aufeinander losgehen, wittert das Biest von Publikum, dass es bald vorbei sein wird. Unruhe macht sich breit, es raschelt, die Menge regt sich, raunt. Dieser Herausforderer ist nicht schlecht genug, um Unterhaltung zu bieten, und nicht gut genug, um interessant zu sein.

Es sei denn, man weiß, worauf man achten muss.

Wieder prallen die Kontrahenten aufeinander, und mit jedem Mal hat es weniger den Anschein, als würde der Herausforderer zu Boden gehen. Es dauert gute drei Minuten, bis die Menge erkennt, was da vorgeht.

Die beiden testen sich gegenseitig.

Wieder breitet sich Stille aus. Sämtliche Blicke sind auf das Paar in der Arena gerichtet, sämtliche Münder fest geschlossen.

Und dann, einfach so, endet der Eröffnungstanz.

Jetzt legen sie richtig los. Der Herausforderer ist schnell, und – verdammt noch mal, staunt das Publikum – er ist *gut*. Wie ein

Staubteufel wirbelt er über den mit einer Sandschicht bedeckten Betonboden des Kampfplatzes. Noch nie hat ein Herausforderer in einem Kampf dieser Klasse so lange gegen den Hexenritter bestanden. Er zeigt ein paar ungewöhnliche Moves, merkwürdige Drehungen und elegante Rutschmanöver. Aufregung macht sich breit. Sollte es etwa ausgerechnet diesem Straßenköter gelingen, den Unbesiegbaren …?

Nein.

Der Hexenritter landet einen so schnellen und brutalen Treffer, dass der Herausforderer bereits an der gegenüberliegenden Wand klebt, noch bevor die Bewegung ganz abgeschlossen zu sein scheint. Normalerweise reicht ein solcher Schlag aus, um den Gegner auszuschalten, aber dieser kämpft sich wieder auf die Beine. Der Hexenritter packt ihn an der Kehle, um ihn zu fixieren.

Gib auf, denkt die Menge.

Es ist nicht vorgesehen, dass in der Arena jemand stirbt. Der Stallbesitzer sieht sich einem zermürbenden, schmerzhaften Chaos rechtlicher und finanzieller Art gegenüber, wenn sein Ritter einen Gegner tötet, vor allem bei Turnieren, die in die ganze Welt übertragen werden. In manchen Fällen wird der Ritter zur Strafe sogar komplett vor die Tür gesetzt. In Kämpfen wie heute, ohne Leuchtschirmübertragung, würde man dem Ritter zumindest einige hohe Bußgelder auferlegen und seine Karriere könnte dadurch ruiniert werden.

Trotzdem kommt es hin und wieder vor. In der Hitze des Gefechts lässt sich oft nicht so einfach sagen, ob man den Gegner nur für den Moment oder für immer ausgeschaltet hat.

Der Herausforderer kämpft weiter. Er reißt das Bein hoch und rammt dem Hexenritter mehrmals das Knie in die Seite. Ohne erkennbare Wirkung. Nach und nach verliert er an Kraft, stemmt eine Hand gegen die Brust des Hexenritters. Nun, da das Ende abzusehen ist, geht ein zufriedenes Raunen durch die Menge.

Dann bewegt sich plötzlich der Spalt in der Maske des Herausforderers und zwischen seinen Lippen dringt …

… *etwas* hervor.

Seine Hand ballt sich zur Faust, aus seinem Mund dringen Laute, die allerdings im Lärm der Menge untergehen. Doch was dann geschieht, muss nicht erklärt werden. Der Hexenritter taumelt rückwärts, als hätte man ihm einen heftigen Stoß versetzt, er stolpert und fällt nach hinten, fängt sich im letzten Moment mit den Händen ab. Dabei hat der Herausforderer ihn gar nicht berührt.

Es dauert ein paar Sekunden, bis die Menge das verarbeitet hat, und letztendlich wird sie nur von einem feuchten, kalten Luftstrom gestreift. Trotzdem ist es unverkennbar.

Magie.

Die gesamte Arena ist wie erstarrt.

In der drückenden Stille stemmt sich der Hexenritter hoch, geht mit großen Schritten auf seinen Herausforderer zu und zieht ihm die Maske vom Gesicht.

Lange schwarze Haare quellen darunter hervor, fallen dem Mädchen über die Schultern. Im Bewerbungsformular steht, sie sei zwanzig Jahre alt, was ihr aber kaum anzusehen ist. Ihre Haut hat einen hellen, warmen Braunton, ihre Augen funkeln wie schwarze Münzen in dem schmalen Gesicht, das mit dem richtigen Make-up auf jedem Leuchtschirm gut rüberkäme. Anmutig ist sie und talentiert sowieso. Insgesamt hat sie alles, was sich die Caballaria von Kämpferinnen und Kämpfern wünschen kann.

Bis auf die Magie natürlich.

Dieses Mädchen spielt ein gefährliches Spiel, was ihm offenbar bewusst ist. Nun sieht man ihre Angst, für einen Moment zittert sie, bevor sie trotzig das Kinn reckt. Sie hebt die Hand, als wollte sie wieder angreifen, schafft es aber nicht ganz, denn der Hexenritter zieht ein Messer aus der Scheide an seinem Bein und rammt es ihr in die Schulter. Sanft wie ein Liebhaber beugt er sich über sie, treibt die Klinge immer tiefer in ihr Fleisch und presst sie gegen die raue Betonmauer. Die Herausforderin stößt einen kehligen, wütenden Schrei aus.

Nun wendet sich der Hexenritter ab und dreht sich zu der Loge um, in der die Scouts sitzen.

»Magie«, ruft er der Gruppe zu, die sich in den Tiefen der Box verbirgt. »Ihr habt es gesehen.«

Keine Reaktion.

Da ertönt irgendwo in der Dunkelheit eine Stimme, die an ein tuckerndes, hustendes Motorrad denken lässt. »Ich wusste nicht, dass sie eine Gottgleiche ist.«

Diese unverkennbare Stimme gehört Faraday, einem der ältesten Caballaria-Scouts überhaupt. Nur wer einen Platz in der Nähe der Box hat, wird sie bemerkt haben, doch die Erkenntnis verbreitet sich wie ein Lauffeuer im gesamten Publikum.

Die schlaueren Fans werden nun begreifen, dass dieses Event nie als gewöhnlicher Herausfordererkampf gedacht war. Der berühmteste Ritter und einer der bekanntesten Scouts von London sollen rein zufällig im selben Provinznest aufeinandertreffen?

Faraday hätte unter den reichsten Ställen die freie Auswahl gehabt, aber er scheint es vorzuziehen, im dreckigen Straßenmilieu zu arbeiten. In einem seiner seltenen Interviews sagte er einmal, es sei viel spannender, außerhalb der Stadt nach verborgenen Talenten zu suchen. Ursprünglich aus einem der sittsamen, sauberen Königreiche des Nordens stammend, hat es ihn schon in jungen Jahren nach London verschlagen. Die boshafteren Kommentatoren bringen gerne diese Abstammung ins Spiel, wenn eines seiner Talente in einem Kampf versagt.

Tja, wer aus einem Drecksloch kommt, kann wohl auch nur Dreck rekrutieren, nicht wahr?, witzeln sie dann.

»Sie gehört mir«, verkündet der Hexenritter nun.

In der Box regt sich Protest, der aber durch seinen unnachgiebigen Blick schnell zum Schweigen gebracht wird.

»Schön«, antwortet Faraday schließlich mit seiner knarrenden Stimme. »Verkauft.«

Faraday hat den Auftritt der Gottgleichen in der Arena finanziert, also darf er das Mädchen auch verkaufen.

Wieder melden die anderen Scouts ihren Protest an.

»Das kannst du nicht machen!«

»Es gibt Regeln!«

»Steht alles im Kodex der Caballaria!«

»Scheiß auf den Kodex«, erwidert der Hexenritter.

Eine solche Blasphemie wiegt schwer. Er ist bekannt dafür, dass er sich nicht immer ans Protokoll hält – unter anderem deswegen ist er so beliebt –, aber das könnte ihn einige Sympathien kosten.

Die Herausforderin versucht, möglichst keinen Mucks von sich zu geben, trotzdem hallen ihre keuchenden Atemzüge durch die Arena. Das Messer steckt noch immer in ihrer Schulter. Im Publikum rührt sich nichts, da niemand auch nur ein Wort des aufkeimenden Disputs verpassen will.

»Eine Gottgleiche, das ist illegal!«, empört sich einer der Scouts. »Sie sollte festgenommen werden.«

Die Menge am Rande der Box bemerkt den Fehler, noch bevor er dem Sprecher bewusst wird. Einige schnappen hörbar nach Luft.

»Mir war nicht klar, dass schon die Existenz von Gottgleichen einen Gesetzesverstoß darstellt«, erwidert der Hexenritter ausdruckslos.

Der Scout windet sich, doch niemand kommt ihm zu Hilfe.

»Nicht weil sie eine Gottgleiche *ist*, das selbstverständlich nicht, aber dass sie Magie gewirkt hat … So lautet nun einmal das Gesetz. Es ist … das Gesetz.«

Eine kalte Stimme schaltet sich ein: »Würde vielleicht jemand das Mädchen wegsperren, damit wir hier weitermachen können?«

»Sie wird nicht verhaftet«, bestimmt der Hexenritter. »Sie ist noch minderjährig, was bedeutet, dass ihr magischer Verstoß allein meine Person betrifft, und ich habe nicht vor, einen Disput zu eröffnen. Mein Interesse liegt einzig und allein darin, als Sponsor für ihre Ausbildung zu fungieren.«

Stille.

»Ein Kämpfer kann nicht als Sponsor für einen anderen Kämpfer fungieren«, erwidert die kalte Stimme schließlich.

»Der Besitzer meines Stalles wird das in meinem Namen regeln.«

Der Besitzer meines Stalles, sagt er, als ob nicht jeder in den Sieben Königreichen wüsste, für wen der Hexenritter in der Arena antritt.

»Gibt es noch andere Gebote?«, fragt Faraday.

Diesmal dringt kein Laut aus der Box. Sie alle fürchten sich vor dem Hexenritter und der Macht, über die er verfügt. Niemand, der bei klarem Verstand ist, würde gegen ihn bieten.

»Wir werden das beim Seneschall deines Stallbesitzers verifizieren müssen«, erklärt die kalte Stimme.

»Dann tut das«, erwidert der Hexenritter gelangweilt. »Doch in der Zwischenzeit sollte jemand etwas dagegen tun, dass die Herausforderin hier unten verblutet. Beschädigte Ware ist für mich uninteressant.«

Damit dreht er sich zu dem keuchenden Mädchen um. Inzwischen scheint sie nur noch durch das Messer in ihrer Schulter auf den Beinen gehalten zu werden, das unverrückbar in der Mauer hinter ihr steckt. Voller Verbitterung verzieht sie die Lippen, dann räuspert sie sich hörbar und spuckt vor ihm aus.

Diesmal ist das Schweigen der Menge von ehrfurchtsvollem Entsetzen geprägt.

Einen schier endlosen Moment lang sieht der Hexenritter das Mädchen wortlos an. Das Publikum hält den Atem an, doch er wendet sich wortlos ab und verschwindet hinter der Tür, durch die er gekommen ist.

Nun schwärmen die Ärzte aus und umringen das Mädchen, dessen Gesicht sich eindeutig grau verfärbt hat. Auf den Rängen renken sich die Menschen beinahe die Hälse aus. Die Messerspitze steckt genau zwischen zwei Steinen fest. Auch wenn es möglicherweise nicht gut ist, die Kämpferin zu bewegen, bleibt ihnen keine andere Wahl. Einer der Ärzte tippt mit den Fingerspitzen kurz gegen den Messergriff, allerdings ist diese Vorsicht wohl eher der Furcht geschuldet, die jeden erfasst, der etwas berührt, was dem Hexenritter gehört – verflucht oder gesegnet, man ist sich nie ganz einig, woran man noch glauben soll. Doch selbst diese kurze Erschütterung lässt das Mädchen gequält zusammenzucken. Ihr Gesicht ist von einem feinen Schweißfilm überzogen.

»Zieht es doch einfach raus!«, ruft jemand im Publikum.

Damit ist die gespannte Stille gebrochen, einfach so. Der Lärmpegel steigt.

»Macht schon.«

»Schneller!«

»Zieht es raus!«

Zieht

es

raus!

Zieht

es

raus!

… skandiert das Biest von Publikum.

Die Ärzte versuchen, das Geschrei zu ignorieren, professionell zu bleiben. Ihre Haltung signalisiert, dass sie wissen, was nun das Beste ist, aber traurigerweise ist das vermutlich nicht der Fall. Wären es die Ärzte eines großen Turniers, läge die Sache anders, sie sind die besten im ganzen Land. Doch die Ärzte einer Kleinstadtarena? Eher nicht.

*

Die Anspannung, die die Menge erfasst hat, erinnert an einen geronnenen Geschmack in deren Mund. Jetzt, wo der Hexenritter Ansprüche angemeldet hat, sind sie plötzlich alle auf der Seite dieses waghalsigen kleinen Straßenköters. Das Mädchen muss wieder auf die Beine kommen. Die Ärzte spüren das. Wenn sie jetzt Mist bauen, ziehen sie sich nicht nur den Unmut des Hexenritters zu, sondern auch – was in London wesentlich schwerer wiegt – den des Publikums.

Letztlich muss einer der Ärzte neben dem Messer den Fuß an die Wand stemmen und die Spitze mit einer dicken Metallschere abschneiden, während zwei seiner Kollegen die Herausforderin festhalten, damit sie sich, falls sie das Bewusstsein verliert, nicht durch ihr eigenes Körpergewicht die halbe Schulter abreißt. Endlose Sekunden vergehen, in denen der Arzt die Scherenklingen zwischen Mauer und Fleisch schiebt und so vorsichtig wie möglich versucht, an die Klinge heranzukommen. Die rauen Schreie des Mädchens hallen durch die Arena.

Dann ist es plötzlich vorbei. Die Herausforderin sackt ohnmächtig zusammen, wird aber von den Ärzten aufgefangen, die sie unter dem gespannten Raunen der Menge auf eine Trage legen.

Red. Nur diesen einen Namen hat sie angegeben, doch bis zum nächsten Morgen wird er in aller Munde sein. Dann wird ganz London diesen Namen kennen.

Sie sollte sich besser darauf gefasst machen.

KAPITEL 3

Blackheart

Neunzehn Jahre zuvor

Kurz nach den Bikern mit dem Glitzerschwert trifft eine ganze Transportflotte aus Cair Lleon ein, dem Londoner Königspalast.

Sie schaffen Art von der Müllhalde weg, hinein in ein Leben, das er niemals wollte. Garad, Lucan und Lillath, seine Freunde, sein Rettungsanker, bleiben zurück. Er ist zu perplex, um zu protestieren, als man ihn in einen schicken schwarzen Geländewagen setzt, zusammen mit den beiden Bikern, die ihm die Nachricht überbracht haben. Schweigend nehmen sie auf der Rückbank Platz.

Benommen sieht Art zu, wie die Welt hinter der getönten Scheibe vorbeigleitet. Grellgrüne und leuchtend blaue Lichtflecke huschen über sein Gesicht, als der Wagen durch die reicheren, schickeren Viertel von Senzatown fährt – die nur zwei Blocks von den ärmsten und verrufensten Ecken entfernt liegen.

Die Straßen sind völlig leer, da sie kurz zuvor von den Rittern geräumt wurden, die auf ihren Motorrädern vor ihnen hergleiten wie ein Schwarm in Leder gekleideter Haie, der einen schwerfälligen Wal eskortiert. Die Nachricht vom Tod des Königs wird zwar erst am Abend bekannt gegeben werden, doch die neugierigen Massen, die bis zu den Schaufensterfronten zurückgedrängt wurden, wissen bereits, dass etwas im Busch ist.

Noch Jahre später werden sie einander erzählen, wo sie an jenem Tag waren. Einige werden sich auch an die Wagenflotte erinnern, werden begreifen, dass sie Zeuge davon wurden, wie er vorbeifuhr. In ihrer Vorstellung wird er aufrecht auf der Rückbank sitzen, mit wissendem Blick der schweren Bürde seines Schicksals entgegensehend, während ihm die eine oder andere Träne über die Wange rollt, da der Tod seines Vaters ein kompliziertes Geflecht aus Gefühlen in ihm bloßgelegt hat. Keiner von ihnen wird je darauf kommen, dass er sich in Wahrheit während der gesamten Fahrt schwitzend in den Ledersitz drückte und verzweifelt versuchte, sich nicht zu übergeben.

Von außen betrachtet hat das vielleicht auch Ähnlichkeit mit einem komplizierten Geflecht aus Gefühlen.

Eine halbe Ewigkeit später erreicht der Wagen den Kontrollpunkt zwischen Senzatown und dem Zellkern des Königreichs London, Blackheart. Die sieben Bezirke des Stadtstaates zweigen von ihm ab wie die Speichen eines großen Wagenrades. Auch hier wurden die Straßen zuvor geräumt, sodass die gesamte Entourage die Grenzkontrollen problemlos passieren kann. Die Wachsoldaten salutieren mehr schlecht als recht.

Nun sind sie in Blackheart. Dem infamen, lauernden Blackheart. Vierundzwanzig Millionen Leben werden von diesem Ort aus gesteuert. In seiner Mitte ragt Cair Lleon mit seinen berühmten Lavasteintürmen auf, die den Himmel in blutige Fetzen schneiden. Heute scheinen sie sich in tödliches Schweigen gehüllt zu haben.

Arts Wagen rollt die endlos lange, leere Zufahrt hinauf, an der sich der weitläufige, aus vielen verschiedenen Gebäuden bestehende Palastkomplex erstreckt. Er hat befürchtet, dass irgendein Gefolge aufmarschiert und steif salutiert, wenn er vorbeifährt. Dass hier nun absolut niemand zu sehen ist, macht alles irgendwie noch gruseliger und trägt kein bisschen dazu bei, die düstere Stimmung zu vertreiben, die ihn inzwischen fest im Griff hat: unerwünscht, unnötig, unnütz. Einfach un.

Du bist ein un-Mensch, Art. Du solltest überhaupt nicht hier sein.

Für einen Moment flackert Hoffnung in ihm auf. Es könnte alles nur ein Scherz sein. Warum sich jemand so etwas ausdenken sollte, begreift er zwar nicht, aber was soll's. Gleich wird er durch das Palasttor in die weite Vorhalle treten, die er nur von Bildern kennt, denn obwohl er der Sohn des Königs ist, war es ihm nie gestattet, den Palast zu betreten. Die Kälte der Stahlsteinwände wird ihn einhüllen, er wird eine Gänsehaut bekommen. Und dann wird sein Vater dort stehen.

Auslachen wird sein Vater ihn – *was für ein Spaß* –, auch wenn Art keine Ahnung hat, was daran lustig sein soll, aber egal. Das hier fühlt sich an wie einer dieser Albträume, die einem selbst nach dem Aufwachen noch eine Weile real erscheinen, die das Gehirn mit einem klebrigen Film überziehen, bis man sie endlich abschütteln kann. Bis endlich die Erkenntnis greift, dass es nicht real ist, dass das Leben nun mal nicht so ist, und diese herrliche, allumfassende Erleichterung einsetzt.

Doch für Art gibt es keine Erleichterung.

Die beiden Biker führen ihn über eine Treppe zu dem mächtigen Eingangsportal, das dreimal so groß ist wie er, aus dickem grauem Metall geschmiedet und mit mattem Silberlack überzogen. Hinein bringen sie ihn dann aber durch eine normal große Seitentür, die vom Fuß der Treppe aus nicht zu sehen war. Drinnen erwartet ihn ein finsterer, höhlenartiger Raum – ohne seinen Vater. Das Gefühl, es könnte alles nur ein Scherz sein, verflüchtigt sich.

Es ist niemand da, um ihn zu begrüßen. Durch die hoch oben

in die Mauer eingelassenen Fenster dringt nur wenig Licht, und selbst dieses bisschen fühlt sich kalt und leer an. Als wüsste der Palast, dass sein Herr tot ist und dessen Ersatz niemals in der Lage sein wird, seinen Platz auszufüllen.

Art wird durch einen langen Korridor geführt. Die Stiefel seiner beiden Begleiter – Bewacher, Kerkermeister – poltern laut in der drückenden Stille. Schließlich bleiben sie vor einer hölzernen Tür stehen, die sich kein bisschen von jenen unterscheidet, an denen sie bereits vorbeigegangen sind. Man schiebt ihn in ein Zimmer, offenbar einer der vielen kleineren Salons, die in diesem Palast als verschwiegene Warteräume dienen.

Dicke, weiche Teppiche bedecken den Betonboden. Dezent in die Wand eingelassene Projektoren tauchen die Porträts ehemaliger Herrscher in sanftes Licht und mildern die strengen Blicke, mit denen sie die Lebenden aus dem Reich der gemalten Toten mustern. An der hinteren Wand laufen holografische Aufnahmen der wichtigsten Caballaria-Kämpfe der letzten Zeit.

Und dann, ganz plötzlich, taucht sein Vater auf dieser Wand auf.

Uther Dracones, der bärenhafte Krieger, präsentiert seinen von Rhyfen gesegneten Körper, reckt die breite Brust, lässt den Doppelspeer über dem Kopf kreisen. In zwei Bezirkskriegen hat er gekämpft. Hat Leben gerettet und unzählige mehr ausgelöscht. Viele mögen ihn gehasst haben, aber jeder hat ihn gekannt. Furchtlos und laut hat er sein Leben gelebt.

Furchtlos, mal abgesehen von seinen Fehlern. Vor denen scheint er sich immer sehr gefürchtet zu haben. Und der vermutlich größte von ihnen steht nun hier in seinem Palast, um seine Krone zu übernehmen.

Die Aufnahmen verändern sich, der Film läuft weiter. Nun zeigt er Arts Vater als jungen Mann, kurz nach seiner Ernennung zum König des Schwertes. Ein Mann steht neben ihm, im Vergleich zu Uther klein und überkorrekt. Er trägt weiche Lederkleidung, wie sie in Gwanharatown üblich ist, dem Bezirk, aus dem er stammt. Schwarze Streifen zieren die Schultern seiner Jacke, außerdem ist über der Brust ein Aufnäher mit einem silbernen Schwert angebracht, der zeigt, dass er zum Gefolge des Königs gehört.

Mit der Gier eines Aasgeiers zoomt die Kamera an das sanftmütig wirkende Gesicht dieses Mannes heran. Art kennt dieses Gesicht gut, kann seine Züge ebenso blind nachzeichnen wie die seiner Eltern. Es gehört dem verrufensten Londoner, der je Teil des Königshofes war. Sein Name war Edler Feverfew. Ein Gottgleicher. Ohne ihn hätte es Art niemals gegeben.

Die Geschichte, wie Artorias Dracones entstand, beginnt gute siebzehn Jahre zuvor am fünften Abend des Lichterfestes. Es war Teil von Uthers inzwischen berüchtigter Friedenstour, einer einmonatigen Reise durch die Sieben Königreiche, die all ihre Völker mit dem Gurt der Einigkeit umschlingen sollte, nachdem die verheerenden Anschläge kembrischer Separatisten zuvor zahlreiche Todesopfer gefordert hatten.

Die letzte Station der Tour war Kernow, das südwestlichste der Reiche, abgelegen, wunderschön, geprägt von Armut und Stolz. Seine Herrscherin Meraud gehörte zwar der Minderheit der Christen an, war aber tolerant genug, um das Lichterfest der Saith zu feiern wie alle anderen auch.

Am ersten Abend des Festes wurde Uther an ihrem Hof unter anderem dem Laerd Gorlais vorgestellt, einem wichtigen Berater der Königin. Gorlais hatte seine Frau mitgebracht, eine Technologiestrategin von klassischer Schönheit mit dem Namen Ingerna. Jeder, der an diesem Abend dabei war (und viele andere ebenfalls, wie das eben immer so ist), schwor Stein und Bein, dass Uther sie keine Minute aus den Augen ließ.

Sie hingegen wurde nicht von diesem Leiden geplagt.

Angeblich sagte Uther ihr in einem Vieraugengespräch, wie sehr er sie begehre, doch Ingerna erteilte ihm eine Abfuhr. Er drohte ihr. Daraufhin erklärte sie ihm, dass sie das Organ, mit dem er seine aktuellen Denkprozesse vollziehe, mit einem Messer traktieren werde, sollte er sie noch einmal auf diese Weise bedrängen – König und Friedenstour hin oder her. Gorlais sei der einzige Mann, den sie begehre, und nur er könne sie haben.

Was Uther zu dem Entschluss brachte, sie sich eben als Gorlais zu nehmen, wenn er sie als Uther nicht haben konnte.

Auftritt Edler Feverfew. Als mächtigster *thwimoren* seit hundert Jahren lag Edlers Gabe in der Kunst der Illusion. Wenn er es einem weismachen wollte, hielt man eine Tasse für eine Ratte. Er konnte ganze Gebäude direkt vor den Augen der Zuschauerinnen und Zuschauer verschwinden lassen. Und er konnte jedem Menschen das Aussehen eines beliebigen anderen verleihen.

Manche sagen, es sei Edlers Idee gewesen, Ingerna zu täuschen. Andere behaupten, Uther sei der Kopf des Ganzen gewesen und habe seinen Hofzauberer zur Mitarbeit gezwungen. Nichts davon änderte etwas am Ergebnis, einer Verschwörung, an der beide beteiligt waren. Was spielte es da noch für eine Rolle, wessen Idee es gewesen war? Edler wirkte seine Magie, um Uther wie Laerd Gorlais aussehen zu lassen. So konnte der sich Zutritt zu Ingernas Schlafzimmer verschaffen, ohne dass jemand Verdacht schöpfte.

Und dann …

Uther liebt es heiß,
sei die Jagd auch schwer und öde
und die Fotze noch so spröde.

Art spürt, wie bittere Galle in seiner Kehle aufsteigt.

Dieses Lied über seine Empfängnis bekam er das erste Mal

im Alter von acht zu hören. Es war ein brütend heißer Sommer, und ein entfernter Verwandter seines Vormunds Hektor war zu Besuch, um Geld und Gefälligkeiten zu erbetteln. Die Zwillingssöhne jenes Cousins lockten Art hinaus in die Gärten, während die Erwachsenen im Spielzimmer damit beschäftigt waren, sich zu betrinken. Als ihnen klar wurde, dass Art keinen blassen Schimmer davon hatte, welch schmutzige Gerüchte sich um seine Herkunft rankten, machten sie sich daran, ihm die Geschichte möglichst detailreich zu schildern. Allerdings konnten sie sich nicht an alle zwölf Strophen des Liedes erinnern, weshalb sie den Text fröhlich durch eigene, wesentlich prosaischere Erklärungen ergänzten.

Anscheinend blieb die von Edler geschaffene Illusion während der ganzen Woche erhalten, die Uther am Hof von Kernow verbrachte. Man war sich hinterher nicht ganz einig darüber, ob Ingerna es irgendwann bemerkte und gezwungen werden musste oder ob sie bis zu Uthers Abreise keinerlei Verdacht schöpfte. Jedenfalls wurde sie schwanger und wusste zu diesem Zeitpunkt zumindest, dass es nicht der Spross ihres Mannes war.

Monate später reiste sie nach London, erschien mit dickem Bauch in Cair Lleon und brachte erstaunliche Vorwürfe vor. Uther bezeichnete ihre Geschichte umgehend als lächerliches Lügengespinst, und sie hatte nichts in der Hand, um das Gegenteil zu beweisen. Die Höflinge von Kernow sagten geschlossen aus, sie hätten nie einen anderen Mann als Gorlais bei ihr gesehen. Den letzten, vernichtenden Schlag versetzte ihr dann ihr eigener Ehemann, als er sich auf die Seite des Königs stellte.

Zurückgewiesen, gedemütigt, wütend und einsam verschwand Ingerna aus der Öffentlichkeit und entzog das umstrittenste Kind der Sieben Königreiche den neugierigen Blicken der Welt. Unvorhergesehene medizinische Komplikationen endeten in einer Tragödie, und sie starb kurz nach Artorias' Geburt.

Erst nach ihrem Tod entschloss sich Edler dazu, mit der Geschichte rauszurücken. Angeblich kam es zwischen ihm und Uther zu erbitterten Streitigkeiten, woraufhin er sich aus Rache an die Medien wandte, Ingernas Geschichte bestätigte und genau darlegte, was Uther ihn zu tun gezwungen habe, um sich einer flüchtigen Liebschaft mit Ingerna hingeben zu können, deren Leben er dadurch ruinierte.

Edlers verblüffende Entscheidung, die beiden auffliegen zu lassen, kam einem Selbstmord gleich. Er wurde verhaftet und des Hochverrats gegen den König von London angeklagt – allerdings nicht der illegalen Anwendung von Magie, da das ja dem Eingeständnis gleichgekommen wäre, dass die Geschichte der Wahrheit entspreche. Man befand ihn für schuldig, und er wurde mit seiner gesamten Familie des Landes verwiesen. Edler verschwand irgendwo jenseits des Kanals und ist Berichten zufolge vor nicht allzu langer Zeit gestorben. Außer einer hochtrabenden Legende ist nichts von ihm geblieben.

Natürlich wurde Uther durch die Justiz der Caballaria in allen Punkten entlastet, was allerdings kaum noch eine Rolle spielte. Der Schaden war bereits angerichtet. Dieser Skandal überschattete den gesamten Rest seiner Herrschaft, und das Volk schüttelte in wohligem, verächtlichem Bedauern den Kopf über ihn. *Magie korrumpiert* – das war jedem klar. Die Geschichte hatte das durch vielfältige, schmerzvolle Lektionen bewiesen, und doch gab es immer wieder Menschen wie Uther, die sich für die Ausnahme hielten, für immun gegen ihren Einfluss.

Die Welt drehte sich weiter, man fand neue Skandale, an denen man sich ergötzen konnte. Ingerna Gorlais wurde zu einem Sinnbild des Tragischen. Artorias Gorlais wurde – wohl aus Mitleid – in aller Stille von Si Hektor Caballarias Pendennis o'Senzatown aufgenommen, einem wohlhabenden Ritter von tadellosem Ruf, der inzwischen im Ruhestand war und keine eigenen Kinder hatte.

Si Hektors Ehre verbot es ihm, das geschmacklose Thema der Herkunft seines neuen Schützlings anzusprechen. Man ging freundlich und liebevoll mit dem kleinen Art um, wenn auch vielleicht ein wenig vorsichtig und distanziert. Den Grund hierfür begriff Art erst, als er erfuhr, wer er war und wie sehr man ihn von der Außenwelt abschirmte.

Art weiß, dass noch immer über ihn geredet wird. Er ist so etwas wie ein störender Knoten im Geflecht der jüngeren Geschichte; eine halb geöffnete Muschel, auf der die Möwen immer wieder herumhacken; funkelnder, von Elstern gejagter Tand, der niemals hätte existieren dürfen.

Der eine Ritter räuspert sich plötzlich und reißt Art so aus seinen Gedanken.

»Bitte warten Sie hier … Sire«, sagt der Mann. »Es wird bald jemand kommen. Dann wird man Ihnen alles erklären.«

Das kurze Zögern vor der Anrede *Sire* sagt schon alles, ebenso wie die Formulierung »alles erklären«. Zwar ist Art nun König, allerdings nur vorübergehend, aufgrund eines politischen Schachzugs, der für Stabilität sorgen soll, bis die Caballaria ein offizielles Turnier ausrichten kann. Nach dem Tod seines Vaters haben die Herrscherfamilien der sieben Bezirke von London nun das Recht, nach dem Schwert zu greifen, das sie alle regiert.

Chaos wird ausbrechen. Das ist immer so.

»Wir können den Projektor auch ausschalten«, meint der Ritter leicht betreten.

»Nein.« Vollkommen ruhig sagt Art das, beinahe abwesend. Wieder ist er erstaunt darüber, wie gelassen er nach außen hin wirkt. »Bitte verzeiht mir, ich habe nicht einmal nach euren Namen gefragt.«

Das scheint den Ritter zu überraschen. Nachdem er einen kurzen Blick mit seiner Kameradin gewechselt hat, antwortet er: »Madoc, Sire.«

»Und deiner?«, wendet sich Art freundlich an die Frau. Beide sind ungefähr doppelt so alt wie er.

»Tepta.«

»Vielen Dank. Sicher ist die Situation nicht ganz einfach für euch.«

»Ich …« Madoc beißt sich auf die Zunge. »Nein, Sire.«

Die Tür öffnet sich, und ein akkurat gekleideter Diener mit raubvogelhaften Zügen tritt ein. Er balanciert ein silbernes Tablett auf der gestreckten Hand und geht mit lautlosen Schritten zu einem roten Diwan hinüber, wo er auf einem kleinen Tisch das Tablett abstellt. Darauf befinden sich eine grau marmorierte Teekanne, ein dickwandiger Kelch aus Glas und ein Teller mit kleinen Küchlein.

»Für die Wartezeit«, murmelt der Diener.

Art starrt das Tablett an.

»Habt ihr vielleicht noch einen Pollidori-Whisky dazu?«, fragt er.

Der Diener zögert. Aus dem Augenwinkel sieht Art, wie Madoc kaum merklich von einem Fuß auf den anderen tritt.

Dann neigt der Diener den Kopf. »Wie hätten Sie ihn gerne?«

»Zwei Finger, zwei Zerstoßene.«

Damit kann der Diener nichts anfangen. »Zwei Finger, zwei Zerstoßene« ist eine Bezeichnung aus dem Norden von Senzatown, die in einem Salon in Blackheart keinerlei Sinn ergibt.

»Zwei Maßeinheiten«, übersetzt Art, »mit Eis. Ich weiß nicht, wie das Eis hier serviert wird, aber wenn die Stücke ungefähr die Größe eines halben Daumens haben, hätte ich gerne zwei davon.«

Der Diener nickt wortlos und geht.

Dienstboten. Warum kann er nicht einfach selbst in die Küche gehen und sich einen Drink holen? Vermutlich, weil er die Küche gar nicht finden würde. Der Palast ist bekannt für seinen labyrinthartigen Grundriss; neues Personal muss wochenlang angelernt werden, damit es sich nicht verläuft. Ob neue Herrscher wohl ebenfalls so geschult werden? Uthers legitimer Nachfolger wäre natürlich hier aufgewachsen und würde sich bestens auskennen.

»Es wird bald jemand kommen«, sagt Madoc noch einmal, dann gehen die beiden Ritter hinaus.

Drückende Stille senkt sich über den Raum, nur durchbrochen vom leisen Surren des Projektors.

Erst jetzt bemerkt Art, dass seine Wangen feucht sind.

KAPITEL 4

Beinhaus, Blackheart

Ein Jahr zuvor

»Endlich aufgewacht, mein Star mit den verklebten Äuglein?«

Die Frage wird von einer rauen Stimme gestellt, die an einen schlecht laufenden Motor erinnert.

Red öffnet die Augen.

Sie befindet sich in einem Zimmer, das sie nicht kennt. Ein unfassbar hohes Deckengewölbe spannt sich weit über ihr, gestützt von Stahlträgern, die fast so breit sind wie ihr Körper. Durch ein großes Fenster mit gusseisernen Gitterstäben fällt Licht herein und zeichnet helle Streifen auf die weiße Decke, die über ihren Beinen liegt.

Red will etwas erwidern, aber die Laute bleiben wie ein trockener Brotrest auf halbem Weg in ihrem Hals stecken.

»Du befindest dich in einem Beinhaus in Blackheart«, erklärt die Stimme hilfsbereit, wohl ahnend, was sie fragen wollte. »Sie haben dich hierher verlegt, sobald sie sicher sein konnten, dass du beim Transport nicht verblutest.«

Blackheart. Das eine Wort setzt ihren Motor wieder in Gang.

»Ich bin …« Mühsam räuspert sie sich, doch es hilft nicht viel. »Ich bin *in* Blackheart?«

»Ja, so einfach ist das.« Faraday lehnt sich auf seinem Stuhl zurück. »Du musstest lediglich dein Leben aufs Spiel setzen und schon bist du ein wahrhaftiger Lektriker.«

Lektriker – einer der vielen Slangausdrücke, mit denen die Londoner sich selbst betiteln, abgeleitet von Lektri, der in allen Sieben Königreichen anerkannten Währung, bei der elektrische Energie als Zahlungsmittel eingesetzt wird. Erfunden natürlich in London, was gefälligst niemand vergessen sollte.

Und dann gibt es da auch noch den Begriff *Murks*, den Red als besonders verwirrend empfindet. In anderen Königreichen ist dies ein abfälliger Ausdruck für etwas, das aus verschiedenen Teilen zusammengeschustert wurde, doch die Londoner scheinen den Titel mit Stolz zu tragen. Wer ist denn bitte schön stolz darauf, Murks zu sein?

»Meine Schulter«, krächzt sie.

»Keine bleibenden Schäden, du bist immer noch im Spiel«, erklärt Faraday achselzuckend. »Die Ärzte haben keine Ahnung, wie er das geschafft hat, aber er hat dir kaum ein Haar gekrümmt. In ein paar Tagen müsste es wieder besser sein.«

Der brennende Schmerz, der sämtliche Nerven ihres Armes erfasste, als das Messer eindrang, ist noch in ihrem Fleisch gespeichert und wartet nur darauf, dass sie eine falsche Bewegung macht, um sofort wieder aufflammen zu können. Eine solche Stichverletzung hätte eigentlich jede Chance zunichtemachen müssen, dieses Jahr der Caballaria beizutreten. Zumindest ist sie davon ausgegangen.

Nun wagt Red, ein wenig Hoffnung zu schöpfen. »Wie ist das möglich?«

Faraday schenkt ihr ein trockenes Lächeln. »Durch Magie?«

Erleichtert schließt sie die Augen. »Was passiert jetzt mit mir?«

»Du warst so schlau, mit deinem Auftritt einen der mächtigsten Männer Londons zu beeindrucken«, erklärt ihr Faraday. »Deshalb wirst du sofort in einen Stall verfrachtet. Da du schon einigermaßen kämpfen kannst, lassen sie sogar die Probezeit weg. Was auch besser ist, denn die Probezeit wirst du sowieso verpassen, da du ja hier festsitzt, bis deine Schulter die sechsmonatige Tortur durchstehen kann, der dein Körper während der Ausbildung unterzogen wird. Und du kriegst keinerlei Vergünstigungen. Bestehst du die Ausbildung nicht, bist du raus. Setzt du auch nur ein einziges Mal Magie ein, und sei es nur ein laues Lüftchen, bist du raus.«

Ein gewisser Stolz schwingt in seinen Worten mit. In der gesamten Caballaria gibt es insgesamt nur vierzehn Gottgleiche, und keiner von ihnen beherrscht die seltene Form von Magie, zu der Red fähig ist. Das macht sie zu einem Exoten, einem Faszinosum, das sich automatisch von den anderen Rittern abhebt, die jedes Jahr zu Hunderten dem Orden beitreten. Vermutlich wird Faraday eine ganze Weile davon zehren können, dass er derjenige war, der sie entdeckt hat.

Glaubt man den Geschichten, so ist die Ritterausbildung in der Caballaria die reinste Hölle, und die meisten Anwärter scheiden vorzeitig aus. Red wird keine von ihnen sein. Sie wird es schaffen. Das muss sie. Es gibt keine andere Möglichkeit.

»Hast deine Nummer wirklich gut geplant«, fährt Faraday inzwischen fort. »Ein paar Wochen später, und du wärst ohne Registrierung eine Illegale gewesen.«

Red antwortet nicht. Ja, sie hat es extra so geplant – maximale Aufmerksamkeit bei minimalem Risiko, ins Gefängnis zu wandern. Faradays Tonfall verrät, dass ihm das durchaus bewusst ist.

»Wirklich eine Schande, dass sie das Gesetz geändert haben«, bemerkt er. »Ist noch gar nicht so lange her, da wurden sogar Kinder registriert.« Er schnaubt höhnisch. »Achtzehn, du meine Güte. Dabei sollte man schon mit zwölf Richtig von Falsch unterscheiden können.«

Bei der Registrierung werden die Daten der Gottgleichen behördlich erfasst – Name, Herkunft, magische Fähigkeiten –, und sie bekommen eine unauslöschliche Tätowierung verpasst, damit sie nicht verbergen können, was sie sind. Red hat altes Filmmaterial gesehen, auf dem schreiende Kinder ihren weinenden Eltern aus den Armen gerissen und tätowiert wurden, gebrandmarkt wie Vieh, bevor ihre Magie sich voll entfaltet hatte. Achtzehn ist immer noch jung für die Registrierung, egal, was Faraday davon hält. Nach dem Geburtstag hat man einen Monat Zeit, sich zur Tätowierung anzumelden. Reds Achtzehnter liegt nun zwei Wochen zurück.

Die Londoner lieben Tattoos. Sie lassen sich großflächig mit dauerhafter Körperkunst überziehen, egal ob hübsch oder hässlich, und stellen so ihre Bündnisse, Andenken und Festakte zur Schau. Für sie ist ein neues Tattoo ungefähr so alltäglich wie ein neues Paar Stiefel, aber Red hatte bisher noch nie eines. Ist sie erst registriert, wird sie für immer gezeichnet sein, wird sich nicht mehr verstecken können. Entschlossen verdrängt sie diesen Gedanken. Jeder muss Opfer bringen.

»Wenigstens muss ich mit der kaputten Schulter nicht weit reisen«, stellt sie fest.

Faraday legt den Kopf schief, dann scheint er zu verstehen, denn er verzieht kurz das zerfurchte Gesicht.

»Du bleibst nicht in Blackheart«, stellt er klar. »Sie haben dich der öffentlichen Kaderschmiede von Rhyfentown zugeteilt, ebendem Bezirk, unter dem ich dich zum Kampf angemeldet habe. So läuft das ab, denn dort wurdest du entdeckt.«

»Was? Wieso? Die Geißel hat sich zu meinem Sponsor erklärt, und er ist ein Blackheart-Ritter. Warum komme ich nicht dorthin, wo er ist?«

»Jetzt mach mal langsam, Kleine«, erwidert Faraday freundlich. »Mag ja sein, dass er dich eingekauft hat, aber das bedeutet nur, dass deine Ausbildung durch seinen Stall finanziert wird und nicht von Rhyfentown. Schließlich können sie nicht einfach irgendwelche Fremden mit unbekannter Herkunft im Bezirk des Königs herumtanzen lassen, oder? Du wirst dich beweisen müssen, und zwar doppelt und dreifach, denn du bringst einen ganz klaren Nachteil mit, Red: Du bist eine Gottgleiche. Niemand wird dir trauen.«

»Wyll trauen sie schon, und er ist vermutlich der berühmteste Gottgleiche überhaupt«, schießt Red zurück.

Faraday scheinen ihre Worte sehr zu amüsieren. »Oh, jetzt ist er also schon Wyll, ja? Nicht mehr der Hexenritter? Dein alter Kumpel *Wyll*?«

»Er hat mir ein Messer in die Schulter gerammt. Das schweißt zusammen, würde ich sagen.«

Faraday lacht polternd. »Du hast seine Aufmerksamkeit erregt, mehr aber auch nicht. Wenn du meinst, das reicht, um ihm nahezukommen, bist du schief gewickelt.« Er unterbricht sich kurz. »Ich bin gespannt, wie weit du es bringst, wenn er nicht da ist, um dich unter die Lupe zu nehmen.«

Das holt Red aus ihren gedanklichen Luftschlössern. Nun mustert sie den schlanken Mann mit dem markanten Gesicht um einiges aufmerksamer.

Vorsicht. Immer schön vorsichtig.

Faraday hebt eine Braue. »Oh, du dachtest, ich wäre simpel gestrickt, wie? Ja, diesem Irrtum erliegen viele. Mich stört das nicht, es macht manches einfacher.«

»Mich muss man nicht groß unter die Lupe nehmen«, sagt Red bestimmt. »Ich will einfach nur eine Ritterin werden. Davon träume ich seit …«

»Schon klar, ich erinnere mich noch gut an deinen kleinen Vortrag, als du mich angebettelt hast, dir Zugang zur Arena zu verschaffen. Was meinst du denn, warum ich das getan habe? Etwa, weil du eine Gottgleiche bist?« Faraday winkt ab. »Das ist nicht weiter von Interesse, da du deine Magie im Kampf ja nicht einsetzen darfst. Aber jeder hat seine ganz eigenen Gründe, warum er der Caballaria beitreten will, und ich kann sehen, dass deine äußerst speziell sind. Natürlich kenne ich sie nicht genau, aber ich freue mich schon darauf, es herauszufinden.«

Er weiß es. Du musst ihn zum Schweigen bringen. Endgültig.

Red spürt, wie ihr Temperament auf die mögliche Bedrohung reagiert. Die Gewaltbereitschaft in ihrem Inneren hebt gierig das Haupt, entzündet sich an diesem Funken. Doch mit den Schmerzen und den ganzen Medikamenten, die man ihr eingeflößt hat, wird sie ihm kaum etwas tun können.

»Neugier kann tödlich sein«, sagt sie leise.

Faraday schnalzt unbeeindruckt mit der Zunge. »Hier nicht, kleiner Straßenköter. In London ticken die Uhren anders. Und du bist nun in London, Kleines.«

Er steht auf und zieht den dicken grauen Mantel an, der über der Lehne hängt. »Ich werde deine Fortschritte genau im Auge behalten, Red o'Rhyfentown.« Nach einer bedeutungsvollen Pause fügt er hinzu: »Und ich werde nicht der Einzige sein.«

Seine Schritte verhallen in dem dunkel gefliesten Korridor.

Laut der Aufzeichnungen der Caballaria ist Red ein Waisenkind ohne Familiennamen, doch da sie nach dem Kampf von der Caballaria-Kaderschmiede in Rhyfentown angenommen wurde, wird sie nun zu einer o'Rhyfentown, trägt den Namen des Bezirks, um das neu geschmiedete Bündnis zu verdeutlichen. Dauerhaft behalten darf sie ihn allerdings nur, wenn sie die Ausbildung erfolgreich abschließt.

Der Hexenritter beherrscht ihre Gedanken. Wieder steigt seine beeindruckende Gestalt vor ihrem inneren Auge auf, seine ausdruckslose Miene während des Kampfes. Wie erstarrt liegt Red unter ihrer Decke, doch ihr Herz beginnt zu rasen. Für sie ist die Sache eindeutig: Sie hat in diesem Kampf restlos alles gegeben, aber dieser Mistkerl hat bloß mit ihr gespielt, hat zugesehen, wie sie sich vollkommen sinnlos in einen Rausch hineingesteigert hat, während er sie jederzeit hätte ausschalten können.

Vielleicht wollte er ihr auch nur die Chance geben, zu zeigen, was sie kann. Hätte er sich gelangweilt, wäre der Kampf nach drei Minuten vorbei gewesen. Aber wer außer dem Hexenritter selbst könnte das mit Sicherheit sagen? Wie aus Stein gemeißelt war sein Gesicht, hart und undurchdringlich – bis zu diesem kurzen Moment am Ende. Red spürte seine Hand an der Kehle, seinen durchtrainierten Körper direkt vor sich, während seine Finger langsam immer fester zudrückten, sich beinahe sanft in ihr Fleisch gruben. Dann, als sie sich zwang, in seine golden schimmernden Augen zu sehen, bemerkte sie es: Für den Bruchteil einer Sekunde weiteten sie sich schockiert, als die Magie sich Bahn brach und ihn zurückschleuderte.

Jeder weiß, dass er nahezu besessen davon ist, andere Gottgleiche aufzuspüren. So kann man ganz sicher seine Aufmerksamkeit erregen, es ist das eine, unfehlbare Mittel.

Red hat sich ihr ganzes Leben auf den Schritt vorbereitet, der nun kommt. Nie hat sie ein gefährlicheres Spiel gespielt. Gewinnt sie es, bekommt sie, wonach sie sich seit ihrem achten Lebensjahr verzweifelt sehnt. Den Jackpot, den wahren Sinn ihrer gnadenlos harten Existenz. Gewinnt sie es, wird sie frei sein.

Doch sollte der Hexenritter ihr Spiel vorher durchschauen, wird sie sterben.

KAPITEL 5

Cair Lleon, Blackheart

Neunzehn Jahre zuvor

Die Uhr ist es, die ihn letztlich fertigmacht.

Wie ein Aufseher steht sie in der Ecke, der Korpus aus herrlichem kanneliertem Holz, das Ziffernblatt in kaltes elektrisches Licht getaucht. Aus schwarzer Tiefe gleiten die Minuten auf ihr an die Oberfläche und zerstückeln in stiller Effizienz die Zeit – bis zur vollen Stunde, wo sie eine ruhige Abfolge welliger Töne ausstößt, die sich so lange verdichten, bis sie wie klebrige Marmelade in der Luft hängen.

Als es zum dritten Mal passiert, löst sich Art ruckartig aus seiner dumpfen Benommenheit.

Vor drei Stunden wurde er hier abgestellt wie der lästigste Gast aller Zeiten. Tee und Whisky sind längst ausgetrunken, sogar zwei Küchlein hat er gegessen, als der Hunger zu schmerzhaften Krämpfen mutierte. Gereizt steht er auf. Warten? Wie lange denn? Was, bei allen sieben Höllen, geht dort draußen vor sich?

Die Tür ist nicht abgeschlossen. Sollte das vielleicht ein Test sein, um herauszufinden, wie lange es dauern wird, bis er von allein verschwindet? Oder geht man hier einfach davon aus, dass er wie ein braves Hündchen tut, was man ihm befiehlt?

Der Korridor ist leer, die Welt vor den Fenstern längst in Dunkelheit getaucht. Leise zieht Art die Salontür hinter sich zu und unterdrückt den Impuls, sich wie ein ungehorsames Kind davonzuschleichen. Stattdessen befiehlt er seinen Beinen, lange, entschlossene Schritte zu machen.

Zumindest, bis er plötzlich Stimmen hört. Da ist es vorbei mit seinem Mut. Auf keinen Fall geht er zurück in dieses Zimmer mit der beschissenen Uhr. Zwischen ihm und den Stimmen steht ein Schrank mit einem ziemlich breiten Seitenteil. Dort kann er sich verstecken. Ganz verbergen wird ihn das Ding nicht, doch es wird ausreichen, um in dem dämmrigen Korridor nicht gesehen zu werden. Hoffentlich.

Außerdem bleibt sowieso keine Zeit, um sich etwas Besseres zu suchen. Die Stimmen kommen immer näher.

»… ist siebzehn.«

»Noch nicht einmal volljährig«, erwidert die zweite Stimme. »Einfach lächerlich, das Schwert in die Hände eines Kindes zu geben, das nicht einmal weiß, was es damit anfangen soll.«

Weich klingen diese Stimmen, die Vokale scharf betont, jedes Wort präzise abgesetzt.

»Hast du das Material von ihm gesehen, das heute über die Leuchtschirme lief? Nicht gerade königlich, oder?«

»Was schwerlich sein Fehler sein dürfte, Nanette. Immerhin wurde er nicht entsprechend erzogen, richtig? Stattdessen hat man ihn schnellstmöglich aufs Land abgeschoben.«

Leise Schritte sind zu hören, und Art spürt, wie seine Haut anfängt zu kribbeln, so dicht gehen die beiden an ihm vorbei. So dicht, dass sie seinen letzten Atemzug streifen. Doch sie sehen ihn nicht.

»Er wird sowieso nicht lange durchhalten. Stephanus meinte, die Hälfte des Konsiliums hätte sich bereits gegen ihn verschworen.«

»Na großartig«, stöhnt Nanette. »Als ob die Lage in der Stadt nicht schon angespannt genug wäre. Dafür hat Uther gesorgt. Mir tut es nicht leid, dass er tot ist, was offen gesagt für ganz Blackheart gilt, ganz egal, was in den Medien behauptet wird.«

»Sprich leiser«, zischt die zweite Stimme, »sonst verrate ich dir nicht, dass in der Küche bereits die ersten Wetten laufen.«

Belustigt fragt Nanette: »Jetzt schon? Die sind aber schnell. Und, auf welche Familie setzt du deine Lektris?«

Die Stimmen verschwimmen miteinander, als ihre Besitzer – offensichtlich Dienstboten – sich von Art entfernen. Nur einen Kommentar hört er noch, wieder von Nanette.

»Der arme, gottgetroffene Junge. Sie werden ihn bei lebendigem Leib auffressen.«

Art verharrt reglos hinter dem Schrank, nur sein Herz klopft angestrengt.

Irgendwann hat er sich so weit beruhigt, dass er sein Versteck verlassen kann. Es dauert eine halbe Ewigkeit, bis er den Weg gefunden hat, aber schließlich steht er in der riesigen Eingangshalle.

Wenn er es bis nach draußen schafft, kann er nach den Garagen suchen. Dort könnte er sich ein Motorrad schnappen. Eigentlich wissen nur Ritter, wie man die Dinger fährt, aber Hektor hat es Art beigebracht. Und dann endlich weg von hier …

»Bitte bleiben Sie stehen, Si Dracones.«

Er hat sie zwar nicht bemerkt, aber natürlich wird das Portal bewacht. Reglos wie Statuen stehen die beiden Ritter in der kühlen Halle. An ihrer Hüfte hängen schwere Pistolen, das Emblem mit dem Schwert schimmert an ihren Schultern.

»Si ist nicht korrekt«, erwidert Art. »Ich bin kein Ritter und habe auch nicht vor, einer zu werden.«

Das lässt den Wachhabenden zögern; offenbar ist er von den fremden Gewässern der Etikette überfordert, in die sie nun abgedriftet sind. Welche Anrede gebraucht man bei einem temporären König, der es wahrscheinlich nie dauerhaft sein wird?

Art nutzt diesen Vorteil.

»Ich gehe jetzt.«

»Wir können Sie nicht gehen lassen.«

»Ich werde trotzdem gehen.«

Ganz langsam senkt der Ritter die Hand auf die Waffe, streift unauffällig ihren Griff.

Das lässt Art nur trocken auflachen. »Wollt ihr mich etwa erschießen? Wohl eher nicht. Immerhin bin ich gerade erst angekommen. Ihr solltet den anderen zumindest auch noch eine Chance lassen.«

»Soweit ich weiß, waren Sie nie ein Freund des Kampfes«, stellt eine Stimme hinter Art fest. »Weshalb Sie sich auch geweigert haben, die Ausbildung zum Ritter anzutreten. Und bei der momentanen Lage dort draußen sollte man meinen, dass Sie es vorziehen, zu bleiben. Hier ist es sicher.«

Art dreht sich nicht um, sondern wartet darauf, dass die Sprecherin an ihn herantritt und sich vorstellt. Zwinge sie, zu dir zu kommen – Machtspielchen der Caballaria für Anfänger. Traurigerweise ist ihm dieser Spieler offenbar weit überlegen, denn niemand zeigt sich ihm.

Schließlich gibt Art auf und dreht sich um.

In einer Tür am Rand der Halle steht eine kleine Frau, deren Beine aus klingenartigen Metallschienen bestehen. Art weiß, um wen es sich handelt: Brune Vastos Burdokke o'Evrontown, eine der ältesten und bekanntesten Beraterinnen aus dem Führungskreis des Königs. Ihr stahlgraues Haar ist an den Seiten kurz geschnitten, während sich eine dicke, nach hinten gekämmte Strähne über ihren Scheitel zieht. Die Klingenprothesen ragen aus einer kurzen, schlichten Hose hervor und funkeln im kalten Licht.

»Wie ist denn die Lage dort draußen?«, fragt Art.

Scheiß auf formelle Begrüßungen. Sie hat sich die Mühe ja auch nicht gemacht.

Brune scheint sich ihre Antwort genau zu überlegen. »Kompliziert, Draconitas. Kompliziert.«

Mit dieser Anrede will sie ihm wohl zeigen, wo sein Platz ist. Draconitas – kleiner Dracones. In ihren Augen ist er noch ein Kind, mit allen Konsequenzen.

»Und deshalb bleiben Sie auch lieber hier?«, fragt er weiter.

Sie lächelt. »Auch ein alter Hund kann noch scharfe Zähne haben.«

Neben der Tatsache, dass sie während des letzten Bürgerkriegs bei einem Bombenangriff auf ihren Bezirk beide Beine verloren hat, ist über Brune vor allem eines bekannt: Genau wie Art hat sie die Ausbildung zum Ritter abgelehnt. Sie ist eine Vastos, eine zivile Ratgeberin, und die Einzige im Beraterstab seines Vaters, die nie gekämpft hat. Was allerdings nichts daran ändert, dass sie verdammt einschüchternd wirkt.

»Wie dem auch sei«, fährt Art fort, »ich gehe trotzdem.«

»Tatsächlich?«

»Werden sie wirklich auf mich schießen?«

Brune nickt den Wachen zu. »In den Oberschenkel. Er hier ist ein exzellenter Schütze. Der Treffer wird Sie lediglich handlungsunfähig machen, versprochen.«

Noch immer von dieser seltsamen Ruhe erfüllt, wägt Art seine Möglichkeiten ab.

»Dann hätte ich eine Bitte«, sagt er schließlich.

»Wir werden unser Möglichstes tun, ihr nachzukommen.«

»Ich habe drei Stunden in einem engen Zimmer festgesessen. Sagen Sie mir, was los ist.«

»Die Vorbereitungen haben eine Weile gedauert«, erklärt Brune. »Das alles kam ziemlich unerwartet. Ich bedauere sehr, dass es uns nicht gelungen ist, Ihnen Unterhaltung zu verschaffen.«

Art nickt nur und versucht krampfhaft, ihr nicht in die Augen zu sehen, denn sie verraten ihm, dass sie lügt.

Stephanus meinte, die Hälfte des Konsiliums hätte sich bereits gegen ihn verschworen.

Das wird Ärger geben.

»Dann lassen Sie mich doch ein paar Spielkameraden einladen, damit ich mich amüsieren kann, während die Erwachsenen die schwere Arbeit übernehmen«, erwidert er unbeschwert.

Voller Bedauern lehnt Brune ab: »Zu riskant, fürchte ich.«

»Überhaupt nicht. Vor ihrer Bewerbung bei der Caballaria haben sie eine Sicherheitsprüfung durchlaufen, was bedeutet, dass sie eine Freigabe für Blackheart haben. Und jemand in Ihrer Position kann ja sicherlich dafür sorgen, dass sie Zutritt zum Palast bekommen. Ihre Namen sind Garad und Lucan. Und dann wäre da noch Lillath, die allerdings die glamouröse Ritterausbildung abbrechen wird, weil sie lieber eine Vastos in beratender Funktion werden möchte. Eines Tages will sie also vermutlich etwas ganz Ähnliches machen wie Sie, schätze ich. Sie waren alle bei mir, als ich auf dieser Müllkippe in Senzatown aufgelesen wurde. Bestimmt wissen Sie ganz genau, wen ich meine, denn mit Sicherheit gibt es in diesem Palast mindestens ein fleißiges Helferlein, dessen Job hauptsächlich darin besteht, jeden einzelnen Kontakt nachzuverfolgen, den ich seit dem unglückseligen Tag meiner Geburt geknüpft habe.«

Brune zögert.

Sofort hakt Art nach: »Was?«

»Möglicherweise sind sie bereits vor einer Weile im Palast vorstellig geworden. Man hat sie abgewiesen.«

Erleichtert atmet er auf. *Danke, danke, danke, meine Freunde. Ihr habt mir ein Seil zugeworfen.*

»Sie werden wiederkommen«, versichert er Brune. »Möglicherweise gehen sie auch zu ihren Eltern und beschweren sich. Sie wissen ja sicher, wer Lillaths Eltern sind, oder? Kann gut sein, dass sie richtig Rabatz machen, auch wenn mir das natürlich schrecklich leidtut. Möglicherweise wenden sie sich sogar an die Medien. Schließlich haben sie keine Ahnung, was Sie hier mit mir machen, da ich mit niemandem reden darf. Sie haben mich auf offener Straße entführt.«

Vollkommen unbeeindruckt erwidert Brune: »Machen Sie sich nicht lächerlich. Sie sind aus freien Stücken mitgekommen.«

»Oh«, seufzt Art spöttisch, um dann verbissen fortzufahren: »Aber wie Sie hier so richtig festgestellt haben, bin ich noch ein *Kind.* Und dasselbe gilt für meine Freunde. Manchmal können sie schrecklich dumm sein. So melodramatisch. Das ist ziemlich anstrengend, aber wenn man ein unerwünschter Bastard ist, muss man nehmen, was man kriegen kann, auch in puncto Freundschaften.«

Stille breitet sich aus.

Art ringt sich ein Lächeln ab.

Brune mustert ihn nachdenklich.

»Nun, dann sollten wir unschöne Szenen am Kontrollpunkt wohl unbedingt vermeiden«, sagt sie schließlich. »Wir werden versuchen, sie herzuholen, damit sie Ihnen Gesellschaft leisten können.«

Art sinkt in eine formvollendete Verbeugung. Nicht jeder Kampf wird mit den Fäusten ausgetragen.

Caballaria-Machtspielchen für Anfänger.

*

Brune ist erfreulich schnell.

Zwar hockt Art wieder in dem Warteraum mit der verstörenden Uhr, aber zumindest steht nun eine ganze Flasche Pollidori auf dem Tablett, dazu vier Glaskelche und ein kleiner Berg Eis in einem Kühler.

Schon wenig später dringen Stimmen zu ihm, die sich offenbar gegenseitig zu übertönen versuchen. Die Tür wird geöffnet, und ein leicht mitgenommen wirkender Vastos kommt herein, gefolgt von Lucan, der allerdings über die Schulter nach hinten blickt, um Garad etwas zuzurufen, dier sich leicht gebückt hinter ihm unter dem Türstock hindurchschiebt. Als Letzte stürmt Lillath in den Salon.

»Halt's Maul, Lux«, schnaubt sie wütend, um dann nahtlos auszurufen: »ART!«

»ART«, wiederholt Lucan ebenso begeistert. »Beim Arsche aller Heiligen, es geht dir gut.«

Der Vastos, der sie hereingeführt hat, zuckt bei dieser achtlos vorgebrachten Blasphemie heftig zusammen. Ein unkontrolliertes Lachen steigt in Arts Kehle auf. Sie sind hier. Sie erfüllen diesen toten, muffigen Raum mit Leben, und er ist nicht länger allein.

»Art.« Unverkennbare Sorgenfalten haben sich in Garads Stirn gegraben.

Leicht verunsichert bleibt das Trio stehen.

»Ihr seid gekommen.« Art atmet auf, und ein Grinsen breitet sich auf seinem Gesicht aus. Er stürmt auf Garad zu und drückt xien fest an sich. Lillath kommt zu ihnen und legt ihm eine Hand auf den Rücken. Nur Lucan hält sich wie immer zurück, er hat es nicht so mit Körperkontakt. Art legt das Gesicht an Garads Brust und schaut zu Lucan hinüber.

»Ich liebe euch«, sagt er leise.

Lucan nickt nur, doch die Erleichterung ist ihm deutlich anzusehen.

*

»Ihr habt einen Ritter der Wache geschlagen?«, fragt Art fassungslos.

Verlegen hält sich Garad am Whiskyglas fest.

»Die haben dich einfach mitgenommen«, wehrt sich Lucan. »Und sie wollten uns nichts sagen. Wir sind euch so gut wie möglich hinterher, aber an der Grenze zu Blackheart wollten sie uns nicht durch die Kontrolle lassen, wir mussten erst mit unseren Caballaria-Ausweisen rumwedeln. Und der Weg zum Palast hat ewig gedauert, weil in den Straßen die Hölle los ist. Als wir endlich hier ankamen, hat man uns am Tor abgewiesen, wie alle anderen auch, und, na ja …«

»Da ist es mit Garad durchgegangen«, erklärt Lillath trocken. »Wir hatten Glück, dass sie uns nicht verhaftet haben.«

»Bei dem Chaos da draußen sicher nicht«, widerspricht Lucan. »Die Wachen hatten auch so alle Hände voll zu tun.«

»Ich …« Garad setzt noch einmal neu an: »Ich habe mir Sorgen gemacht. Das ist der totale Wahnsinn dort draußen. Und was die in den Medien gesagt haben …«

»Wieso der totale Wahnsinn?«, will Art wissen.

»Sie haben den Tod des Königs verkündet, da sind alle durchgedreht.«

»Ist ja logisch«, findet Lucan. »Die Leute sagen, deine Kandidatur für das Schwert wäre nicht rechtens.«

»Also, bitte«, schnaubt Lillath. »Er ist nun wirklich nicht das erste Kind, das mit einer skandal- und magieumwitterten Herkunft aufwarten kann.«

Lucan sieht Art durchdringend an. »Und sie behaupten, dein Vater sei durch *moldra lagha* umgekommen.«

Moldra lagha. Marvols Gesetz, das bekannteste noch erhaltene Edikt des Todesheiligen. Der einzige Rechtsgrundsatz, nach dem ein Leben genommen werden kann als Vergeltung für einen Tod, und das nur von einem Menschen, der eine persönliche Verbindung zu dem Ermordeten nachweisen kann. Ein Leben für ein Leben, um das Gleichgewicht wiederherzustellen.

Angeblich führte der Heilige Marvol die *moldra lagha* ein, um die brutalen Impulse des Volkes zu zähmen und die Menschen dazu zu bringen, besser nachzudenken, bevor sie ein Leben auslöschten, da es ihr eigenes sein konnte, das als Nächstes beendet würde. Art ist allerdings der Ansicht, dass dieses Gesetz niemals funktioniert hat. Die Menschen tun trotzdem noch, was sie am besten können: Sie bringen sich gegenseitig um für ein bisschen Macht, die nur deshalb existiert, weil alle daran glauben.

»Uther ist an Herzversagen gestorben«, widerspricht Garad. »Das wurde durch sein Ärzteteam bestätigt.«

»Das sagen die«, brummt Lucan. »Aber was meinst du, wie viele Leute eine Blutschuld mit ihm zu begleichen hatten?«

»Unser aktuelles Problem ist jetzt aber doch, dass der wahrscheinlichste Anwärter auf das Schwert Agravain Welyen sein dürfte«, wendet Lillath ein. »Was mir extrem gegen den Strich geht.«

Entsetzt sieht Garad sie an. »Er wird das Schwert niemals bekommen.«

»Na ja, immerhin ist er der Schwager des Königs. Verzeihung, *war* der Schwager des Königs. Jedenfalls kommt es in Alaunitown sicher zu Aufständen, wenn er es nicht wird. Es ist inzwischen fast fünfzig Jahre her, dass einer der Ihrigen es bis ganz nach oben geschafft hat. Und niemand will schon wieder einen verdammten Bürgerkrieg – wir haben uns ja noch nicht einmal vom letzten erholt.«

Nun ist es Lucan, der abfällig schnaubt. »Wenn die Welyens an die Macht kommen, kannst du aber darauf wetten. Weißt du, was dann passiert? Sie werden halb London zu ihrem persönlichen Slum machen. Und die andere Hälfte wird von allem gesäubert, was kein Technikgenie ist, um mehr Platz zu schaffen für ihre Technikfirmen. In zehn Jahren ist diese Stadt tot. Immerhin lässt sich ihr Familienmotto frei übersetzen mit: *Scheiß auf jeden, der keiner von uns ist.*«

»Du weißt doch, wie es abläuft. Sobald ein Herrscher stirbt, fangen die sieben Familien an, sich um die Herrschaft zu prügeln«, erklärt Lillath finster. »Als wir noch eine Erbmonarchie hatten, ist uns wenigstens *das* erspart geblieben.«

»Bei den Heiligen, Lil, bist du etwa eine Stammbaumtreue?«, ruft Lucan verblüfft. »Nicht zu fassen …«

Art lässt die folgende Diskussion an sich vorbeiziehen und rutscht tiefer in seinen Diwan. Wie viele Nächte haben sie so durchgemacht, haben stundenlang die Welt wieder auf Kurs gebracht, während sie gemeinsam eine Flasche geleert haben? Früher hat das zu ihren Lieblingsbeschäftigungen gehört.

Aber jetzt ist es nicht mehr bloß graue Theorie. Jetzt geht es um sein Leben. Sein *verdammtes Leben*, und er hat nur dieses eine.

Er weiß, dass es feige ist, egoistisch, und bestimmt lassen sich noch hundert andere, wenig ehrenvolle Umschreibungen finden. Aber er weiß auch, dass London sicher besser dran ist, wenn nicht irgendein Bastardjunge an die Macht kommt, dem sowieso niemand folgen wird. Sein gesamtes Sein fällt in sich zusammen unter der Last dieser Vorstellung.

Vorläufig wird er tun, was in seiner Macht steht, um für Ruhe und Ordnung zu sorgen – falls man ihn überhaupt irgendetwas tun lässt. Natürlich wird er das. Und dann, in einem Monat, wenn die Caballaria das Turnier um das Schwert von London ankündigt, wird dieser Albtraum ein Ende haben und er kann sich aus dem Staub machen.

Zum ersten Mal seit Stunden hebt sich ein Teil der Last von Arts Seele. Mag sein, dass er gezwungen ist, sich an dem Kampf um die Königswürde zu beteiligen, aber das heißt noch lange nicht, dass er auch gewinnen muss.

Genauso gut kann er verlieren. Und zwar absichtlich.

KAPITEL 6

Von Blackheart nach Rhyfentown

Elf Monate zuvor

Der Ritter kündigt seine Ankunft durch lautes Motorengebrüll an, das wie der Schweif eines Kometen hinter seinem Bike herfliegt.

Mit der Abenddämmerung kommt er, von Kopf bis Fuß in schlangengrünes Leder gekleidet, das mit Nieten, Abzeichen und kleinen Talismanen geschmückt ist, abgerundet durch einen Stoffkragen, auf dem grinsende Katzenköpfe prangen. Red weiß, dass diese Verzierungen die Vorlieben und Loyalitäten eines jeden Ritters symbolisieren, aber hier erkennt sie kein einziges Zeichen. Doch, eines schon: Auf der rechten Schulter ist ein Aufnäher mit einer grell orangefarbenen Sonne zu sehen, dem klassischen Symbol des heiligen Rhyfen. Allerdings ist sie eher im Comicstil gehalten, was Red irgendwie lahm findet – nicht sonderlich passend für ein religiöses Symbol.

Aber wenigstens lässt sich der Biker so halbwegs identifizieren – ein Ritter aus Rhyfentown und Reds Chauffeur auf dem Weg zu ihrem neuen Zuhause, zumindest für die kommenden sechs Monate. Sie steht nun schon eine Weile in der zugigen Eingangshalle des Krankenhauses und wartet auf den Fahrer, der eigentlich vor einer Stunde hätte kommen sollen.

Träge hebt der Biker zwei Finger zum Gruß. Nur gedämpft dringt seine Stimme durch das blickdichte Visier des Helms, den er gar nicht erst abgenommen hat. So bleibt der gesamte Kopf inklusive Haar verborgen.

»Fertig?«, fragt er knapp.

Red trägt wieder die Sachen, in denen sie gegen den Hexenritter gekämpft hat. Man hat das Blut aus Shirt und Pullover gewaschen, und in ihren Stiefeln hat sie zumindest warme Füße, aber der Mantel, den Faraday ihr gegen die Winterkälte aufgedrängt hat, hängt an ihr wie ein nasser Sack. Da er viel zu groß ist, gelangt eine Menge beißend kalter Luft an ihren Körper. Außerdem ist sie müde und nervös, und die verletzte Schulter schmerzt in der Kälte.

»Und du bist …?«, fragt sie unsicher. Sind die Menschen in dieser brutalen Mistgrube von Stadt denn nicht in der Lage, sich ordentlich vorzustellen?

Wortlos tippt der Biker auf das Sonnenemblem auf seiner Schulter.

Völlig verdutzt sieht Red ihn an. »Und da soll ich jetzt blind drauf vertrauen? Du hast mich ja nicht einmal gefragt, wer *ich* bin. Wie erkennst du denn, ob du die Richtige mitnimmst?«

Der Biker deutet hinter sich auf die Straße.

»Dein Gesicht überzieht den halben Himmel«, erklärt er dumpf. »Wäre schwer, dich nicht zu erkennen, Kleines.«

Im Leder seines Handschuhs funkelt es silbern – eine Lektrimünze. Geschickt schiebt der Biker sie in den Zündschlitz, und der Motor erwacht zum Leben. Dann deutet er auf den Sozius.

Steig auf.

Mit einem unguten Gefühl in der Magengrube gehorcht Red. Einzig und allein Ritter fahren Lektribikes. Daran kann man sie immer leicht identifizieren, wenn sie wie elegante Großkatzen durch die Stadt streifen. Viele von ihnen tragen blickdichte

Helme, um ihre Identität zu verschleiern, obwohl lediglich diejenigen erkannt werden, die durch ihre Kämpfe in der Arena berühmt geworden sind. Deshalb ist dieses Versteckspiel auch eher eine Art Einladung, anzunehmen, dass es sich um eine Berühmtheit handeln muss, was ihnen nur noch mehr Aufmerksamkeit einbringt. Alles eine bewusste Inszenierung der Caballaria, die in Reds Augen sowohl nervtötend als auch sinnlos ist.

Sie ist keine Ritterin – *noch* nicht, führt sie sich vor Augen –, weshalb sie nie zuvor auf einem Motorrad gesessen hat. Das muss dem Ritter aus Rhyfentown bewusst sein, trotzdem kennt er kein Pardon. Sobald Red halbwegs auf dem Sozius Halt gefunden hat, lässt er die Maschine aufheulen. Offenbar gibt es hier einen Angeber-Modus, denn normalerweise sind die Elektromotoren so leise, dass man ihr sanftes Summen kaum wahrnimmt.

Der Fahrer dreht sich um und ruft über das elektronische Kreischen hinweg: »Ich fahre ziemlich schnell!«

Ein Ruck geht durch das Motorrad, dann sind sie unterwegs, rasen durch regennasse Vorortstraßen, sicherlich verfolgt von den verschreckten Blicken unzähliger Leute, die sie aus ihren ordentlichen kleinen Wohnungen heraus beobachten, nachdem ihre Babys soeben brüllend aus dem Schlaf gerissen wurden.

Red stemmt sich gegen den peitschenden Wind und duckt sich hinter den Rücken des Fahrers. Schon jetzt brennen ihre Muskeln, weil sie krampfhaft die Schenkel an die Maschine presst. In jeder Kurve, und sei sie noch so weit, glaubt sie, abzurutschen und auf die Straße zu fallen. Durch das Panzerband an ihren Händen findet sie kaum Halt an der Griffstange, und je fester sie zupackt, desto rutschiger wird es.

Ihr Fahrer genießt offenbar die Aufmerksamkeit, was Red gehörig gegen den Strich geht – sie verschmilzt immer lieber mit dem Hintergrund. Als sie sich allerdings der Themsebrücke nähern, die sie in das weitläufige Tortenstück namens Rhyfentown bringt, löst sich jede Hoffnung auf Anonymität mit einem Schlag in Rauch auf.

Denn dort oben in den Wolken schimmert ein geisterhaftes Gesicht, übergroß und imposant wie das eines Gottes.

Reds Gesicht.

Noch während sie es anstarrt, bewegt sich die Projektion, und Mund und Stirn sind plötzlich von gequälten Linien durchzogen. Ein Flackern, dann springt das Bild zu dem Moment, als der Hexenritter ihr die Maske vom Kopf reißt, das Haar über ihre Schultern fällt, einzelne Strähnen an ihrer verschwitzten Stirn hängen bleiben. Wieder flackert es, ihre Lippen bewegen sich, und plötzlich landet der Hexenritter rücklings auf dem Arenaboden.

Unter dem gigantischen Gesicht verkündet eine leuchtend rote Schlagzeile:

Gottgleiche vs. Gottgleicher!

Darunter die grell funkelnden Worte:

Unbekannte Kämpferin setzt illegale Magie ein –
Hexenritter beinahe vernichtend geschlagen

Ein derber Fluch dringt über Reds Lippen, wird aber sofort vom Wind davongetragen. Faraday hatte behauptet, die lokalen Kämpfe würden nicht aufgezeichnet, da sie nicht unterhaltsam genug seien für die großen Caballaria-Shows. Bei ihrem war das anscheinend anders. Vermutlich hatten sie vorher herausgefunden, dass der Hexenritter an diesem Tag kommen würde. Seine Aufmerksamkeit wollte sie durchaus erregen, klar, aber doch nicht die der gesamten Stadt! Wird man jetzt etwa jeden ihrer Schritte genau beobachten?

Bei dem Gedanken wird ihr ganz schlecht.

Das Motorrad erreicht die Zufahrt zur Brücke, und sie werden langsamer, um sich dem stockenden Verkehr anzupassen. Einige Fahrer beugen sich aus ihren Seitenfenstern und brüllen sich gegenseitig an, auch wenn keiner von ihnen Platz machen kann. Am liebsten würden sie wohl an einem Hebel ziehen, ihre Autos in Panzer verwandeln und alles platt walzen, um weiterzukommen.

»Was ist da los?«, ruft Red nach vorne.

»Gar nichts«, antwortet der Ritter. »Ein ganz normaler Dienstag.«

»Bei allen Heiligen.«

Der Biker lacht leise. »Wahrscheinlich haben sie gedacht, wenn sie die Bezirksgrenzen öffnen, würde es das Verkehrsproblem lösen, aber stattdessen sind jetzt immer alle unterwegs. Aber keine Sorge, wir kommen da schon durch.«

Mühelos schiebt sich die Maschine zwischen den Autos hindurch, was ihnen wieder einige Blicke einbringt. Red duckt sich noch tiefer hinter den Rücken des Fahrers und wünscht sich inbrünstig, ihr Mantel hätte eine Kapuze. Das Gesicht des Ritters ist unter seinem Helm verborgen, außerdem hat er den großen Vorteil, dass sein Bild nicht von einem riesigen Projektor an den Himmel geworfen wird.

Nachdem sie gerade eben noch der Meinung war, Motorräder seien absolut grauenvoll, ist sie jetzt dankbar dafür, wie leicht sie sich damit durch den Stau winden können – so wie die Biker sich Tag für Tag durch die Stadt schlängeln, auf denselben Straßen wie der Rest Londons und doch irgendwie über allem stehend. Hinter der Brücke tauchen sie in das Gewirr belebter Straßen ein, wo die Fußgänger wie ferngesteuert durch den Verkehr hasten und dem Motorrad geistesabwesend Platz machen, bevor sie sich dann umdrehen und leicht verspätet begreifen, dass gerade ein Ritter an ihnen vorbeigeschossen ist.

Das Grün der Lederkombi vor Red verblasst unter dem Ansturm blinkender, grell leuchtender Reklametafeln und Ladenschilder, die dicht an dicht an den Hauswänden hängen, sich in ihrem Farbenspiel überlappen und über die Köpfe der wogenden Masse hinwegstrahlen: blau flimmernde Fische an den Meeresfrüchtebars; grellgrüne, um pulsierende rote Stäbe geschlungene Schlangen bei den Kräuterhexen; wild zuckende weiße Blitze an den Stromkiosken. Holografische Schaufensterpuppen schwingen hinter spiegelnden Scheiben die Hüften, um Laufkundschaft anzulocken, während die neuesten Modetrends an ihren Beinen aufleuchten.

Und überall strahlen die Schilder der Caballaria. An unzähligen Wettbüros prangt das silberne Schwertsymbol, zusammen mit den Ankündigungen der nächsten Kämpfe:

Die Schwarze Katze vs. Florian der Riese
Salia Senzatown vs. Egos Ende
Galgenvogel II vs. Der Fischer

London ist ein überquellender Moloch, in dem eine Million Bilder und Ideen um Aufmerksamkeit buhlen und der den Menschen nach und nach Kraft und Leben aussaugt. Red ist vollkommen schleierhaft, wie man das für längere Zeit ertragen kann. Sie ist fernab dieses Wahnsinns aufgewachsen, wenn auch nicht frei von seinem Einfluss. Niemals wird das ihre Heimat werden. Sobald sie erreicht hat, wofür sie gekommen ist, wird sie von hier verschwinden. Diese Vorstellung soll sie durch die kommenden Monate bringen.

Nicht mehr lange, dann ist sie weg.

Das Herzstück von Rhyfentown beginnt, wie bei jedem Bezirk, an der Grenze zum münzrunden Blackheart und dehnt sich aus, je weiter sie fahren. Eine halbe Stunde später rasen sie noch immer Richtung Norden und nähern sich langsam ihrem Ziel.

Dieser Teil von Rhyfentown ist ruhiger als das Chaos, das sie hinter sich gelassen haben, aber nicht weniger beengt. Schließlich biegen sie von der breiten Hauptstraße ab in eine kleine Gasse, in der sich mehrere billige, bunt leuchtende Restaurants aneinanderreihen. Vor einer winzigen schottischen Kneipe hält der Fahrer an. Obwohl sie so klein und der Abend weit fortgeschritten ist, scheint die Bar sehr beliebt zu sein – fröhliche Menschen drängen sich im Inneren, so dicht, dass einige von ihnen sogar gegen die Fensterfront gepresst werden.

Als der Ritter die Maschine abstellt, geht Red davon aus, dass er sich hier etwas zu essen holen oder kurz etwas erledigen will. Warum das nicht warten kann, bis sie ihre Reise beendet haben, ist ihr schleierhaft.

»Wir sind da«, ruft der Biker über die Schulter.

Red bleibt reglos sitzen. Sie befinden sich in einer winzigen Gasse, deren nasses Pflaster im Licht der Restaurantschilder glänzt. Nie und nimmer ist hier die Caballaria-Kaderschmiede von Rhyfentown angesiedelt.

Der Fahrer dreht sich um und gleitet elegant von der Maschine herunter, um sich ausgiebig zu strecken. Erst als er sich wieder aufrichtet, wird Red bewusst, wie klein er eigentlich ist.

»Das verstehe ich nicht«, sagt sie. »Wo ist denn die Kaderschmiede?«

Der Biker zeigt zu einem hohen, schmalen Gebäude hinüber, das zwischen der Kneipe und einer kleinen Motorradwerkstatt eingezwängt ist. Dann packt er mit beiden Händen seinen Helm und zieht ihn ächzend vom Kopf. Darunter kommt das Gesicht einer Frau zum Vorschein. Ihre gebleichten kinnlangen Locken sind an den Spitzen blau gefärbt und heben sich im Licht der Straße geisterhaft von ihrer dunklen Haut ab. Sie schüttelt sich wie ein nasser Hund, was die Strähnen wild tanzen lässt.

»Sag ehrlich«, wendet sie sich an Red, »wie schlimm sieht mein Haar aus?«

Red ist sprachlos.

»Ich würde ja ohne Helm fahren, wenn ich damit durchkäme«, fährt die Ritterin fort, »aber die Caballaria-Versicherung lässt mich nicht. Wegen dieser ganzen ›Schädel-platzt-wie-rohes-Ei‹-Sache. Früher habe ich mich darüber lustig gemacht, denn als Kind waren wir ständig mit den Fahrrädern unterwegs und haben sie mit selbst gebastelten Motoren ausgerüstet, wie man das in dem Alter eben so macht, also habe ich meine prägenden Jahre damit verbracht, motorisierte HRS zu üben.« Sie bemerkt Reds verwirrten Blick, deutet ihn aber falsch. »Du weißt schon, HRS, Hinterreifenstunts. Keine Ahnung, ob man das heute noch so nennt, aber bei den Rhyfters, die ich früher kannte, hieß das halt so. Als ich dann also meine ersten Stunden auf einem richtigen Bike bekam, meinte ich zu denen: ›Ich brauche doch keinen Helm, seid ihr irre? Ich fahre schon seit Jahren ohne.‹ Aber sie haben mich nur ausgelacht.« Sie grinst breit. »Wie sich herausstellte, sind echte Bikes um einiges schneller als aufgemotzte Fahrräder. Fällt man vom Drahtesel, holt man sich ein paar Schrammen, vielleicht auch blaue Flecken. Haut es dich aber ohne Helm von einem richtigen Bike, kannst du dich von deinem Gehirn verabschieden. Nur ein kleiner Tipp unter uns Straßenkötern.«

Red hat sich die Frau genauer angesehen, während sie drauflosgeplappert hat. Zunächst ist sie sich nicht sicher, denn eigentlich kann es nicht sein – doch der respektlose Kommentar über die Caballaria-Versicherung weckt einen Verdacht in ihr, der durch die Bemerkung über Straßenköter zur Gewissheit wird.

Kein Wunder, dass sie sich unter dem Helm versteckt hat.

Denn bei der Frau, die hier mit absoluter Selbstverständlichkeit in dieser stinknormalen Gasse steht, handelt es sich um

Finnavair Caballarias o'Rhyfentown, auch bekannt unter ihrem Kampfnamen die Flinke Fee. Genau wie Red hat sie keine Familie und ist in einem der vielen Waisenhäuser aufgewachsen, die zwischen Londons diversen Bürgerkriegen wie Pilze aus dem Boden schossen.

Dass ein Ritter von der Straße kommt, ist noch selten genug, um beim Publikum für Aufsehen zu sorgen. Bereits kurz nach ihrer Ausbildung hat Finnavair eine ganze Reihe von Siegen eingefahren, was sie schnell in den Ligen hat aufsteigen lassen. Heute, zehn Jahre später, gilt sie als Veteran der öffentlichen Caballaria-Kämpfe und gehört zweifellos zu den berühmtesten Rittern, die das Turniergeschäft zu bieten hat. Oder zumindest war es so, denn in letzter Zeit machen Gerüchte die Runde, sie wolle sich aus der Arena zurückziehen, um einen einträglicheren Karriereweg einzuschlagen.

Nun zeigt sie auf das Gebäude, neben dem sie stehen.

»Von außen sieht es klein aus, aber glaub mir, eigentlich ist es riesig. Es gibt auch eine Tiefgarage, aber da reinzufahren, hätte sich nicht gelohnt, ich liefere dich ja nur schnell hier ab.« Ihre dunklen Augen richten sich auf Red, da sie endlich bemerkt hat, wie still diese ist. »Alles klar mit dir, Kleine?«

Sie ist mindestens zwanzig Zentimeter kleiner als Red. Steht man ihr gegenüber, wirkt sie geradezu winzig. Dabei ist sie bekannt dafür, dass sie ihre zarte Statur und ihr kindliches Aussehen einsetzt, um ihre Gegner zu überrumpeln. Sie ist eine Berühmtheit, absolut.

»Tut mir leid, aber warum bei allen sieben Höllen bist *du* …?« Red schluckt und sucht nach einer weniger unfreundlichen Formulierung. »Ich will ja nicht unhöflich sein, aber …«

Finnavair neigt belustigt den Kopf. »Das weiß ich zu schätzen. Warum jemand wie ich für dich Chauffeur spielt, meinst du? Na ja, ist einfach nett, hin und wieder rauszukommen, oder nicht? Heutzutage wird es nicht mehr gern gesehen, wenn ich allein unterwegs bin. Und natürlich ist das hier meine alte Kaderschmiede, da ich ja in den Straßen von Rhyfentown aufgewachsen bin. Und mir war danach, mal wieder einen Abstecher in mein altes Viertel zu machen, um zu sehen, wie es so läuft. Außerdem ... du bist eine Waise, genau wie ich, und bist über Nacht zu einer Berühmtheit geworden. Scheint so, als hätten wir einiges gemeinsam.« Sie lacht fröhlich. »Ehrlich gesagt war ich einfach neugierig und wollte mal einen Blick auf dich werfen.«

Sie hebt die Hand, als wollte sie über Reds Wange streichen, aber die weicht erschrocken zurück. Plötzlich steht sie einer berühmten Ritterin gegenüber, die mit ihr Fangen spielen will, die viel zu viel und viel zu schnell redet, einfach so, als wäre das ganz normal, als wären sie alte Bekannte. Für Red fühlt es sich an, als hätte man sämtliche Scheinwerfer auf sie gerichtet, wo sie sich doch nur verkriechen möchte. So war das nicht geplant.

So war das ganz und gar nicht geplant.

Finnavair hält inne und will offenbar etwas sagen, doch zum Glück wird sie durch einen lauten Schrei unterbrochen.

»Fin!« Ein schlanker Mann beugt sich durch die offene Tür der Kneipe nach draußen. »Was soll das denn werden, du altes Schlitzohr? Hättest ja ruhig mal verlauten lassen können, dass du vorbeikommst!«

Ein breites Grinsen legt sich über Finnavairs Gesicht, als sie sich zu dem Kerl umdreht. »Überraschungsbesuch«, ruft sie fröhlich zurück.

Der Mann hebt eine Hand an die Stirn, wie um seine Augen vor der Sonne abzuschirmen, und späht angestrengt die Straße hinunter. »Aber wo sind denn die ganzen Filmapparate, die du neuerdings ständig im Schlepptau hast?«

»Halt die Klappe.«

»Hey, unsere *cwen* beehrt mal wieder ihre bescheidene alte

Heimat«, brüllt eine zweite Stimme aus dem Laden. »Hat jemand ein paar Rosenblütenblätter, die wir für sie ausstreuen können?«

Drinnen wird gegrölt und gelacht, dass die Wände wackeln. Was auch immer eine *cwen* sein mag – in dem Begriff schwingt unverkrampfte Kameradschaft mit, eine Wärme, die Red als Außenseiterin nicht einschließt.

»Arschlöcher«, brummt Fin liebevoll.

Jetzt treten mehr und mehr Kneipengäste auf die Straße hinaus, und Red spürt die neugierigen Blicke: Wer ist dieser verkrampfte, glanzlose Niemand, der da mit dem strahlenden Liebling der Caballaria gekommen ist?

»Zu berühmt für einen Drink?«, wendet sich der schlanke Mann wieder an Fin.

»Ich kann nicht«, lehnt sie mit sichtlichem Bedauern ab. »Ich bin nur kurz losgefahren, um sie abzuholen. Die werden mich bald als vermisst melden.«

»Sie wissen also gar nicht, wo du bist? Schlitzohrig wie eh und je.« Aus der Nähe betrachtet erinnert der Mann irgendwie an eine Grille, scheint nur aus Ecken und Kanten zu bestehen; ein Eindruck, der durch die eng an den Kopf geklatschten dunklen Haare noch verstärkt wird. »Und wer ist deine schweigsame Fracht?«

»Pffft.« Eine kurvige Frau, die dicht hinter ihm steht, prustet los. »Hast in den letzten Tagen wohl den Kopf nicht aus dem Arsch gekriegt, was, Frome? Das ist die Gottgleiche, die diese Geißel in den Dreck geschubst hat.«

Obwohl ihr das Herz in die Hose rutscht, da sie so mühelos wiedererkannt wird, breitet sich ein feines Kribbeln in Red aus, als sie diese Worte hört.

»Das war mehr als nur ein Schubser«, sagt sie, bereut es aber sofort.

Die Menge heult los wie ein Rudel boshafter Wölfe.

»Hat eine ziemlich spitze Zunge, die Kleine«, ruft Fin über den Lärm hinweg.

»Könnte ein Spötter werden«, krakeelt jemand.

Red verkneift sich jede Antwort. Sie ist ganz bestimmt kein Spötter, wie die Kämpfenden genannt werden, die ihre Gegner mit Worten ebenso zu Fall zu bringen versuchen wie mit Waffen. Ihrer Meinung nach haben Worte einem gut gezielten Schlag wenig entgegenzusetzen.

»Nimm's ihnen nicht übel, Kleine«, sagt der Mann namens Frome freundlich. »Du hast ihn auch schon vor deiner kleinen Zaubershow ordentlich tanzen lassen. Damit hast du bei einem Kampf mehr erreicht als manch anderer bei einem ganzen Turnier.«

»Stimmt nicht«, flötet das Mädchen neben der kurvigen Frau. »Ich verstehe echt nicht, warum alle immer so tun, als wäre der Hexenritter absolut unantastbar. Er hat auch schon verloren, okay? Und er bekommt von seinen Gegnern ständig eine verpasst.«

Die Kurvige schnaubt wieder. »Oh, bitte. Weiß doch jeder, dass er manchmal absichtlich verliert, um das Ergebnis zu …«

»Hast du dir etwa wieder diese dämlichen Verschwörungstheorien reingezogen?«, fällt ihr das Mädchen ins Wort. »Die Statistik zeigt ganz klar …«

»Keine Statistiken nach Dienstschluss!«, mahnt Frome dröhnend, um die kreischenden Stimmen zu übertönen. Die beiden Frauen schweigen kleinlaut. »Vor allem nicht zur Essenszeit, bei Rhys spitzem Dolch.« Er sieht Red fragend an. »Apropos, du hast doch bestimmt Hunger. Willst du mitessen? Der beste Eintopf des ganzen Viertels.«

»Ich habe gegessen, bevor wir losgefahren sind«, erwidert Red steif.

Frome winkt gelassen ab. »Ich zahle auch.«

Da Red als Waisenkind bei der Caballaria angetreten ist, geht er logischerweise davon aus, dass sie knapp bei Kasse ist. Er will vermutlich bloß freundlich sein, aber Freundlichkeit erträgt Red nicht.

Vor allem nicht, wenn sie bedenkt, weshalb sie hier ist.

»Ich will einfach nur auf mein Zimmer«, erklärt sie deshalb.

Peinliche Stille setzt ein und zeigt ihr, dass sie sich wohl im Ton vergriffen hat.

»Ist klar«, sagt Frome dann. »Bist sicher müde. Und die Schulter ist noch ziemlich im Arsch, richtig? Keine Sorge, wir werden es im Training langsam angehen lassen.«

Das Lachen der anderen enttarnt ihn als Lügner.

»Hast du noch kurz Zeit, um sie reinzubringen, Fin?«, fragt er.

»Na klar. Ich komme noch mal zu dir, bevor ich fahre.«

»Besser wäre es.« Er mustert ihr Motorrad. »Sonst sorge ich dafür, dass das Ding hier geklaut wird.«

Sie antwortet mit einer eindeutigen Geste und marschiert dann auf das Gebäude zu, ohne sich auch nur nach Red umzusehen. Die folgt ihr und kommt sich dabei vor wie ein braves Schoßhündchen.

Schließlich räuspert sie sich kurz und sucht krampfhaft nach einem Gesprächsthema.

»Das hier ist also dein alter Bezirk«, beginnt sie. »Heute kämpfst du aber nicht mehr für einen Stall aus Rhyfentown, oder?«

Fins kleiner Mund verzieht sich belustigt. »Nein, jetzt bin ich in Blackheart.«

Reds Herzschlag beschleunigt sich. Sie ist ein Blackheart-Ritter?

Sei nett. Vielleicht ist sie deine Eintrittskarte.

»Gratuliere. Ist ja ein ziemlicher Karrieresprung.«

Für die Ehrgeizigen ist ein Platz in einem Blackheart-Stall das Nonplusultra, der kühnste Traum eines jeden, der ganz unten auf der Leiter steht. Fin hingegen lässt nicht erkennen, was sie darüber denkt. Wortlos steigt sie die drei Stufen hinauf, die zum Eingang des Gebäudes führen, und drückt auf einen schwarzen Knopf, der in die Mauer eingelassen ist. Drinnen ertönt eine gedämpfte Klingel.

»Kennst du den Hexenritter?«, fragt Red weiter.

Achselzuckend erwidert Fin: »Niemand kennt den Hexenritter wirklich.«

Das entspricht voll und ganz dem banalen, melodramatischen Stuss, mit dem die Medien den Mythos der Geißel immer weiter befeuern, was einfach nur enttäuschend ist. Vermutlich ist Fin ihm nie begegnet.

Vielleicht ist sie ja gar nicht nützlich.

Die Tür öffnet sich, und Fin geht hinein. Sie landen in einem zugigen Korridor mit hohen Decken und Fliesenboden, der nur schwach beleuchtet ist. Die kleinen Lampen an der Wand haben die Form von runden Sonnen. Red wird durch den stillen Flur in einen Warteraum geführt: schlichte Metallstühle an der einen Wand, bündig in die Mauer eingelassene Bücherregale an der anderen.

Fin verschränkt die Arme vor der Brust. »Gleich kommt jemand und bringt dich auf dein Zimmer«, erklärt sie. »Ich mache mich besser wieder auf den Weg.«

Red hat keinen besonderen Eindruck bei ihr hinterlassen, das ist mal sicher.

»Si…«, sagt sie unsicher, da sie nicht weiß, wie sie Fin aufhalten soll.

Diese unterbricht sie sofort: »Fin reicht völlig.«

Red sackt in sich zusammen. »Es tut mir leid, wenn ich Mist gebaut habe. Ich hab's nicht so mit …«

»Reden?«, ergänzt Fin, doch sie klingt ein wenig versöhnt.

Probier's mit der Wahrheit. Sie scheint jemand zu sein, der Ehrlichkeit zu schätzen weiß.

»Ich wurde zwar über Rhyfentown gemeldet«, beginnt sie deshalb, »aber ich bin nicht in London aufgewachsen, sondern oben im Norden, an der Grenze zu Glem. Hier ist … alles so anders.«

Fremd, laut, trostlos, düster, grell, zu viel von allem.

Fin legt fragend den Kopf schief. »Du kommst aus dem Norden? Das haben sie in den Medien gar nicht erwähnt. Kein Wunder, dass Faraday deinen ersten Auftritt gesponsert hat. Tja, ziemlich mutig.«

Sofort ist Red auf der Hut. »Wieso?«

»Aus dem Norden, Straßenköter, Gottgleiche. Deine Chancen könnten nicht schlechter stehen, Kleine. Ich bin wenigstens nur eines davon, und ich fand es schon schwer genug.«

Red überlegt sich ihre Antwort gut. »Ich will eben, was ich will«, sagt sie schließlich.

Das scheint Fin zu verstehen. Eine weitere bekannte Londoner Redensart, die Red sich gemerkt hat. Hier werden die Ehrgeizigen gefeiert, auch wenn sie andere auf dem Weg nach oben niedertrampeln. Die Caballaria funktioniert nach einem ganz einfachen Prinzip: Damit es einen Sieger geben kann, muss es auch immer einen Verlierer geben.

Fin scheint zu einem Urteil zu gelangen. »Willst du einen Rat von mir?«, fragt sie. »Such dir Freunde. Wenn du überleben willst, brauchst du Verbündete, vor allem während der Ausbildung. Ich persönlich hoffe, dass du es schaffst. Die Caballaria hat eine Schwäche für Underdogs, die sich was trauen. Spiel deine Karten richtig aus, dann fressen sie dir aus der Hand.« Sie mustert Red mit einem warmherzigen Funkeln in den Augen. »Aber keine magischen Tricks mehr, die dich in den Knast befördern können, okay?«

Diesmal versucht sie gar nicht erst, Red zu berühren. Nur das leise Knarzen ihrer Lederkombi durchbricht die Stille, als sie den kleinen Warteraum verlässt.

Such dir Freunde. Scheint kein sehr brauchbarer Rat zu sein. In dieser Welt ist doch sowieso jeder auf den eigenen Vorteil bedacht, warum also so tun, als wäre es anders?

Von jetzt an kämpft Red auf feindlichem Gebiet.

KAPITEL 7

Blackheart

Neunzehn Jahre zuvor

»Sie sind einfach angespannt in deiner Gegenwart. Das muss es sein, eine Art Lampenfieber.«

Art schlägt frustriert mit der Stirn auf die Tischplatte.

»Lux.« Er spürt das glatte Metall an seinen Lippen. »Tut mir leid, aber für jemanden, der so verdammt schlau ist, redest du gerade ziemlichen Müll.«

Ergeben lehnt sich Lucan auf seinem Stuhl zurück.

Es war ein sehr, sehr langer Vormittag.

Das Turnier zum Kampf um das Schwert von London ist endlich angesetzt worden, was allgemein spürbare Erleichterung ausgelöst hat. Einzig und allein die Caballaria vermag die Stadt sicher aus dem Würgegriff des Stillstands zu befreien, in dem sie sich momentan befindet. Deshalb hat die Ankündigung etwas Ruhe in die rastlosen Straßen gebracht, fürs Erste einen brüchigen Frieden geschaffen. Auch wenn in sämtlichen Bezirken nach wie vor Straßensperren errichtet werden, um für die unvermeidlichen Kämpfe zwischen fanatischen Anhängern verschiedener Streiter gerüstet zu sein, geschieht so etwas nun wenigstens nur noch ungefähr einmal wöchentlich und nicht mehr jede Nacht.

London wartet ab. Vorerst.

Alle sieben Bezirke haben formell ihren Thronanwärter benannt. Jeder der Kandidaten hat sich auf die Suche nach einem Streiter gemacht, also einem Ritter der Caballaria, der für ihn um die Krone kämpfen wird. In der Arena zeigt sich dann, wer der nächste Herrscher von London wird – erwählt durch den Willen der Heiligen und die unangefochtene Macht der Caballaria. Nicht jeder Kampf wird durch Fäuste entschieden, aber in solchen Fällen scheinen die Heiligen dieses Mittel zu bevorzugen, weshalb jeder Sieger allein durch ihre Gnade und ihr Wohlwollen gewinnt.

Zu Arts großem Bedauern wurde seine Kandidatur für das Schwert – da er der brauchbarste Vertreter seiner Familie ist – anstandslos akzeptiert. Was das angeht, hatte er kaum Konkurrenz. Die Geschwister seines Vaters sind schon vor zwanzig Jahren bei einem der Bombenangriffe auf Rhyfentown gestorben, und wie Lillath ihm mitgeteilt hat, sind alle anderen entweder zu jung oder im Stammbaum zu weit von Uthers Blutlinie entfernt, um infrage zu kommen. Niemand glaubt ernsthaft, dass er gewinnen könnte, aber um den Frieden zu wahren, lässt man Art mitspielen. Uther hat noch immer einige Anhänger, die ihre Unterstützung trotz seines zweifelhaften Status auf Art übertragen haben.

Den Familien bleiben lediglich drei Tage Zeit, um ihren Streiter zu benennen, und Art ist der Einzige, der noch niemanden ausgewählt hat. Es ist gar nicht so einfach, einen halbwegs passablen Ritter zu finden, der bereit wäre, für ihn zu kämpfen.

»Nervosität entschuldigt nicht das völlige Fehlen von Talent«, meint Garad.

Xier atmet schwer, das Hemd ist unter den Armen und am Rücken durchgeschwitzt. Garad hat hart gekämpft, aber nicht so hart, wie es hätte sein sollen. Der private Trainingsraum, wo die Gruppe zurzeit die Auswahl von Arts Streiter durchzuführen versucht, stinkt nach Schweiß, mit einem Hauch von Blut.

Garad ist gegen jeden der hoffnungsfrohen Kandidaten angetreten, damit sie ihre Fähigkeiten unter Beweis stellen konnten, wobei xier sie nicht zu hart rangenommen hat – schließlich ist es nur ein Vorentscheid, kein echter Kampf. Doch Garads Meinung nach werden einige dieser sogenannten Kämpfer sich noch einige Narben einfangen.

»Mir hat das Mädchen mit den aufgemalten Flammen an den Armen ganz gut gefallen«, meint Lillath nachdenklich.

»Die hat keine zwei Minuten gegen Garad bestanden«, wendet Lucan ein. »Ich habe die Zeit gestoppt.«

»Ich sage ja nicht, dass sie gut war. Nur, dass sie mir *gefallen* hat.«

»Wenn wir Lils Kennerblick für Bettgenossinnen mal außer Acht lassen«, merkt Art trocken an, »bleibt dann noch jemand Geeignetes?«

»Wie wäre es mit dem Jongleur?«, schlägt Lucan vor.

Garad schnaubt abfällig. »Der *Jongleur*? Welcher Narr nimmt sich denn mitten im Kampf die Zeit, seine Waffen durch die Luft zu schleudern? Ich hätte ihn mehr als einmal abstechen können, während er mit seinen stumpfen Glitzermessern herumgefuchtelt hat.«

»Ein echtes Showtalent eben«, erwidert Lucan nüchtern. »So hat er es nun mal gelernt.«

»Du solltest auf keinen Fall einen albernen Messerwerfer nehmen. Schließlich brauchst du jemanden, der *gewinnen* kann.«

»Nein, ich brauche jemanden, der *verlieren* kann«, korrigierte Art xien. »Aber eben auch jemanden, der mich dabei nicht vollends blamiert. Selbst ich habe meinen Stolz.«

Garad reißt den Arm hoch und schleudert das Breitschwert zu Boden. Ungebremst schlittert die Waffe über den Beton und knallt gegen die gegenüberliegende Wand, was den zerbrechlichen Frieden endgültig zerstört.

Jetzt geht es wieder los.

Art hebt den Kopf vom Tisch und lehnt sich zurück.

»Wenn dich etwas bedrückt, immer raus damit«, sagt er ruhig.

Garads Blut ist vom letzten Kampf noch angeheizt, und so kommt xier gleich zur Sache. »Stolz«, faucht xier. »Wenn du auch nur einen Funken Stolz im Leib hättest, würdest du versuchen, dieses Turnier zu gewinnen, anstatt dich mit eingekniffenem Schwanz davonzuschleichen.«

Wo Garad ein schäumender Gebirgsstrom ist, ist Art ein stiller See.

»Agravain Welyen hat Borin den Blutlosen als Streiter benannt«, erwidert er. »Und sicher erinnerst du dich noch daran, wie Borin zu diesem Namen gekommen ist? Während im letzten Krieg sämtliche Ritter um ihn herum in Stücke gehackt wurden, hat er nicht einen Kratzer abbekommen, nicht einen Tropfen Blut verloren. Er ist der größte Streiter, den es in der Caballaria je gegeben hat, seine Siegesserie ist länger als die Themse.«

»Vor zwanzig Jahren vielleicht«, hält Garad stur dagegen. »Er ist alt und abgehalftert. Das weiß jeder.«

»Die Wettquoten sehen ihn eindeutig als Sieger, während die Quoten für mich absolut beschissen stehen, wie es ja auch sein sollte. Er wird gewinnen, Garad. Sollte er verlieren, dann nur, wenn er sich kaufen lässt, und ich denke nicht, dass jemand wie er das Geld so dringend braucht. In sämtlichen anderen Bezirken wurden Streiter berufen, die irgendwo zwischen absolut Furcht einflößend und überraschend gut anzusiedeln sind, und für mich bleiben bloß die peinlichen Überreste, weil sich kein anständiger Caballaria-Ritter der Gefahr aussetzen will, seine Karriere zu ruinieren, indem er für den gottgetroffenen Fehltritt kämpft. Und warum sollten sie auch? Ich war nie dazu bestimmt, zu herrschen.«

»Du bist ein entheiligtes Weichei!«, brüllt Garad. »Dein Leben lang redest du davon, dass man eine bessere Welt für alle schaffen müsste, nicht nur für die Reichen. Du weißt doch ganz genau, was passiert, wenn Agravain das Schwert erringt.« Anklagend zeigt xier mit dem Finger auf Art. »Du hast so ziemlich die beste Ausbildung erhalten, die man für Geld kaufen kann, hast deine Kindheit damit zugebracht, alles über Geschichte, Kriegsführung und Politik zu lernen, verdammt. Selbst beschissene Philosophie! Du bist clever und mitfühlend, und du weißt, wie es ist, ein Außenseiter zu sein. Ausgeschlossen zu werden, allein aufgrund der Herkunft. Wie oft hast du gesagt, dass man die Dinge nur ändern kann, wenn man auch die Macht dazu hat? Nun ist diese Macht zum Greifen nah, sie wird dir quasi auf dem Silbertablett serviert, und was machst du? Du läufst vor ihr davon. Haust einfach ab.«

Endlich hat Garad sich ausgetobt und lässt die Hand sinken. Immer wieder behauptet xier, nicht gut mit Worten umgehen zu können, doch ab und zu gelingt es xiem dann doch recht eindringlich.

Art hört das alles nicht zum ersten Mal. Brune hat ihn schon des Öfteren beiseitegenommen, um vorgeblich einen privaten Plausch zu halten, der stets mit aufmunternden Worten begann und mit angestrengten Versuchen ihrerseits endete, zu begreifen, warum er sich so gar nicht bemüht, den altgedienten Ränkeschmieden bei Hofe um den Bart zu gehen und sich so ihre Unterstützung zu sichern. Kommt er ihr dann mit Argumenten wie »ein Hofstaat voller Speichellecker, die nur ihr eigenes Wohl im Auge haben, war noch nie gut«, erntet er nur herablassende Blicke. *So kommt man an die Macht*, sagen diese Blicke. *So läuft dieses Spiel nun einmal.*

Ein Spiel, das Art aber nicht spielen will.

Zumindest scheint Brune ihm eine Chance geben zu wollen. Während der letzten Wochen ist hin und wieder ein Hauch von

Respekt in ihren Augen aufgeflackert, und auch ihr Ton ihm gegenüber hat sich verändert, obgleich sie sich bemüht, sich in der Öffentlichkeit nichts davon anmerken zu lassen.

»Ich beabsichtige, diesen Wettstreit zu verlieren, Garad«, sagt er nun leise. »Aber wenn du nichts damit zu tun haben möchtest …« Er dreht sich zu Lucan und Lillath um, die völlig verkrampft auf ihren Stühlen sitzen. »Dann verstehe ich das.«

»Du versündigst dich gegen die Heiligen, wenn du versuchst, das Turnier zu manipulieren«, erwidert Garad. »Das ist Blasphemie.«

Art seufzt schwer. »So war es doch schon immer.«

»Dann willst du also schummeln, weil alle anderen das auch tun? Welch noble Begründung.«

»Nein, ich werde schummeln, weil es der einzige Weg ist, mich von einer Verpflichtung zu befreien, mit der kein einziger Londoner mich betrauen will – ich selbst eingeschlossen.«

Garad schüttelt nur den Kopf und reibt sich frustriert mit den Handballen die Stirn. Art hat dies Idealismus immer geliebt, aber wenn er zu weit in die Naivität abgleitet, wird es anstrengend.

Nun meldet sich Lucan zu Wort: »Garad sollte dein Streitender sein.«

Verwirrt runzelt Art die Stirn. »Wie bitte?«

Garads Hände erstarren. *»Wie bitte?«*

»Garad. Dein Streitender«, wiederholt Lucan.

Lillath lacht laut auf. »Du musst dringend an die frische Luft, Lucan.«

»Hört doch mal zu«, erwidert Lucan frustrierend gelassen. »Bei einem ausgewogenen Kampf wird in der Caballaria eigentlich nie durch reine Kraft entschieden, richtig? Deswegen treten bei wichtigen Kämpfen immer nahezu gleich starke Gegner gegeneinander an. Für Atheisten entscheidet pures Glück darüber, wie es ausgeht. Für Gläubige ist es der Wille der Heiligen.«

»Das hier wäre aber ganz und gar nicht ausgewogen«, argumentiert Lillath. »Borin wird schlicht und einfach alle plattmachen.«

»Nicht unbedingt.« Lucan bleibt geduldig. »Er ist tatsächlich ziemlich alt. Hier werfen die reichsten und elitärsten Kandidaten ihre Waffen in den Ring, was natürlich bedeutet, dass sämtliche Streiter zu den besten Kämpfern Londons gehören. Vielleicht zu den besten der Sieben Königreiche. Viel ausgewogener kann es doch eigentlich kaum werden, oder?«

Art massiert sich die Nasenwurzel. »Worauf willst du eigentlich hinaus, Lux?«

»Nehmen wir einmal an, Garad wäre dein Streitender.« Lucan reckt belehrend den Finger. »Das wäre eine höchst unausgewogene Konstellation: noch nicht mit der Ausbildung fertig, keinerlei Turniererfahrung, noch keinen einzigen offiziellen Kampf bestritten. *Wir* wissen, dass xier ein herausragender Kämpfender ist, aber niemand sonst. Also: Höchstwahrscheinlich wird xier verlieren – sorry, Garad –, aber wenigstens weißt du, dass xier mit Anstand verlieren wird. Dein Stolz bleibt unangetastet, und du kannst unauffällig in die Dunkelheit abtauchen. Doch für den unwahrscheinlichen Fall, dass Garad *gewinnt* … Na ja, das ist dann wohl der Wille der Heiligen. Und wer könnte dagegen schon etwas sagen?«

»Ich bin Atheist«, erwidert Art trocken.

»Es bringt aber auch die einträglichste Quote aller Zeiten. Setz ein paar Lektris auf Garad und mach einen ordentlichen Gewinn, bevor sie dich zwingen, das Schwert zu nehmen.« Lucan grinst breit. »Kannst den Gewinn ja auch für wohltätige Zwecke spenden, wenn dir das lieber ist. Sehr positiver Startschuss für deine Herrschaft. Aber du gehst ja sowieso nicht davon aus, dass xier gegen Borin gewinnt, oder? Du hast es selbst gesagt: Er ist der größte Streiter, den die Caballaria je hatte.«

Art knurrt unwillig. »Hör auf, mich zu ködern.«

Klugerweise schweigt Lucan nun.

Vorsichtig dreht sich Art zu Garad um. »Sag mir, dass du das für die schwachsinnigste Idee aller Zeiten hältst.«

Eine gefährliche Ruhe hat Garad ergriffen. »Eigentlich sehe ich das nicht so«, sagt xier langsam.

Verzweifelt schließt Art die Augen.

»So ein Mist.«

KAPITEL 8

Der Kerker, Rhyfentown

Elf Monate zuvor

Eine kreischende Geräuschattacke reißt Red so unvermittelt aus dem Schlaf, dass sie schon halb auf dem Betonboden liegt, bevor ihr Bewusstsein ganz hochgefahren ist.

Wenn man angesagt ist, widmet man seinem Leuchtschirmwecker ähnlich viel Aufmerksamkeit wie seinem Körper und seinem Outfit. Man wählt einen kultivierten Weckton, der ebenso viel über die Persönlichkeit aussagt wie die Ohrringe, die Aufnäher auf der Jacke oder die Kunstwerke auf der Haut. Viele zeichnen auch die eigene Stimme auf oder kaufen sich die ihres Lieblingsstars, damit sie so tun können, als läge die entsprechende Person bei ihnen im Bett und würde sie mit sanftem Gemurmel aus dem Schlaf holen. Andere lassen sich von bestimmten Liedern wecken, von Vogelstimmen oder von plätschernden Regentropfen.

Irgendein Vollarsch hat Reds Leuchtschirmwecker mit dem Ton eines Presslufthammers ausgestattet.

WUMM WUMM WUMM. Ihr Herz rast im Takt mit dem ohrenbetäubenden Dröhnen des Hammers, der ihr gesamtes Zimmer vibrieren lässt. Es dauert einige Sekunden, bis sie sich davon überzeugt hat, dass nicht zufällig ein paar Handwerker ihren Fußboden aufreißen.

Panisch und dementsprechend elektrisiert brüllt sie: »STOPP! HÖR AUF! ICH BIN WACH!« Doch bei dem Lärm hört sie nicht mal ihre eigene Stimme. Hastig taumelt sie zum Leuchtschirm hinüber, springt davor herum und wedelt mit den Händen.

Der Wecker verstummt und hinterlässt eine so absolute Stille, dass sie auf die Ohren drückt.

Vorsichtig entspannt Red nach und nach ihre verkrampften Muskeln. Doch gerade als der Schreck in Wut umschlägt, lässt ein lauter Knall hinter der Wand sie erneut zusammenzucken.

»Was soll der Scheiß?«, kreischt jemand im Nebenzimmer und trommelt zur Bekräftigung noch einmal gegen die Wand. »Was – soll – der – Scheiß?«

Einer der Auszubildenden wird sie also von Beginn an hassen, obwohl sie sich noch gar nicht begegnet sind.

Großartig.

*

Auf den ersten Blick sieht die öffentliche Caballaria-Kaderschmiede von Rhyfentown für Red aus wie ein riesiges, verschachteltes Versuchslabyrinth für Ratten.

Das Gebäude besteht aus unzähligen Stockwerken mit endlos langen Fluren und endlos vielen Türen, und überall ist es dunkel. Was ihm an Breite fehlt, scheint es in Höhe und Tiefe wieder wettmachen zu wollen. In den unteren Etagen befinden sich die Wohnquartiere, also die spartanisch eingerichteten Zimmer, in denen die Rekruten für die Dauer ihrer Ausbildung untergebracht sind. Dabei folgt das Gebäude festen Gezeiten wie Ebbe und Flut: Nach den jährlich stattfindenden Auswahlkämpfen strömen viele Hoffnungsfrohe hinein, richten sich in den Mauern ein und werden während der zweiwöchigen Probezeit größtenteils wieder ausgespien. Nach einem Monat sind die Korridore dann nur noch halb voll. Am Ende der sechsmonatigen Ausbildungszeit gleicht das Gebäude einer Geisterstadt.

Reds Zimmer ist schlicht und zweckmäßig – schmales Bett, Kleiderschrank, Schreibtisch und Waschbecken. Der kleine, leicht ramponierte Leuchtschirm an der Wand zeigt ihren Stundenplan. Im Schrank hängen drei Outfits: ein dünner, glatter, enger Zweiteiler, ein etwas weiteres Hemd mit passender Hose für mehr Bewegungsfreiheit sowie eine feinmaschige Plattenrüstung aus leichtem Material, die aufgrund unzähliger Gelenkpunkte vollkommen flexibel ist. Außerdem hat sie zwei Mäntel – einen kurzen, weichen für drinnen und einen längeren, wasserdichten. Jedes Kleidungsstück ist mit einem Aufnäher versehen, in den das Sonnensymbol von Rhyfentown eingestickt ist. Diese minimalistische Garderobe wird abgerundet durch ein Paar weiche, nachgiebige Schuhe und feste Stiefel.

Die Waschräume des Stockwerks befinden sich ein paar Türen weiter. Gemeinschaftsduschen im wahrsten Sinne des Wortes, da es nicht einmal Trennwände zwischen den einfachen Duschköpfen an der Wand gibt. Es ist mit Abstand der dunkelste und höhlenartigste Waschraum, den Red je gesehen hat, komplett indigoblau gefliest. Das endlose Mosaik wird nur von den Duschköpfen und erstaunlich vielen Abflussgittern im Boden durchbrochen.

»Damit man das Blut nicht sieht«, scherzt ein vollkommen nackter Rekrut, als er Reds Blick bemerkt. Er ist ein Schrank von einem Mann, dessen dicke Muskeln größtenteils mit fein verzweigten Tattoos überzogen sind – der sichtbare Beweis für viele Stunden des Schmerzes. Ehrenmale und Einschüchterungstaktik zugleich.

Mit einem kalten Grinsen schiebt er sich an Red vorbei und verschwindet.

Red bleibt allein zurück und versucht, sich zu beruhigen –

langsam einatmen, noch langsamer ausatmen. Heute ist ihr erster Trainingstag. Wenn sie das überstehen will, muss sie gelassen bleiben.

Die kurze Dusche hilft nicht dabei, ihre Nerven zu beruhigen. Zum Glück ist sie allein. Abgesehen von dem Muskelberg von vorhin scheint sie die Einzige aus ihrem Jahrgang zu sein, die um diese Zeit schon wach ist.

Was vor allem daran liegt, dass sie vor dem Frühstück noch einen Termin beim Tätowierer hat.

Warum das vor dem Frühstück sein musste, stand nicht im Stundenplan, aber sie weiß es auch so. Sie wollen nicht riskieren, dass sie ihr halb verdautes Essen auf den Boden kotzt. Es mag ja ihr erstes Mal sein, aber sie hat sich schlaugemacht. Die meisten Londoner sind bei ihrem ersten Tattoo noch jünger als sie. Tätowierungen gehören für sie ebenso zu den Sozialisationsritualen wie Aufnäher und Frisuren. Nur Gottgleiche haben in diesem Punkt keine Wahl.

Red hat von Anfang an gewusst, dass dies ein unvermeidlicher Teil der Reise sein würde. Die Registrierungsgesetze waren dazu gedacht, die Gottgleichen aus dem Untergrund zu locken, sie zu legitimieren, ihnen den Weg in ordentliche Berufe und ein normales Leben zu ebnen. Niemand würde einen Gottgleichen einstellen, ohne genau zu wissen, mit welcher Form von Magie er es zu tun hat. Wer arbeitet schon gerne Seite an Seite mit einem Telepathen, der ohne dein Wissen selbst die geheimsten Gedanken lesen oder in deinen Kopf eindringen und dich komplett nach seiner Pfeife tanzen lassen kann? Und so wurde die Idee der Registrierung geboren.

Das ist nur fair, argumentieren die Gewöhnlichen. *Schließlich können die Gottgleichen sonst unbemerkt ihre Magie einsetzen, um sich Vorteile zu verschaffen. Um Gleichheit geht es, mehr nicht.*

In paranoid angehauchten Formaten beziffern die Medien ihre

Zahl auf knapp eine halbe Million, doch eigentlich weiß niemand, wie viele nichtregistrierte Gottgleiche es aktuell in den Sieben Königreichen gibt. Trotzdem: Mit einer halben Million bei einer Gesamtbevölkerung von knapp achtzig Millionen sind sie noch immer eine Seltenheit.

In jedem Bezirk tummeln sich die Wahrsager in den Hinterhöfen und bieten gegen Lektris ihre Visionen zum Kauf an. In gewisser Weise ist es eine Art gesellschaftliches Initiationsritual, sich als Jugendlicher zu einem von ihnen zu wagen und einen Blick auf sein künftiges Schicksal zu werfen. Immer wieder hat es halbherzige Versuche gegeben, diesem verbotenen Geschäft mit der Zukunft Einhalt zu gebieten, doch in Wirklichkeit sind die Wahrsager von London der reinste Touristenmagnet. Sie gelten größtenteils als harmlos, und ihre Vorhersagen sind bestenfalls vage und äußerst allgemein gehalten.

Nein, die Registrierung ist für Gottgleiche mit wesentlich selteneren Talenten gedacht, für Leute wie Red. Für die wirklich Gefährlichen unter ihnen, die Dinge bewegen können, ohne sie anzufassen. Die Illusionen erzeugen können, die realer sind als das Leben selbst. Die jede Art von Gedanken direkt aus deinem Kopf ziehen können. Die einfach alles mit dir machen können.

Um Gleichheit geht es, beharrt die Masse. *Mehr nicht.*

Aber eigentlich geht es um ein Gleichgewicht der Mächte, denn auch wenn die offizielle Währung in elektrischer Energie besteht, ist es doch die Macht, die in London alles in Gang hält.

Nach einer hastigen Dusche kehrt Red in ihr Zimmer zurück, zieht das weite Hemd und die passende Hose an, dazu die schweren Stiefel. Irgendwie braucht sie etwas, was sie am Boden hält. Immer wieder starrt sie auf den zerkratzten Leuchtschirm an der Wand, um sich den Weg zu ihrem Termin einzuprägen, dann bricht sie auf.

In den Fluren ist es still. Während sie sich langsam ihren Weg sucht, überkommt sie ein merkwürdiges Gefühl. Fast ist es, als wäre seit gestern Abend keinerlei Zeit vergangen. Als hätte sich überhaupt nichts verändert. Dieses Gefühl, das man zu Beginn eines neuen Tages hat, fehlt. Was, wenn derjenige, der an ihrem Wecker herumgespielt hat, es zwar hat aussehen lassen, als wäre bereits Tag, in Wirklichkeit die Nacht aber noch gar nicht vergangen ist? Nirgendwo ist jemand zu sehen. Wo ist das nächste Tageslicht? Wie kann sie es überprüfen?

Red bleibt mitten auf der Treppe stehen, als sie plötzlich begreift.

Der teilnahmslose Kerl, der sie am Abend herumgeführt hat, nannte das Gebäude immer wieder den »Kerker«, nicht »Kaderschmiede« – als müsste man diesen Spitznamen instinktiv kennen, auch wenn man nie zuvor hier war. Doch erst jetzt begreift sie es wirklich. Der Korridor, ihre Zimmer, die höhlenartigen Duschen, diese Treppe – nirgendwo fällt natürliches Licht herein.

Weil es im ganzen Gebäude keine Fenster gibt.

Red geht weiter, und unwillkürlich beschleunigen sich ihre Schritte, passen sich ihrem immer schneller schlagenden Herzen an. Es ist absolut lächerlich, vor so etwas Angst zu haben. Bei allem, was sie bisher durchgemacht hat und in den kommenden Monaten noch erleiden wird, ist das ganz gewiss nicht das Schlimmste. Wenn sie nicht einmal das …

Vor ihr öffnet sich eine Tür.

»Ah, da bist du ja«, sagt eine Frau. »Immer herein.«

Red zögert nicht. Wer zögert, ist schwach.

*

Die gummiartigen Eier glänzen im grellen Licht des Speisesaals ein wenig zu sehr. Red schiebt ihren Teller weg.

Die Tätowiererin war überraschend freundlich, aber nichts

hätte sie auf die Nadel vorbereiten können. Auf dieses übergriffige Summen, als wäre ein Schwarm mikroskopisch kleiner Bienen unter ihrer Haut gefangen. Wellenartig hat es sich in ihrem gesamten Nervensystem ausgebreitet.

Das Ergebnis ist erstaunlich klein und sitzt ziemlich weit oben an ihrem Hals, direkt hinter dem linken Ohr. Die Tätowiererin hat ein mattes Grau verwendet, das nur in einem bestimmten Licht deutlich sichtbar wird. Auch das Symbol selbst ist unauffällig, ein welliges Gittermuster aus feinen geschwungenen Linien. Eine hübsche Narbe, aber trotzdem eine Narbe. Es geht nie wieder ab, und man hat ihr keine Wahl gelassen.

Red wurde als Pelleren kategorisiert, also als jemand, der ohne direkte Berührung Dinge bewegen kann. Bei der Registrierung wurde ihr Hintergrund durchleuchtet, man wollte von ihr wissen, wann sie ihre Gabe zum ersten Mal bemerkt habe, wie sie bislang in Erscheinung getreten sei, ob sie in irgendeiner sinnvollen Form ausprobiert habe, wie weit sie reiche.

Sie erklärte ihnen, dass sie eine Waise sei und ihre Eltern im Alter von drei Jahren bei einem Bombenangriff verloren habe. Dass sie in dem Waisenhaus einer recht großen, aber abgelegenen Stadt oben im Norden aufgewachsen sei. Und wie ihr Leben sich verändert habe, nachdem sie im Alter von zwölf mit einem anderen Kind aus dem Heim aneinandergeraten sei. An jenem Tag habe sie zwei Dinge gelernt. Erstens, dass sie eine Gottgleiche ist. Zweitens, dass sie eine natürliche Begabung zur Kämpferin hat.

Nach London sei sie wenige Tage vor den Auswahlkämpfen gekommen, erzählte sie weiter, mit nichts als dem bisschen Reisegeld, das sie der Heimleitung hatte abluchsen können. Sie sei hier, weil sie nichts dringender wolle, als Teil der Caballaria zu werden – nichts anderes sei für sie jemals von Bedeutung gewesen.

Die wirklich interessanten Teile ihrer Biografie ließ sie aus, der Rest bestand aus Lügen. Falls jemandem die Lücken auffielen, zeigte er es nicht.

Der Speisesaal des Kerkers ist voller Rekruten beim Frühstück, ein wahres Meer fremder Gesichter. Es wird nicht viel gesprochen – hier und da nur ein leises Murmeln. Spannungsgeladene Energie liegt in der Luft. Sie alle haben den Weg zum Rittertum beschritten, auf dem ein Großteil von ihnen jedoch scheitern wird. Und nun ist noch eine mehr zu ihnen gestoßen. Man taxiert sie, einige ganz offen, andere verstohlen. Immer wieder spürt Red die Blicke, aber niemand kommt auf sie zu.

Die erste Unterrichtsstunde nach dem Frühstück führt Red in einen viel zu warmen Raum tief unten im Gebäude, in dem riesige Maschinen brummen. Abgesehen davon findet sie dort zwei Frauen in extrem unpraktischer Kleidung vor, was ihr sofort verrät, dass sie hier wohl kein Kampftraining absolvieren wird. Die eine trägt einen schweren Rock, an dessen Saum Glöckchen hängen. Wie ein Alarmsystem fangen sie bei jedem Schritt an zu klingeln. Als die Frau auf ihrem Stuhl herumrutscht und dabei ihren Rock anhebt, entdeckt Red darunter derbe Stiefel, gegen die ihre eigenen ein schlechter Witz sind.

Die andere Frau hat ihr safrangelbes Haar so geflochten, dass die aufeinander zulaufenden, stufenartig verwobenen Zöpfe an eine Pfeilspitze erinnern. Alles an ihr – Kleidung, Frisur, Make-up – scheint darauf abzuzielen, die Blicke an ihr herabgleiten zu lassen wie Wasser. Diese Mode nennt sich *Flow*, ein beliebter Trend in Rhyfentown, bei dem einfache weiche Linien und minimalistische Eleganz bevorzugt werden. Diese Vertreterin des *Flow* hat ein scharf geschnittenes Raubvogelgesicht, dessen kantige Züge durch das kalte Licht des tragbaren Leuchtschirms in ihrer Hand noch verstärkt werden.

»Name?«, fragt sie.

»Red o'Rhyfentown.«

»Alter?«

»Achtzehn.«

»Du bist eine Pelleren, korrekt?«

»Ja.«

»Werte an erhöhte Körpertemperatur anpassen«, murmelt sie in den Raum, woraufhin die andere Frau wortlos nickt. »Nun denn. Bitte komm zu mir und zieh deine Kleider aus.«

Red zögert. Kein Wunder, dass es hier drin so warm ist. Wie ein Schwein, das zum Markt gebracht werden soll, muss sie nun gewogen und vermessen werden, abgeklopft und begutachtet, jedes Detail ihres Körpers festgehalten. Er ist ab sofort ihr wichtigstes Handelsgut. Während ihrer Ausbildung wird diese Prozedur wöchentlich stattfinden, um sämtliche physischen Veränderungen nachzuvollziehen – was wohl bedeutet, dass sie sich besser schnell daran gewöhnen sollte.

Keine Schwäche zeigen.

Also legt sie ihre Kleidung ab und blickt starr an die Wand, während die Flow-Frau um sie herumwandert, ein leuchtendes Maßband um diverse Körperpartien schlingt und jeden Wert akribisch notiert. Dabei spürt Red weder das Band noch die Hände der Frau auf ihrer Haut, und die Stimme der Flow klingt beinahe abwesend. Sicherlich hat sie das in den letzten Jahren schon Hunderte Male gemacht, bei Hunderten von Körpern.

Nur ein Mal bleibt ihr Blick an dem Pflaster an Reds Hals hängen, auf dem kleine Bluttupfer von dem frisch gestochenen Tattoo zu sehen sind. Wie viele Körper, die von dieser Frau vermessen wurden, gehörten wohl zu Gottgleichen? Gemessen daran, wie lange sie auf das Pflaster starrt, können es nicht viele gewesen sein.

»Dominante Hand?«, fragt sie schließlich.

»Wie bitte?«

»Mit welcher Hand kämpfst du?«

»Mit der linken.«

»Oh, genau wie der Hexenritter!«, trällert die Frau mit dem Glöckchenrock fröhlich. Sie sitzt an einer Maschine, über der gerade noch ihr Kopf zu erkennen ist. »Wusstest du, dass momentan in der ganzen Caballaria nur vierzehn Gottgleiche registriert sind?«

»Ja«, antwortet Red.

Die Flow schnalzt ungeduldig mit der Zunge. »Natürlich weiß sie das, Ano. Warum sollte jemand wie sie das nicht wissen?«

Jemand wie sie.

Die Flow schiebt ein klobiges Armband über Reds linke Hand. Es besteht aus einem breiten dunklen Lederriemen und einem harten Kästchen. Mithilfe von drei schmalen Schnallen wird es eng an ihrem Unterarm fixiert. Kalt und störend drückt es gegen die Knochen ihres Handgelenks.

»Du hast ja sicher schon mit Datenerfassung gekämpft«, stellt die Flow gelassen fest.

Red schüttelt den Kopf.

Irritiert runzelt ihr Gegenüber den Kopf. »Was? Noch nie?«

»Wo ich herkomme, gab es das nicht.«

»Ach ja, natürlich – der Norden.« Das scheint für die Flow alles zu erklären.

Eigentlich meinte ich das Waisenhaus, würde Red am liebsten erwidern, *wo einfach die Lektris für solche Spielereien fehlen.* Aber das ungewohnte Gewicht an ihrem Handgelenk hat ihr Temperament vorübergehend lahmgelegt.

»Im Prinzip ist es ganz simpel«, erklärt die Flow. »Es misst deinen Energie-Output. Gottgleiche haben von sich aus schon ein höheres Energieniveau, und wenn ihr Magie anwendet, schießen die Werte natürlich durch die Decke. Nach jedem Kampf werden die Daten dann ausgewertet.«

»Das ist einfach nur, damit du nicht schummelst«, meldet sich Ano mit dem Glöckchenrock wieder zu Wort.

Alle vierzehn Gottgleichen tragen ein ähnliches Datenerfassungsgerät, das ebenso fester Bestandteil ihres Äußeren ist wie ihre Waffen oder ihr Haarstyling. Das Armband des Hexenritters ist schmal und elegant, aus einem mattschwarzen Material gefertigt, und hat bestimmt mehr gekostet als das Jahresbudget dieser Kaderschmiede. Wie auch das Tattoo ist das Armband Teil des Deals und gehört zu den Dingen, die Red ertragen muss, wenn sie ihr Ziel erreichen will.

Wieder spürt sie den Blick der Flow. Ihre Augen scheinen nur aus Weiß zu bestehen, die Pupillen darin nichts weiter als winzige schwarze Punkte. Red geht davon aus, dass sie speziell angefertigte Kontaktlinsen trägt; trotzdem ist der Effekt verstörend.

»Alles in Ordnung?«, fragt die Flow.

Ganz freundlich klingt das.

Red nickt hastig.

Wieder sieht die Flow sie einen Moment lang durchdringend an, dann klappt sie mit einem leisen Knall ihren Leuchtschirm zu.

»Nun gut, wir sind hier fertig. Sämtliche Informationen, die wir über dich sammeln, werden auf dem Leuchtschirm in deinem Zimmer zur Einsicht für dich bereitgestellt, genau wie deine Statistik, die nach jedem Besuch bei uns aktualisiert wird. Was also heißt: Du kannst dich jetzt wieder anziehen, wir sehen uns dann nächste Woche.«

»Falls ich im Training nicht versage«, schränkt Red ein.

Die Flow sieht sie ruhig an. »Irgendwie denke ich nicht, dass das passieren wird.«

Bevor Red eine passende Erwiderung einfällt, wendet sich die Flow von ihr ab und geht zu der Frau mit dem Glöckchenrock hinüber. Hastig zieht Red sich an. Als sie sich zur Tür wendet, rechnet sie eigentlich damit, dass die Frauen mit einem ihrer Leuchtschirme beschäftigt sind, und ist deshalb beinahe erschrocken, als sie sieht, dass die beiden sie aufmerksam beobachten. Noch immer zeigt sich in den weißen Augen der Flow keinerlei Regung.

»Du solltest dich beeilen«, sagt sie jetzt. »Dir bleiben nur noch fünf Minuten Zeit bis zu deiner nächsten Unterrichtseinheit.«

Dank ihres Stundenplans weiß Red, dass die folgende Einheit fünfzehn Stockwerke weiter oben stattfindet; warum musste sie sich auch in diesem seltsamen, übergroßen Gebäude einsperren lassen?

»Hey-ho!«, verabschiedet sich Glöckchenrock fröhlich. »Viel Erfolg am ersten Tag!«

»Danke«, stammelt Red überrascht, dann flüchtet sie.

*

Der Elevator, der Red zu ihrer allerersten Gruppeneinheit bringen soll, ist kaum mehr als ein riesiger Vogelkäfig aus gebogenen Eisenstangen, der beängstigend zittert, als sie den Hebel umlegt. Hastig klammert sie sich an dem vibrierenden Gestänge fest und überlegt, wie es sich wohl anfühlen mag, zehn Stockwerke tief in den Tod zu stürzen.

Doch sie erreicht unfallfrei die richtige Etage. Erleichtert wischt sie sich den Schweiß von der Stirn, bevor sie weitergeht. Nach der seltsamen Vermessung in dem überheizten Raum und dem Sprint, der nötig war, um rechtzeitig hier hochzukommen, fühlt sie sich unangenehm klebrig, und sie will nicht, dass jemand diesen Erschöpfungsschweiß für Angstschweiß hält.

Denn sie ist kein bisschen nervös.

Erst als sie die Tür zum Trainingsraum öffnet, wird ihr klar, dass es sich gar nicht um einen Raum handelt, sondern um das

Dach des Gebäudes. Kalter Wind schlägt ihr ins Gesicht, zerrt an ihr und reißt ihr die Tür aus der Hand.

Eine grauenvolle Sekunde lang glaubt sie, einen Fehler gemacht zu haben.

Nein, es ist kein Fehler. Dort vorne sieht sie einige Gestalten in einer ordentlichen Reihe, und sie hört die laute Stimme eines Ausbilders, auch wenn die Hälfte seiner Worte vom gierigen Wind davongetragen wird. Die Gruppe steht unter dem Vordach einer Konstruktion, die sich als die Solaranlage des Gebäudes entpuppt. Über ihnen funkeln massive Metallplatten im kalten Licht, in starren Linien nach der Morgensonne ausgerichtet.

Der Ort dieser Unterrichtseinheit ist in Reds Stundenplan mit »Übungsplatz 34« angegeben, wobei ja mal absolut gar nichts auf ein verdammtes Dach hinweist. Als sie sich der Gruppe nähert, stellt sie schnell fest, dass jeder Rekrut in den gleichen warmen Kurzmantel gehüllt ist, der auch in Reds Schrank hängt – vollkommen nutzlos in diesem Moment. Unter dem Vordach ist der Wind zwar nicht mehr ganz so heftig, trotzdem spürt sie, dass ihre Finger schon bald von kalt zu taub übergehen werden.

Alle drehen sich um und starren sie an.

Sie hatten bereits zwei Wochen Zeit, um sich mit diesem Ort vertraut zu machen, sich an ihren Tagesplan und aneinander zu gewöhnen. Sie alle sind dabei, hier ihren Platz zu finden. Nur Red schwimmt noch total, stolpert unbeholfen umher.

»Hey da, Rekrut«, begrüßt sie der Ausbilder und verschränkt die Arme vor der Brust. Es ist der Mann aus der Kneipe, mit dem Fin so freundschaftlich herumgealbert hat. Und auch er trägt einen Mantel, wie Red nun verbittert feststellt. »Wird langsam Zeit, an deiner Schulter zu arbeiten.«

»Ist dir etwa heiß, Gottgleiche?«, ruft einer der Rekruten. Die Gruppe hat sich in Paare aufgeteilt. Ein oder zwei lachen.

»Die sind heißblütiger als wir, nicht wahr?«, fragt ein anderer.

Red sagt nichts, versucht bloß, ihren verkrampften Kiefer zu lockern.

»Klappe halten, Kay«, mahnt der Ausbilder spöttisch. »Du warst bei deiner ersten Trainingseinheit eine ganze Stunde zu spät, weil du nicht einmal den Weg hier rauf gefunden hast. Was wohl etwas peinlicher ist, als bloß unzureichend gekleidet zu sein.«

»Dieser Laden ist aber auch das reinste Labyrinth«, wehrt sich der glücklose Kay. »Wie soll man sich da zurechtfinden? Apropos, wie hat die Gottgleiche das eigentlich geschafft? Warst wohl schon mal hier, wie?«

Red lässt den Blick über die Gruppe schweifen, bis sie den Sprecher entdeckt. Bei allen Heiligen, der aufbrausende Kay hat die Statur eines ausgewachsenen Bullen. Vielleicht ist es besser, ihn sich nicht gleich zu Anfang zum Feind zu machen.

»In meinem ganzen Leben nicht«, erwidert sie also ruhig.

»Trotzdem kommt sie zu spät«, beharrt ein anderer.

»Meine Vermessung hat länger gedauert.«

Kay mustert sie von Kopf bis Fuß. »Du bist winzig«, grölt er. »Was gibt es da schon zu vermessen?«

Eines der Mädchen lacht laut auf.

»Das reicht«, schaltet sich der Ausbilder wieder ein. Er wendet sich an Red und neigt grüßend den Kopf. »Mein Name ist Daedalas Caballarias Frome o'Rhyfentown. Du wirst mich überwiegend mit ›Si Frome‹ ansprechen. Hin und wieder wird dich das Bedürfnis überkommen, zum längeren und etwas förmlicheren ›Fick dich, Si Frome‹ zu greifen. Ich gehe fest davon aus, dass es dir während deiner Zeit hier mindestens ein Mal über die Lippen kommen wird.«

Nun deutet er mit ausgestrecktem Arm auf Red und fährt fort: »Für alle von euch, die während der letzten Wochen den Kopf nicht aus dem Arsch bekommen haben – dies ist die inzwischen berüchtigte Red o'Rhyfentown, die nur knapp dem Knast entkommen ist, um anschließend in einer Kaderschmiede zu landen. Sie hat hoch gepokert und gewonnen. Nun werden wir sehen, ob ihr Einsatz sich gelohnt hat.« Wieder an Red gewandt, zeigt er auf die Gruppe. »Dies sind deine Rekrutenkameraden. Jeder von ihnen ist dir um zwei Wochen voraus. Jetzt musst du nur noch die nächsten sechs Monate überleben.«

Red hat noch nie ein boshafteres Grinsen gesehen als das von Frome in diesem Moment.

»Außerdem ist deine Schulter noch immer lädiert, du bist mangelernährt, wiegst zu wenig für deine Körpergröße und hast die letzten Wochen im Bett eines Beinhauses vertrödelt, anstatt deine Muskeln zu gebrauchen. Ach ja, und dein Körper wird durch die Kälte beeinträchtigt, weil du vergessen hast, deinen Mantel mitzubringen. Zusammenfassend lässt sich also sagen, dass alle hier dir auf jede nur erdenkliche Art überlegen sind.«

Er winkt eine schlanke Frau herbei, deren orange gefärbtes Haar sich in einem breiten Streifen von der Stirn bis in den Nacken mittig über ihren Scheitel zieht. Sie tritt vor, ein schweres Metallrohr ruht locker in ihren Händen.

Red zuckt zusammen, als etwas Kaltes ihre Finger streift. Frome streckt ihr ein ähnliches Rohr entgegen, stößt damit gegen ihre schwächere Hand. Automatisch greift sie zu und sieht ihn an.

»Verteidige dich«, verlangt er schlicht. »Ich erwarte nichts Bombastisches, halte es simpel. Ich will nur sehen, wie du dich bewegst. Fang an.«

Orangenscheitel stürmt los und verpasst Red einen Schlag gegen den Unterarm, der sich in ihr Fleisch zu bohren scheint und ein wütendes Brennen auslöst, das sämtliche Nervenbahnen auf seinem Weg entzündet. Während Red sich keuchend losreißt, weicht Orangenscheitel zurück. Der Rest der Gruppe tritt bis an die Mauer in ihrem Rücken, um ihnen Raum zu lassen.

Hastig packt Red ihr Rohr mit der anderen Hand; den Heiligen sei Dank, ihre Gegnerin hat den falschen Arm erwischt.

»Weißt du, was ich gehört habe?«, ruft Orangenscheitel ihr freundlich zu, während sie von einem Fuß auf den anderen springt, um immer im Gleichgewicht zu bleiben. Ihr Blick streift das klobige Armband an Reds Handgelenk. »Ich habe gehört, dass Gottgleiche gerne mal die Kontrolle verlieren und ihre Magie dann einfach so herausplatzt.« Bei ihr klingt das Wort Magie ungefähr so angenehm wie *Scheißhaufen.* »Aber selbst wenn es aus Versehen passiert, selbst wenn du es nicht mit Absicht machst – sie werden dich trotzdem aus der Caballaria schmeißen. Nicht wahr, Si Frome?«

»In diesem Spiel gibt es keine zweite Chance«, brummt Frome zustimmend. Er steht am Rand der Gruppe, hat die Arme vor der Brust verschränkt und beobachtet aufmerksam das Geschehen.

Orangenscheitel lacht und lässt das Rohr in einer großen Acht herumwirbeln. Red beobachtet sie wortlos, verschafft sich einen sicheren Stand, überredet ihre kalten Muskeln zur Wachsamkeit.

Diesmal sieht sie den Schlag kommen und dreht sich seitlich weg, um einem fiesen Treffer im Unterleib zu entgehen. Das Adrenalin schießt wie ein Haufen Eisenspäne durch ihr Blut und zerfetzt ihr Inneres.

»Da draußen haben sie vielleicht Schiss vor dir«, fährt Orangenscheitel fort und reißt die hellen Augen weit auf, um jede noch so kleine Bewegung wahrzunehmen, »aber hier drin reicht ein kleiner Paff, und du bist Geschichte. Und was bist du schon ohne deine Magie?«

Zähneknirschend erwidert Red: »Eine verdammte Spitzenkämpferin, die dich plattmachen wird.«

Das wird von der Gruppe mit höhnischem Jubel quittiert, der sich noch steigert, als sie einfach abwartet, anstatt ihre Drohung wahr zu machen. Das Armband zerrt an ihrem Handgelenk, ein fremdes Gewicht, an das sie nicht gewöhnt ist. Als sie zuschlägt, weicht Orangenscheitel ihr mühelos aus und bringt sich breit grinsend wieder in Position.

Gut so. Soll sie ruhig übermütig werden. Red bedrängt ihre Gegnerin nicht, sondern wartet ab. Das bringt ihr neuen Spott von der Gruppe ein, den sie aber ignoriert.

Zweimal prallen sie aufeinander. Falls Orangenscheitel nicht simuliert, was gut sein kann, gibt es ein unübersehbares verräterisches Anzeichen, wann immer sie ihre Verteidigung …

»Genug gestreichelt«, ruft Frome. »Legt mal einen Gang zu.«

Kaum hat er den Satz beendet, stürmt Red los und duckt sich unter der nachlässigen Deckung ihrer Gegnerin hindurch, die sich von ihrem Ausbilder zu sehr ablenken lässt. Ein heftiger Schlag gegen die Schulter, und Orangenscheitel geht zu Boden. Scheppernd fällt ihr das Rohrstück aus der Hand und rollt davon.

»Oje«, spottet Red. »Jetzt tut *deine* Schulter wohl auch weh.«

Das Gesicht von Orangenscheitel verzerrt sich, und der Schmerz ist ihr deutlich anzusehen, als sie vom kalten Boden zu Red aufblickt. Ihr Atem bildet weiße Dampfwolken.

»Miese Trickserin«, zischt sie wütend.

Red wird von einem berauschenden Hochgefühl gepackt, als ihre Gegnerin verletzt und besiegt vor ihr liegt und sie wie eine gereizte Katze anfaucht. Es ist wie ein alter Freund, dieses Gefühl, und sie heißt es herzlich willkommen.

»Noch einmal«, befiehlt Frome.

Orangenscheitel stemmt sich hoch. Sie nimmt ihr Rohrstück entgegen und verlagert es in die unverletzte Hand, um es dann mit ebenso viel müheloser Eleganz kreisen zu lassen wie vorher.

Sie ist beidhändig. Wundervoll.

Diesmal greift Red zuerst an, sieht sich aber einer stahlharten Deckung gegenüber, unter der sie nicht wegtauchen kann. Der

Aufprall der beiden Waffen schickt lähmende Schmerzen durch ihren ganzen Körper.

Der Tanz beginnt.

Orangenscheitel ist dieses Mal zugegebenermaßen etwas umsichtiger, aber Red gibt es auf, gegen das Hochgefühl anzugehen. Das fehlende Frühstück macht sich in ihrem leeren Magen bemerkbar, die Haut an ihrem Hals schmerzt von dem unerwünschten Tattoo, und an ihrem Handgelenk scheuert ein Armband, von dem sie überwacht wird, als wäre sie ein ungezogenes Kind. Mit einem heißen, erleichternden Seufzer lässt sie los und gibt ihrem Körper, wonach er verlangt.

Die aufbrandende Welle trägt sie durch die nächsten Sekunden. Drei wütende Schläge später liegt ihre Widersacherin wieder auf dem Boden, und der Anschein, dass sie einander ebenbürtig sein könnten, ist verflogen. Orangenscheitel ist nicht der Hexenritter. Orangenscheitel ist nicht der Gegner, den Red mit glühender Verzweiflung in die Knie zwingen will.

Orangenscheitel steht ihr einfach nur im Weg.

Red hört einen leisen, eindeutig mit kehligem Rhyfentown-Akzent behafteten Fluch. Zitternd holt sie Luft, kommt langsam wieder zu sich. Ruhe breitet sich in ihr aus. Herrliche, friedvolle Ruhe. Jene Ruhe, die immer folgt, nachdem sie losgelassen hat. Wie sehr sie sich nach dieser Ruhe sehnt, hat sie nie in Worte zu fassen gewagt, denn sie weiß, was sie aus ihr macht.

Ein Monster.

»Nun ja.« Frome klingt zufrieden, als er schließlich das allgemeine Schweigen bricht. »Jetzt wisst ihr wohl, warum sie so viel Aufmerksamkeit erregt hat. Das lag nicht an der Magie, Kinder. In der Caballaria geht es nie um Magie. Es geht um den Kampf, und der brennt in ihrem Herzen nicht weniger als in unserem. Shae und Dekkard, ihr seid dran.«

Red zieht sich aus der Kampfzone zurück, spürt aber wieder

die Blicke, hört das versteckte Raunen. Während sie dem nächsten Paar bei seiner Lektion zusieht, spürt sie plötzlich jemanden neben sich.

»Das war wundervoll«, flüstert es so dicht an ihrem Ohr, dass sie heißen Atem fühlt.

Sie weicht zurück und dreht sich um. Ein Mädchen mit kahl rasiertem Schädel und großen, von schweren Lidern überschatteten Augen steht neben ihr.

»Sela«, stellt sie sich leise vor.

Red nickt wachsam.

»Wo hast du gelernt, so zu kämpfen?«, fragt Sela.

»Das Waisenhaus, in dem ich aufgewachsen bin, wurde von einer ehemaligen Caballaria-Kämpferin geleitet. Wer kämpfen konnte, wurde von ihr bevorzugt. Sie hat uns regelmäßig trainiert.«

»Ziemlich brutale Kindheit.«

Da sie nicht weiter ins Detail gehen will, zuckt Red nur mit den Achseln.

Mit leicht geneigtem Kopf sieht Sela sie an. »Ich bin noch nie einem Gottgleichen begegnet.«

»Glück gehabt.« Red wendet sich wieder dem Kampf zu.

Mit einem leisen Lachen fährt Sela fort: »Keine Sorge, ich bin nicht so eine mit speziellen Neigungen. Magie turnt mich nicht an. Eine Frau, die mit Waffen umzugehen weiß, hingegen …«

Red wirft ihr einen kurzen Seitenblick zu. Auf Selas Gesicht ist ein zweideutiges Lächeln erschienen.

»Achte gar nicht auf die anderen«, rät sie Red. »Die Leute haben oft Angst vor dem, was sie nicht verstehen.«

»Und du glaubst, du würdest mich verstehen?«, schießt Red zurück.

»Noch nicht. Gib mir etwas Zeit.«

Damit wendet Sela sich ab und geht davon. Red blickt ihr

völlig verblüfft hinterher. Die Hitze, die ihr in die Wangen steigt, ist wohl nicht ganz dem anstrengenden Kampf zuzuschreiben.

*

Stunden später taumelt eine völlig ausgelaugte Red in ihr Zimmer und entdeckt in dem wundervoll dämmrigen Raum als Erstes eine neue Nachricht, die auf dem zerkratzten Leuchtschirm angezeigt wird.

Sie drückt auf das Icon, und ein Fenster öffnet sich. Seltsamerweise scheint es keine Absenderadresse zu geben. Das Gebäude verfügt über ein in sich geschlossenes Netzwerk, so viel weiß Red. Hier kommt nichts rein oder raus. Also muss die Nachricht von jemandem stammen, der sich in der Kaderschmiede aufhält.

Der Text selbst umfasst gerade mal vier Worte:

Beeindruckender erster Tag.
Wyll

Der Hexenritter.

Er hält sich bestimmt nicht hier im Gebäude auf. Unmöglich. Die würden doch alle durchdrehen, wenn es so wäre.

Vielleicht lässt ihm jemand interne Informationen zukommen und verschickt Nachrichten für ihn. Man hat ihnen mitgeteilt, dass ihre Trainingsstunden zu Wiederholungs- und Analysezwecken aufgezeichnet werden. Vielleicht hat jemand dem Hexenritter Reds Aufnahme vom Morgen zugespielt? Schließlich wäre es doch nur logisch, wenn er seine Investition im Auge behielte, oder? Um sicherzugehen, dass er auf das richtige Pferd gesetzt hat.

Auch wenn sie es niemals aussprechen würde – sich selbst gegenüber kann Red zugeben, dass es Momente des Zweifels gab. Hin und wieder erschien es ihr unmöglich, die Aufmerksamkeit des berühmtesten Ritters auf sich zu lenken, den die Sieben Königreiche zu bieten haben. Aber nun hat sie den Beweis: Die Geißel der Gottlosen beobachtet sie.

Was sie ihrer Rache einen weiteren Schritt näher bringt.

KAPITEL 9

Cair-Stour-Arena, Blackheart

Neunzehn Jahre zuvor

Der Tag des Kampfes um das Schwert von London zeigt sich schon im ersten Licht klar und hell.

Art hat seit sieben Tagen keinen Kontakt mehr zu Garad, xien weder gesehen noch gesprochen. Dem Regelwerk der Caballaria folgend, werden die Streiter isoliert – nicht nur von jenen, für die sie kämpfen, sondern von der gesamten Welt. Sie nutzen die Zeit und Abgeschiedenheit, um sich vorzubereiten. Wenn sie möchten, können sie Trainerinnen und Trainer engagieren, die ihnen noch ein paar Tricks und den letzten Feinschliff verpassen.

Garad hat Si Vergo gebeten, xien täglich zu besuchen, den hünenhaften Meister der Kaderschmiede. Andere Besucher wollte xier nicht. Familie und Freunde dürfen traditionsgemäß sowieso nicht kommen. Sämtliche Verbindungen zum Leben außerhalb der Caballaria werden vorübergehend gekappt. Für die Streiter gibt es nun nichts anderes mehr als den Kampf.

Art hat aus zuverlässiger Quelle erfahren, dass in den Tiefen des Palasts ein ganz eigenes Wettgeschehen vonstattengeht und dass die Quoten für Garads Sieg empörend niedrig sind. Das Aufnahmeprozedere für das Turnier allein war schon zermürbend: Es brauchte zwei unabhängige Tutoren aus Garads Kaderschmiede, die als xiese Sponsoren auftraten, außerdem jede Menge Überredungskunst, um Garads Familie dazu zu bringen, die Verzichtserklärung zu unterschreiben, mit der sich Blackheart rechtlich absichert, falls Garad im Laufe des Turniers Verletzungen erleiden oder sterben sollte.

Art wurde aus alledem komplett herausgehalten. Garad war wild entschlossen, erstritt sich mit hitzigen Debatten den Zugang, bedrängte die Bürokraten so lange, bis sie die Regeln entsprechend großzügig auslegten. Regeln, die Garads Meinung nach in einer derart außergewöhnlichen Situation sowieso beinahe hinfällig sind. Art selbst befindet sich in einer nie da gewesenen Lage, da scheint es nur logisch zu sein, dass Ähnliches auch für seinen Streitenden gilt.

Für Art ist es beinahe unfassbar, wie sehr Garad die Rolle des Streitenden verinnerlicht hat. Die anderen hingegen lachen nur, wenn er dieses Thema anspricht. »Ist dir denn wirklich nie aufgefallen, dass Garad sich durch und durch der Caballaria verschrieben hat?«, fragte Lillath, als er sie darauf hinwies. Und Art wird erst jetzt bewusst, dass er bis zu diesem Zeitpunkt tatsächlich nie begriffen hat, wie tief Garads Hingabe an den Kampf wirklich reicht.

Die ganze Nacht hat er sich den Kopf darüber zerbrochen. Bis in die frühen Morgenstunden liegt er wach und starrt in die Dunkelheit, während sich lähmende Furcht in sein Herz schleicht.

Was, wenn es schiefgeht? Wenn Garad stirbt? So etwas ist selten, aber es kommt vor.

Dann hätte Art seinen besten Freund für ein Schwert geopfert, das er gar nicht will.

*

»Sag Garad, dass xier zurücktreten soll.«

Lucan blinzelt verschlafen und wickelt sich fester in seinen weichen Mantel.

»Art«, krächzt er. »Wie bei den sieben Höllen bist du aus dem Palast rausgekommen?«

Ungeduldig deutet Art mit dem Kopf auf die Tür. »Sie haben mich nur mit einer bewaffneten Eskorte rausgelassen. Zwei von ihnen stehen draußen im Flur, also mach lieber keinen Lärm, okay? Die sind ziemlich schreckhaft.«

Sie befinden sich in der weitläufigen Küche der Kaderschmiede in der Villiers Street, die Lucan – und bis letzte Woche auch Garad – sein Zuhause nennt. Mit dem Motorrad braucht man vom Palast gerade mal zehn Minuten bis hierher, doch die Wache hat Art angesehen, als wollte er zur nächsten Bar der Wardogs fahren und sich dort zum Vergnügen die Fresse polieren lassen. Offenbar sollen selbst vorübergehende Regenten nachts besser keine spontanen Ausflüge machen.

Lucan lässt sich gegenüber von Art auf einen Stuhl fallen, dicht neben dem offenen Kamin, in dem gerade die letzte Glut verglimmt. Im Palast gibt es beinahe überall solche Kamine, allerdings nur in den Privatgemächern, wie Art sehr wohl registriert hat. Die Wohnräume der Vastos sowie die öffentlichen Bereiche und Besprechungszimmer von Cair Lleon verfügen lediglich über elektrische Kerzenleuchter und Heizkörper, die sie mit Licht und Wärme versorgen. Offenes Feuer ist purer Luxus und reinste Verschwendung.

Nach allem, was man so hört, war sein Vater ein großer Fan von Kaminfeuern.

»Sag Garad, dass xier zurücktreten soll«, wiederholt Art nun.

Lucan schüttelt den Kopf. »Das kann ich nicht.«

»Tja, ich kann es erst recht nicht, oder? Wäre ein bisschen sehr auffällig, wenn *ich* xiem einen Besuch abstatten würde, aber du könntest mit Vergo sprechen. Oder dich reinschleichen oder so …«

»Die Turnierteilnehmer sind in einem streng bewachten Kloster untergebracht, Art. Das weißt du genau. Da kann ich mich nicht reinschleichen, weil es nichts gibt, wo man sich verstecken könnte. Die halten da nicht sonderlich viel von Möbeln.«

»Dann schick xiem eine Nachricht.«

»Ich verstehe ja, dass du dir Sorgen machst …«

»Ich mache mir keine Sorgen«, faucht Art ihn an. »Ich habe panische Angst.«

Schweigend sieht Lucan ihn an.

Art sackt in sich zusammen. »Lux. Was habe ich getan?«

»Wir«, korrigiert ihn Lucan leise, aber entschlossen. »Wir haben das alle zusammen entschieden, schon vergessen? Wenn du xien jetzt bittest, zurückzutreten, ruinierst du damit Garads Karriere, noch bevor sie richtig begonnen hat. Garad nimmt den Begriff der Ehre extrem ernst. Auch das weißt du. Du hast es von Anfang an gewusst. Xier würde dich dafür hassen. Und xier würde es dir niemals verzeihen.«

»Garad hasst mich sowieso. Und falls xiem irgendetwas zustößt, würde *ich* mir das niemals verzeihen.«

»Garad hat die Wahl getroffen.« Lucan sieht ihn ruhig an. »Das Mindeste, was du nun tun kannst, ist, xiem da durchzuhelfen.«

*

Cair Stour, Londons berühmteste Caballaria-Arena, die größte aller Sieben Königreiche, reckt sich wie ein gleichgültiger Gott dem Himmel entgegen. Mit ihren Ausmaßen sticht sie aus der Umgebung hervor und zieht alle Blicke auf sich, errichtet auf dem Grund einer alten Kathedrale, die durch längst vergangene

Kriege zu Staub zerbombt wurde. Praktischerweise ist der ganze Komplex nur fünf Autominuten vom Palast entfernt.

Statt der üblichen Fanfaren besteht Art darauf, dass seine Ankunft so unauffällig wie möglich abläuft, ein Plan, dem Brune erstaunlicherweise zugestimmt hat. So wird Art am Tag des Turniers eine Stunde vor allen anderen in einem eleganten Zivilwagen zur Arena gebracht, lediglich flankiert von einigen Rittern der Wache. Der breite Boulevard von Cair Stour ist bereits voller Menschen, die es sich draußen gemütlich gemacht haben, um nur ja keinen der zu erwartenden Promis zu verpassen. Als seine Ritter auftauchen, sorgt das für einige Unruhe, doch sein Wagen hat getönte Scheiben und ist vollkommen anonym gehalten, sodass die Menge keine Chance hat, zu erraten, wer hier gerade vorfährt. Die Menschen recken die Köpfe und versuchen angestrengt, ins Innere des Wagens zu spähen, können aber nicht den kleinsten Blick auf sein Gesicht erhaschen.

Trotzdem drückt sich Art so tief wie möglich in den Sitz.

Seine Entourage umrundet den wuchtigen Bau, und er betritt die Arena durch eine unauffällige Hintertür, an der zum Glück keine Gaffer stehen. Drinnen scheint jedem Stein eine merkwürdige, beinahe ehrfürchtige Aura anzuhaften. Es ist sehr still. Hier wird heute Geschichte geschrieben, das scheint selbst dem Gebäude bewusst zu sein.

Art wird in das Auge gebracht, die luxuriöse Privatlounge des Palasts, nur zugänglich über einen eigenen Elevator, der durch einen speziellen Schlüssel aktiviert wird. Von dort hat man den besten Blick im gesamten Stadion, das Auge umfasst den Großteil des obersten Stockwerks. Hier lässt man Art allein zurück, ausgerüstet mit einer üppigen Speisen- und Getränkeauswahl, die ihm die Wartezeit verkürzen soll, während er jetzt schon vor lauter Langeweile und Anspannung aus der Haut fahren könnte.

Anscheinend bekommen auch Könige auf Zeit hier die besten Plätze. Er stellt sich ganz vorne ans Geländer des Balkons, der gewichtig über die Ränge hinausragt. Sein Sitz hat eine hohe Lehne und ist durch über Metallstangen drapierte anthrazitfarbene Seidenbahnen vom Rest der Lounge abgetrennt. Zwei Ritter haben in respektvollem Abstand zu ihm Aufstellung genommen. Ihre Körperhaltung schreit förmlich: *Nicht näher kommen!* Art nimmt Platz und verbringt die nächste Stunde damit, reglos auf die verschiedenen Geräusche zu lauschen, die ihm zeigen, dass die Lounge hinter ihm sich langsam füllt.

Noch nie in seinem ganzen Leben hat er sich dermaßen allein gefühlt.

Während des Turniers wird er sich diese Box mit Menschen teilen, die bis dato so getan haben, als existierte er nicht. Von den meisten wurde er während seiner kurzen Zeit im Palast bewusst ferngehalten, wie ein zerbrechliches Kleinod aus Glas, über das man spricht und das man aufmerksam studiert, mit dem man sich aber keinerlei Interaktion gestattet, da es sonst vielleicht zu einer realen Person werden könnte.

Das momentan geltende und etwas heikle Protokoll sieht vor, dass sich ihm niemand ohne formelle Vorstellung nähern darf, und die einzige Person, die eine solche vornehmen kann, ist Brune. Brune, die bisher noch nicht da ist.

Zumindest könnte diese vollkommen absurde Situation für ein wenig Unterhaltung sorgen, denkt Art.

Es wird langsam Abend, und die Ränge der Arena füllen sich. Das erwartungsvolle Summen einer großen Menschenmenge bringt Leben in das weite Rund dort unten. Der Himmel über dem Kampfplatz ist mit flimmernden Projektionen der einzelnen Streiter bedeckt – Dauerschleifen ihrer Angriffsposen, die berühmtesten Schlussgesten, ihre bevorzugten Waffen werden gezeigt. Dazu gleiten bunte Neonspots über den Platz und tanzen beinahe hypnotisch über Sand und Beton.

In den luftigen Höhen des Auges scheint das alles sehr weit weg zu sein. Spiegelglas verhindert, dass die Menge in die Box sehen kann, aber Art kann hinausblicken. So von allem abgeschnitten, schwebt er wie ein benommener Ballon über der Welt. Bedrückt fragt er sich, wann er wohl im Sturzflug zur Erde taumeln wird. Wenn Garad die Arena betritt?

Oder doch erst, wenn xier verliert?

Über den Köpfen der Menge, die inzwischen sämtliche Plätze belegt, schweben suchende Filmapparate. Heute hat sich die Crème de la Crème aus allen sieben Bezirken hier eingefunden, deren Bilder natürlich auf den riesigen Leuchtschirmen erscheinen müssen, die an beiden Enden der Arena aufragen. So lässt sich die statusbesessene Masse durch ihren liebsten Zeitvertreib bei Laune halten: sehen und gesehen werden.

Die übrigen Plätze sind mit Londonern jeglicher Couleur gefüllt, denn in jedem Bezirk wurden Tickets für das Großereignis verlost. Die Hälfte der Menschen hier hatte einfach ein glückliches Händchen und kann – natürlich nach strenger Sicherheitsprüfung – einen gültigen Passierschein vorweisen, ohne den niemand durch die berüchtigten Grenzkontrollen von Blackheart kommt.

Immer wieder wandert Arts Blick zu dem Bereich hinüber, der für Alaunitown reserviert ist. Ganz oben, durch transparente Glaswände und bewaffnete Wachen von ihren Mitbürgern abgetrennt, sitzt die Familie Welyen. Der gesamte Bezirk beugt sich dem Einfluss der angeblichen Nachkommen des heiligen Alaunis – umso mehr, seit damals die Ehe zwischen Orcade Welyen und dem König-gebettet-in-Frieden Uther Dracones geschlossen wurde.

Gierig schießen sich auch die Filmapparate der Arena auf den Mann ein, der neben Orcade sitzt: Agravain, ihr älterer Bruder und absoluter Favorit des Turniers. Heute trägt er das nussbraune

Haar aus der Stirn gekämmt, sodass sein weiches, rundes Gesicht voll zur Geltung kommt. Sein hochgeschlossener weißer Mantel ist mit Kupferdraht durchwirkt, ganz den Farben und dem Stil Alaunitowns entsprechend. Zwischen den Falten des Gewandes blitzt immer wieder die kaum verhüllte Dolchscheide auf, die er an der Hüfte trägt.

Jeder Londoner hat das Recht, eine Waffe bei sich zu tragen, doch in Kneipen und Arenen der Caballaria sind sie streng verboten. Hier und heute dürfen nur die wachhabenden Ritter der Arena und die Kämpfenden auf dem Platz bewaffnet sein. Doch Agravain Welyen liebt es, der ganzen Welt zu zeigen, dass er solche Regeln gefahrlos brechen kann. Alles Teil seiner Privilegien. Nun sitzt er strotzend vor Selbstbewusstsein auf seinem Platz und lacht über etwas, was seine Großmutter Irena ihm gerade zugeraunt hat.

Orcade lacht nicht. Neben ihrem grölenden Bruder wirkt sie sehr jung und beherrscht. Ihre Heirat mit Uther sollte beiden Seiten politische und ökonomische Vorteile sichern und war von allen offiziellen Stellen abgesegnet, doch Art hat sich oft gefragt, wie Orcade selbst eigentlich dazu stand. Immerhin ging es darum, einen gefürchteten und verhassten Mann zu heiraten, der noch dazu dreimal so alt war wie sie. Wie mochte es sein, als willenlose Schachfigur in dem Ränkespiel herumgeschoben zu werden, das ihre Familie so außerordentlich gut beherrscht?

Vielleicht war es ja ihre Idee. Vielleicht war sie glücklich damit.

Eines ist jedenfalls klar: Dass sie sich zu ihrer Familie in den Alaunitown-Sektor gesetzt hat und nicht in die Lounge des Palasts, ist eine eindeutige Aussage, über die sich die Kommentatoren vermutlich jetzt schon das Maul zerreißen. Orcade lehnt es ab, dass der Bastardsohn ihres verstorbenen Mannes versucht, das Schwert für sich zu erringen.

Oder vielleicht geht es ihr auch mehr darum, sich auf die Seite der Gewinner zu stellen.

Neben dem aufgeregten Summen des Publikums ist ein unterschwelliges Dröhnen zu hören, wie das Rauschen eines weit entfernten Meeres. Das sind die Massen draußen vor der Arena, jene glücklosen Menschen, die nun lautstark fordern, ebenfalls einen Teil der Action serviert zu bekommen, und sei es nur über die kleineren Leuchtschirme, die oben an den Zäunen rings um Cair Stour angebracht sind.

Hier und da ragen die auf improvisierten Podien postierten Buchmacher aus der Masse hervor und nehmen die Wetten schneller entgegen, als man sie aussprechen kann. Sie haben eine eigene Kurzsprache, in der sie über die Köpfe der Menge hinwegbrüllen, teils schon ganz heiser, während sie mit knappen Gesten Münzen gegen Wettscheine tauschen.

Dieser Vorgang wiederholt sich unzählige Male in sämtlichen Caballaria-Bars des Landes. Diejenigen, die einen kaputten oder unzuverlässigen Leuchtschirm haben, brauchen heute gar nicht erst aufzumachen und beklagen bitterlich den Verlust, der ihnen dadurch in der umsatzstärksten Nacht der letzten zwanzig Jahre entsteht. Lizenzierte Bars und Arenen sind für die meisten die einzige Möglichkeit, sich die Caballaria-Kämpfe live anzusehen, und das heutige Spektakel wird sich niemand entgehen lassen, der noch halbwegs bei Verstand ist. Egal wie es ausgeht – in den kommenden Jahren wird es Pflicht sein für jeden Londoner, angeben zu können, dass er das Turnier um das Schwert live gesehen hat.

Art nippt an seinem Pollidori mit Wasser und versucht angestrengt, seinen Mageninhalt unter Kontrolle zu halten. Die Auslosung der ersten Runde ist für Garad gnädig verlaufen, xier tritt gegen den Streiter mit den zweitschlechtesten Quoten an. Aber xier hat noch nie in einer Arena gekämpft, nicht einmal in einem unwichtigen kleinen Gefecht, geschweige denn in einem so bedeutungsvollen.

Wenige Augenblicke, bevor es losgehen soll, taucht Brune an Arts Seite auf. Sie ächzt müde. Die wochenlangen Vorbereitungen dieses monumentalen Ereignisses haben ihr einiges abverlangt. Trotzdem hat sie sich schick gemacht und trägt nun einen in dunklem Purpur gehaltenen Anzug, der ihre schlanke Figur betont. Die weite, fließende Hose ist an den Seiten geschlitzt, sodass ihre Klingenprothesen sichtbar werden, und ihr silbergraues Haar ist zu einer eleganten Tolle geformt und aus der Stirn frisiert.

Unverblümt wie immer sieht sie ihn an und fragt: »Bereit?«

»Nein.«

Sie nickt, dann wendet sie sich der Arena zu. Die Neonlichter gleiten über ihr Gesicht.

»Gut«, erwidert sie knapp.

Bevor er sich noch fragen kann, was daran denn bitte schön gut sein soll, vereinigen sich die bunten Spots zu einem einzigen Lichtfleck und schießen wie jagende Raubvögel Richtung Boden.

»SIEBEN STREITER ... EIN SIEGER ... WILLKOMMEN ... ZUM KAMPF ... UM DAS SCHWERT ... VON LONDON!«

Die Stimme des Nuntias, des berühmten Showmasters von Cair Stour, dröhnt hundertfach verstärkt aus den Lautsprechern, die hoch oben an den Säulen der Arena angebracht sind. In ohrenbetäubender Lautstärke gibt er die Paarungen bekannt, untermauert von akribischen Auflistungen der Statistiken jedes Kämpfers.

Schließlich taucht auch eine Projektion von Garad am Himmel auf, in der xier in einer ausholenden Pose das Breitschwert über die Wolken gleiten lässt.

Schmeiß den ersten Kampf hin, fleht Art im Stillen. Sein Stolz ist ihm plötzlich vollkommen egal. *Wenn du mich hören kannst, Garad: Schmeiß den ersten Kampf hin und verschwinde von hier.*

Doch als der Kampf schließlich beginnt, als der Nuntias Garads Namen hinausbrüllt, die elektronischen Glocken läuten, die Lichter funkelnd über der Arena kreisen, weiß Art, dass sein Gebet nicht erhört wurde.

Denn xier sieht atemberaubend aus.

Von beiden Riesenleuchtschirmen strahlt Garads imposante Gestalt, während xier mit großen Schritten die Arena betritt und offenbar alles gierig in sich aufsaugt. Xier ist von Kopf bis Fuß in eine enge weiße Rüstung gekleidet, deren winzige Plättchen an Fischschuppen erinnern und die geschmeidige Silhouette mit einem beinahe feucht schimmernden Glanz überziehen.

Garads Familie ist alles andere als vermögend. Niemals könnte sie ein solches Outfit bezahlen, vor allem nicht, da sie bereits ein Leben lang sparen musste, um für Garads Ritterausbildung aufkommen zu können. Lillaths Familie hingegen, die DeHavillands, ist unverschämt reich. Überrascht stößt Art den Atem aus. Kein Wunder, dass sie ihm in letzter Zeit aus dem Weg gegangen ist, diese hinterlistige Schlange.

Garad reckt das Breitschwert, und der Nuntias hat Mühe, gegen das aufbrandende Getöse in der Arena anzukommen. Die politische High Society mag nervös auf ihren Plätzen herumrutschen und sich jede Sympathiebekundung für diesen schillernden jungen Kämpfenden verkneifen, aus Angst, dadurch öffentlich Stellung zu beziehen, doch der Rest der Stadt erkennt einen Caballaria-Champion, wenn er ihn sieht, Politik hin oder her. Einen solchen Auftritt legt keiner hin, der beabsichtigt, in der ersten Runde rauszufliegen.

Garad macht Ernst.

Da bei sieben Streitern keine glatte Aufteilung möglich ist, bestimmt das Los einen Kämpfer, der in der ersten Runde aussetzt. Ginge es in der Welt fair zu, würde man dem Unerfahrensten diese Chance geben, doch es wurde der Streiter einer anderen Familie gezogen. Also muss Garad – zusammen mit fünf anderen – alle drei Runden durchstehen.

Der erste Gegner, Helyan der Gnadenvolle, ist ziemlich klein. In Wahrheit hat der Mann vermutlich eine recht anständige Größe, doch im Vergleich zu Garad sieht eigentlich jeder klein aus. Siege und Niederlagen halten sich bei ihm die Waage. Sein anthrazitfarbenes Outfit ist eng anliegend, ordentlich und unspektakulär. Gemacht, um darin zu kämpfen, nicht um bloß herumzustolzieren, denkt Art bedrückt. Dieser Ritter ist ein Veteran in der Arena, und er ist gekommen, um zu siegen. Seine Waffe der Wahl ist eine fies aussehende Keule, deren Stacheln krumme Linien in den Sand ziehen, der den Boden des Kampfplatzes bedeckt.

Einer der Filmapparate zoomt Garads Gesicht heran. Es ist mit perlmuttartigem Puder überzogen, der sich schimmernd an die Wangen heftet und xiem das Aussehen einer Statue verleiht. Nie hat Art xien schöner gesehen.

Nie hat xier jünger gewirkt.

Eine Glocke kündigt den Beginn des Kampfes an, und die tanzenden Spots werden zu stetigen Scheinwerfern, die jeden Winkel des Platzes ausleuchten.

Ein zweites Mal läutet die Glocke – und die Kämpfenden stürmen los.

Der ungewohnte Adrenalinkick, der sich anfühlen muss wie eine heranbrandende Flutwelle, lässt Garad zu hastig loslaufen, xier verliert das Gleichgewicht, kann sich aber noch abrollen. Ein totaler Anfängerfehler.

Art kann nicht hinsehen.

Er spürt die Blicke im Rücken, die auf jede noch so kleine Reaktion von ihm lauern, doch er kann einfach nicht hinsehen.

Wie Meeresrauschen umspült ihn der Lärm der Menge – Jubelschreie ebenso wie entsetztes Keuchen –, es überlagert vollständig das, was unten in der Arena vorgeht. Mit halb geschlossenen Augen wartet Art ab, spürt seinen dröhnenden Herzschlag. In der ersten Runde eines Turniers dauern die Kämpfe normalerweise nie lange. Je schneller man den Gegner unter Kontrolle bringt und den tödlichen Stoß androhen kann, desto schneller ist es erledigt und desto mehr Energie bleibt für die folgenden Runden. Warum ist es also noch nicht vorbei? Warum läutet die Glocke nicht?

Und dann, ganz plötzlich, läutet sie doch.

Ein lauter Triumphschrei dringt vom Kampfplatz herauf, gefolgt vom ohrenbetäubenden Brüllen der Menge.

»Sie sollten vielleicht hinsehen«, schlägt Brune leise vor. »Ihr Streitender hat soeben gewonnen.«

Sofort reißt Art die Augen auf. Beide Kämpfer liegen auf dem Rücken, aber Garad hat das Breitschwert gegen Helyans ungeschützten Hals gedrückt und fixiert mit den Beinen seine Arme am Boden. Helyans Keule liegt ein ganzes Stück entfernt. Er ist erledigt.

Erwartungsvolle Stille legt sich über die Arena.

Einen Moment hält sie an, dann hört man Helyans Stimme: »Ich ergebe mich.«

Wieder bricht unten Jubel aus, und Art sieht zu, wie Garad sich vom Boden hochstemmt. Sand und Dreck haben der Rüstung den schimmernden Glanz genommen. Langsam, suchend dreht xier sich um. Als xier ganz dem hervorragenden Auge – und damit Art – zugewandt ist, hebt Garad langsam eine Faust und drückt sie an die Schulter. Ein Gruß, wie er nur Königen und Königinnen entboten wird. Die Menge rastet aus.

Und Art unterdrückt gerade noch rechtzeitig den Impuls, sich in seinem Stuhl zu verkriechen.

*

»VIER STREITER ÜBRIG. NUR ... EINER ... WIRD ... SIEGEN!«

Nach einer einstündigen Pause, in der Art der aromatischste Eintopf serviert wurde, der je seinen Gaumen zu locken versucht und von dem er kaum einen Bissen hinunterbekommen hat, beginnt die zweite Runde.

Nun wird sich entscheiden, wer ins Finale einzieht.

Garads Quote ist nach xieses erstem Sieg kräftig gestiegen, aber im nächsten Kampf tritt xier gegen einen absoluten Publikumsliebling an – Lady Lyonesse, deren dramatische und höchst romantische Lebensgeschichte ihr im Turnierzirkus viele Sympathien eingebracht hat. Der Vorwurf, dass sie dies nach Kräften ausschlachte, spielt für das Publikum keine Rolle. So ist die Caballaria eben. Das gehört alles mit zum Spiel.

Brune beugt sich zu Art vor und raunt derart unbeteiligt, als plauderte sie über das Wetter: »So viel Whisky auf einen so jungen Magen?«

Art mustert die Flasche auf dem Beistelltisch, die nun aus deutlich mehr Glas als Flüssigkeit besteht. Dann zwingt er seine widerwillige Kehle, noch einen Bissen Eintopf runterzuwürgen.

Brune grunzt zufrieden. »Vergessen Sie nicht: Niemals Schwäche zeigen.«

Sie lehnt sich zurück und beginnt eine angeregte Unterhaltung mit dem Würdenträger, der neben ihr sitzt. Art zwingt sich einen weiteren Bissen rein, erstickt aber fast daran, als Garad die Arena betritt. Draußen vor dem Stadion wird der Auftritt von einem begeisterten Brüllen begleitet. Die verdreckte, stumpfe weiße Schuppenrüstung aus der ersten Runde wurde durch eine neue ersetzt, diesmal in tiefstem Ebenholzschwarz. Sie verleiht xiem die gefährliche Ausstrahlung einer Kobra.

Verdammt, wie viel haben die DeHavillands bitte schön für diese verfluchten Kostüme hingeblättert?

Die erste Klingel ertönt, und das Publikum wird leise. Arts Magen versucht alles, um seine Speiseröhre hinaufzuklettern.

Und wieder geht es los.

Wenigstens wird Garad jetzt endlich das Handtuch werfen. Xier hat Art durch den Sieg in der ersten Runde einen Gesichtsverlust erspart und sich selbst dabei einen Namen gemacht, was einen guten Startschuss für die Karriere in der Caballaria bedeutet. Bald ist es ausgestanden.

Lady Lyonesse greift als Erste an und stürmt mit atemberaubender Geschwindigkeit los, die beiden Rapiere schlagbereit erhoben. Doch Garad ist bereit. Diesmal zwingt sich Art dazu, alles anzusehen, und er ist verblüfft über die Kampfkraft seines Streitenden. Auch diese Rüstung ist ein wahres Meisterwerk. Sie besteht zweifelsfrei aus Metall, was durch das Scheppern deutlich wird, das ertönt, als Lady Lyonesse einen Treffer gegen Garads Oberkörper landet. Gleichzeitig ist sie so passgenau und feingliedrig gearbeitet, dass sie xiem die volle Bewegungsfreiheit garantiert, die xier auch in Trainingskleidung hätte.

Während der Kampf seinen Lauf nimmt, keimt in Art ein leiser Verdacht auf, der sich erhärtet, als Lady Lyonesse gezwungen wird, sich auf ein Knie fallen zu lassen, um Garads Breitschwert auszuweichen. Die Lady ist xiem unterlegen. Ganz eindeutig.

Sollte Garad jetzt nicht noch von ganz fürchterlichem Pech ereilt werden, wird xier gewinnen.

Nein. Garad ist clever. Xier hat die Caballaria von Kindesbeinen an studiert. Irgendwie wird es xiem gelingen, den Kampf zu verlieren, ohne dass es jemandem auffällt. Ganz bestimmt. Das Ganze dauert noch immer an, und die Lady zeigt erste Ermüdungserscheinungen, aber das ist okay. Alles okay. Xier wartet gewiss nur auf den richtigen Moment. Eine angebliche Zerrung, eine etwas zu offensichtliche Finte, ein Stolperer oder eine ungeschickte Attacke – es gibt Hunderte Möglichkeiten, wie du verlieren kannst, Garad.

Du musst verlieren, Garad.

Aber Garad gehorcht nicht.

Lady Lyonesse holt ein wenig zu weit aus und gerät aus dem Gleichgewicht, sie ist zu erschöpft, um den Fehler rechtzeitig zu korrigieren. Schon liegt sie im Sand, und Garads Schwertspitze schwebt über ihrem Herzen.

Die ach so romantische, tragische Heldin spuckt Gift und Galle.

»Ich ergebe mich«, faucht sie wütend.

*

»Ihr werdet mich jetzt *sofort* durchlassen.«

Die Wachen in dem schäbigen Korridor, der zum unterirdischen Ruhebereich der Streiter führt, haben allen Grund, nervös zu sein. An einem so wichtigen Abend liegen sowieso bei allen die Nerven blank, und nun bekommen sie es auch noch mit dem Burschen zu tun, der eventuell ihr König werden könnte, wenn die Nacht rum ist.

»Sire …«, beginnt einer von ihnen, bricht dann aber angesichts der sich auftuenden Protokollschwierigkeiten kurz ab. »Si …«

»Verfluchte Scheiße«, ruft Art, »ist mir doch egal, wie ihr mich ansprecht, solange ihr mich jetzt durchlasst, damit ich meinen entheiligten Streitenden sehen kann!«

»Das ist gegen die Regeln«, erklärt der andere Ritter standhaft.

Art überlegt kurz, ob er die Ich-bin-quasi-schon-euer-König-Karte ausspielen soll, schreckt dann aber entsetzt vor dieser Vorstellung zurück. Stattdessen versucht er, den zornesroten Nebel zu durchdringen, der sein Denken blockiert.

Er seufzt schwer.

»Ich muss mich entschuldigen«, sagt er dann. »Die Lage ist etwas … kompliziert, wie ihr ja sicher verstehen werdet.«

Der Ritter, den es offenbar schrecklich verwirrt, dass Art so wenig begeistert zu sein scheint von dem beachtlichen Auftritt seines Streitenden, sieht ihn nur schweigend an.

»Art?«, fragt jemand vorsichtig.

Lucans Kopf erscheint in einer der Türen, die von dem Korridor abzweigen.

»Du hast hier unten nichts zu suchen«, stellt er überflüssigerweise fest.

Verzweifelt reißt Art die Arme hoch. »Ach, wirklich?«, fragt er mit Blick zur Decke. »Wie dumm von mir, da habe ich mich extra aus dem Auge geschlichen und mich an den ganzen Wachen vorbeigemogelt. Am besten gehe ich einfach brav wieder rauf und widme mich dem Bier und den Pancakes, die dort auf mich warten, okay?«

Lucan scheint kurz nachzudenken, dann tritt er auf den Gang hinaus und schiebt die Tür hinter sich zu.

»Si«, wendet er sich an die beiden Ritter, »wie wäre es mit ein bisschen Schmiergeld?«

Die Wachen, die offenbar nur subtilere Methoden gewohnt sind, sehen sich an. Der Aufgewecktere der beiden nickt. Die Transaktion wird kurz besprochen und abgewickelt, dann marschieren die Wachen um die nächste Ecke, und Art stürmt an Lucan vorbei zur Tür.

In dem Raum dahinter sitzt Garad auf einem einfachen Hocker, halb nackt, während einer der Turnierärzte eine fiese Risswunde am Brustkorb näht. Im grellen Licht der Lampen wird deutlich, was die bisherigen Kämpfe angerichtet haben. Unter dem Hocker klebt wässriges Blut auf den Fliesen. Garads Haut ist wächsern, und xier wirkt erschöpft. Xier schenkt Art nur einen kurzen Blick, bevor xier wieder reglos an die Wand starrt.

Sämtliche Wut verraucht, als Art sieht, wie zerschunden Garad ist. Halb aufgeschlitzt.

Nur seinetwegen.

»Garad«, fragt er leise, »was soll das werden?«

Ein leises Klicken und das vorübergehend aufbrandende Grölen der Menge, das durch den Korridor hallt, verraten Art, dass die Tür geöffnet wird. Dann fällt sie wieder zu, und der Lärm ebbt ab.

Lucan steht hinter ihm, vermutlich sorgsam darauf bedacht, nicht in die Schusslinie zu geraten.

»Ich gebe mir alle Mühe, deinen Stolz zu wahren«, erwidert Garad.

Art zeigt Richtung Tür, Richtung Kampfplatz. »Borin der Blutlose hat gerade seinen zweiten Kampf gewonnen, ohne auch nur ins Schwitzen zu geraten. Was wiederum bedeutet, dass er dein Gegner im Finale sein wird, und zwar in weniger als einer Stunde.«

»Du bist wirklich gut darin, das Offensichtliche preiszugeben.«

Mit Mühe hält Art sein Temperament im Zaum. »Du hättest dich von der Lyonesse besiegen lassen sollen. Das weißt du ganz genau.«

»Vorsicht«, mahnt Garad teilnahmslos. »Lose Zungen.«

»Ich werde zu gut bezahlt, um zu tratschen«, meldet sich der Arzt gedämpft hinter Garads Torso zu Wort, während er weiter seiner Arbeit nachgeht. »Von meiner Loyalität mal ganz zu schweigen, vielen Dank auch.«

Lucan hat erwähnt, dass seine Familie für das Turnier die Dienste ihres privaten – und überaus teuren – Hausarztes angeboten hat, damit sie nicht auf das medizinische Personal zurückgreifen müssen, das von der Arena gestellt wird. Er ist einfach besser geschult. Garad ist also nicht allein damit, den Kopf für ihn hinzuhalten. Auch seine beiden anderen Freunde und deren Familien sind in die Sache verstrickt.

Der Arzt beendet schweigend sein Werk und wischt die Wunde dann noch einmal sorgfältig mit einem Desinfektionstuch ab. Anschließend steht er auf, füllt das Becken an der Wand mit Wasser und wäscht seine Instrumente ab. Garad richtet sich gequält auf und fängt an, sich die Hände mit weißem Tape zu umwickeln, langsam und bedächtig, Schicht für Schicht.

»Ich habe die Wunde geklebt und genäht, aber während des Kampfes wird sie wahrscheinlich wieder aufreißen«, warnt xien der Arzt. »Das hält nicht lange.«

»Ich weiß«, nickt Garad.

»Wenn du spürst, dass sie reißt, halt dich besser nicht zurück, sondern geh aufs Ganze. Dann spielt es keine Rolle mehr, und je schneller du fertig wirst, desto geringer ist der Blutverlust.«

»Okay.«

Leichte Übelkeit breitet sich in Art aus. Er ist kein Kämpfer, war er nie. Natürlich sieht er sich gerne die Caballaria-Turniere an, so wie jeder andere, und genau wie jeder andere hat er den Kodex gelesen, eine uralte, tausend Seiten starke Abhandlung über die Kunst des Kampfes. Jeden einzelnen der poetisch anmutenden Leitsätze hat er gelesen, seine moralischen und mythischen Abgründe studiert, die betörenden Geschichten.

Doch das hier ist die harte, brutale Realität. Geprelltes und zerfetztes Fleisch und Schmerz. Dort draußen trennt eine Mauer die Zuschauenden von den Kämpfenden, eine Mauer aus funkelndem Licht, schimmernder Körperbemalung und perfekter Inszenierung – manchmal so perfekt, dass sie selbst einen Atheisten wieder an Götter glauben lässt. Hier allerdings fehlt diese Mauer. Es gibt nur Menschen, und Menschen sind zerbrechlich.

»Bei allen Heiligen, Garad – sieh mich an!«

Doch xier weigert sich. Art sieht zu, wie Garad Handschuhe überstreift, deren fester Stoff mit Metallspitzen besetzt ist. Damit fließt bei jedem Schlag Blut.

»Art«, drängt Lucan hinter ihm, »das Arena-Team kann jeden Moment zurückkommen, um mit Garad den Finalkampf zu besprechen. Du solltest jetzt besser gehen.«

»Garad«, versucht Art es noch einmal.

Nachdem xier prüfend die Finger gespreizt hat, antwortet xier schließlich beinahe geistesabwesend: »Wir sehen uns, wenn es vorbei ist.«

Mehr nicht.

*

Die Glocke läutet.

»ZWEI. STREITER«, brüllt der Nuntias. »EIN. SIEGER.«

Wie eine Faust prügelt der Jubel der Menge auf Arts Ohren ein, übertönt alles andere. Er spürt nichts mehr. Eine merkwürdige, tröstliche Taubheit hat ihn erfasst.

»... SIEGESSERIE«, versucht der Nuntias es mit voller Kraft, aber selbst die Lautsprecher schaffen es nicht, das Brüllen des Caballaria-Biests zu übertönen, zu dem die Menge inzwischen geworden ist. »CHAMPION ALLER CHAMPIONS ... DER BLUTLOSE!«

Garads Finalgegner betritt die Arena.

Selbst aus dieser Entfernung ist der Mann ein wahrer Hüne. Er füllt sämtliche Leuchtschirme aus, die Filmapparate müssen sich hastig zurückziehen, um ihn überhaupt ganz ins Bild zu bekommen. Sein Kettenhemd wurde angeblich aus Anlegeringen gefertigt, wie sie in Häfen verwendet werden. Die hüftlangen schwarzen Haare hat er für den Kampf zu einem Pferdeschwanz zusammengefasst, der bei jeder Bewegung eindrucksvoll schwingt. Riesige Muskeln türmen sich wie Felsbrocken auf seinen Gliedern. Jeder weiß, dass auch er bevorzugt mit einem Breitschwert kämpft, das er nun mit einer Hand senkrecht an die Brust drückt, sodass es ein ganzes Stück über seinen Kopf hinausragt. Zumindest in Bezug auf die Waffe herrschen also gleiche Verhältnisse.

Borin gehört eigentlich nicht in dieses Zeitalter der flimmernden Neonlichter, die sich auf Glas und Stahl brechen. Er gehört auf ein von Nebelschwaden durchzogenes, schlammiges Schlachtfeld, wo er wie in den alten Sagen mit der Streitaxt auf Ungeheuer eindrischt. Cair Stour ist eines der riesigsten Gebäude, die je errichtet wurden, und doch scheint es nicht groß genug für ihn zu sein. Er füllt die Arena komplett aus, ohne sich auch nur vom Fleck zu rühren. Alle Blicke sind auf ihn gerichtet.

Doch dann erscheint Garad. Für den Finalkampf trägt xier eine silberne Rüstung. Hell und klar erstrahlt sie in der Farbe der Lektris, der Farbe von London. In Garads Zügen ist nichts mehr zu entdecken von den Schmerzen der Wunde, die xieses Körperseite zerfetzt hat, keine Spur der Blutergüsse oder der zermürbenden Erschöpfung ist geblieben, die xien eben noch gezeichnet hat. Das grelle Licht der Arena spült die Realität einfach fort.

Die Gegner stehen sich gegenüber.

Im Vergleich zu Borin wirkt Garad, bisher das imposanteste menschliche Wesen, das Art je gesehen hat, wie ein Strichmännchen. Als könnte der Gegner xien mühelos zerbrechen. Garad sagt etwas, doch die Worte gehen im allgemeinen Lärm unter. Hastig zoomen die Filmapparate an Garads Gesicht heran, um die Lippenbewegungen einzufangen, doch es ist bereits zu spät. Borin presst die Lippen zusammen, dann antwortet er.

»Was quatschen die da, verdammt?«, ruft jemand hinter Art. In der Hitze des Gefechts geht die Etikette gerne mal flöten. »Bei allen Heiligen, warum verpassen die den Kämpfern keine Mundsprecher, das werde ich nie begreifen …«

Der Lärm unten wird immer greller, die Gesichter verzerren sich vor Gier, als alle von der Kampfeslust gepackt werden und ihre Emotionen auf den Sandplatz hinunterströmen lassen. Art nimmt kaum wahr, wie sein Herz ernsthafte Versuche unternimmt, ihm aus der Brust zu springen.

Die erste Glocke ertönt.

Garads Schwert hebt sich, scheint den Himmel aufzuschlitzen.

Und Borins Waffe senkt sich herab, schlägt in einer Sandwolke mit dem Griff voran auf dem Boden auf.

Einen Moment lang macht sich Verwirrung breit. Hat er es etwa aus Versehen fallen lassen? Dann aber geht der Streiter langsam auf ein Knie.

Der Lärm verebbt, weiter und weiter, bis es ganz still ist.

Borin ballt die leere Hand zur Faust und reckt sie in die Höhe. Seine gigantisch vergrößerten Abbilder auf den Leuchtschirmen tun dasselbe. Er spricht, einen Satz nur, mit einer Stimme, die an Felsstürze in den Bergen erinnert.

»Ich ergebe mich.«

Tausende Kehlen stimmen ein wütendes Gebrüll an.

Die Filmapparate konzentrieren sich auf die Familie Welyen, die in das Geschrei mit einstimmt, nachdem sie zusehen musste, wie ihr Streiter absichtlich, unmissverständlich und öffentlich den wichtigsten Kampf seines und ihres Lebens abgebrochen hat.

»Das gilt nicht«, tönt es in manchen Ecken, »Illegal« in anderen. Viele schreien ihre Ablehnung heraus.

Garad steht reglos wie eine Statue.

In dem allgemeinen Chaos löst sich eine einzelne Gestalt aus dem abgesenkten Graben rings um den Kampfplatz, von dem aus Caballaria-Vertreter, Ärzte und Trainer die Kämpfe verfolgen. Sie überquert das Feld, an der weißen Jacke eindeutig als Schiedsrichter des Arena-Teams zu erkennen. Es dauert sehr, sehr lange, bis das allgemeine Getöse sich legt, doch irgendwann reißt sich die Menge zusammen und harrt der Dinge, die da kommen mögen.

Der Schiedsrichter hat die beiden Streiter erreicht und beugt sich zu dem noch immer knienden Borin hinunter, spricht mit ihm. Als ein Filmapparat näher heranzoomt, wird deutlich, dass es sich um eine Frau in mittlerem Alter handelt. Tiefe Falten durchziehen ihr ernstes Gesicht. Die Menge spitzt die Ohren, doch ohne Erfolg.

Schließlich steht die Frau auf und klopft sich den Sand von der Hose. Dann dreht sie sich um und nickt in Richtung des Grabens.

Im nächsten Moment dröhnt die Stimme des Nuntias aus den Lautsprechern.

»GARAD GAHERIS, STREITENDER DES ARTORIAS DRACONES … ERRINGT DEN SIEG.«

Das Biest auf den Rängen bricht in unverständliches Gebrüll aus.

Schon bald wird das Bild, das sich den Zuschauenden bietet, zu den legendärsten der Caballaria-Geschichte zählen: der hünenhafte, leicht ergraute Borin, kniend, das Schwert in den Staub geworfen, wie er sein regloses, narbiges Kriegergesicht dem silbernen Engel zuwendet, der vor ihm steht – und der junge Triumphator, geschmeidig wie eine Birke, das eigene Schwert neben sich in den Sand gestützt.

Auf den Leuchtschirmen der Arena sieht man nun allerdings nur Agravain Welyen. Er ist aufgesprungen, sein sonst so weich anmutendes Gesicht ist vor Wut verzerrt. Art beobachtet, wie sein Leuchtschirmabbild den Arm ausstreckt und langsam die Hand zur Faust ballt – die Geste, die einer Todesdrohung gleichkommt.

Sein Arm zeigt direkt auf das Auge.

Art hört, wie Brune einen unterdrückten Fluch ausstößt, dann wird er an der Schulter gepackt und vom Stuhl gezerrt. Er sieht gerade noch, wie Brune ihm über den Lärm hinweg etwas zuruft. Schon schleift man ihn aus dem Auge heraus in einen schmalen Gang, wo ihn sofort eine Phalanx aus Rittern umgibt.

»Schafft ihn hier raus, sofort«, befiehlt eine Stimme, und Art bleibt nicht einmal genug Zeit, um zu protestieren. Benommen läuft er los, so dicht neben seinen Bewachern, dass eine ihrer Waffen ihn leicht am Oberschenkel streift.

»Wartet mal«, hört er sich dann endlich sagen. »Was ist denn überhaupt los?«

»Wir bringen Sie zurück in den Palast, Sire«, erklärt der Ritter an seiner Seite, ohne ihn anzusehen. »Der Wagen wartet draußen.«

»Aber was ist mit … Wo ist Garad?«

»Das ist jetzt nicht wichtig. Sire!«

Alarmiert schreit der Ritter ihm hinterher, aber Art ist bereits fort. Er schiebt sich zwischen den Wachen hindurch, die nur mit einem Angriff von außen rechnen, nicht von innen. *Garad*, fordert Arts Gehirn dumpf, und sein Körper gehorcht. Für die oberste Etage der Arena gibt es eigene Elevatoren, doch Art entscheidet sich für die Treppe. Er stürmt durch die Tür und springt zwei, drei, vier Betonstufen auf einmal hinunter. Es fühlt sich an, als könnte er fliegen.

»Artorias!«

»Sire!«

Ja, er hört die Schreie, aber sie ertönen irgendwo über ihm, und er ist fast im Erdgeschoss angelangt, hat den Arenagraben beinahe erreicht. Schon nimmt er den stampfenden Lärm wahr, verworrene, dumpfe Gesänge, nichts als bebende Rhythmen ohne Worte.

Da, vor dieser Tür, steht eine Gruppe Arena-Wachen. Diesmal redet er nicht, diskutiert nicht, stürmt einfach hindurch. Offenbar sind sie so verblüfft darüber, dass der Junge, der soeben ihr König geworden ist, ungebremst auf sie zurennt, dass sie nicht einmal protestieren. Er schiebt sich zwischen ihnen hindurch, reißt die Tür auf und steht im abgesenkten Graben der Arena. Anders als in den leeren, hallenden Korridoren, die hierherführen, wimmelt es in dem Graben nur so von Menschen, und das Geschrei und die Gesänge des Publikums dröhnen übermenschlich laut. Direkt hinter der Tür bleibt er stehen, versucht herauszufinden, wie, bei allen sieben Höllen, er von hier auf den Kampfplatz hinauskommt …

»Art!«

Ein silberner Engel, eingepfercht zwischen den Weißjacken der Arena, die alle gleichzeitig reden, sich trotz des Lärms Gehör verschaffen wollen.

»Art!«, ruft der Engel noch einmal, und das Beben in seiner Stimme durchbricht die Benommenheit, hinter der sich Art bis jetzt verschanzt hat.

Garad befreit sich aus der Menschentraube, und auch Art läuft los. In dieser verschwommenen, banalen Ferne, die wohl den Rest der Welt bildet, weichen die Leute vor ihnen zurück, schaffen einen freien Raum, in dem sie zusammentreffen können, umringt von schweigenden Gesichtern.

Aus der Nähe betrachtet ist Garad zu echt, um ein Engel zu sein. Die Rüstung wirkt außerhalb des Kampfplatzes irgendwie unpassend, als wäre xier auf dem Weg zu einem Kostümball. Der Glanz in den Augen strahlt ein wenig zu hell, die kurzen Haare hängen schlaff und strähnig herab.

Art öffnet den Mund, weiß aber nicht, was er sagen soll.

Garad wartet schweigend ab – groß, wachsam und reglos.

»Was hat Borin zu dir gesagt?«, fragt Art schließlich.

Die Weißjacken ringsum beugen sich unauffällig vor, um das nicht zu verpassen.

»Dass er findet, du solltest König werden«, antwortet Garad. »Dass es seiner Meinung nach das Richtige sei … für London.«

Klingt gut. Möglicherweise zu gut, um wahr zu sein. Aber wer weiß schon, welche Gefühle einen dort draußen in der Arena überkommen, mit der melodramatischen Last eines ganzen Volkes auf den Schultern? Art stellt sich vor, wie Borin es vorher geübt hat, wie er vor dem Spiegel in seiner Umkleide stand und es seinem eigenen zerfurchten Gesicht vorgetragen hat.

»Kann er das wirklich machen?« Art wendet sich an alle.

»Jawohl, Sire«, antwortet jemand zu seiner Linken. »Borin hat sich aus freien Stücken ergeben. Die diesbezüglichen Regeln sind eindeutig, sie wurden auf Geheiß Ihres Vaters angepasst und aktualisiert …«

Der Sprecher bricht ab.

»Ich bin nicht mein Vater«, erwidert Art ruhig.

Garad sagt leise: »Nein. Du wirst tausend Mal besser sein, als er es jemals war.«

Falls das die lauernden weißen Krähen ringsum schockiert, zeigen sie es zumindest nicht. Ihre Götter sind die Champions der Caballaria, und in diesem Moment ist Garad ihr Gott.

Es ist zu viel. Wie kann man zum Herrscher über Millionen Menschen werden und nicht unter der Last einer solchen Macht zusammenbrechen?

»Willst du nicht erst einmal Gewinne einstreichen, bevor du verlierst?«, fragt Garad, als spürte xier den Aufruhr, der in Art tobt.

Es ist ein altbekanntes Sprichwort, das so viel bedeutet wie: Kämpfe für das, woran du glaubst, für das, was du dir erhoffst, für das, was deine Wahrheit sein soll. Gewinne so viele Schlachten wie möglich, bis dir am Ende der Heilige des Todes gegenübersteht – in dem einen letzten Kampf, den man nur verlieren kann.

Sorge dafür, dass dein Leben von Bedeutung ist, denn mehr als dieses eine Leben kriegst du nicht.

Art entfernt sich einen Schritt von Garad. Xier wartet noch immer mit spürbarer Anspannung. Wenigstens wird Art nicht allein sein. Er hat Lucan, er hat Lillath. Und er hat seinen grimmigen, treuen Streitenden, dier ihn nun beinahe ängstlich beobachtet.

»Du hast gerade einen König aus mir gemacht, Garad«, sagt er leise. »Wie fühlt sich das an?«

Garad stößt ein erleichtertes, tränenersticktes Lachen aus, dann zieht xier ihn in eine Umarmung. Sie verlieren das Gleichgewicht, sinken auf die Knie, aber Art kann einfach nicht loslassen, fällt mit xiem auf den harten Beton. Der König und sein Streitender sind gleichgestellt, das können ruhig alle sehen.

Garad drückt die Stirn an Arts, beschmiert sie mit schweißverklebter Farbe. Die feuchte Haut an seiner zu spüren, ist realer als alles, was Art je erlebt hat.

»Es fühlt sich gut an«, flüstert Garad mit strahlenden Augen. Sanft umfasst xier Arts Hinterkopf, zieht ihn noch dichter zu sich heran. »Mein Bruder. Mit Freuden werde ich dir folgen, bis ich meine letzte Schlacht verliere. Das weißt du doch, oder? Hast es immer gewusst.«

Art legt beide Hände auf Garads Kopf, spürt seine Fingerspitzen zwischen ihren Schädeln.

»Ja, das weiß ich«, flüstert er.

Auf Gedeih und Verderb – Artorias Dracones ist König.

KAPITEL 10

Der Kerker, Rhyfentown

Zehn Monate zuvor

Flackernde Lichter am Himmel geben sie dem Urteil dieser Welt preis.

Auf den nebligen Wolken über London ist Reds Name kaum mehr als ein flüchtiger Geist, als könnte sie sich jederzeit einfach auflösen. Starr gerahmte, scheinbar schwerelose Zeichen verraten all ihre Geheimnisse, gut lesbar in greller Neonschrift.

Das Summen des Motors unter ihr und die schmale Sitzbank, an der sie sich festhält, holen sie in die Wirklichkeit zurück. Red und Finnavair fahren, gleiten wie ein Blitz durch diese Welt. Beruhigend streift der Wind Reds Wangen. Tief in ihrem Innern spürt sie ein Ziehen, das sich in ihrem gesamten Körper ausbreitet, ein Sehnen nach der Freiheit, die jede zurückgelegte Meile mit sich bringt. Auf einem Motorrad kann ihr niemand in die Quere kommen, kann ihr niemand vorschreiben, was sie zu tun hat. Ein Ritter spielt nach seinen eigenen Regeln. Normale Strukturen reißt er auf seinem Weg einfach ein.

Sie fahren.

Ganz fest schlingt Red die Arme jetzt um Fins schlanke Taille, spürt das Leder an ihren nackten Handgelenken. Sie sollte sich nicht nach einer Fluchtmöglichkeit sehnen. Sie rennt davon, doch sie hat vergessen, warum oder wovor, und sie will sich auch nicht erinnern. Fins Lederhandschuh legt sich kurz auf Reds Unterarm, und sie genießt die Berührung, die Nähe. Fin bedeutet Freiheit, und sie nimmt Red mit auf ihren Weg.

Dann dreht sie sich um, bis sie Red ganz das Gesicht zuwendet, und der Traum verwandelt sich in einen Albtraum. Denn es ist nicht Fins Gesicht, das sie nun vor sich sieht, sondern das ihrer Mutter.

Das Motorrad bockt, rutscht weg, sie werden beide fortgeschleudert. Red schlittert über den Asphalt, die Maschine landet auf ihr, zerquetscht ihren Hals, presst sie zu Boden. Ihre Kehle wird eingedrückt wie eine Papprolle. Ihre Lunge weitet sich nicht mehr. Ihre Luftröhre kann sich nicht öffnen. Sie versucht, sich zu bewegen, sich loszureißen. Zerrt, rüttelt. Sie zieht und zieht und zieht, doch es passiert nichts. Es passiert überhaupt nichts. Sie kann nicht atmen, liegt da wie eine aufgespießte Spinne, deren Beine sich aufrollen, während sie zitternd dem Tod entgegenblickt. Doch es ist kein Motorrad mehr, das sie gefangen hält, es sind die Arme einer Frau, schlanke, aber unerbittliche Arme, während sie kalten, scharfen Stahl an ihrer Kehle spürt, der sich gleich in ihre Haut bohren wird …

Schweißgebadet wacht sie auf. Sie zittert.

Keuchend schnappt sie nach Luft. Niemand hält sie fest, sie ist keine hilflose Gefangene. Sie ist hier, sie lebt, ist sicher und allein in ihrem dunklen Zimmer …

Nein, nicht allein. Dort in der Ecke, ganz oben unter der Decke, schwebt ein Geist.

Red starrt auf die bebende, verhüllte Gestalt. Dann krächzt sie mühsam: »Licht an.«

Die Lampen in ihrem Zimmer schalten sich ein und machen aus dem Mysterium etwas völlig Banales. Der Geist ist nichts weiter als eine Bettdecke. Eine Bettdecke, die von ihren Beinen gezogen, vom Bett gerissen wurde, um dann unerklärlicherweise dort in der Ecke unter der Decke zu schweben, angehoben und festgehalten von einer unbekannten Macht.

Das bist du selbst, du Idiot.

Sie blinzelt. Die Decke fällt zu Boden.

Scheiße. Es ist nicht das erste Mal, dass ihre Magie sich Bahn bricht, während sie schläft, doch es kommt nur selten vor. Und immer während dieses Albtraums, der jedes Mal anders beginnt und jedes Mal auf dieselbe Weise endet: Die Arme einer Frau halten sie gefangen, ein tödlicher Stich droht ihre Kehle zu durchbohren.

Red spürt die Nachwirkungen des Traumes. Wenn sie nicht schleunigst etwas runterkommt, wird der Schrecken sie den ganzen Tag verfolgen, bis sie zu verängstigt ist, um auch nur zu sprechen, geschweige denn zu kämpfen. Zu groß wäre die Furcht, dass die Magie unkontrolliert aus ihr hervorbricht. Und dann hieße es: Auf Nimmerwiedersehen, Ritterwürde.

Juckend trocknet der Schweiß auf ihrer Haut. Sie sollte duschen gehen, versuchen, sich den Traum von der Seele zu waschen. Also wälzt sie sich aus dem Bett und sucht nach einem Handtuch. Platz zum Atmen braucht sie. Frische Luft, die Sterne. Bei allen Heiligen, sogar der grelle, unaufhörliche Schein der Neonstraßenschilder fehlt ihr. Das alles ist direkt dort draußen, hinter dieser fensterlosen Wand. Nur eine Lage Stein trennt sie davon, eine einzige Mauer steht zwischen ihr und der Welt, doch diese Mauer könnte genauso gut eine ganze Meile dick sein, denn hier kommt man nicht raus. Diesen Ort wird man nicht mehr los.

Es ist mehr als ein Monat vergangen, seit Red ihre Ausbildung hier im Kerker begonnen hat. Aus Tagen wurden Wochen, und das mit alarmierender Geschwindigkeit. Und Reds Welt wurde dabei immer kleiner, bis sie letztlich komplett in ihr eingeschlossen war, bis sie klaustrophobisch eng an ihr klebte wie eine zweite Haut.

Rein gar nichts dringt von außen in die Kaderschmiede von Rhyfentown vor. Je länger es dauert, desto leichter kann man sich vorstellen, dass es vielleicht gar kein »draußen« mehr gibt. Die Leuchtschirme in den Schlafräumen der Rekruten sind so konfiguriert, dass sie nur Teile der geschlossenen Welt innerhalb des Gebäudes wiedergeben: Aufzeichnungen ihrer Kämpfe, ihre Statistiken, ihre Fortschritte, ihre Rückschläge, Kommentare ihrer Ausbilder, ihre Ernährungspläne, die Weckzeiten und Stundenpläne. Keine Nachrichten, keine Unterhaltungssendungen, keine Botschaften von Familie oder Freunden. Nichts, was nicht in direktem Zusammenhang mit ihrer täglichen Routine steht.

»Wie in einer Sekte ist das«, murmelte einer der Rekruten vor ein paar Wochen beim Frühstück – ein leicht reizbarer Kerl namens Herthen, der mit seinem linken Haken fast jeden Gegner auf Anhieb umhauen konnte, falls er ihn denn erwischte. Tiefe Schatten umspielten seine Augenhöhlen. »Die laugen dich körperlich aus, bis du nicht mehr denken kannst, und dann traktieren sie deinen Geist, sodass da am Ende nichts anderes mehr reinpasst als der Kodex.«

Falls es wirklich eine Sekte ist, sagte sich Red im Stillen, *sind ihr schon vor langer Zeit alle Sieben Königreiche verfallen.*

Kay der Bulle, der Red während ihrer ersten Trainingseinheit getriezt hat und nun ständig mit ihr zusammen essen will, reagierte gereizt: »Darum geht es aber doch, oder nicht? Wer Teil der Caballaria sein will, muss sein altes Leben dafür aufgeben. Ritter wird man nicht auf Teilzeitbasis, so halb, nur manchmal, wenn einem gerade danach ist. Ganz oder gar nicht, so läuft das eben.«

Herthen schüttelte bloß den Kopf und murmelte in seinen Becher: »Ein wahrhaft Gläubiger.«

Er kam kaum über die zweite Woche hinaus. Eines Morgens war sein Platz beim Frühstück leer, und vor der ersten Trainingseinheit des Tages wurde knapp verkündet, er sei ausgestiegen.

Er war der Erste, blieb aber nicht der Einzige. Nach der vierten Woche war die Hälfte der Rekruten fort – manche aus purer Erschöpfung, ein paar aufgrund schwerer Verletzungen, die sie zu lange lahmlegen würden, um die Ausbildung zufriedenstellend abschließen zu können. Zumindest wurde es ihnen so gesagt.

Mäßig witzige Scherze machten die Runde: »Haben die wirklich das Handtuch geworfen oder sind denen in der Küche die Proteinquellen ausgegangen?« Oder auch: »Mein Bruder hat gehört, in der Kaderschmiede von Senzatown haben sie im Keller einen eigenen Friedhof für die Rekruten, die es nicht schaffen.« Aber jedes Mal, wenn am Frühstückstisch ein neuer Platz leer bleibt, werden die verbliebenen Rekruten von noch wilderer Entschlossenheit gepackt.

Sie sind schon so weit gekommen. Sie können jetzt nicht scheitern.

Und obwohl sie das Ganze eigentlich allein durchstehen wollte, stellt Red irgendwann fest, dass sie hin und wieder Zeit mit einigen ihrer Mitrekruten verbringt. Im Kampf ist Kai eine brutale Naturgewalt, doch ansonsten entpuppt er sich als großherziger Kamerad, der ein Talent dafür hat, sie zum Lachen zu bringen. Und dann ist da auch noch Sela Delaney, das heißblütige Mädchen mit den abrasierten Haaren, dem sie nach ihrem ersten Training begegnet ist.

Sela macht es anscheinend besonders viel Spaß, Red zu provozieren. Wenn sie miteinander trainieren, flirtet sie mit ihr und stachelt sie noch mehr an, obwohl der Kampf allein Reds Blut schon genug anheizt. Die beiden werden oft als Gegner eingeteilt, weil sie die Schwächen der anderen ausreizen – Selas Beinarbeit ist manchmal schlampig und unausgereift, während Red sich durch den Einsatz von zwei Waffen leicht verwirren lässt. Und ihren Kämpfen wohnt eine verspielte Spannung inne, die von den unterhaltungshungrigen Rekruten noch weiter gepusht wird.

Oft ist nicht leicht zu erkennen, wann Sela es ernst meint. Sie scheint alles schrecklich lustig zu finden und wirft gerne mit Unverschämtheiten um sich, die bewusst darauf abzielen, andere zu provozieren. Hinterher wickelt sie die jeweiligen Betroffenen dann mit einem charmanten Scherz wieder um den Finger oder überrascht sie mit einem kleinen Geschenk, um sie zu versöhnen: ein Extrabrötchen beim Abendessen, ein neues Buch, ein Fläschchen von dem teuren Schwertöl, das nur auf dem kerkereigenen Schwarzmarkt zu bekommen ist, über den Waren aus der Außenwelt eingeschleust werden.

Red hat angestrengt versucht, die Existenz dieses Marktes auszublenden. Nachdem sie einmal Selas illegal erworbene gezuckerte Gummibärchen abgelehnt hat, hat ihre Rivalin ein neues Spiel erfunden: Mit welcher Versuchung kriege ich Red geknackt? Aber Red wird nicht einbrechen. Sie kann es sich nicht leisten, rausgeworfen zu werden. Was, wenn die Geißel es erfährt? Und wenn er dann enttäuscht von ihr ist?

»Du bist so ein Langweiler, Red«, stellte Sela eines Abends beim Essen fest. »Hältst dich immer ganz brav an die Regeln.«

»Wäre es so, würde ich dich wohl kaum so oft schlagen, oder?«, schoss Red gelassen zurück. »Du bist eine lausige Schummlerin.«

Sela lächelte bloß, als hätte Red ihr ein Kompliment gemacht.

Im Inneren des Kerkers wird der Einbruch der Nacht lediglich dadurch angezeigt, dass die Beleuchtung von warmer Helligkeit zu einem bläulichen Dämmerlicht übergeht. Red verlässt ihr Zimmer und schleicht durch den Flur Richtung Dusche. Als sie das Gemeinschaftsbad erreicht, hört sie das unmissverständliche Rauschen von Wasser. Kurz vor Mitternacht, und trotzdem ist dort jemand drin.

Unentschlossen bleibt sie stehen, doch der Traum wütet noch in ihrem Körper und das Gefühl der Klinge an der Kehle steigt immer wieder in ihr hoch wie eine aufgequollene Leiche in einem Fluss. Ein kalter Schauder überläuft sie. Wenn sie es jetzt nicht schafft, sich irgendwie zu entspannen, wird sie überhaupt nicht mehr schlafen können, und fließendes Wasser ist da immer sehr hilfreich.

Als sie die Tür öffnet, dauert es einen Moment, bis die die Duschende erkennt. Im Dampf ist nur eine schlanke Silhouette auszumachen. Wohl durch das Geräusch alarmiert, dreht die Gestalt unter dem Wasserstrahl den Kopf.

Sela.

Reds Puls erhöht sich für einen Moment, während sie vorsichtig über die nassen Fliesen zu der Dusche neben Sela tappt. Die begrüßt sie nur mit einem trägen, frechen Grinsen.

Es ist spät, und die Duschen sind laut. Red lässt das Wasser über ihre Haut gleiten, genießt das zarte Trommeln auf dem Rücken und hält den Blick starr auf die Abflüsse in der Mitte des Raumes gerichtet.

Sela war schon vor ihr da, doch sie duscht noch immer.

Gerade als es irgendwie komisch wird, hört Red ein metallisches Quietschen und die Dusche wird abgedreht. Verlegen dreht sie sich zur Wand, weg von Sela. Sie starrt auf die Wandfliesen, hebt beide Arme vor die Brust, was die Wassertropfen fröhlich spritzen lässt.

»Kannst du nicht schlafen, Pel?«, hört sie Sela fragen.

Anfangs hat sie diesen Spitznamen gehasst – eine Kurzform von Pelleren, ihrer Gottgleichen-Spezifikation –, aber inzwischen hat sie ihn widerwillig akzeptiert. Schon komisch, wie viel lauter

Selas Stimme zu sein scheint, wenn dort draußen Nacht herrscht und alle schlafend in ihren Betten liegen. Vielleicht sind sie in diesem Moment die einzigen Menschen im ganzen Gebäude, die noch wach sind.

»Heute nicht«, antwortet Red, ohne den Kopf zu heben.

»Schlecht geträumt?«

Betroffen zuckt Red zusammen. Eigentlich müsste sie jetzt irgendetwas Schlagfertiges erwidern, aber ihre Kehle ist wie zugeschnürt.

»Sorry«, schiebt Sela leise hinterher. Ausnahmsweise einmal klingt es aufrichtig. Dann fängt sie sich wieder. »Ich weiß schon, was du geträumt hast – wie ich dich wieder einmal Dreck fressen lasse. Bestimmt bist du schlotternd vor Angst aufgewacht.«

»Du hast genau siebenundvierzig Prozent unserer Kämpfe gewonnen«, bringt Red mühsam hervor, unglaublich dankbar für diese Rettungsleine. Durch Wut lässt sich Angst ganz wunderbar vertreiben. »Und bei einer nicht mal halben Siegerin mache ich mir sicher keine Sorgen, dass sie mich Dreck fressen lassen könnte.«

»Kriege ich denn eine Chance, die Zahlen auszugleichen?«

Red sieht zu ihr hinüber. Sela steht dicht neben ihr, ihre Haut glänzt nass. Wohlgeformt und einladend zeichnet sich jeder Winkel ihres Körpers unter dem bläulichen Licht des schummrigen Badezimmers ab.

»Jetzt gleich?«, wundert sich Red. »In der Dusche?«

Nackt?

»So könnten wir die Zeit sinnvoll rumbringen, denke ich.« Sela verlagert ihr Gewicht auf den anderen Fuß, wodurch Reds Blick automatisch nach unten gelenkt wird.

Beinahe schmerzliche Gier ergreift Besitz von ihr, und Red schluckt angestrengt, um sie zurückzudrängen.

»Ich bin nicht … Ich will jetzt nicht kämpfen.«

»Nicht?«, erwidert Sela mit frustrierender Unbeschwertheit. »Was möchtest du denn dann tun?«

»Schlafen?«, schlägt Red vor.

»Bist du sicher?« Ein breites Grinsen erscheint auf Selas Gesicht.

Red spürt, wie ihr Herz rast.

»Mir ist etwas an dir aufgefallen – wenn wir kämpfen«, fährt Sela leise fort.

»Und was wäre das?«, presst Red mühsam hervor.

»Mir ist aufgefallen, wie sehr es dich befriedigt.«

Darauf erwidert Red nichts.

»Das scheint dir unangenehm zu sein«, raunt ihr Gegenüber beinahe schnurrend. »Dafür solltest du dich nicht schämen. Es hat mich allerdings zu der Frage geführt, ob du aus Kämpfen anderer Art ebenso viel Befriedigung ziehst.«

»Kämpfe anderer Art?«

»Du weißt genau, was ich meine. Ich habe bemerkt, wie du mich ansiehst, wenn wir in den Nahkampf gehen. Als könntest du mich ebenso mühelos ficken, wie du mich schlägst.« Sela schiebt sich dichter an Red heran. »Habe ich nicht recht?«

Ein beunruhigendes Kribbeln breitet sich in Reds Magengrube aus.

»Das dürfen wir nicht«, protestiert sie leise.

»Ach ja, da meldet sich wieder die Regelfanatikerin zu Wort.«

»Die könnten uns durchfallen lassen, wenn sie es herausfinden.«

»Egal, wie hart das Training auch ist, es hat uns nicht von der Hüfte abwärts lahmgelegt, oder?«, fragt Sela. »Und das wissen die auch. Jeder macht es. Shae und Kitani haben sich nachts sogar einmal aufs Dach geschlichen. Die Ausbilder drücken da beide Augen zu.«

Jetzt ist sie Red so nahe, dass diese nichts anderes mehr wahrnimmt als sie.

Red will Nein sagen, aber ihr Körper ignoriert das einfach. Irgendwie wird ihr ganz schwummrig. Das blaue Licht scheint unter ihrer Haut zu kribbeln. Immer stärker wird dieses Summen, drückt juckend und brennend von innen gegen ihre Haut. Es beruhigt sich erst wieder, als Red die Hand ausstreckt, den Nacken ihres Gegenübers umschließt und fest zupackt. Sie wird mit einem leisen Keuchen belohnt, das von den gefliesten Wänden widerhallt.

Sobald ihre Finger sich in die weiche Haut graben, wird aus dem wütenden Summen ein sanfteres heißes Kribbeln.

Selas Lippen verziehen sich zu einem zufriedenen Lächeln. »Aha. Geht es dir jetzt besser?«

Sie scheint verborgene Dinge zu sehen, die Red verschlossen bleiben. Spricht eine Sprache, die Red erst noch lernen muss.

Ich begreife das nicht, möchte Red ihr gestehen. *Was tue ich hier eigentlich?*

»So eine verspannte kleine Regelfanatikerin«, murmelt Sela mit großen Augen, kaum hörbar über dem rauschenden Wasser. »Ich werde dir dabei helfen, dich zu entspannen.«

Red spürt Selas starke Finger an ihrem Bauch, wie sie sich sanft nach unten vorarbeiten, ganz langsam, als hätte sie Angst, sie zu verschrecken. Tiefer, immer tiefer wandern sie, streifen kurz die Innenseite ihrer Schenkel – dann dringen sie ein, schieben sich durch das empfindliche Fleisch. Ein gequältes, demütigend eindeutiges Stöhnen stiehlt sich aus Reds Kehle.

»Wie feucht du bist«, flüstert Sela ihr ins Ohr.

»Das liegt an der Dusche«, keucht Red.

»Nein, tut es nicht.«

Sela umfasst mit einer Hand Reds Nacken, wie um sicherzugehen, dass sie sich nicht vom Fleck rührt. Dann sinkt sie nach unten, bis sie auf den nassen Fliesen kniet.

Red spürt die kurzen Haare im Genick des Mädchens unter ihrer Hand. Ihren erregenden, warmen Atem an ihren Schenkeln. Die rutschigen, kühlen Fliesen an ihrem Rücken. Dann die heiße, nasse Zunge, die sich in sie hineinschiebt, sie so genüsslich leckt wie eine Katze die Milch.

Als der Rausch sie mitreißt, ist er dem eines Kampfes so ähnlich, dass sie kaum einen Unterschied spürt.

KAPITEL 11

Cair Lleon, Blackheart

Neunzehn Jahre zuvor

Die hohe Lehne des Schwertthrons schmiegt sich elegant an seine Schulterblätter wie ein Paar gefalteter Schwingen.

Die gefeierte Künstlerin, die ihn ihrem neuen König zum Geschenk gemacht hat, hat das Holz genau seinen Körpermaßen angepasst. Wer größer ist als Art, wird nicht richtig darauf sitzen können, da die gedrechselten Verzierungen sich unangenehm in sein Fleisch bohren, sodass sich der Rücken nicht strecken lässt. Garad hat es bereits versucht und sich wie eine vorsichtige Spinne hineingequetscht. Das Ziel, Art zum Lachen zu bringen, hat xier damit voll erreicht.

Auch die Krone, die Art während der Zeremonie tragen wird, ist der Rundung seines Schädels angepasst worden. Sie besteht aus gedrehten, von Blasen durchsetzten schwarzen Glassträngen, entstanden durch die kunstvolle Behandlung von Basaltsand mit Strom. Das anschließend auf Hochglanz polierte Endprodukt ist wunderschön und Furcht einflößend. Es verströmt Macht.

Art verabscheut den Thron und die Krone. Und er verabscheut die großspurigen Lügen, die man über ihn verbreitet.

Ein Klopfen an der Schlafzimmertür.

»Herein.«

Es hat Wochen gedauert, bis sie überhaupt eine Erwiderung von ihm bekommen haben, da er schon früh herausgefunden hat, dass der Klopfende nicht hereinkommen darf, bevor es ihm gestattet wird – und dass er dann in Ruhe gelassen wird. Inzwischen sind die Palastangestellten allerdings dahintergekommen, und die Hausetikette ist entsprechend angepasst worden. Nun wird zweimal geklopft, respektvoll dreißig Sekunden gewartet, falls er gerade irgendwie *beschäftigt* ist, dann treten sie ein, egal ob er antwortet oder nicht.

Die hohe Schlafzimmertür öffnet sich mit einem unheilschwangeren Quietschen. Angeblich hat eine frühere Königin das Geräusch extra einbauen lassen, um gewarnt zu sein, falls jemand in ihr Schlafzimmer eindringt. Sie ging wohl davon aus, dass derjenige keine Überraschungsmassage im Sinn hätte. Welch erquicklicher Gedanke.

Nun streckt Fortigo Balanchine, der persönliche Assistent des neuen Königs, den Kopf ins Zimmer. Obwohl Sohn eines berühmten Caballaria-Ausbilders, hat er selbst sich nie für die Kämpfe interessiert und trat stattdessen im Alter von neunzehn Jahren als Vastos in den Dienst des Palasts; ein reichlich junges Alter, um Teil des renommierten Stabes von Cair Lleon zu werden. Ironischerweise ist er heute, mit einundzwanzig, beinahe vier Jahre älter als Art. Offenbar ist man mit neunzehn noch zu jung, um einen König zu bedienen, allerdings nicht zu jung, um einer zu sein.

»Sire«, beginnt er ungerührt, »in zwanzig Minuten werden die Wagen vorfahren. Man wird Sie im Empfangszimmer abholen. Außerhalb des Palasts werden Sie von der Rittergarde begleitet.«

Dass Fortigo seine Ausbildung zum Vastos bereits in so jungen Jahren erfolgreich abschließen konnte, liegt unter anderem an seiner grundlegenden Unerschütterlichkeit. Die unausweichlichen Leidenschaften, von denen die meisten immer wieder in verschiedene Richtungen gezerrt werden, haben auf ihn so gut wie keinen Einfluss. Eine solche Eigenschaft wird in einem Umfeld wie dem von Cair Lleon hoch geschätzt und findet vielerlei Anwendung. Art hat an ihm nie auch nur einen Hauch von Besorgnis wahrgenommen.

Bis jetzt.

Auf Fortigos Stirn hat sich eine feine Falte gebildet. Als er das sieht, schießt Arts Puls – der schon vor Fortigos Auftauchen nicht gerade träge war – erneut in die Höhe. Eine Menge ungesagter Worte hängt zwischen ihnen in der Luft. Im Prinzip wird nicht mit Ausschreitungen gerechnet, doch man ist trotzdem darauf vorbereitet.

»Vielen Dank, Fortigo«, sagt Art schließlich.

»Sire.« Fortigo zögert kurz. Er könnte diese Pause mit beruhigenden Plattitüden füllen, weiß aber, dass er Art damit einen schlechten Dienst erweisen würde. Sein Zögern allein sagt schon genug über seine Gefühlslage aus.

Leise fällt die Tür ins Schloss.

Die Schwertzeremonie von Artorias Dracones wird live auf sämtliche Leuchtschirme Londons und der Sieben Königreiche übertragen – ein absolutes Novum. Dazu waren wochenlange Verhandlungen mit den Vertretern der führenden Sender nötig. Der Großteil der Bevölkerung hat nur Zugang zu öffentlichen Geräten wie den Informationssäulen in den Stadtzentren oder auf Dorfplätzen und den kleineren, aber nicht weniger sperrigen Leuchtschirmen, die in den Caballaria-Bars meist eine komplette Wand einnehmen.

So etwas wie tragbare Leuchtschirme gibt es noch nicht. Es ist einfach nicht möglich, derart kleine Geräte herzustellen, ganz abgesehen davon, dass ihre Entwicklung astronomische Summen verschlingen würde. Aber die Forscher sind wohl nah dran. Es wird sicher noch einige Jahre dauern, bis man für jedermann erschwingliche Modelle auf den Markt bringen kann, doch man hat Art versichert, dass genau das angestrebt wird.

Art gefällt das Bild einer Zukunft, in der Informationen frei verfügbar und für jeden zugänglich sind, unabhängig von sozialem Status oder Einkommen. Ein großartiges, unglaublich ehrgeiziges Ziel, das sein Vater offenbar als sinnlos abgetan hat – doch Art liebt ehrgeizige Ziele. Das und die Vorstellung, dass etwas weit über seine Existenz hinaus Bestand haben könnte, etwas, dessen Auswirkungen noch lange nach ihm spürbar sein werden.

Nun stellt er sich vor den bodentiefen Spiegel in seinem Schlafzimmer und versucht herauszufinden, was der Rest der Nation gleich sehen wird. Während der kommenden Stunden wird sein Gesicht überall sein. Unausweichlich wird es auf alle herabblicken, gezeichnet von erdrückender Unbeholfenheit. Hoffentlich schwitzt er nicht zu sehr.

Diese verdammte Liveübertragung war Lucans Idee. Art weiß also genau, wem er die Schuld geben kann.

»Es ist wichtig, dass dich alle sehen können«, argumentierte Lucan. »Du sollst für sie nicht nur ein Symbol sein, sondern auch eine reale Person. Wenn sie das begreifen, werden sie dich umso mehr lieben.«

»Ich will nicht, dass sie mich lieben, ich will, dass sie mich ignorieren«, erwiderte Art säuerlich. »Ich will, dass dieses Land einfach weiter gut über die Runden kommt. Da braucht doch keiner einen privilegierten Deppen mit stacheligem Kopfschmuck als Symbol.«

»Und einem Cape«, fügte Lillath hinzu.

»Wie bitte?«

»Dein Umhang. Das weißt du doch, oder?« Sie drehte sich zu Lucan um. »Du hast es ihm doch gesagt, oder etwa nicht? Der zeremonielle Umhang der Schwertfeier? Er ist so beeindruckend!

Er besteht aus Tausenden von winzigen Lämpchen, die in den Stoff eingenäht sind und durch die er einen fantastischen silbernen Schimmer … Was denn?«

Art holte tief Luft.

»Ich werde ganz sicher kein verdammtes *Cape* tragen!«

In Bezug auf den Umhang hat er sich durchgesetzt. Die Traditionalisten werden zwar murren, Gift und Galle spucken und ihn verdammen, doch andererseits … Ist auf seinem Weg zur Krone denn überhaupt irgendetwas traditionell verlaufen? Und man soll sich ja immer treu bleiben.

Während er weiter sein Spiegelbild niederstarrt, streicht Art glättend über sein Haar, doch da ist Hopfen und Malz verloren. Der krause Mopp führt ein Eigenleben, an dem er stur festhält – was hauptsächlich darin besteht, sein Haar so aussehen zu lassen, als wollte es von seinem Kopf flüchten.

Also gibt er es auf und geht in sein Empfangszimmer hinüber, wo er schwitzend, mit rasendem Puls und äußerlich vollkommen gelassen seinem weiteren Schicksal entgegenblickt. Ruhelos über die dunklen Lavasteinfliesen und dicken Teppiche wandernd, mustert er die pompösen Fresken, die an sämtlichen Wänden prangen – nicht zum ersten Mal, seit feststeht, dass der heutige Tag kommen würde.

Sie wurden vor zweihundert Jahren erschaffen, heute gut konserviert durch sorgfältig aufgetragene Lackschichten. Jeder Abschnitt ragt vom Boden bis zur Decke auf, und zusammen erzählen sie die Geschichte der Saith, der sieben heiligen Gründer des modernen London.

Es beginnt zu einer Zeit, in der die Gottgleichen herrschten.

Sozusagen seit Anbeginn der Zeit herrschten die Gottgleichen. Man findet kaum Aufzeichnungen darüber, wie das Leben vor ihnen war, da sie während ihrer tausendjährigen Vorherrschaft alles ihrer Kontrolle unterwarfen und zerstörten, was ihnen nicht passte. Deshalb reden sich die Historiker noch heute die Köpfe heiß und stellen unzählige Theorien auf bezüglich der Frage, woher sie kamen. Im kollektiven Gedächtnis der Nation teilt sich schlicht alles in zwei Epochen, die der Gottgleichen und die der Saith.

Art war immer verblüfft darüber, wie wenige sie doch waren, verglichen mit den Normalbürgern. Selbst den allergroßzügigsten Schätzungen zufolge machten sie nie mehr als zehn Prozent der Gesamtbevölkerung aus, und doch hatten sie die absolute Kontrolle. Es war vermutlich sehr schwer, sich gegen jemanden zu erheben, der einem mühelos auch noch das bestgehütete Geheimnis aus dem Revoluzzerschädel pflücken konnte.

Bei jeder Gelegenheit wurden Gottgleiche den gewöhnlichen Menschen vorgezogen, bis sie schließlich alle wichtigen Machtpositionen besetzten. In der Literatur jener Zeit fanden sich reihenweise Witze über die Gewöhnlichen – alle natürlich vollkommen harmlos und unbeschwert. Freundliche Neckereien zwischen zwei Bevölkerungsgruppen, die oft in Diskussionen über die Unterlegenheit der einen mündeten. Was dann wiederum zu Diskussionen darüber führte, ob es denn überhaupt nötig sei, ihnen dieselben Rechte einzuräumen wie den Gottgleichen. Aus denen sich schließlich die Tatsache ergab, dass dem nicht so war.

Kaum ein Herrscher der Gottgleichen kommt in der Geschichtsschreibung gut weg, doch nur wenige wurden so grundlegend gehasst und gefürchtet wie die Letzte unter ihnen, Fria Lysander. Das intelligente und äußerst charismatische Mädchen mit der bis dato nie in solcher Stärke aufgetretenen Fähigkeit, die Gedanken seiner Mitmenschen nicht nur lesen, sondern auch beeinflussen zu können, wurde schnell berühmt. Und aus dem Mädchen wurde schließlich eine Frau, die nichts anderes kannte, als vergöttert zu werden – das vollkommen selbstzentrierte Auge eines unbeherrschbaren Wirbelsturms.

Um ihre Person bildete sich ein wahrer Kult, der sich unaufhaltsam ausbreitete, ein fesselnder Mahlstrom, der sie an die Macht brachte, obwohl sie aus relativ bescheidenen Verhältnissen stammte. Noch bevor sie dreißig wurde, hatte sie den alten König vom Thron gestoßen, einen schwächlichen Mann, dessen kaum vorhandenes Wahrsagetalent in keinster Weise dazu beitrug, das Volk von der erbärmlichen Armut zu befreien, in der es gehalten wurde.

Es war Fria ein Leichtes, den Thron an sich zu reißen, da das System von Korruption zerfressen war. So präsentierte sie sich mit einigen ihrer fanatischsten Anhänger an ihrer Seite als gerechtere, demokratischen Ideen gegenüber aufgeschlossene Herrscherin. Sie würde für alle einstehen, erklärte sie, nicht nur für die Reichen und Mächtigen. Gerechtigkeit und Wohlstand würden eine neue Blütezeit erleben. Voller Leidenschaft machte sie diese Versprechungen.

Es begann sehr subtil, wie das immer so läuft.

Technologische Entwicklungen wurden zunächst eingeschränkt, dann quasi ganz eingestellt. Forschungen über Gottgleiche, seien sie nun naturwissenschaftlicher oder historischer Art, wurden verboten. Die Allgemeinbevölkerung bekam keinerlei Zugang mehr zur Kommunikationstechnologie, die blieb allein der Elite vorbehalten. Dasselbe galt für sämtliche Waffen, die technisch ausgefeilter waren als ein Schwert.

Von diesen Einschränkungen begünstigt, keimten die ersten Samen, aus denen später die moderne Caballaria sprießen sollte.

Die Gewöhnlichen hatten vielleicht keine besonderen Gaben, aber sie waren keinesfalls schwach. Zahlenmäßig waren sie eindeutig überlegen, und sie entstammten einem Volk, dem seit jeher ein gewisser Hang zur Gewalt innewohnte.

Seit Langem hatte es geheime Untergrundkampfstätten gegeben, die bald wieder neuen Auftrieb bekamen: Aus einer

Möglichkeit, die Vorliebe der Sieben Königreiche für kunstvoll inszenierten Kampfsport zu befriedigen, wurden nun Kaderschmieden für Rebellen. Überall bildeten sich kleine Widerstandsnester, deren Unmut sich anfangs noch zögerlich, dann aber immer kühner Bahn brach. Jeder der kleinen Aufstände wurde niedergeschlagen, doch die anhaltende Unterdrückung brachte den Aufrührern weiteren Zulauf, und über mehrere Jahrzehnte hinweg gewannen sie stetig an Macht.

Bis schließlich, vor ein paar Hundert Jahren, der Tag kam, an dem sich das Blatt wendete.

Art lässt den Blick über die nächsten Abschnitte des Freskos wandern, auf denen der Aufstieg der Saith zu sehen ist. Sieben Gewöhnliche unterschiedlichster Herkunft, die sich zusammentaten, um Fria und ihren Sohn Jost, den gleichermaßen despotischen Thronfolger, in einem blutigen Bürgerkrieg zu entmachten. Die Namen der Saith sind auch heute noch unauslöschlich im Gedächtnis jedes Londoners verankert.

Evron, der Sanftmütige Heilige.

Rhyfen, der Zornige Heilige.

Marvol, der Todbringende Heilige.

Senza, die Gerechte Heilige.

Gwanhara, die Schöne Heilige.

Iochi, die Gerissene Heilige.

Alaunis, der Kluge Heilige.

Die zerklüfteten, ausgehöhlten Überreste, die nach dem Sturz von Lysanders Regime von London blieben, wurden wieder aufgebaut und in sieben Bezirke unterteilt, die nach den Saith benannt wurden, um sie zu ehren. In jedem dieser Bezirke entwickelte sich eine individuelle Kultur mit eigenen Vorlieben, Sprach- und Lebensgewohnheiten.

Die Saith schafften jede Form der verwandtschaftlich basierten Thronfolge ab und etablierten stattdessen eine demokratischere

Vorgehensweise, um darüber zu entscheiden, wer herrschen sollte. Keine Saith-Familie konnte länger als eine Generation die Herrschaft über London für sich beanspruchen – es sei denn, sie bewies, dass ihr Kandidat am besten dafür geeignet war. Am Ende entschied die Caballaria. London brauchte eine starke Führung, die aber auch barmherzig, gerecht, mitfühlend, kreativ, gerissen und intelligent sein sollte. Der König oder die Königin sollte zusammen mit sechs Vertrauten regieren, die als Berater dienten und London in seiner Gesamtheit vertreten mussten – nicht nur die Elite.

Es war eine wundervolle Idee.

Art kann sich gut vorstellen, wie groß ihre Hoffnung damals war: Die Macht wurde unter sieben Menschen aufgeteilt, ein gerechtes Verfahren entschied darüber, wer zum Herrscher wurde. Letztlich führte das allerdings nur zu Bürgerkriegen und internen Machtkämpfen. Das System der Saith hat London in sieben Teile gespalten, anstatt es zu einen. Wenn Art aus seinen Geschichtslektionen eine Lehre gezogen hat, dann die: Der Mensch verfügt über die schreckliche Gabe, jede gute Idee mit schleichendem Gift zu zersetzen, sobald er sie in die Tat umsetzt.

»Das liegt in unserer Natur«, hat Lillath dazu einmal gesagt. »Wir haben Begriffe wie Ehre und Gerechtigkeit erfunden, um die Finsternis in unseren Herzen unter Kontrolle zu halten, aber das Universum schert sich nicht um unsere verzweifelten kleinen Blendwerke. Das Universum kennt keine Ehre.«

Das allerdings glaubt Art nicht. Er kann es einfach nicht glauben.

Er fragt sich, was für Menschen die Heiligen wohl waren. Ob sie auch in solchen Räumen standen wie er jetzt und sämtliche Möglichkeiten durchgingen, sich über jede einzelne Entscheidung den Kopf zerbrachen. Ob sie sich immer brav die Zähne putzten. Sich bis zur Bewusstlosigkeit betranken. Ob sie am Ende ihres Lebens davon überzeugt waren, ihre Zeit gut genutzt zu haben. Oder ob sie manches in der Rückschau vielleicht auch anders gemacht hätten.

Im Laufe der Geschichte wurden diese sieben Menschen mit all ihren Schwächen zu Heiligen erhoben, das Sinnbild großer Beschützer, die von allen verehrt wurden. Doch wie wird ein Mensch zu einer solchen Ikone? Hatten sie etwas Besonderes an sich, das sie von allen anderen abhob? Oder war es einfach eine Kombination wahllos auftretender Zufälle? Art glaubt nicht an Schicksal, sondern an die Macht der Entscheidung. Weshalb er ständig von der Frage gequält wird, ob seine Entscheidungen richtig sind.

»Ein wenig Ahnenforschung?«, fragt jemand hinter ihm.

Als Art herumwirbelt, sieht er Orcade Welyen in der Tür stehen, die das Empfangszimmer mit dem Schlafzimmer verbindet.

Einen Moment lang starrt er sie wortlos an.

»Wie sind Sie hier hereingekommen?«, platzt es dann aus ihm heraus. Jetzt ist auch von seiner äußerlichen Ruhe nichts mehr geblieben.

Orcade reckt das Kinn. Ein Hauch von Belustigung umspielt ihre Miene wie ein zarter Rest von Parfum. »Es mag Sie schockieren, aber ich bin durchaus vertraut mit den Privatgemächern des Königs. Was sämtliche Geheimgänge einschließt, durch die man sie erreichen kann.«

Art fällt auf, dass sie im Plural spricht. Er selbst kennt nur einen Geheimgang, eine Art Notausgang hinter dem großen Kleiderschrank, der zu einem versteckten Tunnel tief unter dem Palast führt. Allerdings war sein Vater für seine Paranoia bekannt, also hat er bestimmt noch mindestens einen zusätzlichen Fluchtweg anlegen lassen, von dem niemand wusste.

Niemand außer seiner Frau.

Es ist das erste Mal, dass Art und Orcade sich zusammen in

einem Raum aufhalten, noch dazu allein. Sie trägt ein schickes taubengraues Justaucorps mit hohem steifem Kragen. Die winzigen aufgenähten Gagatsteine darauf unterstreichen den eleganten Schwung ihres Kiefers. Der weiche schiefergraue Stoff ihrer geschlitzten Hose streift beinahe den Teppich, und an den Seiten ihrer hochhackigen Stiefel prangt ein fein gesticktes Brokatmuster. In das leuchtende Blond ihrer Haare sind silberne Strähnen eingearbeitet; das Ganze ist mit einem schwarzen Kamm hochgesteckt, an dem funkelnde Kristalltropfen hängen.

Alles an ihr verströmt diese dezente Art von Reichtum, die es nicht nötig hat, dick aufzutragen. Natürlich hat ihre Kleidung noch immer die offizielle Trauerfarbe Grau, doch am Tag der Schwertzeremonie des neuen Königs ist ein wenig geschmackvoller Festschmuck durchaus angebracht. Die Welyens haben ihr Outfit perfekt abgestimmt: erhaben und respektvoll zugleich. Vermutlich haben sie einen der besten und teuersten Gewandkünstler von ganz London engagiert, um Orcade für diesen Anlass einzukleiden – Safiero vielleicht oder Dala deLaia. Bei den Interviews nach dem Event wird es sicher Palastangestellte geben, die der Medienmeute den entsprechenden Namen zuspielen.

Orcade durchquert den Raum und stellt sich neben Art, der gerade den Freskenteil betrachtet hat, auf dem die Saith in einem düsteren, höhlenartigen Saal in Lysander Castle zusammenstehen, nachdem sie das Schloss in einem letzten blutigen Kampf erobert haben. Nach Ende des Krieges wurde Lysander Castle abgerissen und stattdessen Cair Lleon auf dem blutgetränkten Stück Land errichtet.

»Ist es merkwürdig für Sie, Ihren Ur-Ur-und-so-weiter-Großvater so vor sich zu sehen?«, fragt sie und streicht mit den Fingerspitzen über das gemalte Gesicht von Rhyfen. Als ehemaliger Soldat war er der Brutalste von ihnen, der Krieger unter den sieben Saith. Er hat als General den Krieg gegen Lysander koordiniert. In Arts Genen findet sich keine Passivität. Er entstammt einer Familie von Kämpfern.

»Auch nicht merkwürdiger, als es für Sie sein dürfte«, antwortet er.

Zwar lassen sich die Blutlinien der Saith-Familien heutzutage nicht mehr einwandfrei zurückverfolgen, doch die Welyens behaupten, die direkten Nachkommen von Alaunis zu sein, dem Klugen Heiligen. Angeblich erschuf er eine besondere Waffe, ein Eisenschwert mit dem Namen Calevel, das die Fähigkeiten von Gottgleichen auszuschalten vermochte. Heute gehen die meisten Historiker davon aus, dass es sich dabei um einen Mythos handelt, denn selbst jetzt, so viele Jahre später, gibt es noch keine verlässliche Technologie, die dazu imstande wäre. Biologisch betrachtet sind die Gottgleichen nach wie vor ein großes Rätsel.

Trotzdem ist die Geschichte von Calevel ein Teil des Erbes von Alaunis, des Heiligen der Inspiration, der Experimentierfreude und des Schöpfergeistes. Viele Technologiekonzerne verwenden seinen Namen oder seine Farben und bauen seine Legende in ihre Logos mit ein.

»Ich muss gestehen, dass ich nie eine wirkliche Verbindung zu Rhyfen gespürt habe«, fährt Art leise fort, während er seinen Vorfahren betrachtet.

»Oje, Sie sind tatsächlich so ehrlich, wie man es sich erzählt«, stellt Orcade mit einem leichten Schmunzeln fest. »Es gibt sicher nicht viele, die etwas Derartiges zugeben würden, kurz bevor sie zum Herrscher der Sieben Königreiche werden.«

»London«, korrigiert er sie. »Ich herrsche nicht über die Sieben.«

»London ist das Erste unter den Königreichen. Der Rest kauert unter seinen schmutzigen Stiefeln.«

Die übrigen sechs Königreiche sind da sicher anderer Ansicht.

Oder vielleicht auch nicht. Es lässt sich nicht leugnen, dass ein verstörend großer Teil der Macht, des Reichtums und des Einflusses der Sieben Königreiche von London ausgeht. Woran er jetzt gerade aber nun wirklich nicht erinnert werden möchte, vielen Dank.

Art beobachtet, wie Orcade das Fresko studiert.

»Was wird jetzt mit Ihnen geschehen?«, fragt er schließlich. Ihm wird klar, dass er es tatsächlich nicht weiß.

»Ich werde sittsam im Hintergrund verschwinden und den Rest meines Lebens als königlicher Zierrat verbringen.«

Ihre funkelnden Augen haben das kräftige Blau der Flaschen, in denen Arts bevorzugter Importwein aus Etruthanien abgefüllt ist. Eine seltene, interessante Farbe, aus der Nähe betrachtet beinahe verstörend. Orcade hat etwas von einem frischen Apfel an sich – kraftvoll, wohlgeformt und süß, aber mit Biss. Und auch wenn Art in diesem Moment klar wird, dass er sie nie als etwas anderes gesehen hat, man sie nie etwas anderes hat sein lassen, scheint die Rolle des königlichen Zierrats überhaupt nicht zu ihr zu passen.

»Und werden Sie weiterhin hier in Cair Lleon leben?«, will er wissen.

»Seien Sie nicht albern. Die Witwe und der Bastard zusammen unter einem Dach? Welchen Tratsch das geben würde.« Wieder schwingt Belustigung in ihrer Stimme mit. »Sie wissen doch wohl, dass man uns absichtlich voneinander ferngehalten hat.«

Art spürt, wie er rot wird.

»Ich werde zu meiner Familie zurückkehren«, fährt sie fort. »Dort wird man mich zu besonderen Gelegenheiten hervorholen – immer dann, wenn es für sie sinnvoll ist, mit mir anzugeben. Irgendwann verfrachtet man mich dann zum Sterben in die hinterste Ecke eines hübschen Stadthauses.«

»Warum sollten Sie zulassen, dass man so mit Ihnen umspringt?« Art ist fassungslos.

Beinahe mitleidig sieht sie ihn an. »Weil es nun einmal so ist.«

»Sie könnten doch in das Familiengeschäft einsteigen.«

Leoma, einer der größten Technologiekonzerne von London, hält ein Drittel der ausgedehnten Wind- und Solarkraftwerke, die den Stadtstaat mit Energie versorgen. Und Leoma gehört der Familie Welyen.

»Öde«, befindet Orcade abfällig.

Sie streicht über die schweren Vorhänge, die das Fresco einrahmen.

»Eine beeindruckende Leistung übrigens«, sagt sie dann. »Wie Sie das Schwert errungen haben. Dabei standen Ihre Chancen nun wirklich nicht gut. Anscheinend haben die Heiligen ein Herz für Underdogs.«

Plötzlich reißt Art der Geduldsfaden. »Scheint so, nicht wahr? Haben Sie sich deshalb heute hier eingeschlichen, Lady? Um mich daran zu erinnern, wie unwürdig ich bin?«

Orcade reißt die Augen auf. »Natürlich nicht.«

»Warum dann?«

»Um Sie zu warnen.« Die Worte kommen ihr so prompt über die Lippen, als hätte sie nur darauf gewartet, dass er sie danach fragt.

»Wovor?«

»Vor meiner Familie.«

»Nehmen Sie es mir nicht übel, aber Ihre Familie war eine von vielen, die hinter dem Schwert her waren. Da spielen nicht allein die Welyens eine Rolle in meinen Überlegungen.«

»Sicher nicht«, gibt Orcade geduldig zu. »Aber sie sind am gefährlichsten.«

»Ich habe gesiegt«, erwidert Art knapp. »Ende der Geschichte. Sie können nichts dagegen tun.«

Wurde ein Disput einmal in der Arena ausgetragen, kann er nicht ein weiteres Mal vorgebracht werden. Ein Sieg ist ein Sieg, sei es nun aufgrund des Gesetzes oder des Entscheids der Heiligen. Die Caballaria ist der oberste Richter, der einzige Schutzwall gegen das anbrandende Chaos.

»Ja, aber Sie verstehen doch sicher, wie das aussieht, oder?« Orcade lässt nicht locker. »Das riecht nach Bestechung. Ihr Sieg steht auf tönernen Füßen, Sire. Selbst jene, die gegen meinen Bruder waren, sind nun geneigt, sich auf seine Seite zu stellen. Man hält es für ... nicht gerecht.«

»Ihr Streiter hat seine Wahl allein getroffen, ich hatte damit nichts zu tun. Mir war es nur recht, dass alles genau untersucht wurde ... dass man versucht hat, mir nachzuweisen, ich hätte Borin gekauft – weil ich weiß, dass nichts dergleichen passiert ist. Wäre es möglich, würde ich ihn selbst fragen, warum, bei allen sieben Höllen, er das getan hat, aber das geht nun einmal nicht. Soweit ich weiß, hat er sich irgendwo am Ende der Welt zur Ruhe gesetzt und verweigert jede Kontaktaufnahme.«

»Nun ja. Tote Männer sind nicht sehr gesprächig.«

Art stellen sich die Nackenhaare auf. »Wie bitte?«

»Er ist tot.« Orcade verschränkt die Arme vor der Brust, als wäre ihr plötzlich kalt. »Ich habe seinen Leichnam mit eigenen Augen gesehen.«

»Wie ...?«

»Vergeltung.«

Art fehlen die Worte. »Nein, das wäre ja ... So etwas wäre doch überall in den Medien. In den Bars würde man wochenlang trauern.«

»Wie Sie schon sagten: Er verweigert jede Kontaktaufnahme. Und er war ja schon immer extrem medienscheu. Doch man wird es sicher bald herausfinden. Probleme mit dem Herzen. Es werden medizinische Unterlagen auftauchen, die das belegen.« Orcade tritt von einem Fuß auf den anderen. »Sie haben keine Vorstellung davon, wozu mein Bruder fähig ist. Was er für ein bisschen Macht bereits getan hat, was er dafür noch zu tun gedenkt. Sie sollten sich vor ihm fürchten.« Nach kurzem Zögern fügt sie hinzu: »Ich jedenfalls tue es. Manchmal.«

Art wird von dem unwiderstehlichen Drang gepackt, aus dem nächsten Fenster zu springen und wegzulaufen, immer weiter, ohne sich noch einmal umzudrehen.

»Agravain kann Ihren Sieg zwar nicht anfechten«, hört er Orcade sagen, »doch er sucht bereits nach weniger offiziellen Mitteln, um Sie zu Fall zu bringen. Ihre Herrschaft beginnt unter prekären Umständen, überschattet vom Vorwurf der Korruption. Da braucht es nicht viel, um Sie vom Thron zu stoßen, vor allem nicht, wenn er schnell handelt. Er wird einen Weg finden. Und falls nicht ...«

Sie muss den Satz nicht beenden, es wird auch so klar, was sie meint.

»Er kann gerne versuchen, sein Versprechen wahr zu machen und mich umzubringen.« Art spürt, wie seine Furcht in Zorn umschlägt. »Ich habe rein gar nichts zu verbergen.«

»Und was ist mit den Umständen Ihrer Geburt?«

Arts Blick wandert zurück zum gemalten Gesicht seines Vorfahren.

»Ich bin kein Gottgleicher«, sagt er nur. »Meine Mutter war keine Gottgleiche und mein Vater ebenfalls nicht.«

»Doch er hat lange mit einem verkehrt.« Leise Trauer schwingt in Orcades sanfter Stimme mit. »Und diese Geschichte, was Edler angeblich für Uther getan haben soll ...«

Art lässt sie nicht ausreden. »Mehr hat Ihre Familie nicht zu bieten? Uralte Gerüchte, für deren Verbreitung Edler selbst aus London verbannt wurde, wenn ich Sie daran erinnern darf. Die Wahrheit sieht doch so aus: Niemand weiß, unter welchen Umständen ich tatsächlich gezeugt wurde, denn die drei Personen, die daran beteiligt waren, sind tot, oder etwa nicht?«

Immer schärfer wird sein Ton, immer lauter, immer unbeherrschter. Er hört es selbst.

Ebenso wie Orcade, die nun tief Luft holt.

»Verzeihen Sie mir, Sire«, sagt sie vorsichtig. »Es war grausam von mir, dieses Thema anzuschneiden. Sie haben beide Eltern verloren, und … ich kann mir nicht einmal vorstellen, wie es ist, sie nie gekannt zu haben.«

Art starrt angestrengt auf das Fresko, da er dem Aufruhr in seinem Innern nicht über den Weg traut.

»Ich muss gleich weg«, sagt er schließlich. »Mir ein Schwert überreichen lassen. Sie wissen schon.«

»Ja«, antwortet Orcade leise. »Natürlich.«

Doch sie rührt sich nicht vom Fleck.

»Lady.« Art ist am Ende seiner Geduld. »Sind Sie nur gekommen, um mich vor Ihrem mordlüsternen Bruder zu warnen und ein wenig über meine Abstammung herzuziehen, oder wollen Sie sonst noch etwas von mir?«

Gelassen erwidert sie: »Sie brauchen Verbündete.«

Aha. *Jetzt kommen wir zum springenden Punkt.*

»Verbündete«, wiederholt Art ebenso gelassen.

»Sie wissen bereits, dass die Welyens Alaunitown quasi zu ihren Besitztümern zählen. Ich kann dafür sorgen, dass zumindest einer der sieben Bezirke immer auf Ihrer Seite stehen wird. Mag sein, dass ich nur eine Spielfigur bin, aber ich bin eindeutig eine wichtige.« Sie zögert kurz. »Sie könnten mich in das Konsilium aufnehmen. Mich zur Lady von ’launitown machen.«

Die Welyens haben sicher den Großteil ihres Bezirks unter ihre Kontrolle gebracht, doch zwischen einfacher Kontrolle und offizieller Herrschaft ist ein großer Unterschied. Und in Machtfragen steht einzig der König über dem Konsilium der Sieben.

»Auch wenn ich nur ungern das Offensichtliche wiederhole: Dieses Amt hat zurzeit Ihr Bruder inne.«

»Ich weiß.« Zitternd holt sie Luft. »Es ist ein schwieriges Spiel, und es wird Zeit brauchen, um den Sieg zu erringen. Aber bedenken Sie, wie es wäre, eine Welyen zu haben, die Sie unterstützt, anstatt gegen Sie zu arbeiten. Die sich danach sehnt, aus dem langen Schatten der Familie hervorzutreten. Gerade Sie verstehen das gewiss. Ich habe mich lange genug für deren Zwecke einspannen lassen. Nun möchte ich mein eigenes Spiel spielen. Ich will frei sein.«

In diesem Moment wird deutlich, wie verzweifelt sie ist. Art fragt sich, wie es sich wohl anfühlt, in Furcht vor dem eigenen Bruder aufzuwachsen. Wie einen das prägt. Was ist es, wovor sie so unbedingt fliehen will, dass sie sogar eine Allianz mit demjenigen anstrebt, mit dem sie nun wirklich keine eingehen sollte?

Schon immer hatte Art großen Respekt vor Menschen, die sich den Erwartungen anderer widersetzen. Seine Kindheit auf dem Landsitz von Si Hektor hat ihm zumindest ein gewisses Maß an Freiheit ermöglicht. Zwar wusste jeder dort, wer er war, und unabsichtlich wurde ihm auch nahegelegt, dass er sich dafür schämen solle, aber zumindest lag er den Menschen damals am Herzen.

Vor dem Vertrauen kommt der Glaube. Einer muss immer den ersten Schritt tun, ohne zu wissen, ob der andere ihm tatsächlich entgegenkommt. Orcade hat gerade diesen ersten Schritt gemacht. Jetzt ist Art am Zug.

»Dann sollten wir eine Möglichkeit finden, wie wir beide kriegen, was wir wollen«, sagt er.

Selbst Orcades bewundernswert ausgeprägte Selbstbeherrschung kann nicht verhindern, dass ein Funke in ihren Augen aufblitzt.

»Wird sich die Öffentlichkeit denn nicht dagegen auflehnen?«, fragt sie.

Art denkt kurz nach. »Warum sollte sie? Sie sind eine Welyen,

Sie kennen Alaunitown durch und durch. Und Sie haben jahrelange Erfahrung darin, mit dem König zu verhandeln. Sie kennen so ziemlich jeden hier im Palast. Man respektiert Sie. Eigentlich eine logische Wahl.« Dann kommt ihm ein Gedanke. »Aber wie wird Ihr Bruder darauf reagieren?«

»Gerade das ist es ja. Mich kann nur eines vor ihm schützen – dass ich mehr Macht habe als er. Die Traditionalisten werden viel eher das Problem sein. Man wird sagen, ich sei zu jung und unerfahren.« Sie holt tief Luft. »Ich war ja nur eine Ehefrau.«

»Und ich bin bloß ein Bastard, außerdem ist mehr als offensichtlich, dass ich vom Regieren nicht die leiseste Ahnung habe.« Mit einem gefährlichen Grinsen ergänzt er: »Wird sicher spaßig, das alles herauszufinden.«

Die beiden sehen sich an.

Plötzlich klopft es.

Poch, poch. Pause. Poch, poch.

Orcade erstarrt. »Sie dürfen mich hier nicht erwischen.«

»Gehen Sie«, befiehlt er ihr. »Wir reden ein andermal weiter.«

Sie tritt zur Schlafzimmertür, blickt noch einmal kurz zu ihm zurück und verschwindet. Schwer zu sagen, aber er glaubt, einen kleinen Hoffnungsschimmer in ihren Augen gesehen zu haben. Damit ist der erste Faden im Geflecht seiner Herrschaft gesponnen.

Ein Deal mit einer Welyen. Brune wird stolz auf ihn sein.

In den Medien nennen sie ihn hier und da schon den Trickreichen, in Anerkennung der Tatsache, dass ein skandalumwitterter Bastard es geschafft hat, einem ganzen Vipernnest den Thron abzuluchsen – mit nichts weiter als einem unbekannten Streiter und dem offensichtlichen Segen der Heiligen.

Der Trickreiche. Das gefällt Art wesentlich besser als der Bastard.

Er atmet tief durch, öffnet die Tür und geht hinaus.

KAPITEL 12

Der Kerker, Rhyfentown

Neun Monate zuvor

»Red und Kitani«, bestimmt Frome. »Ihr seid dran.«

Der heutige Trainingskampf findet in einem lang gezogenen, niedrigen Raum mit schwarzer Holzvertäfelung statt. Hier drin klingt alles ein wenig gedämpft, die verkleideten Wände scheinen das Scheppern und Kreischen des Metalls in sich aufzusaugen. Am einen Ende des Raumes steht ein großes Waffenregal, eine simple frei stehende Metallkonstruktion, an der stumpfe Übungsschwerter, Keulen, Äxte und Dolche hängen.

Red und Kitani stellen sich auf, der Rest der Gruppe bildet einen Kreis um die beiden. Frome nimmt wie immer an der Seite Aufstellung, breitbeinig, mit verschränkten Armen.

Letzte Woche hat Rekrut Athyen – eher von der stillen Sorte, grenzenlose Kondition, bevorzugte Waffe die Streitaxt – die anderen Gruppenmitglieder mit dem Hinweis überrascht, dass in dem Trainingsraum versteckte Filmapparate angebracht seien, und sie ihnen auch gleich gezeigt, als Frome kurz abgelenkt war. In Decke und Wände sind winzige, kaum sichtbare Linsen eingelassen. Jetzt hat Red ständig das Gefühl, beobachtet zu werden – ein ewiges Kribbeln auf der Haut, vor allem im Nacken.

Kitani steht ihr vollkommen gelassen gegenüber. Der gedrungene, aber extrem bewegliche Junge mit den fluffigen schwarzen Haaren kämpft langsam und kontrolliert und neigt dabei oft den Kopf, als erfüllte es ihn mit leiser Trauer, anderen Schmerz zuzufügen. Gerne lockt er seinen Gegner näher heran, indem er sich knapp außerhalb seiner Reichweite hält und ihn so immer weiter provoziert.

»Fangt an«, befiehlt Frome.

Red und Kitani umkreisen sich lauernd.

»Ihr solltet langsam mal einige der Techniken anwenden, die wir so duldsam in eure lerneifrigen Hirne einzuschleusen versucht haben«, hört Red Frome sagen. Er spricht oft während der Kämpfe und ermutigt den Rest der Gruppe dazu, durch Zwischenrufe oder kleinere Bewegungen Ablenkung zu schaffen. »Inzwischen sind fast zwei Monate eures halbjährigen Erholungsurlaubs hier im Kerker vorbei, Freunde, und kein Urlaub ist umsonst. Zeigt mir, dass ihr meine Perlen der Weisheit in euch aufgenommen habt.«

Red versucht, seine Stimme auszublenden. Techniken. Da wäre die Schrittfolge für Abwehr und Gegenangriff, die Si Jocasta ihnen vor einigen Tagen eingebläut hat. Links hinter sich hört sie Sela lachen. Sofort ist sie in Gedanken wieder bei ihrer Begegnung unter der Dusche, wie seitdem eigentlich jeden Tag und oft auch nachts.

Am Morgen nach der Dusche kam Sela eingequetscht zwischen Shannon und Hujo in den Speisesaal marschiert, laut über irgendeinen Witz lachend, und ging an Red vorbei, ohne sie eines Blickes zu würdigen.

Zwei Abende später fand Red einen Zettel, der unter ihrer Tür durchgeschoben worden war.

Treffen uns um Mitternacht in der Dusche.

Drei Abende später dasselbe.

Wenn Red jetzt den Duschraum vor sich sieht, denkt sie an Schmerz. Nässe. Das Geräusch ihres Stöhnens, das von den glitschigen Fliesen zurückgeworfen wird. Rauschendes Wasser, das nur knapp ihr verzerrtes Keuchen übertönt. Verzehrende Hitze, in der sich jede Verlegenheit auflöst. Tagsüber allerdings gibt Sela äußerst überzeugend vor, Red nicht einmal wahrzunehmen.

Eigentlich sollte sie wütend darüber sein. Oder? Immerhin haben sie sich zu nichts verpflichtet. Stressabbau, mehr ist es nicht. Aber heißt das etwa, dass man sich tagsüber nicht einmal ansieht? Vollkommen ignoriert, was sie nachts miteinander treiben?

Konzentrier dich, du Idiot.

Am Rande ihres Gesichtsfelds blitzt eine Warnung auf – eine verschwommene Bewegung auf der rechten Seite, ein leichter Luftzug. Ihr bleibt keine Zeit, um nachzudenken, trotzdem versucht sie es. Versucht, sich an Jocastas komplizierte Schrittfolge zu erinnern, doch zu unentschlossen. Sie gerät ins Taumeln, muss hastig Kitanis Schwert ausweichen.

»Schlampig«, kommentiert Frome. »Du …«

Der Rest geht in Kitanis nächstem Angriff unter, er bedrängt sie immer weiter, sodass Red hastig zurückweicht. Der Boden ist gegen sie, rutscht unter ihr weg, sie fällt.

Eine Schwertklinge drückt gegen ihr Schlüsselbein, und Kitani blickt gelassen auf sie herab.

»BW-Treffer«, verkündet Shannon, die dazu eingeteilt wurde, die Schiedsrichterin zu spielen.

Ein Blutende-Wunde-Treffer kann Red den Kampf kosten, falls ihr nicht sofort etwas einfällt, wie sie da wieder rauskommt. Sie versucht, ihre wirren Gedanken in den Griff zu kriegen, verschiedene Ausweichmanöver durchzugehen, doch die Zeit reicht nicht für große Strategien, also übernimmt ihr Körper das Kommando. In einem Winkel, dem Kitani nichts entgegensetzen kann, ohne das Gleichgewicht zu verlieren, katapultiert sie sich seitlich weg. Dabei fängt sie sich zwar eine oberflächliche Schnittwunde ein, entgeht aber jeder schwereren Verletzung.

»Hab ich's euch nicht gesagt? Sie sieht gut aus, wenn sie auf den Knien herumrutscht«, ruft jemand so laut, dass alle es hören können.

Überrascht fährt Red herum und blickt in das Gesicht der breit grinsenden Sela. Hinter ihr ragt Kay auf, den breiten Arm auf Selas Schulter gestützt, die genau die richtige Höhe für ihn hat.

Vollkommen selbstverständlich stehen die beiden da zusammen und beobachten den Kampf. Ist das die Intimität zweier Freunde? Oder steckt mehr dahinter?

Treiben sie es miteinander? Nein. Sie weiß es nicht. Warum spielt das überhaupt eine Rolle? *Konzentration, Red …*

»Finaler Treffer«, verkündet Shannon gedämpft.

Als Red sich umdreht, zielt Kitanis Schwert direkt auf ihr Herz.

*

In ihrem Zimmer angekommen, zerrt Red die Stiefel von den Füßen und schleudert sie wütend in die Ecke.

Nach jener Nachricht an ihrem ersten Tag hat sie nichts mehr vom Hexenritter gehört. Offiziell hat sie keinerlei Recht, besondere Aufmerksamkeit von ihrem Wohltäter zu verlangen. Offiziell sollte sie sowieso keinerlei Nachrichten von draußen erhalten, auch wenn der Hexenritter sicherlich einflussreich genug ist, um solche Regeln zu umgehen.

Sie ist bereits alle möglichen Gründe dafür durchgegangen, warum keine weiteren Nachrichten von ihm gekommen sind:

- Die Geißel betrachtet es als eine zu große Ablenkung für sie.
- Red steht auf seiner Prioritätenliste ziemlich weit unten.

- Der Regelverstoß vom ersten Mal lässt sich nicht wiederholen.
- Er interessiert sich bereits nicht mehr für sie.

Immer wieder drehen diese Argumente in ihrem Kopf ihre Runden, bis ihr Gehirn sich irgendwann, erschöpft von der täglichen Quälerei, barmherzig zeigt und abschaltet.

Sie hat alles riskiert, um so nah an die Geißel der Gottlosen heranzukommen, einfach alles. Und nun steckt sie in diesem Kerker fest, nur einen kleinen Schritt davon entfernt, ihre Ausbildung zu verkacken und sich ihre große Chance unwiderruflich zu verderben.

Die einzige Lichtquelle im Raum ist der Leuchtschirm, der an der Wand neben ihrem Bett in die Wand eingelassen ist. Es dauert einen Moment, bis Red begreift, warum er überhaupt leuchtet.

Sie hat eine Nachricht bekommen.

Einen Augenblick lang bleibt sie wie erstarrt stehen. Dann atmet sie tief durch.

Doch sobald sie die Nachricht öffnet, sieht sie, dass sie nicht vom Hexenritter stammt; ihr wild pochendes Herz stockt unter dem Ansturm der Enttäuschung.

Genau genommen scheint diese Nachricht gar keinen Absender zu haben: Sie ist nicht unterzeichnet, und in der Adresszeile stehen nur wild zusammengewürfelte Zahlen und Buchstaben.

Du wirst rausfliegen, Red.

Fassungslos starrt Red auf die Worte, liest sie wieder und wieder.

Dann steigt Wut in ihr hoch, Wut, geboren aus Scham. Sie dachte, sie hätte etwas falsch gemacht. Gegen einen Kodex oder eine Anstandsregel verstoßen, die sie nicht kennt. Wochenlang hat sie sich den Kopf darüber zerbrochen, hat versucht, ihren Mut zusammenzunehmen und mit Sela zu sprechen, sich für diese Unwissenheit zu entschuldigen, für was auch immer es gewesen sein mag.

Nun antwortet sie auf die Nachricht.

Keine Sorge, Sela, im nächsten Training mache ich dich platt.

Es kommt sofort eine Erwiderung.

Nicht Sela.

Bloß jemand, der nicht miterleben will, wie du scheiterst.

Wer auch immer es ist, er muss in diesem Moment vor seinem Leuchtschirm sitzen.

Dann verrate mir deinen Namen, schreibt Red.

Nicht nötig, lautet die Antwort. Wollte dich nur warnen.

Jedem Rekruten wird von den zuständigen Stellen ein spezieller Name für die Leuchtschirmkommunikation zugewiesen, der aber immer den Eigennamen enthält. Dasselbe gilt für die Ausbilder. Wie hat der Absender es geschafft, das System auszutricksen, sodass er anonym bleibt?

Warnen? Wovor?, fragt Red.

Sela hält dich für die größte Konkurrenz.

Sie ist eine Kopfkämpferin.

Ein Psychotrickser.

Aber es gibt keine offizielle Bestenliste. Sela muss nur die sechs Monate Ausbildung schaffen, ohne durchzufallen. Warum versucht sie also, Red kleinzuhalten?

Du denkst, hier kann man nur scheitern, indem man
aufgibt oder sich verletzt.
Jeder hat einen Schwachpunkt.
Bei dir ist es die Naivität.

Wütend ballt Red die Fäuste. Als sie versucht, ihre Finger zu entspannen, wehren sich die Muskeln kribbelnd dagegen.

Warum hilfst du mir?

Diesmal dauert es ein paar Minuten, bis eine Antwort kommt.

Ich bin einem alten Freund noch einen Gefallen schuldig.
Er möchte, dass du Erfolg hast, also möchte ich auch, dass du Erfolg hast.

Wer ist es?

Doch der mysteriöse Schreiber unterbricht die Verbindung, ohne ihr eine Antwort zu geben.

Red lehnt sich zurück. Ihre Gedanken rasen. Wer auch immer dieser alte Freund sein mag, er scheint ein echtes Interesse daran zu haben, dass sie es schafft. Bestimmt ist es der Hexenritter – doch wer sein Helfer am Leuchtschirm ist, bleibt ein Rätsel.

Red hat gelernt, sich immer auf das Problem zu konzentrieren, das als Nächstes ansteht. Zu weit vorauszudenken, kann beängstigend sein – wie ein endloser Sturz, bei dem man nie den Boden erreicht. Und das aktuelle Problem besteht in einer hinterlistigen Kopfkämpferin, wegen der sie beinahe alles verloren hätte, wofür sie so hart gearbeitet hat. Sie ist kurz davor, den ersten wirklich entscheidenden Kampf zu verlieren.

Noch einmal liest sie den Nachrichtenverlauf.

Jeder hat einen Schwachpunkt.
Bei dir ist es die Naivität.

Und in diesem Moment, einfach so, lässt sie die Verwirrung der letzten Wochen hinter sich, streift sie ab wie eine alte Haut.

Entheiligte Scheiße. Wie konnte sie sich von etwas so Unwichtigem nur derart ablenken lassen? Sela ist bedeutungslos im Vergleich zu dem, was vor ihr liegt. Sela ist ein Nichts.

Nur ein Hindernis auf ihrem Weg.

*

Es gibt keine weiteren Treffen unter der Dusche mit Sela.

Red reagiert nicht mehr auf die Einladungen, weshalb die dann auch bald ausbleiben. Im Training kommen noch ein paar Versuche, sie aus dem Konzept zu bringen, die aber kaum mehr Wirkung zeigen. Red meint, eine gewisse Verwirrung an Sela zu bemerken, die schließlich in Missmut umschlägt, als sie konsequent ignoriert wird.

Auch die Blicke der anderen Rekruten registriert Red. Vielsagend gesenkte Köpfe. Die Stille, die sich in der Gruppe ausbreitet, wann immer Sela und sie gegeneinander antreten. Doch das alles interessiert sie nicht mehr.

Ihr nun auf den wesentlich beruhigenderen Weckton »Eulenschrei« umgestellter Wecker reißt sie jeden Morgen aus abgrundtiefem Schlaf, katapultiert sie mit einem Ruck in das samtige Halbdunkel ihres Zimmers. Wenn sie abends ins Bett fällt und ihr Körper nach den Strapazen des Tages bitterlich weinend um Ruhe bittet, schlägt sie den Kodex auf und versucht, noch etwas Wissen in ihren vor Erschöpfung summenden Geist zu pressen.

In jedem Rekrutenzimmer liegt ein Exemplar des schweren Wälzers, in dem jene Lehren festgehalten sind, die sozusagen das

Rückgrat der Caballaria bilden: tausend Seiten, in verschnörkelter Handschrift eng beschrieben, das Papier so dünn wie vertrocknete Blätter im Winter, gebunden in dickes Leder, das die Farbe von getrocknetem Blut hat. Der Kodex würde eine vorzügliche Waffe abgeben, wenn es nicht so schwer wäre, ihn überhaupt anzuheben.

Man hat ihnen gesagt, dass sie eines Tages – falls sie die Ausbildung erfolgreich hinter sich bringen – ein frisch gebundenes, leeres Buch überreicht bekommen werden, dessen Seiten sie dann in mühevoller Kleinarbeit mit ihrer eigenen Interpretation des Kodex füllen werden. Eine Aufgabe, die sie für den Rest ihres Lebens beschäftigen wird. Zu einer Art Meditation wird es für sie werden, etwas, worauf sie sich stützen, wonach sie sich sogar sehnen werden, um sich hin und wieder von dieser Welt lösen und sich vor Augen führen zu können, warum sie tun, was sie tun. Es wird dafür sorgen, dass ihnen der Kodex ebenso vertraut ist wie ihre eigene Seele.

Vorerst wird aber nur verlangt, dass sie das komplette Buch lesen, jeden Abend vor dem Einschlafen ein Kapitel, egal, wie müde sie sind – denn am Tag darauf werden sie abgefragt. Natürlich hat jeder von ihnen auch schon vorher einzelne Auszüge gelesen – die moralische und gesetzliche Erziehung basiert bei Reich und Arm gleichermaßen auf dem Kodex –, allerdings nur im Rahmen bestimmter Kurse und Lektionen in ihrer Kindheit und frühen Jugend. Den Kodex komplett zu lesen, ist wie der Versuch, tausend Geschichten auf einmal in sich aufzunehmen. Geschichten, in denen jede nur erdenkliche Lebenssituation beschrieben wird, inklusive der vier Möglichkeiten, wie diese ausgehen kann: gut für einen selbst, aber schlecht für den anderen; schlecht für einen selbst, aber gut für den anderen; für beide gut; für beide schlecht. Und dazwischen eingestreut lange, wirklich sehr, *sehr* lange philosophische Exkurse über die Natur der Gewalt, der Macht, der Moral und des Seins.

Das Gesamtwerk enthält Beiträge aus Hunderten von Quellen und ist sozusagen ein gemeinschaftlich verfasstes Handbuch zum Thema Sinn und Zweck. Ein außergewöhnliches Werk, das eine ganze Nation geprägt hat – verehrt von den Alten, verspottet von den Jungen, doch zugleich tief in jedem Einzelnen verwurzelt. Allerdings ist es in einem derart trockenen Ton verfasst, dass Red jeden Abend mit brennenden Augen im Bett liegt und krampfhaft versucht, die Lider offen zu halten.

Nach drei Monaten Ausbildung macht Red sich keine Gedanken mehr über die völlige Isolation. Wenn sie die Waffe ihres Gegners auf sich zukommen sieht, erreicht sie einen nebligen Ort jenseits normaler Furcht. Gewinnen heißt leben. Verlieren heißt sterben. Jeder verliert irgendwann. Es geht also einfach um die Frage, wie viele gute Siege man vorher einfährt, auch wenn es letztlich nur einen gibt, der für Red von Bedeutung ist.

Im vierten Monat beginnen die Lektionen der Stille.

»Scheiß drauf«, keucht Kay beim Abendessen und lässt den Kopf auf den Tisch sinken, sodass seine Haarspitzen fast im Eintopf hängen. »Scheiß auf die endlosen Laufrunden, scheiß auf den fünften Trainingskampf in Folge, wenn ich eigentlich am liebsten zusammenbrechen würde, scheiß auf die Gewichte, die meine Muskeln nach fünf Minuten in den Schockzustand versetzen, scheiß sogar auf die verdammten Philosophiekurse, bei denen sich mein Kopf immer anfühlt wie ein Teller Suppe. Stille ist verflucht noch mal das Härteste, was mir je abverlangt wurde.«

Im Grunde beinhalten die Lektionen der Stille nicht mehr, als das Wort sagt: Ruhe in Körper und Geist bringen. Beim Körper ist das einfach. Beim Geist eher nicht.

Stille durchbricht zum ersten Mal die Routine, von der sie inzwischen komplett erfüllt sind. Stille verleitet zur Rückschau. Sie gehen die letzten Stunden durch, suchen nach etwas, was sich auseinandernehmen und untersuchen lässt. Was sie zum Frühstück gehabt haben. Wie sie geschlafen haben, und dann dieser merkwürdige Traum, der ihnen quasi noch in der Kehle steckt. Werden sie scheitern? Hätten sie im letzten Training nicht noch mehr aus sich herausholen können? Dann weiter zurück, manchmal auch widerstrebend. Dumme Dinge, die man gesagt oder getan hat, kommen wieder an die Oberfläche, warten geduldig darauf, noch einmal analysiert zu werden. Melodien uralter Lieder, Dialogfetzen aus halb vergessenen Filmen. Längst vergangener Schmerz oder Trauer brennen wieder unter der Haut. Jeder Moment, in dem sie sich hilflos gefühlt haben, kehrt zurück und will gnadenlos inspiziert werden.

In den Lektionen der Stille müssen sie nur eine einzige Aufgabe meistern: ihren Geist so lange wie möglich komplett zu leeren. Eine Stunde dauert jede Sitzung. Red hat bislang eine Minute geschafft, bevor die ersten Gedanken zurückkehrten, und selbst diese eine Minute war hart erkämpft, hat sich angefühlt wie ein Sieg. Nach der vollen Stunde taumeln alle kraftlos aus dem Raum, die Gehirne eingefroren vor Erschöpfung.

Eine Woche geht in die nächste über, ohne dass man sie voneinander unterscheiden könnte. Keine Auszeiten, keine Pause von der gnadenlosen Routine, die sie brechen und neu formen soll. Keine Zeit für Widerwille oder Aufsässigkeit. Wer rebelliert, wird scheitern. Wer sich fügt, wird bestehen.

Am Ende jeder Woche bekommt Red ihre Statistik auf den Leuchtschirm geschickt, um sich selbst zu überprüfen. Beinahe unbeteiligt stellt sie fest, wie dünn sie geworden ist, während sie gleichzeitig an Gewicht zugelegt hat. Dass die Muskelmasse das Fett weit überholt hat. Sie stellt sich nackt vor den Spiegel und mustert sich prüfend, da sie nun begriffen hat, welcher Sinn dahintersteckt. Ihr Körper ist ihr Werkzeug, ihr Machtinstrument, ihre Waffe. Also sollte sie ihn pflegen und formen. Nicht einmal die schüchternsten Rekruten haben jetzt noch ein Problem mit den Gemeinschaftsduschen. Ein Körper ist eben ein Körper, und sie haben die der anderen nun schon seit Monaten täglich zu Gesicht bekommen.

Es passiert schleichend.

Ganz ohne erkennbaren Höhepunkt, ohne große Offenbarung. Da ist einfach nur dieses Gefühl, langsam zu verblassen, abzustumpfen, jeder Tag verschwimmt in der ewigen Wiederholung. »Training« ist jetzt gleichbedeutend mit »Leben« und muss nicht bloß irgendwie durchgestanden, sondern bewusst erlebt werden. Diese Schlichtheit ist zum Trost geworden statt zum Gefängnis, der beinahe klösterliche Rhythmus so wichtig und selbstverständlich wie ein Herzschlag.

Und dann, eines Tages, ist es vorbei.

Red wird nicht vom Ruf der Eulen geweckt, sondern von dem leisen Piepsen, das eine neue Nachricht anzeigt. Blinkend wartet sie auf dem zerkratzten Leuchtschirm.

Sie steht auf, hockt sich vor den Schirm und öffnet die Nachricht.

Unterschrieben ist sie mit *Daedalas Caballarias Frome o'Rhyfentown.*

Sie lautet:

Du hast deine Ausbildung erfolgreich abgeschlossen.
Genieße dein Frühstück und warte auf weitere
Anweisungen.

Nackt auf dem Boden kniend, in den bläulichen Schimmer des Leuchtschirms getaucht, als würde ihr ein höherer Segen erteilt, wird Red o'Rhyfentown zu einem Ritter der Caballaria.

Und ist ihrer Rache damit einen Schritt näher.

TEIL II

Sex und Tod – das älteste Liebespaar überhaupt.

Altes Sprichwort aus den Sieben Königreichen

KAPITEL 13

Cair Lleon, Blackheart

Achtzehn Jahre zuvor

Gedämpftes Gelächter schlägt ihm entgegen, als er die Tür öffnet.

In diesem Raum ist Art noch nie gewesen. Ihm bleibt kaum Zeit, um das düstere Labyrinth des Palasts zu erkunden, in dem er sich nun eigentlich auskennen sollte. Vor Hunderten von Jahren begann seine Errichtung mit einem riesigen, aber schlichten Kuppelbau und einigen schmalen, ordentlich abgesetzten Türmchen, die wie mit schwarzen Ringen besetzte Skelettfinger in den Himmel aufragen. Im Laufe der Zeit jedoch wurde er in jede nur erdenkliche Richtung erweitert, auch nach unten. Es gibt ein ganzes Netz unterirdischer Räume, die sowohl durch stille, schlecht beleuchtete und mit Holz getäfelte Flure als auch durch breite, hallende Steinkorridore miteinander verbunden sind.

Irgendwann sollte er mal jemanden damit beauftragen, ihm einen vollständigen Plan des Palasts zu zeichnen, inklusive Geheimkammern. Jetzt muss ihm die Gewissheit reichen, dass er sich unter der Erde befindet, und zwar, grob geschätzt – bei allen Heiligen, sein Orientierungssinn war schon immer extrem schlecht – in der westlichen Ecke von Cair Lleon.

Hier also wird heute der letzte Termin des Königs von London stattfinden – der letzte in einer langen Reihe von Terminen am Ende eines sehr langen Tages. Art ist hundemüde, doch dieses Treffen findet unter derart ungewöhnlichen Umständen statt, dass bei ihm die Alarmglocken schrillen. Nicht zuletzt deshalb, weil er ganz allein hier ist, ohne die übliche Entourage seiner Berater, die sich alle bereits für die Nacht zurückgezogen haben.

So etwas hat es bisher nicht gegeben.

Ein schweigsamer Vastos, den er nie zuvor gesehen hat, schleuste ihn durch eine verwirrende Anzahl von Elevatoren, Fluren und Vorzimmern, nur um ihn dann hier vor einer vollkommen durchschnittlich aussehenden Tür stehen zu lassen. Auf die Frage, wohin es denn gehe, antwortete der Vastos bloß: »Ich bringe Sie zum Grünen Salon, Sire, wie es mir aufgetragen wurde.« Eine Aussage, die ebenso eindeutig wie nichtssagend war. Weitere Nachfragen wurden mit Unwissenheitsbeteuerungen abgetan, vorgebracht in einem Tonfall, der klarmachte, dass ein König, der nicht einmal weiß, mit wem er sich treffen soll, einem nur leidtun kann.

Was Art nun wirklich nicht abstreiten kann.

Dabei ist es nicht nur so, dass dieses Treffen unter absoluter Geheimhaltung stattfindet, was ja irgendwie noch spannend wäre. Es wurde außerdem erst in letzter Minute angekündigt, als wüsste quasi niemand davon, weil es völlig unbedeutend sei.

Was äußerst geschickt war, wie er später noch erkennen wird.

Nun also betritt er allein den Raum. Die großen Stehlampen in den Ecken verbreiten ein angenehm warmes Licht, in dem sich ein knappes Dutzend Menschen versammelt hat, Frauen und Männer aller Altersklassen. Sie sitzen breitbeinig auf waldgrünen und butterblumengelben Sofas und bedienen sich von den Tabletts auf den filigranen Beistelltischen – es gibt Törtchen, so wie es aussieht. Einige nippen an edlen Kristallkelchen. Ihnen zumindest scheint dieses Treffen mit ausreichend Vorlauf angekündigt worden zu sein, um die langatmigen Kontrollen an den

Grenzposten hinter sich zu bringen. Außerdem muss ihre Sicherheitsfreigabe hoch genug sein, dass sie zu dieser späten Stunde noch Zutritt zum Palast bekommen. Und man hat sie offenbar erwartet, da bereits Erfrischungen bereitstehen.

Eine Frau zeigt gerade eine Projektion an der Wand neben der Tür, während zwei andere sich darum scharen, als wollten sie die Bilder genauestens studieren. Sobald Art eintritt, lässt sie die Leuchtlampe in ihrer Hand sinken und schaltet die Projektion aus, bevor Art erkennen kann, worum es geht.

Wer saß, steht nun auf.

Wer steht, wartet reglos ab.

Dann verbeugt sich die Gruppe, lässt – mal mehr, mal weniger elegant – Kopf und Oberkörper herabsinken. Art hat festgestellt, dass die meisten Menschen bei der ersten Begegnung enthusiastisch auf ihn reagieren, manchmal bis hin zur Unterwürfigkeit. Mit Letzterem hat er so seine Probleme, da er sich schwertut, jemandem zu vertrauen, der seine eigentlichen Absichten hinter Schmeicheleien verbirgt. Schließlich kommen sie zu ihm, weil sie etwas von ihm wollen. Das ist nun einmal so. Warum also nicht auf Augenhöhe über die Wünsche des anderen verhandeln?

Weil, pflegt Brune ihm trocken zu erklären, *das nun einmal nicht so läuft.*

Art ist also ziemlich gut darin geworden, die unterschwelligen Forderungen zu erahnen, mit denen die Menschen ihm begegnen, egal wie geschickt sie auch getarnt sein mögen. Hier allerdings ist nichts davon zu spüren. Eine gewisse Erwartungshaltung kann er erkennen, doch eher in der Art, dass man darauf zu warten scheint, *er* möge seine Wünsche äußern. Trotzdem weiß er nicht, wer diese Menschen sind oder welche Wünsche sie ihm erfüllen könnten.

»Bitte, nehmen Sie Platz«, sagt er.

Manche kehren zu ihren Sofas zurück, andere bleiben stehen

oder lehnen sich an die Wand – immer darauf achtend, in seinem Sichtfeld zu bleiben, wie das Protokoll es vorschreibt. Art sieht sich nach einem Platz um. Seit Wochen schon wird ihm jeder Stuhl von einem Vastos angeboten, jeder Weg vorgeschrieben, ohne dass er sich beteiligen müsste. Peinlicherweise sieht es nun fast so aus, als könne er sich nicht einmal mehr ohne Hilfe irgendwo niederlassen.

»Sire.« Ein flinker Mann in einem maßgeschneiderten pfauenblauen Mantel mit steifem Metallkragen rettet ihn, indem er einen Stuhl an seinem Tisch herauszieht. Als Art sich setzt, steht der Rest der Tischgesellschaft auf und stellt sich hinter die Diwane oder sucht sich Plätze, die weit von ihm entfernt sind. Diese Distanzierung löst leise Trauer in Art aus, auch wenn diese Menschen ihm völlig fremd sind. Heutzutage sitzt niemand mehr in seiner Nähe.

»Vielen Dank.«

»Ist mir ein Vergnügen, Sire. Und Ihnen hoffentlich auch«, antwortet der Mann in Pfauenblau glatt.

Mehrere Gäste lachen, eine Frau mit weißblondem Haar scheint sich ein unfeines Schnauben zu verkneifen.

»Man kommt also gleich zur Sache«, stellt sie abfällig fest.

Der Mann in Pfauenblau gibt sich bescheiden. »Ignoriert die Dame einfach. Neid unter Kollegen kann grässliche Züge annehmen, nicht wahr? Dürfte ich Sie mit den Anwesenden bekannt machen?«, fragt er beinahe trällernd und mit einem aufgesetzten altmodischen Näseln.

»Ja, bitte.« Art nickt erleichtert.

Der Mann grinst. »Ich«, verkündet er pompös und legt dann erst einmal eine Kunstpause ein, was in der Gruppe wieder für leise Erheiterung sorgt.

»Mach hinne!«, ruft jemand in den hinteren Reihen. Trotz der Geheimniskrämerei macht die Sache Art langsam richtig Spaß.

Pfauenrock lässt sich nicht beirren. »Ich«, wiederholt er, »bin Beaufort Pluma Clementine o'Iochitown, Inhaber des Fancy Feather.«

An seiner Schulter prangt eine graue Metallbrosche: eine Waage mit einem springenden Fisch darüber, das Symbol seines Heimatbezirks. Er holt ein kleines, dickes Buch unter seinem Arm hervor und legt es sorgfältig vor Art auf dem Tisch ab. Die Schnittkanten der Seiten sind versilbert, und auf dem schwarzen Buchdeckel ist eine Feder aus Kupfer eingelassen.

»Die neidische Dame zu meiner Linken«, fährt Beaufort fort, »ist Good Girl Tuesday, Herrin des Shakes, Rhyfentowns renommiertem Etablissement für Vergnügungen aller Art.«

Good Girl Tuesday sieht aus, als hätte sie sich den Namen zu ihrer persönlichen Belustigung zugelegt. Begleitet vom unverwechselbaren Quietschen eng gespannten Leders, steht sie auf und lässt ihr eigenes schwarzes Buch vor Art auf den Tisch gleiten. Auf dem Deckel prangt in leuchtend roten Buchstaben *Shakes*.

Verblüfft streckt Art die Hand danach aus, doch Beaufort macht bereits weiter.

»Der korpulente Herr links von mir …«

»Unverschämter Gockel«, empört sich der Betreffende fröhlich.

»… ist Lassither Joe vom Doxie House, der über die erlesenste Auswahl von Whisky diesseits des Flusses verfügt, die er allerdings mit niemandem teilt, nicht einmal mit seinen Freunden.«

»Du sollest mal sehen, was ich an Importsteuer dafür zahlen muss«, wehrt sich Lassither Joe, wird aber sofort ausgebuht.

»Handelt es sich dabei um die Importsteuer, die auch unter dem Namen ›Mitten-in-der-Nacht-direkt-im-Hafen-erworben‹ bekannt ist?«, ruft jemand.

Lautes Gelächter.

»Alles pure Verleumdung«, behauptet Lassither. Auch er hat ein schwarzes Buch dabei, das er nun auf den wachsenden Stapel legt.

So entspannt – und ratlos – war Art schon lange nicht mehr. Das unerschütterliche Selbstvertrauen dieser Menschen, die sich nicht einmal scheuen, im Beisein des Königs Witze über illegale Machenschaften zu reißen, ist irgendwie ansteckend. Deshalb gibt er sich nun alle Mühe, nicht den Faden zu verlieren, während Beaufort ihm auch noch den Rest der Gruppe vorstellt: Geschäftsleute aus allen Bezirken, manche Teile der Stadt sind sogar mehrfach vertreten. Und jeder von ihnen überreicht ihm ein Buch.

Schon nach der Hälfte dieses seltsamen Rituals kommt Art ein Verdacht, doch erst als eine umwerfend attraktive, androgyne Gestalt in roter Seide vortritt, mit dem schlichten Namen Dario Go vorgestellt wird und ihm ein Buch übergibt, das den Titel *Karneval der Nacht* trägt, ist er sich sicher.

Es gibt wohl keinen Londoner, der nicht schon einmal vom Karneval der Nacht gehört hätte. Der Name ist sogar in den allgemeinen Sprachgebrauch aufgenommen worden. Bietet einem jemand einen »Ausflug zum Karneval der Nacht« an, heißt das nichts anderes, als dass er mit einem schlafen will. »Zum Karneval der Nacht gehen« hat Art schon während seiner Kindheit oft gehört, allerdings erst mit vierzehn verstanden, dass es eine Umschreibung für den Verlust der Jungfräulichkeit ist. Der Karneval der Nacht ist Londons ältestes und berühmtestes Bordell.

Peinlich berührt von der keuschen Unwissenheit, die ihn die Situation erst jetzt hat durchschauen lassen, wartet Art höflich ab, bis alle vorgestellt wurden und der Bücherstapel auf dem Tisch so hoch geworden ist, dass er umzukippen droht. Er lächelt brav und nickt an den richtigen Stellen, obwohl ihm der Kopf schwirrt. Jetzt macht auch diese Geheimniskrämerei plötzlich Sinn. Seit man ihm die schwarze Glaskrone zum ersten Mal aufs

Haupt gedrückt hat, ist nach und nach immer deutlicher geworden, dass jeder noch so kleine Aspekt im Leben eines Monarchen vom Palast organisiert wird. Warum also nicht auch dieser?

Beaufort nimmt seinen Platz wieder ein, und ein erwartungsvolles Schweigen senkt sich über den Raum. Schließlich greift Art nach dem Buch mit dem Titel *Karneval der Nacht* und streicht mit dem Finger über die eingeprägten Buchstaben. Dann schlägt er es auf.

Es ist eine Speisekarte.

Auf jeder Seite finden sich ein Name, eine kunstvoll verfasste Beschreibung und eine Liste spezieller Fähigkeiten. Als sein Blick an der Information »extrem talentiert im Umgang mit Fesseln« hängen bleibt, spürt Art brennende Röte in seine Wangen steigen.

»Und wie genau funktioniert das?«, fragt er schnell.

»Oh, Sie müssen sich nicht sofort entscheiden, Sire«, versichert Beaufort. »Nehmen Sie sich so viel Zeit, wie Sie wollen. Sie können jederzeit eine Bestellung bei uns tätigen, sei es tags oder nachts.«

»Eine Bestellung tätigen«, wiederholt Art. »Wie im Restaurant, wenn ich ein Steak möchte?«

Beaufort lacht laut auf, ein oder zwei andere schließen sich an.

»Ich kann versichern«, meldet sich Lassither Joe zu Wort, »dass wir für jeden Geschmack etwas haben, der sich auf dieser bunten Welt nur finden lässt. Wen oder was auch immer Sie begehren, im Doxie werden Sie etwas Passendes finden.«

Nun wird die ganze Gruppe kühner, Lassither wird von anderen übertönt, die ebenfalls ihre Vielfalt anpreisen und ihn gleichzeitig wegen seiner Dreistigkeit ausschimpfen. Offenbar verstößt die direkte Beeinflussung des Kunden in einer solchen (wohl eher selten stattfindenden) Gruppenvorstellung gegen den guten Ton.

Nur für die reichsten und elitärsten Neukunden finden die Herren und Herrinnen des zügellosen Vergnügens auf diese

Weise zusammen, getrieben von der Hoffnung, den dicken Fisch an Land zu ziehen und eine neue, stetige Einnahmequelle für ihren Betrieb aufzutun. Der König ist dabei natürlich der dickste Fisch von allen. Diese Vorstellung hier hat deutlich gezeigt, dass es sich um eine althergebrachte Tradition handelt. Schließlich haben selbst Könige gewisse Bedürfnisse, wie jeder andere auch.

Art wartet, bis der von Kameradschaftsgeist geprägte Schlagabtausch so weit abflaut, dass er sich Gehör verschaffen kann.

»Vielen Dank, aber das ist nichts für mich«, verkündet er, während er entschlossen das Buch des Karneval der Nacht zuklappt.

»Oh.« Es gelingt Beaufort nicht ganz, die Durchtriebenheit in seiner Stimme zu unterdrücken. »Kein Problem, das ist gar kein Problem, Sire. Wir werden uns einfach zurückziehen, damit Sie in aller Ruhe Ihre Entscheidung …«

»Sie haben mich falsch verstanden«, fällt Art ihm ins Wort. »Ich bin nicht interessiert. Grundsätzlich nicht.«

Stille breitet sich aus.

»Es ist ein ganz spezielles Arrangement«, betont Beaufort schließlich. »Für Diskretion ist natürlich gesorgt. Absolute Diskretion.«

Das zügellose Vergnügen mag das älteste Gewerbe der Welt sein, dessen Dienste allen Londonern offenstehen – ebenso wie den Millionen von Touristen, die jedes Jahr die Stadt besuchen –, doch es ist auch ein riesiger, sorgfältig regulierter Industriezweig, in dem Diskretion überlebenswichtig ist. Vor allem in Bezug auf Kunden, die in der Öffentlichkeit stehen. Die Heiligen allein wissen, welch pikante Geheimnisse der Oberschicht hier gehütet werden.

»Ich will jegliche Fähigkeiten auf diesem Gebiet keinesfalls infrage stellen«, erwidert Art. »Bestimmt haben Sie im Laufe der Jahre den Ruf vieler Könige und Königinnen sorgsam geschützt. Doch ich bin einfach nicht interessiert.«

Nun meldet sich Good Girl Tuesday zu Wort: »Wir verstehen natürlich, Sire, wenn es bereits jemanden in Ihrem Leben gibt.«

Art bleibt hart wie Stein. »Das ist nicht der Fall.«

Wieder breitet sich Schweigen aus.

»Ihr Vater …«, setzt Lassither Joe erneut an.

»Wir sollten an dieser Stelle ein für alle Mal klarstellen, dass ich nicht mein Vater bin.«

»Selbstverständlich nicht, selbstverständlich nicht«, versichert Beaufort hastig. »Sie sind ein eigenständiger Mann, Sire, mit ganz eigenen Bedürfnissen, und … ich meine … es gibt nichts, was wir nicht schon gesehen hätten … Außerdem ist Ihnen vielleicht aufgefallen, dass es im Leben Ihres Vaters keinen einzigen Skandal hinsichtlich derlei Vorkommnissen gegeben hat, was ja für unsere Diskretion spricht. Sie können sämtliche Nachrichtenarchive überprüfen, es wird sich nicht eine Meldung finden.«

Art stellt belustigt fest, dass der Mann schneller und schneller spricht, von sichtlicher Verzweiflung getrieben.

»Und in Ihrem Fall, na ja, da wären Berichte dieser Art sowieso nicht mehr als eine Bagatelle, das interessiert niemanden, da Sie ja zurzeit ungebunden sind, zumindest offiziell, und natürlich hat es bislang noch keinem Herrscher geschadet, wenn … Das Schwert zu tragen, bringt eine ganz besondere Belastung mit sich, das versteht jeder, da ist es keine Schande …«

»Entheiligte Scheiße, Beau, vergiss nicht zu atmen.«

Mit klarer, scharfer Stimme unterbricht Dario Go den Redestrom.

Beaufort hört mitten im Satz auf zu sprechen, woraufhin Dario einmal laut in die Hände klatscht. Wie ein Peitschenschlag hallt es in der Stille wider.

»Geschätzte Kollegen«, beginnt xier dann, »es ist schon spät. Unser junger König ist müde, und wir alle haben noch eine arbeitsreiche Nacht vor uns.«

Aber natürlich. Für sie ist es der erste Geschäftstermin heute, nicht der letzte. Dankbar greift Art nach dieser kunstvoll ausgeworfenen Rettungsleine.

»So ist es«, bestätigt er. »Unglücklicherweise liegen einige anstrengende Tage vor mir. Wenn sich alles eingespielt hat, werde ich vielleicht etwas mehr Zeit haben, um mich mit dieser ...«, krampfhaft sucht er nach dem richtigen Wort, »... erlesenen Auswahl zu beschäftigen.«

Charme und Diplomatie zu vereinen, ist eine hohe Kunst, und Art ist definitiv noch in der Anfängerklasse.

Es dauert ein Weilchen. Murmelnd finden sie sich in Grüppchen zusammen, leeren ihre Gläser, erzählen sich leise kleine Anekdoten. Als sie dann hinausgehen, verbeugen sie sich, sobald sie an seinem Stuhl vorbeikommen. Art nickt. Lächelt. Das war eine seiner ersten Lektionen: Niemals wichtige Geschäftsleute verprellen.

Erst als sie alle gegangen sind, bemerkt Art, dass Dario sich nicht vom Fleck gerührt hat. Bisher hat die Gruppe streng darauf geachtet, jeden zurückzupfeifen, der mehr Aufmerksamkeit auf sich ziehen wollte als der Rest, damit alle gleichwertig auftreten. Und nun lassen sie Dario mit ihm allein. Vielleicht beugen auch sie sich, wie alle anderen, noch immer dem legendären Karneval der Nacht.

Mit raschelndem Seidengewand steht Dario auf und lässt sich gegenüber von Art auf einem Stuhl nieder – ein kühner Zug, der ihn angenehm überrascht.

»Dürfte ich Sie etwas fragen, Sire?«, beginnt xier. »Da wir ja nun unter uns sind.«

»Unter uns? In Caer Lleon?«, erwidert Art belustigt.

Dario holt einen schwarzen Sicalo aus einer schmalen Metalldose und bietet ihn dem König an. Dankbar greift Art zu. Nun nimmt Dario den filigranen Kerzenständer, der zwischen ihnen steht, und zündet damit erst Arts und dann den eigenen Sicalo an. Die mit dunkler, metallisch schimmernder Farbe geschminkten Augen funkeln hinter der Rauchwolke.

»Sind Sie … ein Romantiker?«

Ausdruckslos erwidert Art den durchdringenden Blick. »Ich weiß nicht.«

»Sind Sie monogam?« Beinahe zögernd tastet xier sich an dieses Wort heran, als handele es sich um eine Fremdsprache, bei der man durch falsche Betonung in Schwierigkeiten geraten kann.

Art lacht laut auf. »Ist es denn wirklich so merkwürdig, nur mit einem Menschen zusammen sein zu wollen? Ganz so selten ist das doch heutzutage auch wieder nicht, oder? Aber wie dem auch sei: Ich bilde mir schon ein, dass ich selbst in der Lage bin, jemanden zu finden, wie es ja auch den meisten anderen gelingt.«

»Oh. Und wie genau wollen Sie das anstellen?«

»Wie meinen Sie das?«

Achselzuckend erklärt Dario: »Denken Sie denn, Sie können einfach … in eine Bar gehen, und dort werden Sie jemanden finden, versunken im Tanz, umspielt von schimmerndem Licht? Ein paar Drinks nehmen, ein wenig flirten? Vielleicht verabreden Sie sich zum Abendessen – das Objekt Ihres Interesses ist anfangs schüchtern, Sie sind nervös, zeigen es aber nicht, und während Sie an Ihrem Hummer knabbern, haben Sie doch nur ständig vor Augen, wie es wohl wäre, mit diesem Menschen in der Kiste zu landen. Natürlich ist es zuerst merkwürdig, ein wenig peinlich. So ist das ja oft. Aber wenig später, eng umschlungen in der Dunkelheit, spüren Sie das erste, zaghafte Aufflackern von Liebe. Die Zeit vergeht, und die Realität hält Einzug. Man lernt die Freunde und die Familie der anderen Person kennen. Man fängt an, die bisher getrennten Leben als eines zu betrachten … Alles so wundervoll, so normal. Habe ich recht?«

Am liebsten würde Art Ja sagen.

»Sie sind der König von London«, fährt Dario fort. »Ist Ihnen denn nicht klar, dass Sie niemals diese Art von Beziehung haben werden? Sie wissen aber doch sicher, dass jeder Mensch, dem Sie von nun an begegnen werden, bis zum Tage Ihres Todes, immer nur fürchten oder lieben wird, *was* Sie sind, und niemals, *wer* Sie sind? Dass Sie nicht als ebenbürtiger Partner gesehen werden? Dass jeder, der Interesse an Ihnen zeigt, seine ganz eigenen Gründe und Hintergedanken haben wird? Dass Sie niemals wieder mit Sicherheit wissen werden, wie andere wirklich über Sie denken, weil Sie immer eine Symbolfigur sein werden, eine Statue auf einem Podest?« Dario lehnt sich zurück; die vollen Lippen verziehen sich zu einem betroffenen Lächeln. »Niemand will Ihr wahres Ich, Sire. Niemand will die Realität. Man wird Sie immer nur benutzen. Manchmal versehentlich, aber meist aus purer Berechnung. Ihre Macht bringt einige Nachteile mit sich, und dies ist einer davon.«

Art lacht, weil es auf eine solche Ankündigung einfach keine vernünftige Reaktion gibt. Lächerlich ist das. Aufmerksam sucht er bei Dario nach Anzeichen von Herablassung oder vielleicht Irritation wegen seines Gelächters, doch xier blickt ungerührt auf den Tisch, während der Sicalo zwischen den schlanken Fingern zu Asche verglüht.

»Das ist eine unglaublich zynische Sichtweise«, sagt Art dann.

»Realistisch, würde ich sagen.« Dario schenkt ihm ein träges Lächeln. »Ihre Ehe wird unter den Gesichtspunkten der Machtverteilung arrangiert werden, nicht nach den Regeln der Liebe. Doch das ist gar nicht mal schlecht. So werden Sie vermutlich mit einem Partner oder einer Partnerin zusammengeführt, der oder die unter ähnlich belastenden Bedingungen aufgewachsen ist und begreift, was für ein Leben Sie jetzt führen. Mit einem Menschen, der sich entsprechend zu verhalten weiß. Sollte sich Ihre Ehe als unzufriedenstellend erweisen, können Sie auch weiterhin die Dienstleistungen unserer Branche in Anspruch nehmen, und Ihr Ehepartner, Ihre Ehepartnerin kann freudig eigenen Gelüsten frönen. Das ist alles ganz normal, wird sogar erwartet …«

Nun verliert Art die Geduld. »Ich habe nicht die Absicht, jemanden zu heiraten, den ich nicht liebe. Bei allen Heiligen, warum rede ich überhaupt darüber? Ich bin gerade mal achtzehn, ich habe noch nicht einmal *angefangen*, darüber nachzudenken, ob …«

»Nun, da sind Sie mit Sicherheit der Einzige in Cair Lleon, das kann ich Ihnen garantieren«, unterbricht ihn Dario mit leisem Tadel. »Also sollten Sie vielleicht besser schnell damit anfangen, bevor Sie feststellen müssen, dass man Ihnen diese Entscheidung bereits abgenommen hat, denn dann wird es zu spät sein.«

Beinahe verbissen starren sie sich an. Das alles hier kommt Art vor wie eine der Politiklektionen, die er normalerweise von Brune verpasst bekommt. Vielleicht hat ihr für diese spezielle Unterweisung einfach der Mut gefehlt, und sie hat das Gespräch an jemanden delegiert, dessen täglich Brot von einem umfangreichen Verständnis dieses sensiblen Themengebietes abhängt.

Sex als Waffe, nicht als Vergnügen. Diese Vorstellung gefällt ihm nicht.

»In der Zwischenzeit«, beginnt sein Gegenüber erneut, »bleibt Ihnen dies.« Darios Finger streichen an dem schwarzen Bücherstapel entlang. »Professionell und diskret. Das Objekt Ihrer Wahl kommt einmalig zu Ihnen, oder auch öfter, wenn Sie Gefallen an ihm finden. Niemand wird je erfahren, was zwischen unseren Abgesandten und Ihnen geschieht. Wir können voller Stolz behaupten, dass wir in diesem Punkt für absolute Sicherheit sorgen. Was von Ihnen erwartet wird, steht von vornherein fest: Behandeln Sie sie gut, bezahlen sie gut. Im Gegenzug werden sie Ihnen geben, was auch immer Sie sich wünschen, im Rahmen der von Ihnen festgelegten Grenzen. Betrachten Sie diejenigen doch einfach als eine spezielle Art von Vastos. Es ist ihr Job, Ihnen auf ganz besondere Weise zu dienen.«

»Ich mag es aber nicht, bedient zu werden«, wendet Art ein.

Dario beugt sich vor, und die Hände gleiten über den Tisch, bis sie fast Arts Unterarme streifen. Ohne Erlaubnis darf xier den König nicht berühren, was xiem natürlich bewusst ist. So testet xier die Grenzen aus, prüft, wie weit xier gehen kann.

»Darf ich das so verstehen, dass Sie es vorziehen, der Dienende zu sein?«, fragt xier.

Art spürt, wie sein verräterischer Körper reagiert. »Keine Flirterei«, erwidert er kalt.

Dario zieht sich zurück.

Vertrauen kann es zwischen ihnen nicht geben. Wie bei jedem anderen Meeting in den letzten Wochen auch hat er es heute Abend mit Menschen zu tun bekommen, die etwas von ihm wollen. Der einzige Schachzug, der ihm bleibt, ist die Verweigerung ihrer Wünsche.

Dario richtet sich auf.

»Wenn Sie das Bedürfnis nach etwas Entspannung überkommt«, sagt xier – *wenn*, nicht *falls*, wie Art durchaus registriert –, »schicken Sie mir einfach eine Nachricht. Schreiben Sie ›Dinner für zwei‹, mit Datum und Uhrzeit, das genügt. Sie können mich Tag und Nacht erreichen, Sire. Ich habe für Sie einen Eintrag im Buch markiert, bei dem ich mir vorstellen könnte, dass er Ihrem Geschmack entspricht.«

Damit erhebt sich Dario. Art bleibt reglos sitzen. Die große androgyne Gestalt ragt über ihm auf, und für einen Moment wirkt xier angespannt. Ohne Arts Erlaubnis darf xier nicht gehen.

»Und wenn ich Sie verlangen würde?«, fragt er schließlich und zwingt sich, xiem in die Augen zu sehen.

Ein nicht definierbares Flackern huscht über die marmorartigen Züge. »Ich stehe nicht in dem Buch, Sire. Heutzutage habe ich eher eine verwaltende Position inne.«

»Sie wollen also sagen, Sie selbst sind keine Option?«

»Ich will damit sagen, dass Sie vielleicht klein anfangen und sich dann nach oben vorarbeiten sollten.« Darios Kopf neigt sich gerade so weit nach unten, dass es als Verbeugung durchgehen kann. »Aber wenn ich Ihren Vorstellungen entsprechen würde, wage ich die Prognose, dass Ihre Erwartungen mehr als erfüllt werden.«

»Unser kurzes Zusammentreffen hat meine Erwartungen bereits um einiges steigen lassen.«

Darios Augen schimmern im Licht der Kerzen. »Mein König ist zu gütig.«

Art erhebt sich von seinem Stuhl und neigt grüßend den Kopf. Während der vergangenen Wochen hat er eine beinahe wissenschaftliche Neugier entwickelt, wenn es darum geht, welche Reaktion sein Gegenüber auf diese von ihm initiierte Gleichstellung der Person zeigt. Manchmal ist es Entsetzen, dann wieder Belustigung. Meistens allerdings Verwirrung.

Wie es zu erwarten war, zeigt sich auf Darios Gesicht keinerlei Regung. Wahrscheinlich schafft man es nicht in den legendären Karneval der Nacht – geschweige denn bis an seine Spitze –, wenn man nicht zu den begabtesten Schauspielern seiner Generation gehört.

Wortlos sieht Art zu, wie Dario hinausgeht und sich leise mit dem draußen wartenden Vastos unterhält. Sobald die Tür hinter xiem zugefallen und er allein ist, lässt sich Art erschöpft auf seinen Stuhl fallen. Was auch immer er da gerade behauptet hat – er ist sich absolut nicht sicher, ob er eine Runde mit Dario Go unbeschadet überstehen würde.

Sein Blick fällt auf die vielen Bücher.

Niemand will Ihr wahres Ich. Man wird Sie immer nur benutzen.

KAPITEL 14

Irgendwo am Fluss, Rhyfentown

Fünf Monate zuvor

Das Licht hat seine Krallen ausgefahren, während sie schlief.

Die Strahlen der Morgensonne (vermutlich, sie hat keine Ahnung, wie spät es wirklich ist) dringen durch das Schlafzimmerfenster und stechen gnadenlos auf ihre geschlossenen Augen ein, bis sie sich gezwungen sieht, blinzelnd ihr Bewusstsein einzuschalten.

Nein, nein, nein.

Nein, warum muss sie denn wach sein? Nein.

Red setzt sich zwischen den zerknitterten Laken des schmalen Bettes auf, in das sie sich am Ende der Nacht mühsam geschleppt hat. Langsam und zähflüssig wie der grüne Cocktail, mit dem sie den Abend beendet haben, tropfen die Erinnerungen in ihr Gehirn. Wie hieß der Drink noch gleich?

Dann taucht der Name auf: *Von der Hüfte aufwärts tot.*

Jetzt weiß sie, warum.

Oh, diese Nacht. Diese Nacht, diese Nacht und ihr wilder, in Neonlicht getauchter Ritt durch ihre schier endlosen Gefilde. Vor allem der Erleichterung war er entsprungen, und dem Jubel. Ein Haufen grölender Frischlinge, zum ersten Mal seit Monaten auf freiem Fuß.

*

Angefangen hat der Abend in einer Bar um die Ecke, dem traditionellen Treffpunkt für alle Rekruten, die es zum Ritter der Caballaria geschafft haben.

Zu Beginn ihrer Reise waren sie gut fünfzig Hoffnungsfrohe, eine bunte Mischung aus den wenigen Auswahlkampfgewinnern, den Schützlingen des Bezirks und jenen, die das Geld für die Ausbildung aus eigenen Mitteln aufbringen konnten.

Nur fünf von ihnen sind durchgekommen. Und so drehten sich vier Köpfe zu Red um, als sie die Bar betrat. Sie blieb ruckartig stehen, als sie erkannte, wer sich dort an dem Tisch versammelt hatte:

Kitani, dessen fluffiger Haarschopf ungewohnt glatt am Kopf klebte und dessen untersetzter Körper irgendwie verkrampft wirkte.

Danna, ein kurviges Mädchen, das tödliche Keulenhiebe austeilen kann und gleich zu Anfang den Spitznamen »Six« bekommen hatte, hergeleitet von dem Reichenviertel in Rhyfentown namens Six Staffs, aus dem sie stammt.

Kay, der brütend über seinem Zinnkrug hockte. In seiner kräftigen Hand wirkte das Ding wie ein Kinderbecher.

Und die entheiligte Sela Delaney.

Kurz überlegte Red, ob es nicht besser wäre, kehrtzumachen und die Bar zu verlassen, anstatt sich einen ganzen Abend lang diesem irritierenden Grinsen auszusetzen. Andererseits würde es Sela unerträgliche Genugtuung verschaffen, zu wissen, dass sie eine solche Wirkung auf Red hatte.

Ein Drink, sagte sie sich. *Um nicht mit der Tradition zu brechen. Ein Drink, dann kannst du abhauen.*

Die Gruppe hatte sich einen langen Tisch ganz hinten in der bunt beleuchteten Bar gesichert, doch die Situation war irgendwie seltsam und vertrieb die Vertrautheit zwischen ihnen. Dies war also der Moment, für den sie Schmerz und Strafen durchlitten hatten, für den sie die Welt hinter sich gelassen und Körper und Geist völlig neu vernetzt hatten.

»Ich wusste immer, dass dieses zielstrebige Miststück es schaffen wird«, erklärte Kay mit einem Blick zu ihr.

Okay, das mit der Neuvernetzung hatte bei manchen offenbar nicht so gut geklappt.

»Als ich die Nachricht bekam, dass wir uns im Ritterschlag treffen, habe ich das für einen Witz gehalten«, sagte Red.

»Ist so Tradition«, erwiderte Sela. »Jeder, der seinen Abschluss geschafft hat, kommt am ersten Abend hierher. Deshalb haben sie den Laden vor ein paar Jahren entsprechend umbenannt. Aber keine Sorge, wir werden dich nicht schlagen.«

Red ging nicht darauf ein. Sela konnte sticheln, so viel sie wollte – jetzt waren das Scharmützel zwischen Rittern.

»Pflanz dich, Pel«, rief Kay freundlich und klopfte neben sich auf die Bank.

Vorsichtig setzte sich Red zu der Gruppe und sah sich die Bar genauer an: Die Balken an der niedrigen Decke und das viele warme Holz verliehen dem Laden eine gemütliche, beinahe heimelige Atmosphäre. Es war noch früh, und außer ihnen waren eigentlich nicht viele Gäste da, doch trotzdem war es ziemlich voll. Die Schritte auf den abgetretenen Bodendielen hallten laut in Reds Ohren wider. Das alles hier hatte etwas Altmodisches an sich, man wurde in eine Zeit von Holz und Ziegeln zurückversetzt, lange vor Chrom, Stahl, Lektris und Leuchtschirmen.

»Fühlt sich unwirklich an, oder?«, fragte Six. »Irgendwie, als wäre die Außenwelt nur eine Bühne, die extra für uns mit Requisiten bestückt wurde.«

Red schlang beide Hände um den glänzenden Kupferbecher, den man ihr hinstellte. Er war so kalt, dass sich Wassertröpfchen an der Außenseite sammelten, doch das Kribbeln an den Fingern war ein angenehmer Kontrast zu der stickigen Wärme, die hier drin vorherrschte.

Heiß und kalt. Wirklich genug für sie.

»Ich fühle mich wie ein Mönch, der frisch aus dem Kloster kommt«, brummte Kay, der sich ebenfalls an seinem Krug festhielt.

»Spitz?«, fragte Sela.

»Notgeil?«, ergänzte Kitani.

Six grinste breit. »Hart?«

Kay warf einen finsteren Blick in die Runde. »Überfordert.«

Die restlichen vier sahen sich an. Kay hatte immer problemlos die Rolle des übermütigen Raubeins gespielt, vielleicht ein wenig unterbelichtet auf dem Gebiet der Raffinesse, aber dafür mit bewundernswerter Furchtlosigkeit gesegnet. Für ihn war alles eine Herausforderung, vor der man nicht kneifen durfte. Doch schien die Ausbildung auch bei ihm Spuren hinterlassen zu haben.

»Das vergeht«, meinte Sela schließlich. »Habe ich zumindest gehört.« Ein wenig hilflos tätschelte sie Kay den Rücken. »Du musst dir nur wieder vor Augen führen, wie es ist, in *dieser* Welt zu leben und nicht dort drin im Kerker.«

»Und wie?«

Sela hob den Krug. »Indem du die Freuden dieser Welt genießt«, verkündete sie lächelnd.

Also taten sie das. Aber so richtig.

Bald verließen sie den Ritterschlag und zogen in eine andere Bar weiter, die Sela ihnen vorschlug, im Zentrum von Rhyfentown. Und danach in eine, die Six gut fand. Lagen die einzelnen Stationen nah genug beieinander, gingen sie zu Fuß, sonst nahmen sie die Bahn.

Londons elektrisches Schienennetz bot das preisgünstigste Verkehrsmittel weit und breit. Da ein eigener Wagen eine Menge Lektris verschlang, war eigentlich jeder mit der Bahn unterwegs, die in fast allen Ecken der Stadt rund um die Uhr fuhr, da das berühmte Nachtleben der Metropole extrem davon abhing. Selbst die Reichen nutzten die Bahn – meistens, wie Sela höhnisch feststellte, wenn sie zu tief ins Glas geschaut hätten, um ihre teuren Schlitten zurück in die abgeriegelten Nobelviertel zu kutschieren, in denen sie lebten. Six beschloss großmütig, nicht auf diesen Seitenhieb einzugehen.

Bei ihrer Ankunft in Rhyfentown war Red überwältigt und verwirrt gewesen von dem grellen Chaos, aber jetzt merkte sie, wie es eine Art gierigen Hunger in ihr auslöste. Auf diesen Straßen gab es so viel zu spüren, so viel Leben, so viel von einfach allem. Ihr jüngeres, ängstlicheres Ich war von der schieren Auswahl schon überfordert gewesen, aber jetzt machte es ihr Spaß. Es war einfach herrlich, in dieser Welt zu leben, zu dieser Zeit, mit diesem wild schlagenden Puls.

Irgendwann erreichten sie eine Bar namens Serpentine, die sich hinter einer vollkommen unscheinbaren Tür verbarg. Hier waren alle Drinks schwarz-grün, die Haut der Kellnerinnen war mit Schuppen bemalt, und sie trugen Kontaktlinsen mit vertikalen Schlitzpupillen.

Je weiter der Abend voranschritt, desto mutiger wurden sie alle, bis Kay irgendwann buchstäblich jedem – Türstehern, Servicekräften, beliebigen Passanten – erzählte, dass sie frisch graduierte Caballaria-Ritter seien. Zuerst fand Red das peinlich, aber nach der vierten Runde Gratisgetränke, der Vorzugsbehandlung und dem spontanen Applaus, mit dem selbst Fremde auf der Straße auf Kays Verkündigungen reagierten, musste auch sie zugeben, dass ihr neuer Status zumindest eine Art nützliche Währung darstellte.

Die ihnen im besten Fall einen langen, heftigen Rausch bescheren würde.

Vorsicht. Lass dich nicht von dem Glamour einfangen. Das ist alles nur Mittel zum Zweck. Fang bloß nicht an …

Red kippte einen Drink nach dem anderen, vergaß ihr Versprechen, es bei einem zu belassen. Zu verlockend waren die Gespräche, das Tanzen – all das fesselte ihre Aufmerksamkeit, bis ihre Vernunft von den betäubenden Fluten aus Alkohol und Leben erstickt wurde. Diesem Leben, *ihrem* Leben, das nur noch aus dieser einen Nacht zu bestehen schien, aus diesem einen Moment. Wo kein Platz blieb für ein Davor oder Danach.

Ihr eigentliches Ziel, das irgendwo in der Zukunft auf sie wartete, konnte sie mal.

Diese eine Nacht. Lass mir nur diese eine Nacht.

Je weiter sie kamen, desto wilder wurden sie, bis irgendjemand vorschlug, den legendären Karneval der Nacht zu besuchen, der frisch gebackenen Rittern angeblich immer gern seine Tore öffnete. Im Zentrum von Iochitown angesiedelt, wäre er mit der neu eröffneten bezirksübergreifenden Bahnlinie leicht zu erreichen, allerdings würde die Fahrtzeit vermutlich den Rest des Abends sprengen.

Kay meinte, das Shakes – eines der berühmtesten Etablissements von Rhyfentown – würde in seinen luxuriös ausgestatteten Kellerräumen Massenorgien veranstalten, aber keiner von ihnen konnte noch die nötige Energie für so etwas aufbringen. Also suchten sie nach etwas anderem, um den Drang nach Verrufenem zu stillen, bis Sela vorschlug: »Ich denke, es wird Zeit für Mantik.«

Die anderen wechselten ratlose Blicke.

»Zeit für was?«, fragte Six.

»Mantik.«

»Was soll das sein?«

Sela grinste abfällig. »Ja, Reiche lassen sich wahrscheinlich nicht die Zukunft vorhersagen. Bei denen ist sowieso schon alles geregelt.«

»Oje, Sela«, rief Kitani ungeduldig. Dann wandte er sich an Six: »Hast du echt nie deine Mantik erstellen lassen?«

»Du meinst, bei einem Wahrsager?« Plötzlich schien sich Six nicht ganz wohlzufühlen in ihrer Haut. »Das ist illegal.«

Gelassen winkte Kitani ab. »Nicht wirklich. Das macht doch jeder. Außerdem gehört es zum Abschlussritual dazu. Jeder neue Ritter lässt sich eine Mantik erstellen. Nur ein harmloser kleiner Blick, um zu sehen, wie viel Ruhm und Ehre die Zukunft für einen bereithält.«

»Ja, aber …« Sie zögerte. »Das ist Magie.«

»Hast du etwa ein Problem mit Gottgleichen, Six Staffs?« Sela schien die Aussicht auf eine Auseinandersetzung regelrecht fröhlich zu stimmen. »Dann denk besser noch mal drüber nach, mit wem wir hier gerade unterwegs sind.«

Red, die nach all den Drinks nicht mehr wirklich geneigt war, sich zurückzuhalten, schnaubte abfällig. »Wahrsager. Schröpfen dich bis aufs Blut, nur um dir dann zu sagen, dass du eine Menge Kämpfe gewinnen und irgendwann reich und überfressen sterben wirst. Das sind keine Gottgleichen, sondern stinknormale Betrüger.«

»Nicht der, den ich meine. Der ist echt. So einzigartig wie ein Blutmond und auch genauso mächtig.« Kitani warf einen kurzen Blick zu Sela hinüber. »Meine Cousine Lina hat mir gesagt, wo man ihn finden kann. Ist nicht weit von hier.«

Eine beinahe verrucht angehauchte Anspannung machte sich unter ihnen breit.

»Gewöhnliche werden da oft nicht reingelassen, habe ich gehört«, gab Sela zu bedenken.

»Wo?«, fragte Six nervös. »Wo gehen wir denn hin?«

Kitani zuckte betont lässig mit den Schultern. »In eine Bar für Gottgleiche.«

Offiziell gab es so etwas nicht. Bars dieser Art gehörten der Unterwelt an, dem verborgenen Leben, der Nacht hinter dem Tag. Ebenso wie Londons berüchtigter und höchst illegaler Untergrundkampfring Wardogs wussten alle davon, hin und wieder wurde auch eine Einrichtung offiziell dichtgemacht, und trotzdem florierten die Geschäfte. Sie waren schwer zu finden, und noch schwerer war es, reinzukommen.

Es sei denn natürlich, man hatte eine echte Gottgleiche dabei.

»Red ist unsere Eintrittskarte«, verkündete Kay mit alkoholgeschwängertem Wagemut und legte ihr seinen schweren Arm um die Schultern. Sie wurde von dem Drang gepackt, ihn abzuschütteln, unterdrückte den Impuls aber. Es war ein abgekartetes Spiel, so viel war klar – sie hatten ihr absichtlich nichts davon erzählt, damit sie nicht Nein sagen konnte.

Doch das konnte sie ja eigentlich immer noch.

Alle starrten sie an.

Schließlich sagte sie achselzuckend: »Aber gebt nicht mir die Schuld, wenn sie uns wegschicken.«

Kay stieß einen nervenzerfetzenden Jubelschrei aus.

So machten sie sich auf den Weg nach Hayken-eye, einer etwas ruhigeren Ecke von Rhyfentown, wo sich eine Generation zuvor das größte Obdachlosenlager von ganz London befunden hatte. Vor ungefähr zehn Jahren war es aufgelöst und dort eine Caballaria-Kaderschmiede errichtet worden, die sich auf Straßenkinder spezialisierte. Ob dadurch irgendwelche Probleme gelöst worden waren, blieb umstritten, doch es war spürbar, dass sich der Allgemeinzustand des Viertels seitdem langsam verbesserte.

»Hey, Kitani«, rief Sela plötzlich. »War deine Cousine eigentlich schon mal da?«

»Oh ja. Sie meinte, es wäre total abgefahren, als wäre man auf Fever Dream.«

»Ich war auch schon mal auf Fever Dream«, sagte Sela. »Ist wirklich krass.«

»Du hast wohl alles schon mal gemacht«, höhnte Six angespannt.

»Alles und mit allen, außer mit dir, Süße.«

»Träum weiter, auch ohne Fieber.«

»Was ist Fever Dream?«, wollte Kay wissen.

»Eine Partydroge für Tech-Poser und Engelssucher«, erklärte Six abfällig. »Die Leute nehmen es, um cool zu sein, aber es bringt einem nichts außer wirre Halluzinationen von sprechenden Bäumen oder so.«

Belustigt fragte Sela: »Hast du es je genommen?«

»So ein Zeug brauche ich nicht.«

»Worte einer aufrichtigen Ignorantin.«

»Ihr könnt jetzt aufhören zu flirten«, unterbrach Kitani die beiden. »Wir sind da.«

Die Gruppe musterte das Gebäude.

»Äh … Kitani«, sagte Kay schließlich. »Das ist ein Supermarkt.«

Über dem Eingang hing eine schäbige, mit ausgebleichten gelben Streifen verzierte Markise. Das flackernde Neonschild zeigte die traditionelle Rune der Lebensmittelhändler. Darunter hing eine schlecht beleuchtete Tafel voller Schreibfehler, auf der das Symbol in verschiedenen Sprachen erklärt wurde.

»Ja, das ist ein Supermarkt«, stimmte Kitani ihm ungerührt zu. »Und darunter befindet sich eine Bar.«

»Und wie kommt man in diese Bar?«

»Durch den Supermarkt.«

Red war verwirrt. »Das ist doch dämlich. Wie soll man die Bar denn dann überhaupt finden?«

»Es soll sie ja niemand finden«, wandte Sela ein.

Kay legte skeptisch den Kopf schief. »Sieht aus, als hätten die zu.«

»Nein, haben sie nicht«, erwiderte Kitani selbstsicher. Er

drückte gegen die Tür, und prompt kündigte ein Summer im Inneren des Ladens ihre Ankunft an. Geschlossen schob sich die Gruppe hinein.

Ein verwirrender Mix aus Aromen drang Red in die Nase. Neben der Tür standen große Körbe voller Gewürze, alle rot, orange und gelb gefärbt – in den Farben von Rhyfentown. An der Decke flackerten müde Neonröhren und beleuchteten lange Metallregale, in denen sich Obst und Gemüse stapelten. Dazwischen funkelten Gläser, in denen es das Ganze auch noch in Essig eingelegt, getrocknet, gepökelt, gesüßt, aromatisiert, mit verschiedenen Gewürzen, Soßen und Säften versehen gab.

»Hier ist ja gar keiner«, flüsterte Red Kay ins Ohr, während Kitani zwischen den Regalreihen verschwand.

»Ich weiß«, antwortete Kay in seiner üblichen Lautstärke, was die Stille im Laden in Stücke zu reißen schien. »Ist wie in einem Scheißgrab hier.«

Red zuckte zusammen.

»Freunde.« Mit einem Nicken deutete Sela auf einen Verkaufstresen weiter hinten.

Kitani unterhielt sich angeregt mit einer Frau, deren graue Haare sorgfältig aufgesteckt und deren Arme in tiefem Misstrauen vor der Brust verschränkt waren.

»Red«, rief Kitani nun knapp. »Ich brauche dich hier.«

Wachsam ging Red zu dem Tresen hinüber. Die Frau musterte sie abschätzend, dann hellte sich ihre Miene auf.

»Vielleicht sollten wir woanders hingehen«, raunte Red Kitani zu.

Doch die Frau sagte: »Nein, nein, kommt nur. Es ist eine Ehre, Sie hier zu haben, Si. Eine Ehre.«

Plötzlich klang sie richtiggehend schmeichelhaft, und auch die Abwehrhaltung hatte sie aufgegeben. Nun hielt sie die Arme leicht ausgestreckt und winkte die Gruppe zu sich heran.

Nervös sah Red zu Kitani hinüber, aber der zog nur schweigend die Brauen hoch.

»Ich habe die Aufnahmen von Ihrem Kampf gegen die Geißel gesehen«, fuhr die Frau beinahe hektisch fort. »So aufregend, so aufregend! Und wie wunderschön Sie waren. Sind Sie immer noch.« Sie hob eine faltige Hand an den Mund. »Tut mir leid, ich habe noch nie einer Gottgleichen gegenübergestanden, die eine Ritterin war. Mein Mann geht immer zu den Kämpfen, er nimmt auch unsere Töchter mit, die lieben es so wie er. Eine echte Familienleidenschaft ist das, wissen Sie, aber noch nie bin ich einem Ritter so nahe gekommen …«

Sie streckte die Hand aus, als wollte sie Red berühren. Bevor sie sich davon abhalten konnte, wich Red zurück – rein instinktiv.

»Vielen Dank, dass Sie uns Einlass gewähren«, unterbrach Kitani den Wortschwall. »Ein wahres Privileg.« Er zeigte dabei auf die anderen, die nun ebenfalls an den Tresen herantraten.

»Und Ihnen auch noch an diesem besonderen Abend begegnet zu sein«, fuhr die Frau fort, ohne den Blick von Red zu wenden. »In den Medien wird ja schon seit Wochen spekuliert, ob Sie es schaffen, aber noch gibt es keine offizielle Stellungnahme. Ich kann nicht fassen, dass ich es vor allen anderen erfahre. Mein Mann wird so wütend sein, dass er das verpasst hat. Wenn ich ihm das erzähle!«

Ihre billigen Goldarmreifen klapperten, als sie eine schmutzige graue Tür öffnete, die hinter einigen chaotisch aufgestapelten leeren Kisten verborgen war.

»Da runter?«, fragte Kitani.

Die Frau zeigte nur auf die Treppe, die sich hinter der Tür auftat. Dicke Lampen in der Farbe von getrocknetem Blut hingen an den Wänden und spendeten gedämpftes Licht. Stampfende Rhythmen dröhnten verheißungsvoll aus der Dunkelheit empor. Mit einem triumphierenden Blick ging Kitani voraus.

»Rhyfentown steht hinter Ihnen, Si!«, rief die Frau ihnen noch hinterher, als sie die Stufen hinabstiegen.

Sobald die Tür hinter ihnen zugefallen war, stieß Red einen derben Fluch aus.

Irgendwo im Halbdunkel lachte Sela höhnisch auf. »Was hast du denn? Ruhm öffnet einem viele Türen, diesmal eben wortwörtlich. Leb damit. Rhyfentown steht hinter dir!«

»Ich will aber nicht, dass irgendjemand hinter mir steht«, erwiderte Red. Selas unverkennbarer Neid brachte sie etwas aus dem Konzept. »Ich will einfach nur meine Ruhe haben.«

»Oje, da hast du dir aber den falschen Beruf ausgesucht, oder nicht?« Sela ließ nicht locker. »Was ist los, kriegst du etwa Muffensausen? Es gibt eine Menge Leute, die deinen Platz einnehmen können, wenn du nicht den Nerv dazu hast.«

Red blieb stehen. Die Spannung war inzwischen greifbar.

Du hast doch keine Ahnung, was meine Nerven alles aushalten müssen, du sorgloses kleines Stück Scheiße.

Einen schrecklichen Moment lang überkam sie abgrundtiefer, alles verschlingender Neid. Sie würden es nie erfahren. Sie hatten noch ihr ganzes Leben vor sich, ein Leben voller Triumphe und Niederlagen, mit allen Kämpfen und Liebeleien, die man sich nur wünschen konnte. Eben mit all den wundervollen, ganz normalen Dingen, von denen Red nicht einmal träumen durfte.

Die Gruppe starrte sie geschlossen an. Die Augen der ganzen Welt schienen in diesem Moment auf ihr zu ruhen. Sie würde unter ihren Blicken zusammenbrechen, und alle könnten es dann sehen – den Grund, warum sie das tat. Das eine, wofür sie lebte. Es gab nur eine Möglichkeit, dieser Panik zu entfliehen und das verzweifelte Geständnis zurückzudrängen, das sich bereits einen Weg in ihre Kehle bahnte.

»Dann besorgt mir doch einen Drink, wenn ich so berühmt

bin«, forderte sie. »Ich habe euch reingebracht. Zahlen müsst ihr.«

Sela stieß einen Pfiff aus. »Ganz schön hochnäsig.«

Sie betraten die Bar. Der niedrige Raum war überfüllt und auf eine sehr ursprüngliche Art dekoriert: Lampenhalterungen aus fein geschnitztem Holz, samtbezogene Stühle, Pelzbesatz an den Wänden, dicke bunte Tropfkerzen in allen Winkeln und Nischen, Tierklauen, Federn, Steine und getrocknete Pflanzen an der Decke oder mit Draht an den Säulen befestigt. Heiß und stickig war es. Es fühlte sich an, als wäre das pulsierende Leben in eine Schachtel gestopft worden, die eigentlich viel zu klein dafür war.

»Sieht doch ziemlich normal aus«, brüllte Kay über den Lärm hinweg.

Kitani zeigte auf eine Ecke, die durch einen langen weißen Seidenvorhang abgetrennt war. »Der Privatbereich ist da hinten. Dort finden wir den Wahrsager.«

»Freust du dich drauf, einem anderen Gottgleichen zu begegnen?«, wandte sich Kay an Red.

Er war sichtlich begeistert, und auch die anderen platzten geradezu vor Spannung. Am liebsten hätte Red etwas nach ihnen geworfen. Wie sollte sie ihnen bloß erklären, dass es sie einen feuchten Kehricht scherte, ob sie anderen Gottgleichen begegnete oder nicht?

Die abgeschmacktesten Geschichten waren der Welt doch immer am liebsten. Die Leute glaubten, Red habe sich mit Absicht auf den Hexenritter gestürzt, weil sie unbedingt Kontakt zu jemandem haben wollte, der so war wie sie. Eine extrem nervtötende Annahme, die gleichzeitig eine effektive Tarnung abgab, weshalb sie das jetzt durchziehen musste.

Deshalb antwortete sie mit einem schwachen Lächeln: »Bin ein bisschen nervös, schätze ich.«

»Er wird dich lieben«, verkündete Kay.

»Sind das hier denn alles Gottgleiche?«, hörte sie Six fragen.

»Was redest du da bloß?« Höhnisch zeigte Sela auf die dicht gedrängte Menge. »Es gibt im ganzen Bezirk nicht genug von ihnen, um diese Bar zu füllen. Das hier sind ganz gewöhnliche Idioten, nichts weiter als Spanner, genau wie wir.« Leise Bitterkeit schwang in ihrer Stimme mit. »Wer Magie aus der Nähe sehen will, muss dafür bezahlen.«

Vor dem Eingang zum Bereich des Gottgleichen standen ein Mann und eine Frau, die so aussahen, als könnten sie einem mit Leichtigkeit jede gewünschte Bezahlung abknöpfen. Allerdings gab ein dezentes Schild den genauen Betrag an.

»Verfluchte Scheiße«, rief Kay. »Das ist ja der reinste Wucher! Scheiß auf die Wachen, mit denen werden wir locker fertig.«

»Nicht so laut, Kay«, zischte Kitani. »Die haben Waffen.«

Und tatsächlich trugen die beiden Pistolenhalfter an der Hüfte.

»Bei allen Heiligen, das ist illegal! Heutzutage dürfen nur noch Ritter solche Dinger tragen, und die sind keine Ritter!«

Genervt erwiderte Sela: »Ganz offensichtlich nicht, aber der ganze Laden ist illegal. Meinst du, das interessiert die? Rück einfach die Kohle raus und mach keinen Ärger.«

Sie legten alle zusammen und gingen Richtung Vorhang, mit einem wutschäumenden Kay als Schlusslicht. Der Mann nahm ihre Lektris entgegen und zog dann widerwillig den Vorhang beiseite – gerade mal weit genug, um eine Person durchzulassen.

»Einer nach dem anderen«, befahl er knapp.

Die Gruppe drängte sich nervös zusammen; die Waffe des Mannes hatte ihren alkoholgeschwängerten Wagemut vorübergehend ausgebremst.

»Dann geht Red als Erste«, beschloss Kitani.

»Was?« Entschieden schüttelte Red den Kopf. »Nein, jemand anders zuerst.«

»Die braucht keine Weissagung«, höhnte Sela. »Wer sich so

an große Berühmtheiten ranwanzt, hat seine Schäfchen schon so gut wie ins Trockene gebracht.«

»Fick dich, Sela«, ätzte Red zurück. »Du hast doch keine Ahnung, wie meine Zukunft aussieht.«

Damit schob sie sich wütend durch den Vorhang, bevor Sela noch mehr verbitterte Pfeile abschießen konnte. Der Lärm aus der Bar wurde zu einem leisen Raunen, als der Vorhang hinter ihr zugezogen wurde.

An einem kleinen Tisch, mit dem Gesicht zum Eingang, saß ein unscheinbarer Mann mit wirren Locken. In dem schummrigen Licht ließ sich auch an seiner Kleidung nichts ablesen, und für einen Londoner war die blasse Haut (soweit sie sichtbar war) erstaunlich schmuckfrei – wodurch seine Hände umso auffälliger waren. Jeder einzelne Finger war, vom Ansatz bis zur Spitze, von einem Netz aus filigranen, glänzenden Kupferringen umhüllt. Jedes dieser Schmuckstücke schmiegte sich perfekt an den jeweiligen Finger, weshalb sie wohl maßangefertigt sein mussten. Vor den möglichst effektvoll platzierten Händen des Mannes lag ein Haufen flacher, abgeschabter Münzen, die mit Runen bedeckt waren: ein billiges Prophezeiungsset, wie es sich bei jedem Hinterhofwahrsager finden lässt. Am Rand des Tisches stand außerdem eine flache Schale, die zur Hälfte mit schmutzigem Wasser gefüllt war.

»Setz dich, Schönheit«, säuselte der Mann routiniert.

Ein gelangweilter Blick streifte Red, als sie gegenüber von ihm Platz nahm. Der Mann bemerkte, dass sie seine Finger musterte.

»Kupfer verstärkt die Gabe«, sagte er monoton, als hätte er das schon tausend Mal erklären müssen.

Red schnaubte abfällig. »Das weiß jeder.«

Er zog kurz die Augenbrauen hoch. »Das Mädchen hat Temperament. Gefällt mir. Sehr sexy. Also, was möchtest du wissen, Herzchen?«

»Heute ist mein Übertritt«, begann Red, wurde aber sofort unterbrochen.

»Ach ja.« Er lachte. »Ein Ritter, frisch aus der Presse. Ich selbst bin kein Anhänger der Caballaria, aber welch eine Ehre.«

Sein herablassender Ton verriet allerdings, dass er darin weniger eine Ehre als vielmehr die Verschwendung seiner kostbaren Zeit sah. Nun tauchte er eine Hand in die Schale, zog sie wieder heraus und streckte sie Red entgegen. Die Flüssigkeit haftete in klebrigen, perlenartigen Tropfen an dem Kupferschmuck und überzog Metall und Haut gleichermaßen mit einem dicken Film. Das war eindeutig kein Wasser.

»Gib mir deine Hand«, forderte er.

»Was ist das?«

»Nur eine Art Leiter. Keine Sorge, es lässt sich abwaschen.« Der Mann zwinkerte ihr zu. »Was ist denn? Du magst es wohl nicht gerne schlüpfrig?«

So langsam, dass ihre Abneigung deutlich wurde, legte Red ihre Hand in seine. Seine fleischige, glitschige Handfläche drückte gegen ihren Handrücken, seine Finger griffen so fest zu, dass die Kupferringe sich in ihre Haut pressten. Diese schmierige Nähe und die klebrige Zudringlichkeit waren ekelhaft und faszinierend zugleich.

»Nun denn«, begann er. »Wollen wir doch mal sehen.«

Sein Blick wurde leer, der Kopf sackte zur Seite. Die freie Hand ließ er ziellos über den Runenmünzen kreisen, streifte leicht ihre harten Kanten.

Dann stieß er den Atem aus. »Also, sage mir, was du dir wünschst.«

»Keine Ahnung.« Red fand diese ganze Show jetzt schon ziemlich langweilig.

»Lüge«, fauchte er so heftig, dass nichts von seiner aufgesetzten Lüsternheit blieb. »Es gibt etwas, was du dir von ganzem

Herzen wünschst. Über alle Maßen wünschst. Und du fürchtest dich davor. Oh ja, es macht dir schreckliche Angst. Du bist wie eine Ratte, die in die Ecke gedrängt wurde, du kratzt und beißt und wuselst herum.« Er stieß ein kurzes Lachen aus. »Und quiekst.«

Red versuchte, ihm ihre Hand zu entziehen, doch er hielt sie erbarmungslos fest.

»Deine Hand ist heiß«, sagte er.

»Ist ja auch verdammt warm hier drin.«

»Du bist heiß.«

»Und du bist widerlich«, fuhr Red ihn an.

Seine Augen waren schwarz und unglaublich groß. »Du bist heiß«, murmelte er, »du willst brennen. Du wirst alles niederbrennen, weil er sie dir genommen hat. Er wird es nicht kommen sehen. Aus der Ferne sieht er dich, so hübsch, mit fliegendem Haar und wirbelndem Schwert. Erst wenn du nah dran bist, wirst du die Schreie hören.« Sein Gesicht verzerrte sich. »Dummes Kind. Ja, deine Mami ist tot. Na und? Denkst du denn, dein Schmerz wäre schlimmer als der so vieler anderer, die ebenfalls jemanden verloren haben? Selbstsüchtiges Miststück. Du kannst nicht alles in den Abgrund reißen, nur weil du verletzt wurdest. Wage es ja nicht!«

Wut und Angst flackerten in seinen Augen, während er seine unzusammenhängende, hitzige Rede vorbrachte. Wie ein ekelhafter Gestank drangen ihm die Emotionen aus jeder Pore. Die Runen hatte er kaum angerührt, sie waren offenbar nur Fassade, ein Mittel, um den Menschen Vertrautheit vorzugaukeln. Dieser Mann war ein echter Gottgleicher, und ein ziemlich mächtiger, denn er konnte Dinge sehen, die sie nie jemandem gesagt hatte. Absolut niemandem.

Konnte er vielleicht auch sehen, was sie vorhatte …?

Plötzlich war die Luft erfüllt von verschreckten, funkelnden

Metallvögelchen – nein, Münzen. Die Runenmünzen flogen umher und prallten mit einem dumpfen Klappern gegen den Vorhang. Die Schale mit der seltsamen Flüssigkeit kippte, fiel zu Boden und überzog ihre Beine mit klebrigen Tropfen. Gleichzeitig stürzte der Wahrsager rücklings vom Stuhl und wurde von einer unsichtbaren Kraft gegen die Mauer gepresst.

Red hatte sich nicht gerührt, wusste aber, dass es ihr Werk war. Sie hatte alles herumgeschleudert, was in Reichweite war, mit ihrer Magie. *Illegal, illegal, so wirst du alles verlieren.* Doch der Schaden war bereits angerichtet. Ihre Hände juckten, als krabbelten tausend Käfer unter ihrer Haut herum, jeder der winzigen Schritte ein Nadelstich.

Hilflos fuchtelte der Wahrsager mit den Armen, ächzte und kämpfte. »Du bist eine Pelleren«, stellte er fest.

Es klang vorwurfsvoll, als wäre es extrem unhöflich von ihr gewesen, das nicht früher zu erwähnen. Zumindest hatte er nicht gelogen, was seine Einstellung zur Caballaria anging. Offenbar hatte der Mann keine Ahnung, wer sie war.

Dann begann er zu schreien: »Security! Security zu Tisch vier! SECURITY!«

Mit einem kupferroten Schimmer flogen seine Hände Richtung Hals, griffen an seine Kehle. Er bekam keine Luft mehr.

Red hatte ihn im Würgegriff, zerquetschte seine Luftröhre, ohne ihn auch nur zu berühren.

Ich kann es nicht abstellen, stellte sie beinahe verträumt fest. *Es kommt einfach aus mir heraus, und ich kann es nicht abstellen.*

Doch ein Teil von ihr, jener Teil, den sie mit so viel Mühe unter Kontrolle zu halten versuchte, wollte seine Knochen brechen hören. Bei dem Gedanken verwandelte sich der brennende Schmerz in ihren Fingern in ein sanftes Summen, aus einem schiefen Ton wurde plötzlich eine klare Harmonie. Sie starrte dem Mann ins Gesicht, wollte dieses Hochgefühl unbedingt noch länger auskosten – doch dann sah sie, dass er weinte. Tränen flossen über seine Wangen, während sie ihm die Kehle zudrückte.

Die Harmonie zerfiel. Er war echt. Er war ein echter Mensch, er hatte Angst, und er hatte ihr absolut nichts getan.

Der Wahrsager sackte zusammen, als der Druck nachließ, und rang mit einem schrecklichen Stöhnen nach Luft.

Red wurde gepackt und aus dem Vorhangabteil gezerrt. Wie immer ließ die Magie sie leicht benommen zurück, ihr war schwindelig. Sich gegen die Hände zu wehren, die sie fortschleiften, war ebenso unmöglich, wie in den Himmel hinaufzuklettern.

*

»Vielen Dank auch. Deinetwegen haben sie uns rausgeschmissen«, beschwerte sich Sela, als sie die Straße entlangtorkelten. »Das hat mal so gar keinen Spaß gemacht. Was hat der arme Junge dir überhaupt getan?«

»Das war ein Scharlatan«, murmelte Red. »Wie ich es gesagt habe. Der wollte mich verarschen.«

Natürlich hatte der Wahrsager nicht gedroht, ihren Angriff zu melden, immerhin war er nicht registriert und damit ein Illegaler. Der ganze Laden war illegal. So konnte quasi jede Seite einen Vernichtungsschlag führen. Allerdings hatte die gesamte Gruppe Hausverbot bekommen.

»Ach, wen interessiert's.« Sela schloss zu Red auf und schlang ihr einen Arm um die Taille.

Offenbar niemanden. Kay und Kitani marschierten voran und grölten irgendein Lied, das wie Wolfsgeheul in den nächtlichen Himmel aufstieg.

»Offenbar hat er bei dir einen Nerv getroffen.« Sela musterte sie prüfend.

»Er wollte mir an die Wäsche. Ich war aber nicht interessiert.«

Sela wandte den Blick ab.

Six hingegen lachte schallend.

»Du bist wirklich eine Rhyfentown-Ratte«, stellte sie gutmütig fest. »Wozu reden, wenn man auch prügeln kann? Tja, der hatte es wohl nicht anders verdient. Besorgen wir uns noch einen Drink.«

Red setzte diesen Vorschlag voller Ernsthaftigkeit in die Tat um. Jeder Drink half ihr dabei, zu vergessen, dass sie weder den Namen des Wahrsagers kannte noch wusste, wo man ihn finden konnte. Und selbst wenn sie ihn fände, was würde sie dann tun? Ihm noch mal drohen, nur weil er in seiner miesen Show irgendetwas über brennende Städte gefaselt hatte?

Er war ein Betrüger. Reingelegt hatte er sie, genau wie sie es den anderen erzählt hatte. Schon bald glaubte sie selbst an ihre Geschichte und tat einfach weiterhin so, als wäre sie bloß eine frischgebackene Ritterin, die diese Nacht ihres Übertritts feierte. Sie verlor sich im Moment und brüllte wie alle anderen dem Himmel ihre Lieder entgegen.

Als die Nacht ihren Tiefpunkt erreichte, waren sie gerade in Six' Ecke von Rhyfentown und landeten schließlich in einem gigantischen Apartment am Hafen – offenbar eines von mehreren im Besitz von Six' Familie.

An der mit Metall verkleideten Decke waren große, schimmernde Lampen angebracht, die ein Abbild der unzähligen bunten Lichter der Gebäude unten auf der Straße bildeten. Die riesige, eine gesamte Wand einnehmende Glasfront bot einen sensationellen Ausblick über den Fluss, der sich wie ein funkelndes schwarzes Band durch die Morgendämmerung wand. Vom Wasser schien ein silberner Glanz auszugehen, der – wie Six ihnen erklärte – angeblich von den hübschen, aber unwirtschaftlichen Einweg-Lektris stammte, die früher einmal in Gebrauch gewesen waren. Die Münzen hatten eine silberne Hülle gehabt, die oft einfach im Fluss entsorgt worden war, in dessen Bett sich dann eine Menge davon angesammelt hatte.

Es fühlte sich an wie ein Traum.

Es war nicht mehr als ein Traum.

*

Nun allerdings fällt durch ebenjene spektakuläre Fensterfront das viele Licht herein, das so grauenvolle Facetten der Wirklichkeit in Reds Kopf aufflammen lässt.

Auf dem Schlafsofa in der Ecke liegt Kay und schnarcht auf dieselbe Art, wie er spricht: laut und voller Selbstvertrauen. Red erinnert sich vage daran, dass Six und Sela gemeinsam im Schlafzimmer verschwunden sind, vermutlich um die Nacht mit einem Kuss oder mehr zu besiegeln. Kitani haben sie unterwegs irgendwo verloren. Er hat sich kurz nach der Sache in der Gottgleichen-Bar verabschiedet und ist mit dem Nachtzug zurück Richtung Kerker gefahren – wo sie jetzt technisch gesehen eigentlich alle sein sollten.

Da sie es einfach nicht schafft, still liegen zu bleiben und den Kater über sich ergehen zu lassen, stemmt Red sich hoch und schleppt sich in den hinteren Teil des Raumes, fort vom anklagenden Licht des Morgens.

An dieser Wand gibt es eine kleine Küchenzeile mit einem eleganten Tisch und ein paar Stühlen. Auf einem von ihnen sitzt Sela und starrt angestrengt auf einen tragbaren Leuchtschirm.

Sie blickt auf.

»Du lebst also noch«, stellt sie fest.

Red lässt sich auf einen der Stühle fallen und sackt in sich zusammen. »Wohl eher nicht.«

»Ich habe dir gleich gesagt, dass du die Finger von diesem

pinken Zeug lassen sollst, das du da am Ende in dich reingekippt hast.«

»Hat geschmeckt wie saures Sonnenlicht.«

Ein Lächeln huscht über Selas Gesicht, bevor sie wieder ernst wird.

»Hör mal, du solltest schleunigst zurückfahren zum Kerker.«

Vorsichtig massiert sich Red die Stirn. »Kriegen wir großen Ärger, weil wir letzte Nacht nicht zurückgekommen sind?«

»Oh, bitte! Das wird in der Nacht des Übertritts erwartet. Mein Vater ist nach seiner Ernennung zum Ritter in einem anderen Königreich aufgewacht. Das war allein auf *dich* bezogen, Red.« Von ihrer typischen Unbeschwertheit ist im Moment nichts mehr zu spüren.

Mit schweren Lidern sieht Red sie an. »Wieso, was habe ich angestellt?«

Sela lehnt sich zurück. »Du wurdest für deinen ersten offiziellen Kampf gebucht.«

Eisige Kälte breitet sich in Red aus und droht sie aus ihrer Benommenheit zu reißen. »Ich habe doch gestern erst meinen Abschluss bekommen.«

Sela zieht eine Augenbraue hoch. »Und doch hat dich jemand gebucht. Der Kampf findet in ein paar Wochen statt.«

Fassungslos starrt Red sie an, versucht herauszufinden, ob das alles nur ein Witz sein soll. »Ich habe doch noch gar nicht … Niemand … Es gab keine Auktion, keine Gebote, gar nichts. Und ich kann gar nicht kämpfen, solange ich keinem Stall angehöre. Das ist unmöglich.«

Grimmige Befriedigung spiegelt sich in Selas Miene. »Und doch ist es so.«

»Woher weißt du das?«

Vielsagend hebt Sela den Leuchtschirm hoch. »Die Nachricht geht gerade bei den Ausbildern rum.«

»Du bist kein Ausbilder.«

»Na ja, zufälligerweise ist Six' Vater eng mit Frome befreundet, schon seit sie zusammen in der Ausbildung waren. Und ebenso zufällig hat sie ihren Leuchtschirm rumliegen lassen, sodass alle einen Blick drauf werfen können.« Mit funkelnden Augen schwenkt Sela das Gerät in ihrer Hand. Genau darauf hat sie offenbar gewartet: die Nachricht zu überbringen und dann in aller Ruhe zu beobachten, was das auslöst.

Red verdrängt den Ärger, der in ihr aufsteigt. Irgendwann wird sie lernen, Sela nicht immer genau die Reaktion zu liefern, auf die sie abzielt. Einen schier endlosen Augenblick lang starren sie sich an, dann wendet sich Red ab.

»Na schön«, sagt sie stur. »Dann wird das wohl ein Fehler sein. Ich fahre hin und lasse das korrigieren.«

Selas Wangen röten sich im Rausch des Sieges, als sie belustigt meint: »Da wünsche ich dir viel Glück, Pel.«

Red lässt sie am Küchentisch sitzen, spürt aber noch lange ihr gehässiges Grinsen im Rücken.

Nun ist Red eindeutig davon überzeugt, dass Si Finnavair falschlag: Es ist viel zu gefährlich, sich Verbündete zu suchen. Damit erregt man nur Aufmerksamkeit, lädt andere dazu ein, genauer hinzusehen, und Beobachter hat sie nun wirklich auch so schon genug. Es war ein Fehler, Freundschaften knüpfen zu wollen, und seien es auch nur halbherzige. Sie wird all diese Verbindungen kappen müssen.

Was sie tun wird, muss sie allein tun.

Kay schnarcht noch immer auf dem Sofa, Six drüben im Schlafzimmer, und Sela ist im Bad verschwunden. Gut. Das macht die Sache einfacher. Red schleicht sich so leise wie möglich aus der Wohnung und geht hinunter auf die Straße.

Soweit sie weiß, wurde noch kein Ritter der Caballaria jemals gleich nach Ausbildungsende für seinen ersten Kampf gebucht.

Das muss ein Missverständnis sein. Es kann gar nicht anders sein.

Ihr Magen krampft sich schmerzhaft zusammen.

Draußen taucht der Frühsommer den Bezirk in diese vielversprechende Wärme, die nach Neuanfang schmeckt, und die Sonne klettert eifrig über die hohen Gebäude, während Red die Bahn besteigt, die sie zurück zum Kerker bringt.

Sie ist nicht mehr als ein kleiner Lebensfunken in einer gleichgültigen Stadt, der nicht ahnt, welche Gefahr diese in ihren Straßen beherbergt.

KAPITEL 15

Cair Lleon, Blackheart

Achtzehn Jahre zuvor

Ihr Name ist Belisan.

Und Art findet sie umwerfend. Sie hat funkelnde kastanienbraune Augen, die ihr gesamtes Gesicht überstrahlen, dazu einen kleinen, weichen Knospenmund und eine Stupsnase. Die dunklen Haare sind im Nacken zu einem Dutt zusammengefasst, was den sanften Schwung ihrer Wangenknochen betont. Ihr knappes Kleid ist geschlitzt, sodass die gebräunte Haut durchschimmert. Und sie ist eine Tänzerin und Akrobatin, was bedeutet, dass sie so ziemlich alles beherrscht, wozu man seinen Körper auf faszinierende Art verbiegen muss.

Vielleicht hat Dario ja vor allem daran gedacht, als xier sie für ihn ausgesucht hat. Obwohl er allein ist, spürt Art, wie er rot wird.

Hastig legt er das schwarze Buch beiseite. Greift erneut danach. Legt es wieder weg.

Garad und Lillath sind gerade gegangen. Es ist schon eine ganze Weile her, dass er so mit den beiden zusammensitzen konnte, nur mit ihnen, ohne Gefolge, ohne potenzielle Lauscher. Sie sind länger geblieben als geplant, und jetzt ist es mitten in der Nacht. Doch anstatt die nagende Rastlosigkeit in seinem Innern zur Ruhe zu bringen, hat ihr Besuch sie nur weiter verstärkt.

Er hat den ganzen Tag im Dornensaal verbracht, der altehrwürdigen Versammlungshalle unten am Fluss, wo das Konsilium zusammentritt, bestehend aus den Lords und Ladys der sieben Bezirke, einer verwirrenden Anzahl von Industriemagnaten und Politikwissenschaftlern sowie Vastos aus verschiedensten Bereichen, denen es obliegt, das Königreich in einem Zustand des kontrollierten Chaos zu halten.

Von diesem gewichtigen monatlichen Ritual geht eine Menge Druck aus, weshalb es Arts Nerven stärker belastet und ihn mehr auslaugt als jeder andere Aspekt seiner täglichen Herrscherpflichten.

Als er sich hinterher allerdings bei Garad darüber auslassen wollte, brachte ihm das nur eine Rüge ein.

»Du darfst mir das alles gar nicht sagen, Art.« Garad hatte die langen Beine ausgestreckt und die Füße auf einen Hocker gelegt.

»Du bist mein Streitender, verdammt«, protestierte Art. »Wem sollte ich bitte schön mehr trauen als dir?«

»Und genau deshalb darfst du mit mir absolut gar nicht darüber reden. Was, wenn du mir von einem Gesetzesvorschlag erzählst, den du einbringen willst, und in der Woche danach muss ich deswegen für dich in der Arena antreten?«

Verwirrt runzelte Art die Stirn. »Na und? Die Ritter der Caballaria wissen immer, für wen und für welche Sache sie antreten. So ist das nun einmal.«

»So steht es aber nicht im Kodex«, widersprach Garad stur. »Vielleicht sollten wir es wieder so machen, wie es ursprünglich gedacht war.«

»Ein Purist.« Lillath verdrehte die Augen.

»Bei dir klingt das wie eine Beleidigung, aber wir würden eindeutig besser damit fahren, in der Caballaria mal gründlich aufzuräumen.«

Seufzend ließ sich Art tiefer in seinen Diwan sinken.

»Du könntest vieles verbessern«, beharrte Garad. »Könntest wieder ein gerechtes System daraus machen anstelle dieser Scharade, die es heute ist. Jeder weiß, dass die Ritter käuflich sind – das hat nichts mehr mit Gerechtigkeit zu tun. Doch wenn der Ritter nicht weiß, wofür und für wen er antritt, bleibt die Integrität des Kampfes gewahrt. Es wäre eine klare Sache, bei der jeder nur auf den Sieg konzentriert ist. Ohne Ablenkung, ohne Hintergedanken.«

»Dann hast *du* also ganz ohne Hintergedanken gewonnen?«, murmelte Lillath in sich hinein.

Sofort brauste Garad auf. »Das Turnier um das Schwert ist die Ausnahme von der Regel, das weißt du ebenso gut wie jeder andere Mensch auf dieser Welt. Wie soll man denn der Streitende eines möglichen Königs sein, ohne es vorher zu erfahren?«

Art warf Lillath einen warnenden Blick zu. Über den Rand ihres Bechers hinweg grinste sie ihn entschuldigend an.

Es macht ihr einfach zu viel Spaß, Garad zu provozieren, sagt er sich jetzt.

Momentan steht er als König ziemlich unter Druck, da er die Caballaria-Gesetzgebung aufheben soll, die sein Vater erlassen hat – wodurch auch Manöver wie der empörende Verzicht von Borin dem Blutlosen wieder illegal würden. Ritter sollten nicht im Alleingang entscheiden dürfen, wer über das Land herrscht. Einzig der Kampf und die Heiligen sollten diese Entscheidung herbeiführen.

Auch wenn er nicht wirklich an den Willen der himmlischen Heiligen glaubt, muss Art sich widerwillig eingestehen, dass diese Überlegung nicht von der Hand zu weisen ist. Doch ihm gefällt ganz und gar nicht, wie er dadurch dasteht: Erst nutzt er dieses Gesetz zu seinem Vorteil, dann schafft er es ab, sodass niemand mehr auf diese Art und Weise gewinnen kann. Allerdings hat Brune ihm unmissverständlich klargemacht, dass sein Stolz seine Privatangelegenheit ist. Das große Ganze steht über persönlichen Eitelkeiten.

Garad hat solche Diskussionen in letzter Zeit oft forciert. Das neueste Steckenpferd seines Streitenden ist die Idee eines öffentlichen Caballaria-Gerichts, das sämtlichen Londonern zur Verfügung stünde, sodass sie ihre Streitigkeiten schlichten können, ohne dafür zur Kasse gebeten zu werden. Natürlich würden die Einrichtung und der Unterhalt einer Gratis-Caballaria den Bezirk Blackheart Unsummen kosten, weshalb das Konsilium wohl nur in schallendes Gelächter ausbrechen würde, aber trotzdem … Die Vorstellung ist äußerst verlockend.

Dass Garad so unverrückbar an Ehre und Gerechtigkeit festhält, mag die Zyniker irritieren – wie man bei Lillath deutlich sieht –, doch Art ist der Meinung, dass die Welt Menschen wie xien braucht, sozusagen als moralisches Gegengewicht: Idealismus auf der einen Seite, Zynismus auf der anderen, alles schön ausbalanciert.

Was ihn allerdings nicht davon abhält, seinen Streitenden hin und wieder ein wenig auf die Probe zu stellen.

»Würde es dich denn gar nicht stören?«, hat er ihn deshalb bei ihrem Treffen gefragt. »Nicht zu wissen, wofür du kämpfst?«

»Nein, Art. Ich kämpfe für dich. Und ich vertraue dir.«

»Das ist eine schwere Bürde«, murmelte Art.

Garad nickte. »Ich weiß. Doch es erstaunt mich, dass du deinen eigenen Wert noch immer nicht erkennst. Es ist noch kein Jahr vergangen, seit du das Schwert gewonnen hast, und sieh dir doch nur mal an, was du alles erreicht hast.«

Art schnaubte höhnisch. »Dann ist es in deinen Augen also eine große Leistung, ständig von Agravain Welyen in den Arsch gefickt zu werden?«

Die Launen des Schicksals haben dafür gesorgt, dass Arts Thron im Rat dem Sitz von Alaunitown genau gegenübersteht, sodass er nun jeden Monat den herrschenden Lord des Bezirks direkt vor Augen hat.

Wenn er sich überhaupt die Mühe macht, zu erscheinen, verbringt Agravain die Hälfte der Zeit damit, in seinem Stuhl zu fläzen und das Geschehen mit sichtlich gelangweilter Miene zu verfolgen. Unterbrochen wird sein Gehabe nur von kurzen Phasen, in denen er seinem liebsten Hobby nachgeht: alles infrage zu stellen, zu verunglimpfen, zu verhöhnen oder abzulehnen, was Art vorschlägt. Er hat mehr als deutlich gemacht, was er von Londons »Kindkönig« hält, wie er ihn gerne nennt.

Abgesehen davon besteht der Beitrag des Lords von Alaunitown in einer endlosen Aufzählung der ruhmreichen Verdienste seiner Unterstützer. Zuletzt hielt er einen langen Vortrag über einen experimentellen Filmapparat, den eine seiner Technikfirmen entwickelt hatte und der anscheinend nicht größer war als eine Hand. Typischerweise war das erste Anwendungsgebiet, das ihm für ein solches Gerät in den Sinn kam, die Möglichkeit, seine Feinde auszuspionieren.

»Du schlägst dich tapfer«, fand Lillath. »Immerhin hast du es geschafft, die Hälfte des Waffenetats von Alaunitown umzuwidmen, sodass jetzt mehr Heime für Kriegswaisen gebaut werden können, oder nicht? Ich hätte zu gern sein Gesicht gesehen, als der Vorschlag durchkam.«

»Wenn es für dich als Sieg zählt, die anderen Bezirke durch Trickserei auf meine Seite zu ziehen …«, brummte Art.

Ungerührt zuckte Lillath mit den Schultern. »Wer an ungetrübte moralische Integrität glaubt, war nie gezwungen, in der richtigen Welt zu leben.«

Aus dem Augenwinkel sah Art, wie Garad sich empört aufrichtete.

»Das war riskant«, fand xier. »Dadurch könnte es so aussehen, als würdest du andere für deine persönlichen Attacken gegen ihn einspannen.«

»Es war grandios«, hielt Lillath dagegen. »Einerseits sieht es so aus, andererseits kommt es Menschen zugute, die den Welyens meilenweit am Arsch vorbeigehen.«

Art sagte nichts dazu. Jede seiner Entscheidungen zieht eine Million unvorhersehbarer Konsequenzen nach sich. Wenn er sich nachts ins Bett legt, fühlt sich sein Kopf oft an, als wäre er mit dickflüssiger, klebriger Suppe gefüllt.

Wenig später verabschiedete sich Garad und machte sich auf den Heimweg. Lillath blieb noch etwas und streckte sich auf dem Diwan in Arts privatem Empfangszimmer aus – einen Arm hinter den Kopf geklemmt, in der freien Hand einen Kelch mit Wein. So vollkommen entspannt erinnerte Lillath an eine Katze, geschmeidig und gleichgültig. Durch halb geschlossene Lider beobachtete sie ihn.

Leise fragte er: »Und was wird diese Nacht dir noch bringen?«

Sie wusste, was er damit meinte. Es wäre nicht das erste Mal gewesen, dass sie einander Erleichterung verschafften, auch wenn es für keinen von beiden mehr war als genau das.

Lillath steht körperlicher Intimität ziemlich abgeklärt gegenüber. Das kann sehr nützlich sein, doch Art möchte es nicht zur Gewohnheit werden lassen. Er weiß genau, wie nah er ihr kommen kann, bevor sie sich von ihm zurückzieht.

»Ich habe ein Date«, erklärte sie betont bedauernd.

»Jetzt noch?«

Sie grinste spöttisch. »Es ist noch früh, Art.«

»Es ist kurz vor Mitternacht.«

»Manchmal vergesse ich, dass in dir ein alter Mann steckt, Art.«

»Aber du musst doch sicher nicht sofort gehen, oder?«, hakte er nach. »Erzähl mir, wie dein Tag gelaufen ist.«

Sich Details aus ihrem Leben schildern zu lassen, brachte Art gefühlt wieder ein Stückchen näher an die Realität heran, die früher einmal auch seine war. Denn jetzt ist da immer diese Mauer zwischen ihnen, obwohl sie versuchen, so zu tun, als gäbe es sie nicht. Sobald noch jemand im Raum ist, sprechen seine Freunde ihn mit Sire an, und ohne Vorabgenehmigung können sie ihn nicht einmal besuchen. Sie sind mit ihrem Leben beschäftigt, er ist damit beschäftigt, das Land zu regieren.

Er ist einsam.

Was nicht daran liegt, dass in dieser Hinsicht nichts unternommen worden wäre. Nach Darios Warnung bezüglich der Bemühungen zur Organisation seines Privatlebens merkt Art nun schon lange im Voraus, wenn der Palast aktiv wird: Lunchtermine, bei denen er unausweichlich neben eine spezielle Person gesetzt wird; Abendessen mit diversen Würdenträgern der Saith, die zufällig alle irgendwelche heiratswürdigen Sprösslinge mitbringen, die dann vor Arts Nase geschwenkt werden wie der Köder vor dem Fisch. Langsam wird es peinlich.

Natürlich bleibt noch jede Menge Zeit, um Dario zu beweisen, dass er trotz allem in der Lage ist, sich selbst jemanden zu suchen. Doch in der Zwischenzeit sitzt er behaglich in seinen stillen Gemächern und lässt den Tag ausklingen, indem er sich mit Büchern, gutem Essen und der Sichtung von Unterlagen die Zeit vertreibt. Mit seinem Terminplan und all den anderen Dingen, die erledigt werden wollen. Allerdings … unterschwellig …

… ist da immer dieser nagende, unnachgiebige Drang.

Sobald Lillath fort ist, greift Art zum Buch des Karnevals der Nacht und schlägt die Seite auf, die Dario für ihn markiert hat.

Belisan.

Er schreibt eine kurze Nachricht, versiegelt den Umschlag mit dem Wappen des Palasts und lässt ihn mit größtmöglicher Diskretion überbringen.

Die Nachricht lautet: *Dinner für zwei.* (Nur *Dinner.*)

*

Das Mondlicht springt Art als Erstes ins Auge.

Es gleitet in kalten weißen Bahnen vom Schlafzimmerfenster aus über die Bodendielen. Die dunklen Landschaften zwischen den glatten Streifen scheinen endlos tief zu sein, in jeder eine ganze Welt verborgen. Die Vorhänge sind offen, fällt ihm auf, wohl um die milde Luft hereinzulassen. Es ist eine warme Nacht.

Der schwere Stoff bebt, als sich eine Gestalt hindurchschiebt.

Es sind lange Vorhänge, bis zum Boden fallen sie herab. Lang genug, um einen Körper darin einzuhüllen, lang genug, um die von Stoffbahnen umschlungene Person einige Schritte tun zu lassen, doch irgendwann hat auch dieser Stoff sein Ende erreicht und bleibt zurück.

Der nackte Körper bewegt sich weiter.

Das Gesicht über dem Körper liegt im Schatten, das Mondlicht schimmert nur auf den offen herabfallenden Haaren, auf der schlanken, graziösen Gestalt, die auf bloßen Füßen lautlos herangleitet. Direkt vor ihm bleibt sie stehen, so nah, dass er sie berühren könnte, wenn er wollte. Er müsste nur die Hand ausstrecken. Und nun sieht er auch ihr Gesicht, erkennt, wer sie ist.

»Lady Belisan.«

»Sire«, antwortet Belisan flüsternd. Sie verbeugt sich nicht, fällt ihm auf.

Vielleicht hat Dario ihr gesagt, dass er derlei Ehrbezeugungen nicht schätzt.

»Was … tust du?«, bringt er krächzend hervor.

»Ein Vastos hat mich hereingelassen. Ich komme doch nicht zu spät, oder?«

»Aber du bist nackt«, platzt es aus ihm heraus. Peinlich berührt fährt er fort: »Ich habe um ein Abendessen gebeten, mehr nicht.«

Belisan scheint kurz nachzudenken. »Ich könnte der Leckerbissen des Abends sein.«

»Mit Nahrung.«

»Wenn man es genau betrachtet, bin ich eine Art Nahrung.«

Art muss sich ein panisches Lachen verkneifen. Belisan kommt noch einen Schritt näher, während er sie schweigend mustert. Dann noch einen. Nun müsste er nicht einmal mehr den Arm ausstrecken, um sie zu berühren.

»Stopp«, sagt er. »Bitte.«

Sie gehorcht. »Gefällt Ihnen nicht, was Sie sehen, mein König?«

Fick dich, Dario, denkt Art.

Er antwortet nicht. Mit einem flauen Gefühl im Magen wendet er sich von Belisan ab, geht zum Bett hinüber und zieht den seidenen Überwurf vom Fußende. Er schüttelt ihn aus und dreht sich wieder um. Die sanfte Brise, die durch das offene Fenster hereinweht, lässt den leichten Stoff um seine Beine streichen. Wie eine Trennwand hält er die Seidendecke zwischen sich und Belisan hoch, sodass er nur noch ihr Gesicht sehen kann. Ihre Lippen teilen sich in wortloser Verwirrung.

»Bitte.« Er deutet mit dem Kinn auf den Stoff. »Nimm es. Bitte.«

Nach einem qualvollen Moment des Zögerns spürt er einen leichten Ruck. Sie nimmt die Seidenbahn und wickelt sich darin ein.

»Es tut mir leid«, sagt sie leise. »Man hat mir gesagt … Ich bin das falsch angegangen, Entschuldigung.«

Bei allen Heiligen. Jetzt hat er sie in Verlegenheit gebracht.

»Das ist nicht deine Schuld«, versichert er ihr. »Es ist ein Spiel, und du warst der nächste Zug. Aber hier drin spiele ich nicht. Es ist mein Rückzugsort, meine einzige …« Ihm wird bewusst, wie laut er geworden ist, und er nimmt sich mühsam etwas zurück. »*Das* wollte ich nicht. Nicht so.«

»Schicken Sie mich jetzt zurück?«, fragt sie ruhig.

Sie hält mit beiden Händen die Seidendecke fest, über der nur noch ihre nackten Schultern zu sehen sind. Die Vorstellung, dass sie gehen und einen leeren Raum zurücklassen könnte, stimmt Art traurig.

»Nein.« Doch er weiß nicht, was er sonst noch sagen könnte.

»Dürfte ich Ihnen dann etwas anvertrauen?«, fragt Belisan weiter.

Neugierig hebt er den Kopf. Sieht sie offen an.

»Natürlich«, antwortet er vorsichtig.

Sie geht an ihm vorbei zum Fußende des Bettes. Für einen Moment bleibt das Ende der Seidendecke an einer Bodenplatte hängen, sodass Art einen straffen Schenkel aufblitzen sieht, bevor der Stoff wieder herabfällt.

Umhüllt von Seide, lässt sich Belisan auf das Bett sinken.

»Ich … habe Sie beobachtet, mein König«, beginnt sie vorsichtig. »Das haben wir alle getan. Sicher ist Ihnen das bewusst. Jeder fragt sich, welche Vorlieben Sie wohl haben. Das gehört zum Job. Wie dem auch sei, es gab viele, die ganz erpicht darauf waren, zuerst bei Ihnen zu landen – auch das können Sie sich gewiss vorstellen. Der neue König. Aber ich nicht. Ich habe gehofft, dass Sie eine andere wählen würden. Natürlich wusste ich, dass Dario mich empfohlen hatte, aber schließlich haben Sie ganz London zur Auswahl, also … Jedenfalls nahm ich an, ich würde davonkommen. Dann ließ Dario mich rufen – ohne einen genaueren Hinweis, gar nichts, nur die Aufforderung zu einem Gespräch unter vier Augen. Da wusste ich es.«

Art starrt angestrengt an die Wand. Die Demütigung lässt seine Wangen glühen.

»Dann sollte ich mich wohl entschuldigen«, sagt er. »Ich wollte keinesfalls, dass jemand unter Zwang zu mir kommt, gegen seinen Willen. Ich kann dir gar nicht sagen, wie schrecklich ich diese Vorstellung finde.«

Fick dich, Dario. Fick dich, fick dich, fick dich.

Zu seiner großen Überraschung lacht Belisan laut auf.

»Sie haben mich missverstanden, Sire«, sagt sie freundlich. »Wir haben immer die Wahl, Nein zu sagen, verstehen Sie? Selbst wenn die Anfrage vom König kommt.« Beinahe unbewusst wickelt sie sich fester in den dünnen Stoff. »Sie hätten natürlich darauf bestehen können, dann hätte ich es tun müssen. Aber Dario hat betont, dass Sie das nicht wollen. Bei Ihnen hätte ich die Wahl, sagte man mir.« Ihr Gesicht liegt im Schatten, er kann ihre Miene also nicht deuten. »Ich wollte nicht zu Ihnen kommen, weil … man uns beibringt, jenen aus dem Weg zu gehen, die wir begehren.«

Eine drückende Schwere senkt sich über den Raum, in der lauen Sommerbrise scheint plötzlich eine verborgene Bedeutung mitzuschwingen.

»Ich dachte eigentlich, es wäre deutlich geworden, dass ich keine Spielchen mag«, sagt Art ruhig.

»Ich denke über Sie nach«, platzt es aus ihr heraus. »Wenn ich Sie auf den Leuchtschirmen sehe, denke ich darüber nach, wie … wie Sie wohl wirklich sind. Hinter dem ganzen Schein. Einfache Überlegungen, mehr nicht. Ich bin gekommen, weil ich es nicht geschafft habe, *nicht* zu kommen. Sie sind einer der reizendsten Männer, die ich je gesehen habe.« Nun zittert ihre Stimme kaum merklich.

Art starrt reglos an die Wand. Alles nur Show. Es bedeutet rein gar nichts.

Nun wirkt Belisan betrübt. »Ich werde jetzt gehen. Ich habe mir geschworen, Ihnen das zu sagen, koste es, was es wolle. Ich wusste vorher, dass ich einen Preis dafür zahlen werde. Wenn ich Sie damit beleidigt habe, tut es mir leid, Sire. Laerd Dario wird eine andere für Sie aussuchen, jemanden, der perfekt zu Ihnen passt, Sire. Das kann ich Ihnen versprechen.«

Er hört das Quietschen des Bettes, als sie aufsteht, das Rascheln der Seide. Abrupt fährt er zu ihr herum; sie hat den Raum schon halb durchquert. Sie bleibt stehen.

»Ich habe meine Kleidung dort hinten am Fenster liegen gelassen«, erklärt sie.

Er will nicht, dass sie geht, hat aber keine Ahnung, wie er ihr das sagen soll.

Rede. Sag etwas.

Doch er schafft es einfach nicht.

Es ist so still, dass er ihren Atem hört.

»Wenn Sie wollen, dass ich gehe«, beginnt sie schließlich, »bleiben Sie einfach dort stehen. Dann hole ich meine Sachen und bin weg. Aber falls Sie doch möchten, dass ich bleibe, könnten Sie dann vielleicht ein Stück näher kommen? Nur damit ich es weiß?«

Einen Moment dauert es noch, dann kann Art seinen Körper überreden, einen Schritt zu tun.

Mit einem fröhlichen, ungehemmten Laut lässt Belisan das Seidentuch los, und der Stoff gleitet zu Boden. Er will sie. Er will sie so sehr.

Während sie langsam auf ihn zukommt, konzentriert er sich ganz auf das silberne Mondlicht, das sanft über ihren Körper streicht und die Rundung ihrer Hüften umspielt. Sie hebt die Hände und öffnet seinen Kragenknopf. Ihr Duft steigt ihm in die Nase, ihre Körperwärme dringt durch seine Kleidung.

Ein warmer Körper, so nah bei ihm. Bis jetzt hat er geglaubt, mehr brauche er nicht. Dann schmiegt sie sich an ihn, und plötzlich ist das nicht mehr genug. Ihre Fingerspitzen gleiten mit einem klaren Ziel über seine Haut, über seine Brust, öffnen einen Knopf nach dem anderen. Keinen Ton sagt sie, ist völlig auf ihr Tun konzentriert. Ein heißes, beschämendes Ziehen schießt durch seinen Unterleib, als sie die Hand unter seinen Gürtel schiebt, spielerisch über die Haut streicht, immer tiefer hinuntergleitet … um sich dann plötzlich zurückzuziehen und ihn einsam zurückzulassen.

Belisan nimmt seine Hand und zieht ihn zum Bett, drückt sanft seine Schultern hinunter, bis er sich setzt. Sie schiebt die Seidendecke zwischen ihren Füßen zusammen und kniet sich mit einer eleganten Bewegung auf den Stoffhaufen.

Art macht einen letzten heroischen Versuch.

»Ich habe dir ein Abendessen versprochen«, krächzt er. »Bist du denn nicht hungrig?«

Belisan hockt zwischen seinen Schenkeln, widmet sich nun seinem Gürtel.

»Oh, doch. Sehr.« Ihr Kopf taucht ab.

Art spürt die warme Nässe, gleichzeitig schaltet sich sein Gehirn ab, macht jeden weiteren Protest unmöglich.

Irgendwann, eine ganze Weile später, schaffen sie es dann auch noch, zu Abend zu essen.

KAPITEL 16

Der Kerker, Rhyfentown

Fünf Monate zuvor

Nur wenige Minuten nach ihrer Ankunft im Kerker stürzen sich die Krähen auf Red.

Die Vordertür öffnet sich, und sie betritt die dämmrige, stille Eingangshalle. Es fühlt sich an, als tauchte sie in eine andere Welt ein, eine dunkle, warme Welt voller Geborgenheit. Aber die Nabelschnur ist durchtrennt worden von der scharfen, grellen Klinge der Außenwelt. Natürlich weiß sie, wie es ist, hier zu leben, aber es verblasst bereits zu einer Erinnerung. Es ist nicht mehr Teil ihrer Gegenwart, gehört nur noch ihrer Vergangenheit an.

»Red.«

Frome kommt ihr entgegen, kaum dass sie eingetreten ist.

»Si«, erwidert Red respektvoll.

»Si«, schießt Frome prompt zurück und verschränkt die Arme vor der Brust. Er lehnt sich gegen die dunkle Holzvertäfelung und fragt: »Wie geht es dem Kopf?«

»Ziemlich mies«, gibt Red zu und wartet auf die Standpauke.

Doch Frome zuckt nur mit den Schultern. »Bei diesem Test versagt jeder. Damit war doch zu rechnen, oder?«

Red antwortet nicht. Ihrer Meinung nach ist es immer ein mieses Gefühl, berechenbar zu sein.

»Das Gleichgewicht muss stimmen«, fährt Frome fort, »zwischen Arbeit und Entspannung. Pflicht und Freiheit. Erst wenn beides miteinander harmoniert, ist ein Ritter ein echter Ritter.« Er grinst schief. »Traurigerweise ist es mit dieser perfekten Balance wie mit der Stille – man erreicht sie immer nur für begrenzte Zeit. Die hat es dann aber in sich.« Er wirft Red einen prüfenden Blick zu. »Der Zirkus erwartet dich.«

Plötzlich verliert das Dämmerlicht in der Halle seine Behaglichkeit, wirkt nun klaustrophobisch auf sie.

»Was für ein Zirkus?«, fragt Red vorsichtig.

»Hat Six es dir nicht gesagt? Du wurdest für deinen ersten Kampf gebucht.« Als er Reds Gesichtsausdruck sieht, lacht er laut auf. »Oh, bitte. Ich wusste, wenn ich es ihrem Vater sage, erreicht dich die Nachricht schneller als der Bulle die wartende Kuh. Zwar wusste ich nicht genau, wohin es euch nach dem Triumphzug der letzten Nacht verschlagen würde, aber mir war klar, dass sie bei dir ist. So konnte ich dich am schnellsten erreichen.«

Reds verkaterter Schädel beginnt zu pochen.

»Das ist unmöglich«, presst sie gequält hervor. »Ich habe gestern erst die Ausbildung abgeschlossen. Es ist ja noch nicht mal offiziell verkündet worden, oder?«

»Solange du kein Angebot von einem anderen Stall bekommst, gehörst du automatisch zu uns hier in Rhyfentown«, erklärt Frome leise. »So ist das nun einmal. Ist es denn wirklich so schrecklich, für den Bezirk zu arbeiten, bis sich etwas Besseres auftut?«

Dazu gibt es nichts weiter zu sagen.

Frome richtet sich auf. »Komm mit, ich soll dich nach oben bringen. Wird Zeit, dass du aufgehübscht wirst.«

»Aufgehübscht?«, wiederholt Red zweifelnd, während sie hinter Frome den schwarzen Eisenkäfig des Elevators betritt, der praktischerweise gerade im Erdgeschoss darauf wartet, ein paar unschuldige Fahrgäste zu verschlingen.

Frome grinst nur, während er das scheppernde Gitter schließt und auf den Knopf drückt. Das Untier erwacht zum Leben und transportiert sie in den siebten Stock hinauf.

Zum Aufhübschen bringt er sie in einen lang gezogenen, heißen Raum voller ratternder, klickender Maschinen. Ein bisschen erinnert er sie an den Ort, wo sie regelmäßig vermessen wurde. Als sie durch die Tür tritt, hören die fünf Fremden im Raum auf, sich gegenseitig anzubrüllen, und wenden sich ihr zu.

Am auffälligsten ist wohl die hochgewachsene, mit atemberaubenden Kurven ausgestattete Frau in dem grellgelben Kleid, das sich elegant an sämtliche Rundungen ihres Körpers schmiegt und einen herrlichen Kontrast zu ihrer dunklen Haut bildet. Der kleine, blasse und ziemlich kompakte Mann neben ihr hat glänzendes schwarzes Haar, das an eine Krähenschwinge erinnert. Auch sein Outfit scheint maßgeschneidert zu sein und sitzt perfekt. Dazu schwirren zwei nervöse Mädchen um sie herum, die irgendwie an Hühner erinnern, während ein kleiner – und im Vergleich zu seinen Begleitern sehr unauffälliger – Mann reglos hinter ihnen an der Wand lehnt. Red fällt auf, dass abgesehen von dem Stillen jeder von ihnen einen Leuchtschirm unter dem Arm trägt. Diese Leute sind eindeutig reich oder zumindest gut betucht.

Frome nickt der Gruppe zu. »Darf ich vorstellen: Si Red Caballarias o'Rhyfentown, Ritter der Caballaria.«

Obwohl sie beinahe lächerlich hochtrabend klingen, kriechen die Worte wie winzige Spinnen über Reds Haut und lösen ein freudiges Kribbeln in ihr aus. *Caballarias*, nun offizieller Teil ihres Namens, der anzeigt, welchen Status sie innehat. Es scheint beinahe unwirklich zu sein, dass sie ab sofort einen Anspruch auf diesen Namen hat, und ein Teil von ihr möchte sich ihm ergeben, auch wenn sie sich dagegen sträubt. Sich voll und ganz diesem Namen ergeben, mit allem, was sie ausmacht.

Dieses Brimborium und der Glamour sind bedeutungslos. Vergiss nicht, warum du hier bist.

»Guten Tag«, grüßt Red höflich.

Die Frau in dem gelben Schlauchkleid drückt eine Hand an die Brust.

»Ach du meine Güte, sie hat ja schon tonnenweise Charme«, flötet sie. »Da bleibt mir nichts mehr zu tun.«

Der Kerl im maßgeschneiderten Anzug schnaubt spöttisch. »Es gibt noch jede Menge rauer Kanten, die du abschleifen kannst, Blo. Gepaart mit einer gewissen Unschuld, wenn man vom jugendlichen Elan der Si ausgeht?«

»Die Unschuld sollten wir behalten«, entscheidet Blo. Sie hebt die Hände vor das Gesicht und spreizt sie zu einem Kreis, als hielte sie einen unsichtbaren Ball fest. Durch die entstandene Öffnung mustert sie Red eingehend. »Ja«, haucht sie dann. »So viele abgestumpfte junge Ritter wissen viel zu genau, wie sie das einsetzen, was ihnen gegeben wurde. Wir wollen alle mal etwas Neues sehen. Etwas Frisches. Provokant und doch mit einem Hauch Naivität.«

Red will protestieren, traut sich dann aber nicht. *Ich bin weder provokant noch naiv!* Klingt das nicht wie etwas, das ein provokant-naiver Mensch sagen würde? Frome befreit sie aus ihrer Zwickmühle.

»Das ist Blo DeCyng Gadaris o'Marvoltown«, sagt er und deutet dabei auf die Frau, die Red sofort ein strahlendes Lächeln schenkt.

»Und mich nennt man Valiere DeCyng Fortesco o'Senzatown«, stellt sich der tadellos Gekleidete selbst vor, ohne sich um die Etikette zu scheren. Valiere sieht so aus, als würde er grundsätzlich niemals lächeln, es sei denn vielleicht zu Angriffszwecken.

Das »DeCyng« gibt ihren Beruf an, es ist einfach der Name ihres Arbeitgebers – wer oder was auch immer DeCyng sein mag. Vielleicht ein Privatstall. Am interessantesten findet Red allerdings, dass Lady Blo aus Marvoltown stammt. In diesem Bezirk ist sie noch nie gewesen, und es ranken sich einige Mythen darum.

Die Vorstellung, dass Menschen in einer Region aufwachsen könnten, die dem Todbringenden Heiligen gewidmet ist, war für die überkorrekteren Königreiche außerhalb Londons immer ein klares Indiz dafür, wie verkommen und merkwürdig es in dem Stadtstaat doch zugeht. Lady Blo allerdings ist zumindest äußerlich enttäuschend wenig Verkommenheit oder Merkwürdigkeit anzumerken. Allerdings weiß Red nur zu gut, dass es unter der Oberfläche ganz anders aussehen mag.

»Sollen wir anfangen, Maestro?« Valiere wirft einen Blick über die Schulter.

Der stille, unauffällige Mann stößt sich von der Wand ab und kommt zu ihnen. Er ist von kräftiger Statur und scheint muskulös zu sein, soweit man das unter der weit geschnittenen Kleidung erkennen kann, die grau schimmert wie nasse Kieselsteine. Seine hellen Haare sind abrasiert, dafür bedeckt ein lockiger, durchschnittlich langer und sorgfältig getrimmter Bart seine Wangen.

Alle im Raum scheinen die Luft anzuhalten.

Langsam begreift Red, dass man ihr diesen Mann nicht vorstellen wird, weil es wohl niemand für nötig hält. Offenbar sollte sie wissen, um wen es sich handelt.

»Wie geht's?«, fragt der Mann mit breitem Iochitown-Akzent.

»Gut«, antwortet Red. Die anderen beobachten sie wie lauernde Falken. Anscheinend ist der Mann nicht in der Lage, ihr in die Augen zu sehen. Stattdessen fängt er nun an, ziellos durch den Raum zu wandern.

Blo klatscht in die Hände, und die nervösen Hühner, die

rastlos um sie herumgeschwirrt sind, trippeln zu den schweren Maschinen hinüber, die eine gesamte Wand einnehmen. Dort starren sie auf diverse Leuchtschirme und schreien einander an.

Als Red ihm einen hilflosen Blick zuwirft, beugt Frome sich zu ihr herüber.

»Das ist Lee DeCyng o'Iochitown«, erklärt er leise und zeigt dabei unauffällig auf den stillen Mann.

DeCyng.

»Die arbeiten also alle für ihn?«, flüstert Red.

»Ja.«

»Und was macht er?«

Frome wirft ihr einen überraschten Blick zu. »Er ist ein berühmter Garderobier. Er will dich einkleiden.«

»Kann ich … mich denn nicht selbst einkleiden?«

»Ritter der Caballaria kleiden sich nicht selbst ein.« Frome reibt sich hilflos die Schläfe. »Und du weißt wirklich nicht, wer DeCyng ist?«

Ich bin ausgebildete Kämpferin, nicht Kostümfrau. Red verkneift sich den Kommentar.

Frome blickt zu der Gruppe hinüber, die offenbar gerade das Lichtdesign bespricht, denn immer wieder werden kaleidoskopische Muster in verschiedenen Helligkeitsstufen auf eine freie Fläche in der Mitte des Raumes projiziert.

»Wer von DeCyng eingekleidet werden will, muss sich normalerweise um die zwei Jahre gedulden – er hat eine ellenlange Warteliste«, erklärt Frome. »Und dann muss er mehr Lektris hinblättern, als du und ich je gesehen haben. Er kleidet auch den Hexenritter ein.«

Langsam begreift Red.

»Si Wyll bezahlt ihn«, rät sie.

Frome wirft ihr einen irritierten Blick zu, vielleicht wegen des vertraulichen Namens.

»Selbstverständlich, als dein Sponsor ist das sein Recht und Vorrecht. Glaubst du etwa, *wir* könnten uns einen Garderobier wie Lee DeCyng leisten? Und nur um das festzuhalten: Lee ist mit der Bitte an die Geißel herangetreten, dich einkleiden zu dürfen. Das ist ein Riesenkompliment. Es kommt nur selten vor, dass Lee einen solchen Wunsch äußert.« Frome verschränkt die Arme vor der Brust. »Und das ist noch nicht alles. Wir haben reihenweise Anfragen für dich reinbekommen, und das schon seit mehreren Wochen – sobald sich herumgesprochen hat, dass du mit großer Wahrscheinlichkeit bestehen wirst.« Er unterbricht sich kurz. »Du bist eine Kuriosität, Red. Alles an dir ist ungewöhnlich. Du solltest diesen Trumpf ausspielen, solange es geht. Es ist ein starker Trumpf, aber eben nicht von Dauer.«

»Si Red«, ruft Blo quer durch den Raum. »Bitte stell dich dort in das Licht.«

Frome berührt kurz ihre Schulter, dann versetzt er ihr mit einem trockenen Grinsen einen sanften Stoß.

»Seht nur, wie sie sich bewegt«, tönt Valiere, der an eine der Maschinen getreten ist. Lee steht daneben, und sie starren beide auf eine Anzeige, die ihre Gesichter in bläuliches Licht taucht. »Diese Gleitbewegung, da. Ich spüre LICHT. Ich spüre GLÄTTE.« Er brüllt die Worte heraus.

Red steht reglos in dem Lichtfleck und beobachtet die Gruppe, die ihr so gar keine Beachtung schenkt.

»Sie hat etwas von Andras *Finsterer Engel*-Zyklus«, raunt Blo dicht an Valieres Schulter. »Diese Gestalt im Hintergrund, die zwischen den Bäumen herumhuscht, oder nicht? Das eine Werk, zu dem Andra nie eine Erklärung abgegeben hat. Dunkle, gedämpfte Farben vielleicht …«

»Nein, nein«, protestiert Valiere. »LICHT! GLÄTTE!«

»Geisterhaft.«

»Und seht euch das an, spiel das noch mal ab. Wie sie den Fuß dreht, während sie zum Angriff übergeht …«

Endlich begreift Red, was sie da tun. Sie sehen sich die Aufzeichnungen ihrer Trainingskämpfe an. Also sind sie doch voll auf sie konzentriert, nur eben auf ihr vergangenes Ich.

»Muss ich hier irgendetwas machen?«, ruft sie voller Verlegenheit zu ihnen hinüber.

Hinter ihr ertönt ein kurzes, halb ersticktes Lachen von Frome, dem sie in diesem Moment am liebsten den Hals umdrehen würde.

»Nein, Liebes«, antwortet Blo geistesabwesend. »Noch nicht, noch nicht. Warte einfach da. Vielleicht ein paar transparente Streifen zwischen den einzelnen Farben, versteht ihr, um das Geisterhafte herauszustreichen …«

Und so beginnt, was zum seltsamsten Tag in Reds bisherigem Leben werden soll. Man leuchtet sie in diversen Farben aus (und blendet sie dabei auch gerne mal) und gibt ihr verschiedene Waffen, die sie, verwirrenden Anweisungen folgend, in die Höhe halten soll. »Du musst sie SCHWENKEN«, schreit Valiere, »DROHEND, genau! Und jetzt mehr ERNSTHAFTIGKEIT, mit NOBLESSE, gut, und jetzt voller ENTSCHLOSSENHEIT!« Hin und wieder soll sie auch angreifen, ohne allerdings einen Gegner zu haben. »HASSE die Luft, auf die du einschlägst, Si«, ruft Valiere, »du musst sie LEIDEN LASSEN.« Dann wird sie voller Begeisterung nach ihrem Markenzeichen gefragt, der einen großen Showgeste.

»Wie denn, Liebes, du *kennst* das nicht?«, fragt Blo verblüfft und legt ihr freudig die Hand auf die Schulter. »Dann werden wir es dir jetzt zeigen.« Sie führt Red zu einem Leuchtschirm, der in eine der Maschinen eingelassen ist. »Wir haben uns stundenlang deine Kämpfe angesehen, und das ist definitiv das absolute Highlight. Der totale Killer, Si, der totale Killer.«

Auf Lees Gesicht erscheint der Hauch eines Lächelns.

»Es ist eine gute Schlussgeste«, sagt er. »Hebt dich von der Masse ab.«

Offenbar ist das ein Kompliment, für das andere sterben würden, denn als er sich abwendet, reißt Blo wild die Augen auf, um Red zu signalisieren, wie bedeutend dieser Moment eben war. Schon leicht zermürbt durch Blos unerschütterlichen Enthusiasmus, stellt Red beschämt fest, dass sie es nicht bloß amüsant findet, sondern auch schön.

Blo zeigt ihr die Aufnahme in Zeitlupe, sodass Red nur noch mit der Geschwindigkeit eines Gletschers über den Schirm kriecht.

»Erst täuschst du an, dann schnellst du vor wie ein Delfin, rollst dich ab, landest auf einem Knie und reißt den Waffenarm vor«, sie klatscht mit voller Wucht in die Hände, sodass Red erschrocken zusammenzuckt, »direkt in den Bauch! Und das mit einer Trefferquote von, was war es noch gleich, Vali? Zweiundsiebzig Prozent?« Valiere nickt. »Zweiundsiebzigprozentige Erfolgschance bei diesem Manöver, das sind wundervolle Zahlen, wundervoll!«

Eines der beiden Hühner – »Stelia«, wie das Mädchen Red später schüchtern mitteilen wird, wenn sie nach dem Namen fragt, während es eifrig Metallschmuck in Reds Haar platziert – kommt hereingestürmt und flüstert Valiere etwas ins Ohr.

Der dreht sich um und hebt beglückt die Hände.

»Lee hat die Stoffe fertig«, verkündet er ehrfurchtsvoll.

Blo drückt eine Hand an die Brust.

Und dann werden die Outfits geliefert.

Solche Materialien und Farben hat Red noch nie gesehen, und bei einigen wäre sie nicht auf die Idee gekommen, dass man sie überhaupt tragen kann: Eine dicke, schwere Tunika scheint aus Reifengummi zu bestehen, ein anderes Stück erinnert sie irgendwie an Eingeweide, auch wenn sie ziemlich sicher ist, dass das nicht sein kann. Man hüllt sie in diverse Stoffe, während Lee grübelnd um sie herumschleicht, hier etwas zurechtrückt, dort etwas enger oder weiter macht oder den Faltenwurf ändert.

Nach einer Weile findet sich Red auch in der knappen Sprache des Maestros zurecht: Ein »Da fehlt etwas« kommt einer Katastrophe gleich, und das anstößige Material wird sofort verbannt. Schweigen hingegen ist nicht unbedingt schlecht. Nur zweimal belohnt Lee sein eigenes Werk mit einem kurzen, widerwilligen »Nicht schlecht«, woraufhin die entsprechenden Materialien sofort ehrfürchtig beiseitegeschafft und liebevoll auf einem Stahlgestell in der Ecke des Raumes drapiert werden.

Der Abend ist bereits weit fortgeschritten, als sie Reds Verwandlung endlich abschließen. Der Name, unter dem sie antritt, ihr Auftritt, die Outfits – eben die Kämpferin Red o'Rhyfentown, die »dieses entzückende Rohmaterial in ein strahlendes Kunstwerk verwandeln wird, vor dem die Caballaria bewundernd auf die Knie sinkt«, wie Blo es ausdrückt –, werden erst kurz vor ihrem ersten Kampf enthüllt werden.

Natürlich muss sie zu allem ihre Zustimmung geben, allerdings hat Red den Eindruck, dass niemand einer Kreation von Lee DeCyng wirklich *zustimmt*. Man bekommt sie einfach und hat dann gefälligst verdammt dankbar dafür zu sein.

Die letzte Anprobe soll erst in einigen Tagen stattfinden, weshalb das Team sich nun mit nahezu liebevoller Effekthascherei verabschiedet. Blo presst Red kraftvoll an ihre Brust. Valieres Umarmung fällt überraschend herzlich aus, auch wenn er aufgrund seiner geringen Körpergröße angestrengt das Kinn recken muss, um es über Reds Schulter schieben zu können. Lee nickt ihr kurz zu und schafft es sogar beinahe, ihr dabei in die Augen zu sehen, bevor er geht.

Erschöpft lässt sich Red auf einen Stuhl fallen und hält sich an ihrem mit Honig gesüßten Zitronentee fest. Frome sitzt auf dem Boden, den Rücken an die Wand gelehnt. Er ist im Laufe des Tages immer mal wieder aufgetaucht, hat Verpflegung aus der Küche organisiert, nur um dann zu verschwinden und sich um andere Dinge zu kümmern. Doch vor allem hat er sich komplett im Hintergrund gehalten, alles beobachtet und sich nützlich gemacht, wenn er gebraucht wurde.

»Das war anstrengend«, krächzt er nun müde.

Red schließt die Augen. »Ich wünschte, ich wäre tot.«

Fragend sieht Frome sie an. »Schlimmer als mein Training?«

»Äh … nein.«

»Du hast gezögert. Das trifft mich tief.«

»Die Einheiten mit der Kurzklinge haben mir fast den Rest gegeben, falls das irgendwie hilft.«

Frome grinst breit. »Irgendwie schon, ja.«

Red wendet sich dem nervtötenden, unnachgiebigen, aber vor allem überaus geduldigen Lehrer zu, der sie durch die letzten sechs Monate begleitet hat. Jetzt sieht sie in ihm etwas, was sie vorher nicht wahrgenommen hat: einen Mann mit einem Privatleben, mit ganz eigenen Wünschen, erfüllt von einer beeindruckenden, stillen Kraft.

»Hätten Sie heute nicht eigentlich unterrichten müssen, Si?«, fragt sie. »Tut mir leid, wenn Sie das ausfallen lassen mussten, um bei mir den Babysitter zu spielen.«

Achselzuckend erwidert Frome: »Die neuen Rekruten kommen erst in sechs Monaten. Bis dahin gebe ich Privatunterricht. Ehrlich gesagt kommt mir diese Pause sehr gelegen, denn es wird nicht leichter, euch zu trainieren. Ihr denkt, es würde euch alles abverlangen, aber für uns ist es auch nicht einfach. Wir durchleben alles mit euch. Es tut weh, wenn ein vielversprechender Rekrut aus den falschen Gründen aufhört oder wenn wir mitansehen müssen, wie ihr zu kämpfen habt.« Er schenkt ihr ein müdes Lächeln. »Bei dir gab es auch ein oder zwei Momente, in denen wir uns Sorgen gemacht haben.«

Red erstarrt.

»Würden Sie mir verraten, welche das waren?«, fragt sie schließlich.

Frome schweigt einen Moment.

»Nun ... Deine ... Freundschaft mit Sela«, sagt er dann bedächtig, »hat dich einiges gekostet.«

Aber natürlich. Haben sie wirklich geglaubt, auch nur einen Moment dieser sechs Monate geheim halten zu können? Schließlich hat man sie – notwendigerweise – die ganze Zeit über unaufhörlich auf den Prüfstand gestellt, und Sela ist bei ihren persönlichen Attacken nicht gerade subtil vorgegangen.

»Wie das?«, will Red wissen, obwohl sie sich vor der Antwort fürchtet.

»Es hat sich auf deine Kämpfe ausgewirkt, Red. Du hast an Sicherheit verloren. Deine Statistiken gingen regelrecht in den Keller. Plötzlich hast du wesentlich öfter verloren – vor allem gegen sie, aber nicht nur. Sie hat dein Selbstbewusstsein untergraben. Vor solchen Gegnern musst du dich am meisten in Acht nehmen, ihre Attacken sind heimtückisch, nicht offensichtlich. Man bemerkt sie erst, wenn es zu spät ist.«

Plötzlich macht es klick. Vielleicht hat Frome genau das beabsichtigt.

»*Sie* haben mich vor ihr gewarnt«, erkennt Red.

Fromes Antwort kommt ohne Zögern: »Ich habe keine Ahnung, wovon du sprichst.«

Sie mustert ihn durchdringend, fragt sich, warum er ihr geholfen hat – und ob sie es jemals erfahren wird.

»Wie du ja weißt, verstößt es nicht gegen das Gesetz, sich mit einem anderen Ritter einzulassen«, fährt er fort. »Aber es hat schon seine Gründe, warum Beziehungen zwischen Rittern nie von langer Dauer sind. Und wenn doch, dann liegt das meist daran, dass einer der beiden seine Caballaria-Karriere dafür opfert. Denk darüber nach. Stell dir vor, du stehst in der Arena plötzlich jemandem gegenüber, mit dem du emotional eng verbunden bist. In einem richtigen Disputkampf, wo der Druck tausend Mal höher ist, sämtliche Blicke auf dir ruhen, jede deiner Bewegungen analysiert wird. Was, wenn deine Gefühle für den Gegner dich dann schwächen, dich weich werden lassen, wo du einen Vorteil nutzen solltest? Und was, wenn derjenige clever genug ist, das ganz gezielt einzusetzen, so wie Sela es getan hat?« Fromes Blick geht ins Leere. »Während der Ausbildung gestatten wir derlei Verstrickungen, weil viele von euch das als Ventil brauchen, aber du solltest wissen, dass mindestens vier deiner Mitrekruten genau deswegen gescheitert sind: Sie haben sich zu sehr darin verstrickt, bis es schließlich zu ernst wurde.«

Scheiße. Sie hatte ja keine Ahnung.

»Dann sind Sex und Tod also doch nicht das älteste Liebespaar überhaupt?«, versucht sie zu scherzen.

»Bei unserem Job geht es nicht um den Tod. Es geht um Gerechtigkeit.« Noch immer scheint er in Gedanken weit weg zu sein. »Doch in manchen Rittern brennt ein verzehrender Hunger. Er ist ein eigenständiges Wesen, und wie jedes Geschöpf wird er angetrieben durch den Wunsch, zu überleben. Wenn du nicht mehr hungerst, stirbt der Hunger, oder nicht? Er wird dir jede Befriedigung verwehren, nur damit er weiterleben kann. Vielleicht schaffst du es auch, dir Befriedigung zu verschaffen, und alles ist gut. Vorübergehend. Doch sobald du glaubst, es geschafft zu haben, glaubst, zufrieden zu sein, wird er sich wieder an dich heranschleichen.«

Frome scheint selbst überrascht zu sein, in welche Richtung sich das Gespräch entwickelt hat, als würden ihm die Worte ungeplant und gegen seinen Willen entlockt werden. Er lacht. »Ich bin älter als du.« Als würde das alles erklären. »Wenn du diesen Hunger in dir trägst, Red – und das glaube ich –, dann sei dir dessen immer bewusst. Man muss lernen, ihn zu kontrollieren, nicht andersherum. Und genau das hast du geschafft. Deswegen hast du bestanden. Such dir deine Liebhaberinnen und Liebhaber außerhalb der Caballaria. Einen besseren Rat kann ich dir nicht geben.«

Red fällt dazu keine Antwort ein, denn alles, was sie sagen könnte, würde einfach zu viel über sie selbst preisgeben. Sie will ihren Hunger nicht unter Kontrolle halten. Sie will sich von ihm verzehren lassen. Schon längst hat sie akzeptiert, dass ihr Leben dadurch um einiges kürzer ausfallen könnte, dass ihr nur wenig Zeit bleibt, die sie nicht verschwenden darf. Und jetzt, wo sie ein Ritter ist, muss sie einen Weg finden, an Si Wyll heranzukommen.

Das Problem ist nur: Sie hat keine Ahnung, wie sie das anstellen soll.

»Bist du bereit, deinem Schicksal ins Auge zu sehen?« Frome klopft sich den Staub von den Händen.

Angespannt, triumphierend und entschlossen zugleich folgt Red ihm ins Unbekannte.

KAPITEL 17

Cair Lleon, Blackheart

Achtzehn Jahre zuvor

»Ich habe da so eine Idee«, vertraut Art Belisan eines Tages an.

Sie liegt quer über ihn drapiert auf dem Bett, und das lange Haar fällt wie ein glänzendes Tuch über ihren Rücken, während sie genüsslich Trauben nascht. Die Nachmittagssonne schickt ihre warmen, trägen Strahlen zu ihnen herein. Die Vorhänge haben sie offen gelassen, allerdings ist das Fenster geschlossen. Art streichelt mit einer Hand geistesabwesend über ihre Hüfte und staunt gleichzeitig darüber, das einfach so tun zu können. Während ihrer gemeinsamen Stunden kann er das nach Belieben mit ihr machen, und ihr gefällt es, gestreichelt zu werden. Sehr sogar. Art hat ihr den Spitznamen Nymphe gegeben, denn wie die Gestalten auf den alten Gemälden zieht sie es nach Möglichkeit vor, nackt zu sein. Es ist irgendwie schwer, sie sich voll bekleidet vorzustellen.

»Meine Leibwächter holen mich in einer Stunde ab«, sagt sie nur. »Reicht die Zeit dafür noch?«

»Es hat nichts mit Sex zu tun.«

»Oh. Worum geht es dann?«

»Es ist nur eine Idee«, beginnt er vorsichtig. »Zur Entstehung von Ängsten. Wir sind darauf programmiert, uns vor allem zu fürchten, was wir nicht kennen, richtig? Aber wenn wir es dann kennenlernen, speichert unser Gehirn es ab, es ist uns vertraut, und die Angst verschwindet.«

Stirnrunzelnd lässt Bel ihre kleine Zunge über eine besonders fette Traube gleiten.

»Man muss sich dem aussetzen«, beharrt Art. »Dinge vermischen. Das Fremde … weniger fremd machen.«

Ihr scheint noch immer kein Licht aufzugehen.

Also versucht er es anders: »Wie lange hast du heute hierher gebraucht?«

Belisan lebt natürlich in den Räumlichkeiten des Karnevals der Nacht, die sich im Herzen des historischen Surwek in Iochitown befinden. Manche behaupten, dass in Surwek die allerersten offiziellen Bordelle der Sieben Königreiche entstanden sind.

»Zwei Stunden«, antwortet sie.

Art nickt. »Wegen der Grenzkontrollen, nicht wahr? Viele Leute wurden abgewiesen?«

»Ach, die meisten eigentlich. Ich komme auch nur durch, weil du mir dieses spezielle Schreiben ausgestellt hast.«

»Und wenn wir die Grenzkontrollen nun aufheben würden?«

Die Falten auf Belisans Stirn vertiefen sich. »Das wäre verrückt. Dann könnte ja jeder immer überallhin, ganz nach Lust und Laune.«

»Ich weiß.«

»Nun, es wäre dann auf jeden Fall einfacher für uns, uns gegenseitig umzubringen.«

Der Grenzverlauf zwischen Iochitown und Alaunitown war im Laufe der Geschichte schon oft das Objekt blutiger Auseinandersetzungen.

»Eine Theorie besagt, dass es langfristig gesehen Kriege verhindern würde, anstatt neue heraufzubeschwören«, erklärt Art weiter. »Die Leute würden anfangen, sich auszutauschen. Das Kastensystem würde sich auflösen, verstehst du?«

»Ich denke, die Menschen *mögen* ihr Kastensystem«, hält Belisan dagegen. »Man will sich zugehörig fühlen, und man will Vergleichsmöglichkeiten haben. Man will auf die anderen zeigen und sagen können: ›Ihr macht das falsch.‹ Das liegt in der menschlichen Natur.«

»Ja, aber …« Art sucht nach den richtigen Worten. »Wenn wir die menschliche Natur im Laufe der Zeit nicht verändert hätten, würden wir heute noch im Schlamm herumkriechen und uns gegenseitig mit Stöcken verhauen.«

Gelassen zuckt Belisan mit den Schultern. »Aber genau das tun wir doch. Nur die Stöcke sind besser geworden.«

Als sie Arts Miene sieht, beginnt sie zu lachen. Er kennt sie inzwischen ein bisschen besser und weiß deshalb, dass sie es nicht böse meint. Dieses Lachen setzt sie immer dann ein, wenn er ihr mit einem Thema kommt, das sie nicht ausreichend interessiert, um sich genauer damit zu beschäftigen. Art findet das sowohl anziehend als auch frustrierend. Dabei will er ihr doch nur gefallen.

»Ach, egal.« Er gibt auf. »Ich hätte da einen anderen Vorschlag: Bring mir noch diese eine Sache bei, bevor du gehst.«

»Welche Sache?« Sie stopft sich drei Trauben gleichzeitig in den Mund.

»Du weißt schon, wenn du …« Art bricht ab und läuft rot an. Bei allen Heiligen, sie haben in den letzten Wochen jede Menge Dinge miteinander angestellt, und trotzdem schafft er es nicht, irgendetwas davon laut auszusprechen. »Das, wo du beide Hände und den Mund gleichzeitig einsetzt.«

Belisan lässt die Hüften kreisen und presst sie gegen seinen Unterleib. Sie liebt es, wie schnell er immer bereit ist. Deshalb kitzelt sie es mit Vergnügen aus ihm heraus.

»Du meinst, wenn ich da unten …«

Hastig fällt Art ihr ins Wort: »Genau.«

Mit gespielter Empörung sieht sie ihn an. »Warum willst du wissen, wie man das macht, Art? Habe ich etwa einen männlichen Nebenbuhler? Verrate mir sofort seinen Namen!«

Er hat darauf bestanden, dass sie ihn duzt. Das verstößt zwar gegen das Protokoll, aber es tötet einfach jedes Mal die Stimmung, wenn sie ihn mit »Sire« anspricht. Neulich hat sie ihn recht kühn gefragt, warum er eigentlich immer so tue, als stünde er nicht über allen anderen. Er hat daraufhin gesagt, von so tun als ob könne keine Rede sein. Das hat sie zum Lachen gebracht.

»Du sollst mir zeigen, wie ich das bei dir mache«, betont er. Insgeheim freut es ihn, dass sie solchen Spaß daran hat, wenn er rot wird. »Es gibt keinen Nebenbuhler, weder männlich noch sonst wie. Es gibt nur dich.«

»Aha.« Wieder nimmt sie sich eine Traube und lutscht daran herum. »Nun, das ist eine wahre Kunst. Das schafft man nicht mal eben in einer Stunde. Es braucht seine Zeit.«

»Ich lerne schnell.«

Belisan lächelt ihn an. »Ja, das stimmt. Nun denn, wollen wir anfangen?«

Sie rollt sich von ihm herunter und legt sich erwartungsvoll auf den Rücken. Es folgt eine der angenehmsten Unterweisungen auf dem Gebiet der Macht, die Art je bekommen hat.

Art weiß, dass er jung und unerfahren ist, und er weiß auch, dass Belisan hier die Kontrolle ausübt – wie es die meisten Vertreter ihrer Zunft tun. Das grundlegende Arrangement ist nach seinen Vorstellungen festgelegt, aber die Eigenarten von Belisans Diensten bestimmen bei jedem Treffen wieder, was geschieht und wie es geschieht. Er kann Wünsche äußern, die Belisan nach Möglichkeit und in herausragender Weise zu erfüllen versucht – allerdings nur, wenn sie nicht ihre selbst gesteckten Grenzen überschreiten. Verletzt ein Kunde diese Grenzen, verliert er nicht nur sie, sondern läuft auch Gefahr, Hausverbot im gesamten Etablissement zu bekommen.

Natürlich würde das alles etwas anders ablaufen, wenn ihr Arrangement die offensichtlicheren Formen des Machtspiels beinhalten würde. Zwar würde sie auch hier voll und ganz der vereinbarten Rolle nachkommen, doch das Spiel wäre beendet, sobald sie das zuvor festgelegte Wort nennen würde. Eine Grenzüberschreitung würde entsprechende Konsequenzen nach sich ziehen.

Ihr Gewerbe ist ebenso tief im Kodex verwurzelt wie die Caballaria, und die beiden Zünfte sind seit Hunderten von Jahren eng miteinander verbunden. Art weiß, dass der Wert der Lektionen, die Belisan ihm in ihren gemeinsamen Stunden erteilt, weit über das sinnliche Vergnügen hinausgeht. An diesem Nachmittag lehrt ihn ihr Gesicht – dieses wundervolle, nun vollkommen enthemmte Gesicht, in dem sich nur noch die Empfindungen widerspiegeln, die seine Zunge und seine Finger in ihr auslösen –, wie berauschend es sein kann, einen anderen Menschen vollständig unter Kontrolle zu haben, und sei es auch nur für einen Moment.

Die zugesicherte Diskretion wird stets gewährleistet, doch völlige Geheimhaltung ist unmöglich. Schon bald weiß der gesamte Palast, dass Art sich eine Geliebte genommen hat. Vor allem seinen engsten Beratern fällt auf, dass er nun jedes Mal verschwindet, wenn er ein paar Stunden freihat – stets verbunden mit der strikten Anweisung, ihn nicht zu stören. Die etwas Langsameren unter ihnen brauchen allerdings ein wenig länger, um den Grund dafür zu begreifen.

Ihm ist klar, dass viele von ihnen es wissen müssen, und ihm ist ebenfalls klar, dass seine Wahl wohl ihre stillschweigende Zustimmung findet. Wäre es anders, so resümiert er trocken, hätte man es ihn inzwischen wissen lassen. Immerhin gehört der Karneval der Nacht zur absoluten Elite auf seinem Gebiet, und das Arrangement bringt beiden Seiten Vorteile. Mit dem König von London als Kunden kann sich der Ruf des Etablissements nur weiter verbessern, und auf der anderen Seite beweist der junge König durch seine Entscheidung Geschmack.

Seine soziale Stellung bringt ihm das Vorrecht ein, Belisans einziger Gespiele zu sein, solange ihre Vereinbarung gültig ist – ein Privileg, für das sie großzügig entlohnt wird –, weshalb sie auf seinen Wunsch hin so gut wie immer verfügbar ist, auch kurzfristig. Fragt er sie danach, erklärt sie ihm, rundum glücklich zu sein mit der Situation. Verständlich, da – wie er sehr wohl weiß – später die Nachfrage nach der ehemaligen Mätresse des Königs förmlich durch die Decke schießen wird. Auch wenn Belisan selbst das niemals erwähnen würde. Mit Sicherheit wird sie nach dem Ende ihrer gemeinsamen Zeit eine der reichsten und umschwärmtesten Frauen der Sieben Königreiche werden.

Doch daran will er gar nicht denken. Noch fühlt es sich an, als könnte es nie ein Ende haben.

Sie bezeichnet ihn oft als »süß« oder »umwerfend«. Besonders gerne streicht sie mit den Händen über seinen Bauch, bis hinunter zur Hüfte, immer und immer wieder. Oder sie beschreibt ihm, wie scharf es sie macht, wenn seine Hose an seinen schlanken Schenkeln entlanggleitet, wann immer er sich hinsetzt. Oft beginnen ihre Treffen deswegen auf dem Diwan – wo Belisan lieber das Abendessen unterbricht und die Speisen kalt werden lässt, weil zunächst ihr anderer Hunger gestillt werden muss.

Ihr Verhalten und ihr ganzes Wesen sind so ungekünstelt, dass Art schon bald völlig vernarrt in sie ist. Sie ist genau das, war er will: jemand, bei dem es sich nicht anfühlt wie ein Spiel.

*

Die Nacht strebt gerade ihrem Höhepunkt entgegen, als Lillath unvermutet in Arts Gemächern auftaucht. Er ist allein – was sie, wie er später vermutet, vor ihrem Besuch offenbar abgeklärt hat. Belisan war am Abend zuvor bei ihm, und sie kommt nie öfter als zweimal pro Woche.

So sitzt er also an seinem Schreibtisch am Fenster und versucht, sein müdes Gehirn dazu zu bringen, sich auf die Unterlagen zu konzentrieren, die er vor dem ersten Meeting am Morgen noch durcharbeiten muss. Aufgrund der einsetzenden Herbstkälte sind die Vorhänge geschlossen, was dem Raum eine angenehme Behaglichkeit verleiht.

Zum dritten Mal versucht er, einen bestimmten Absatz zu lesen. Doch immer wieder wandert sein Blick zu dem Diwan hinüber, auf dem gestern die verschwitzte Belisan ihre Schenkel um ihn geschlungen und etwas gesagt hat, das so sicher nicht geplant war.

»Ich bin verrückt nach dir, Art«, murmelte sie. Dann wurden ihre Augen groß, und sie setzte hastig ein verspieltes Lächeln auf, um die Reaktion zu vertuschen. Bevor er etwas erwidern konnte, löste sie sich von ihm und schlug vor, nun den Rest der Nachspeise zu essen.

Seufzend legt er die Unterlagen beiseite. Nicht ein Wort ist hängen geblieben. Er wird morgen früher aufstehen und versuchen müssen, sich das alles vor Tagesanbruch noch einzuprägen.

Während er sich ausgiebig streckt, klopft es an der Tür zum angrenzenden Salon. Dass es Fortigo ist, erkennt er an dem schnellen Stakkato. Vermutlich ist noch etwas am Tagesplan für morgen geändert worden, oder Art hat vergessen, irgendetwas furchtbar Wichtiges zu erledigen. Wenn er Glück hat, bringt er ihm aber auch nur etwas Süßholztee. Fortigo hat ein fast schon übermenschliches Gespür für Arts Wünsche und Stimmungen.

Er steht auf, geht in den Salon hinüber und ruft Fortigo zu, dass er eintreten darf. Was der auch tut, allerdings dicht gefolgt von Lillath, die sich sofort prüfend umsieht. Einen Moment bleibt ihr Blick an der Schlafzimmertür hängen.

»Lil.« Art ist überrascht.

»Sie hat kurzfristig um eine Audienz gebeten, Sire«, erklärt Fortigo. »Daraufhin habe ich Ihnen eine Nachricht schicken lassen, auch wenn ich natürlich davon ausging, dass Sie zu beschäftigt sind, um sie zu lesen. Trotzdem hat sie darauf bestanden, es persönlich zu versuchen.«

Art sieht schuldbewusst zu dem Posteingangskorb hinüber, der neben der Tür in die Wand eingelassen ist und in dem ein kleiner, sorgfältig gefalteter Zettel liegt. Möglicherweise hat er ihn vor ein oder zwei Stunden sogar dort bemerkt, sich dann aber nicht dazu durchringen können, hinzugehen und nachzuschauen.

»Oh Mann, bei Ihnen klingt das so förmlich«, mischt sich Lillath gereizt ein. »Ich habe nicht um eine Audienz gebeten, ich möchte einfach nur mit einem meiner ältesten Freunde reden – Sie wissen schon, wie normale Menschen das eben tun? Müssen wir dieses Affentheater denn jedes Mal durchspielen?«

»Wenn Ihr Freund der König ist, werte Dame«, hält Fortigo mit einem Hauch Schärfe in der wohltemperierten Stimme dagegen, »auf jeden Fall.«

»Ach, scheiß drauf«, befindet Lil. »Er ist der unköniglichste König aller Zeiten, und das wissen Sie auch.«

»Der Palast …«

»Der Palast dient dem König, richtig? Sollten sich dann nicht alle hier irgendwie seinem Stil anpassen? Wird das nicht bei jedem Herrscher verlangt?«

Fortigo wirft ihr einen eisigen Blick zu.

»Sire«, sagt er dann beinahe flehend.

Es fällt Art schwer, seine Belustigung nicht offen zu zeigen. »Ist schon gut, Fortigo. Versprochen.«

Der Vastos nickt knapp. »Bitte lassen Sie mir eine Nachricht zukommen, wenn die Dame gehen möchte.«

»Ich werde es wohl gerade noch schaffen, allein den Ausgang zu finden«, ätzt Lillath.

»Daran habe ich nicht den geringsten Zweifel«, erwidert Fortigo, den Blick knapp an ihr vorbei an die Wand gerichtet. »Nichtsdestotrotz muss ich Sie wohl bedauerlicherweise erneut daran erinnern, dass jeder, der ohne offizielle Begleitung im Palast herumläuft, von den Wachen erschossen wird.«

Lillath setzt eine verblüffte Miene auf, die sich dann höchst theatralisch aufhellt. »Oh jaaaa, richtig. Jetzt fällt es mir wieder ein.«

Fortigo ringt sich noch ein bemühtes Lächeln ab, dann geht er und zieht die Tür hinter sich zu.

Art schüttelt bedauernd den Kopf. »Ich fürchte, er kann dich nicht ausstehen, Lil.«

»Oh, *ich* fürchte, ich bin ganz schrecklich in ihn verliebt«, erwidert sie. »Er ist so herrlich verkrampft, und er hat umwerfende Waden.«

»Er hat schon ein Mädchen.«

»Sind sie einander versprochen?«

»Nicht, dass ich wüsste.«

»Dann ist er noch auf dem Markt.« Lil geht zum größten Diwan hinüber, den der Salon zu bieten hat, und lässt sich mit einem zufriedenen Seufzer darauf nieder. Art setzt sich gegenüber von ihr in einen Sessel und mustert sie aufmerksam. Er kennt Lillath. Sie würde sich nie mitten in der Nacht durch das Spinnennetz aus Regeln und Vorschriften kämpfen, das der Palast um ihn herum gewoben hat und das ihr so wahnsinnig auf die Nerven geht, nur um ein kleines Schwätzchen zu halten.

Seit ihrem letzten Treffen sind fast vier Monate vergangen, und trotzdem steckt sie noch immer in der Ausbildung zum Vastos drüben in Permissos Park fest, die sie bereits im Jahr vor seiner Thronbesteigung begonnen hat. Die meisten ihrer Kolleginnen und Kollegen dort stammen aus Blackheart, es gibt aber auch ein paar wie Lillath, die aus anderen Bezirken kommen. Sie hat sich ein Zimmer in der Ausbildungsstätte genommen, allerdings vermutet Art, dass mehr hinter dieser Maßnahme steckt als nur die Vermeidung der täglichen Grenzkontrollen. Sie entstammt einer Familie, in der man sich unglaublich nahesteht und einander so innig umsorgt, dass es schnell erdrückend werden kann. Und Lillath liebt ihre Freiheit.

»Wie geht es Henry?«, fragt er sie nun.

»Oh, mit dem treffe ich mich nicht mehr«, verkündet Lillath wegwerfend. »Für eine Weile war das ganz schön, aber dann hat er angefangen zu klammern.«

»Das erinnert mich an Lucans Cousine, mit der du mal einen Sommer lang etwas hattest«, sinniert Art. »Wie hieß sie noch gleich?«

»Persivanne.«

»Stand sie nicht jeden Tag vor deiner Schule, nachdem du mit ihr Schluss gemacht hattest, und hat dich angefleht, es noch einmal mit ihr zu versuchen? Und dann ist sie eines Nachts in die Schule eingebrochen und hat ›Lillath DeHavilland hat mir das Herz gebrochen, nehmt euch vor diesem Monster in Acht‹ auf die Einfahrt gesprüht.«

»Genauer gesagt war es: ›Nehmt euch vor dem Monster mit dem Namen Lillath DeHavilland in Acht‹«, korrigiert ihn Lil trocken, »aber schon nah dran. Das hat euch noch jahrelang Grund zur Heiterkeit gegeben, ich weiß. Aber eines sage ich dir. Durch sie habe ich eine wichtige Lektion gelernt. Von da an habe ich immer genau aufgepasst, wie weit ich gehen kann, ohne den anderen zu verletzen. Und ich sage jedem offen und ehrlich, was ich von ihm will. Danach sind sie selbst dafür verantwortlich, wenn sie sich zu sehr auf mich einlassen.«

Ihr scharfer Unterton lässt Art einlenken.

»Ich weiß, Lil. Das bewundere ich an dir.«

Überrascht sieht sie ihn an. Der Moment zieht sich etwas zu lang hin, sodass sie schließlich den Blick senkt.

»Wo wir gerade beim Thema Gespielinnen sind, wie läuft es denn so mit deiner?«

Art wirft ihr einen warnenden Blick zu. Er hätte wetten können, dass sie so ziemlich die Erste war, die es herausfand. Lillath war schon immer über alles auf dem Laufenden, auch wenn er keine Ahnung hat, woher sie dieses Wissen bezieht.

»Gut, danke der Nachfrage«, antwortet er steif.

Mit einem fröhlichen Lachen meint Lillath: »Ach, komm schon, mir gegenüber musst du doch nicht schüchtern sein. Sie wäre es ganz sicher nicht. Nach allem, was man so hört, ist sie sehr gut in ihrem Job.«

»Du hast also von ihr gehört, ja?«

»Na ja, ich habe mich eben nach ihr erkundigt.«

»Es gibt in Cair Lleon ein ganzes Team von Sicherheitsgolems, deren Job einzig und allein darin besteht, solche Dinge zu erledigen. Bestimmt wurde sie komplett durchleuchtet und überprüft, sobald ich meine beschissene Anfrage rausgeschickt hatte.«

Lillath sieht ihn mit schräg gelegtem Kopf an. »Du bist sauer«, stellt sie fest. »Warum?«

»Ich bin nicht …« Mühsam reißt Art sich zusammen. »Ich bin nicht sauer. Ich bin nur … Warum kann mein Privatleben nicht auch privat bleiben? Warum lässt man mir nicht einmal das?«

»Weil die Frage, mit wem du vögelst, ebenso wichtig ist wie die Frage, wen du einmal heiratest, Art.« Sie hält kurz inne und fährt dann mit für sie ungewöhnlicher Behutsamkeit fort: »Wenn du mit ihr zusammen bist, lässt du dich gehen. Und vielleicht sagst du dann Dinge, die du …«

»Bei allen Heiligen, jetzt soll sie also eine Spionin sein?«

»Ich will damit nur sagen, dass du vorsichtig sein musst.«

»Und woher willst du wissen, dass ich *nicht* vorsichtig bin?« Kalte Wut droht Arts Stimme zu ersticken. »Muss ich etwa davon ausgehen, dass ich auch in meinen Privaträumen überwacht werde?«

Lillath starrt ihn fassungslos an. Hastig sucht sie nach den richtigen Worten.

»Ich habe keine Ahnung, ob du überwacht wirst. Mir geht es doch nur darum: Sie ist deine Erste, Art. Das kann überwältigend sein. Und es bedeutet etwas. Deine Erste wird dir immer etwas bedeuten.«

Leicht verwirrt stellt Art fest: »Sie ist nicht meine Erste, Lil.«

Mit einem schweren Seufzer erklärt sie: »Bei uns war es nicht so. Warst *du* nicht so. Das meine ich mit ›die Erste‹.«

»Nicht so? Wie bin ich denn bei ihr?«

»Abgelenkt.«

»Ojemine. Nun, dann sollten wir sie am besten sofort ins Gefängnis werfen, nicht wahr?«

»Bist du in sie verliebt?« Lillath lässt nicht locker.

Art merkt erst jetzt, dass er die Hände so fest um die Armlehnen des Sessels gekrallt hat, dass sie anfangen zu schmerzen. Mühsam lockert er seinen Griff. »Inwieweit sind meine Gefühle für sie von Bedeutung?«

Lillath schüttelt ungerührt den Kopf. »So ist es eben.«

»Mein Gefühlsleben geht nur mich etwas an, niemanden sonst.«

»Jetzt nicht mehr.«

»Verliebt oder nicht«, protestiert Art, »was kümmert es dich? Warum bist du hier, Lil?«

Sie setzt sich so abrupt auf, dass er kurz zusammenzuckt. »Kennst du die oberste Regel im Karneval der Nacht? Sollte einer ihrer Mimen feststellen, dass ein Kunde eine zu enge emotionale Bindung aufbaut, muss er einen Weg finden, das Arrangement mit besagtem Kunden so schnell und elegant wie möglich zu beenden. Man darf sich nicht in sie verlieben, Art. Diese Gefühle, die sie in dir wachruft … die werden ganz gezielt erschaffen. Nichts davon ist *echt*. Man bezahlt sie, damit sie einem genau das geben, was man sich wünscht, aber nur für eine begrenzte Zeit. Fantasien sind nicht für die Ewigkeit gedacht, Art. Das ist dir doch bewusst, oder? Ihr Geschäft ist die Illusion, und wenn sie es bis in den Karneval der Nacht geschafft hat, muss sie verdammt gut darin sein.«

Sind denn all seine Gefühle zur Begutachtung freigegeben? Beobachten sie ihn alle, wird hinter vorgehaltener Hand über ihn getuschelt? Lachen sie sich über den naiven Kindkönig kaputt, zerbrechen sich die Köpfe darüber, ob er nun berauscht ist von Liebe oder von Lust?

»Offenbar hältst du mich für ein einfältiges Kind«, stellt er fest.

Entsetzt reißt Lillath die Augen auf. »Das habe ich doch gar nicht gesagt …«

»Ach nein? Wie ist diese herablassende Warnung denn dann zu verstehen?«

Offenbar fehlen ihr die Worte, denn sie starrt ihn nur stumm an.

Plötzlich hat er es satt, in diesem Käfig zu sitzen – aber viel schlimmer ist, dass sie sich auch noch hereindrängt.

»Du …« Art schafft es nicht, setzt neu an. »Du solltest gehen, Lil. Geh einfach.«

Reglos wie Stein erwidert sie seinen Blick. »Die Audienz ist also beendet, Sire?«

Ein ungläubiges, wütendes Lachen bricht aus ihm hervor. Wie kann sie es wagen?

»Also schön«, sagt er dann. »Wenn du es so haben willst. Ihre Audienz ist beendet, Lady DeHavilland.«

Eisiges Schweigen folgt, in dem Lillath sich von dem Diwan erhebt, Art den Rücken zukehrt und zur Tür geht. Bevor sie sie öffnet, bleibt sie noch einmal kurz stehen. Art ist erleichtert: Bestimmt macht sie jetzt irgendeinen witzigen Kommentar, dann können sie gemeinsam diese drückende Last abschütteln, die sich so urplötzlich und voller Bitterkeit auf sie herabgesenkt hat.

Und sie sagt tatsächlich etwas.

»Weißt du, früher hast du immer zu deinen Gefühlen gestanden, vollkommen furchtlos. Du hast das nie als Schwäche betrachtet, und genau deshalb war es eine deiner Stärken. Und jetzt schmeißt du mich raus, weil du es nicht erträgst, dass ich deine verletzliche Seite sehe. Offenbar sind wir anderen nicht die Einzigen, die Mauern errichten, Art.«

Sie reißt nicht einmal dramatisch die Tür auf, wie die laute, stürmische Lil, die er kennt. Ganz leise geht sie hinaus und lässt die Tür mit einem sanften Klicken hinter sich ins Schloss fallen.

Keiner von ihnen ist noch so wie früher, obwohl doch kaum Zeit vergangen ist.

Es zerreißt ihm das Herz.

KAPITEL 18

Der Kerker, Rhyfentown

Fünf Monate zuvor

»Ich grüße dich, Red Caballarias o'Rhyfentown.«

Red wendet sich von dem Gemälde ab, das sie sich gerade angesehen hat.

In der Tür des Arbeitszimmers steht ein Mann, die Arme in straffer Haltung gesenkt. Dies ist sein Arbeitszimmer, sein Haus, denn seiner Familie gehört die Kaderschmiede, in der sie sich gerade befinden. Er ist ein Nachkomme eines Ordensritters, der im Krieg der Saith unter Rhyfens Banner gekämpft hat. Reichtum und Status hüllen ihn ein wie strahlende Schmuckstücke in den Farben des Zornigen Heiligen, wie Sonnenstein und Katzenauge.

Red ist ihm nie zuvor begegnet. Er ist einfach nicht der Typ, den man zufällig auf dem Flur trifft.

»Si Timor.« Sie verbeugt sich. »Verzeihen Sie, man hat mir gesagt, ich solle hier auf Sie warten.«

Si Timor Caballarias Merwic o'Rhyfentown lächelt. Sein stahlgraues Haar ist kurz geschnitten. Im Alter hat er ein wenig zugelegt, er hat keine sichtbaren Narben, und seine offenbar hochwertige Kleidung besticht durch schlichte Eleganz. Irgendwie möchte man ihn einfach nur knuddeln, und Red findet ihn auf Anhieb sympathisch.

»Welches gefällt dir am besten?« Timor deutet mit dem Kopf auf die Wand. »Das, vor dem du gerade stehst?«

Das Gemälde, das sie sich angesehen hat, zeigt eine fremdartig anmutende Landschaft. Ein Teil davon ist leicht zuzuordnen: der unverkennbare Umriss von Black Tom und dort an der Themse einige der bekannteren mehrspurigen Brücken – Lamhythe, Falkesall und die Blestern –, jede eine Verbindung zu verschiedenen, von Blackheart wegführenden Bezirken. Aber die Skyline passt überhaupt nicht. Die Gebäude sind viel zu hoch, ragen zu weit in den trüben Himmel hinauf, und oben sind sie alle vollkommen flach, als hätte man eine Ladung Steine darauf abgeladen. Nirgendwo ist ein Turm oder eine Spitze zu sehen. Feine Linien ziehen sich über die Brücken, und darauf sind rechteckige Kästen gezeichnet, die ein wenig aussehen wie oberirdische Bahnen. Aber auf diesen Brücken gibt es keinen Schienenverkehr.

»Soll das eine Zukunftsvision sein?«, fragt sie schließlich.

Si Timor scheint beeindruckt. »Beinahe, ja. Es soll eine Alternativversion von London darstellen. Eine, die bereits existiert haben könnte oder vielleicht noch existieren wird.«

Er geht zu dem riesigen Schreibtisch hinüber, der den gesamten Raum beherrscht, und nimmt dahinter Platz, während er gleichzeitig auf den leeren Besucherstuhl deutet.

Red setzt sich.

»Sie stammen alle vom selben Künstler.« Timor deutet auf die verschiedenen Gemälde und Skizzen an den Wänden. Überwiegend sind es Landschaftsdarstellungen – städtische Straßenimpressionen, hügeliges Landidyll, eine ungezähmte Steilküste. Nur ein einziges Porträt ist dabei: ein blasser Mann in einem Sessel, dessen Lehne weit über den Kopf des Sitzenden hinausragt. Er trägt streng geschnittene Kleidung, das lange schwarze Haar ist zu einem Zopf geflochten, der über seine Schulter drapiert ist, das Kinn hat er in die Hand gestützt. Das Bild strahlt eine unglaubliche Intensität aus, das kantige Gesicht des Mannes scheint beinahe geisterhaft vor dem dunklen Hintergrund zu schweben.

Timor lächelt betrübt. »Die Künstlerin war … sagen wir mal … der Vorstellung verfallen, dass von unserer Welt noch viele alternative Variationen existieren, zwischen denen wir hin und her reisen könnten, wenn wir nur den richtigen Weg finden. In ihrem Kopf haben diese Welten sie stets begleitet: viele verschiedene Londons, mit unterschiedlichen Skylines und Namen. Oft nannte sie die Stadt ›Kapitale‹. Auch ›Lud‹ schien ihr zu gefallen – dieser Name sei öfter aufgetaucht, sagte sie. Sie war eine außergewöhnliche Frau mit einer sehr außergewöhnlichen Gabe.«

»Sie war eine Gottgleiche«, folgert Red.

»Jawohl.«

Also wohl eine Art Seherin – oder vielleicht auch einfach nur verrückt. Hat sie diese Bilder mithilfe von Magie gemalt? Wie ließe sich so etwas nachweisen?

»Wie hieß sie?«, erkundigt sich Red.

»Rue«, antwortet Timor schlicht, ohne weitere Angaben.

»War sie Ihre …?« Red lässt die Frage höflicherweise unvollendet.

Doch Timor winkt ab. »Oh nein. Nein, sie war bereits vergeben. Eigentlich waren die beiden nur auf der Durchreise, ich hatte Glück, sie überhaupt kennenlernen zu dürfen. Sie hat mehr gesehen als irgendjemand sonst. Während die meisten ihre Zeit damit verbrachten, immer darauf zu schielen, was andere hatten, oder ständig nur ihr eigenes kleines Leben betrachteten, war ihr Blick stets nach außen gerichtet, auf das, was sie als endlose Kette von Realitäten bezeichnete.«

»Aber … das war doch alles nur in ihrem Kopf, oder?«

»Selbstverständlich.« Timor schmunzelt. »Was aber natürlich nicht heißt, dass es nicht existiert.«

»Wie bitte?«

»Vielleicht solltest du dich mit einigen der Theorien vertraut machen, die zurzeit publiziert werden. Erweitere deine Sicht der Dinge und dein Wissen, gehe über das hinaus, was direkt vor dir liegt.«

Red versucht angestrengt, den Zweck dieses Gesprächs zu entschlüsseln.

»Ich bin nicht wie sie«, verkündet sie schließlich.

Timor schnaubt belustigt. »Selbstverständlich nicht. Ich bin keineswegs der Ansicht, dass die Gottgleichen eine Art homogene Masse bilden, Si Red. Jeder von euch ist ein Individuum, was ja auch für alle anderen auf dieser Welt gilt.« Er streckt die Hand aus und tippt auf einen großen schwarzen Umschlag, der vor ihm auf dem Tisch liegt.

»Hier drin befindet sich dein Caballaria-Titel«, erklärt er. »Wurde heute Morgen aus Lee DeCyngs Büro geschickt. Möchtest du ihn öffnen?«

Es stellt sich heraus, dass Red wesentlich weniger Emotion vortäuschen muss, als sie gedacht hat. Die Gefühle kommen von ganz allein, und sie spürt, wie ihr Mund trocken wird. Langsam nimmt sie den Umschlag entgegen und reißt ihn so ruhig auf, wie es ihr möglich ist.

Darin befindet sich ein Stapel Schöpfpapier, die einzelnen Blätter an einer Seite zusammengenäht wie bei einem selbst gebundenen Buch. Auf der ersten Seite steht nichts außer einem Namen, geschrieben in dem leuchtenden Rot frisch vergossenen Blutes:

DAS
ROTE
PHANTOM

Die folgenden Blätter sind mit wundervollen Zeichnungen bedeckt, Red in unterschiedlichen Posen und Stellungen, dargestellt mit unterschiedlichen Outfits und Waffen. Das schmale, mit fein geschnittenen Zügen versehene Gesicht auf den Bildern ist von einer schwer greifbaren Schönheit geprägt, die dem Betrachter vor allem eines suggeriert – dass zwischen ihm und dieser Frau eine unsichtbare Mauer aufragt. Das eigentliche Wesen der Figur, dieses Roten Phantoms, bleibt ihm verschlossen. Red ist voller Bewunderung für das, was der Künstler aus ihr gemacht hat, aber aus irgendeinem Grund gefällt es ihr nicht.

Nun ist sie also eine Kunstfigur. Eine Kreation. Ein merkwürdiges Gefühl.

»Wie gefallen sie dir?«, will Timor wissen.

Vorsichtig legt Red die Zeichnungen auf dem Tisch ab.

»Sie sind wunderschön«, gibt sie zu, »haben nicht viel Ähnlichkeit mit mir, aber sind schön.«

Timor widerspricht mit einem feinen Lächeln: »Ganz im Gegenteil. Lee hat ein vorzügliches Auge für die in uns verborgenen Feinheiten.«

»Hat er das etwa selbst gezeichnet?«

»Das tut er immer. Und was hältst du von dem Namen?«

»Er ist … wie sie ihn eben haben wollen. Es ist nur ein Name.«

»Oho.« Timor sieht sie aufmerksam an. »Namen sind wichtig. Unsere Namen formen uns, sie spiegeln unsere Bestimmung wider, unsere Familie und Herkunft. Das Rote Phantom. Nun ja, es ist vielleicht ein wenig … plakativ?«

»Sie haben gesagt, im Kampf hätte ich etwas Geisterhaftes an mir. Ich weiß ja nicht …«

»Nein, man bekommt nur selten die Gelegenheit, sich selbst von außen zu betrachten. Doch in der Caballaria bist du gezwungen, das zu lernen, und zwar möglichst schnell. In der Ausbildung versuchen wir, euch darauf vorzubereiten, indem wir euch Wege aufzeigen, wie ihr euch von eurem altvertrauten Wesen trennen und es als ein Instrument betrachten könnt. Es ist eine recht außergewöhnliche Profession, so viel steht fest. Vor allem heutzutage. Doch im Grunde ist es noch immer eine sehr ehrenvolle. Vergiss nie, warum sie existiert. Vergiss nie den Kodex.«

»Mein erster Kampf …« Red zögert. »Er wurde bereits festgelegt?«

»Ja.«

»Das ist aber nicht normal, oder?«

Timor deutet ein Nicken an. »Es ist ungewöhnlich, ja.«

Einen Moment lang sucht Red nach einer Möglichkeit, ihre nächste Frage zu formulieren, ohne dabei zu viel preiszugeben, aber anscheinend kann Timor Gedanken lesen – oder sie ist einfach leichter zu durchschauen, als sie bisher dachte. Kein sehr angenehmer Gedanke.

»Man hat Si Wyll gefragt, ob sein Stall dich direkt nach der Ausbildung aufnehmen möchte«, erklärt er ihr freundlich. »Doch er hielt es für besser, wenn du zunächst bei uns bleibst und Erfahrungen sammelst. Er – beziehungsweise sein Stall – wird auch weiterhin finanziell für dich aufkommen. Damit zeigt er sich äußerst großzügig uns gegenüber, und mir ist durchaus bewusst, dass ich ihm dadurch auf eine Weise verpflichtet bin. Zudem ist er nicht der einzige Wohltäter, dessen Interesse du geweckt hast.«

»Nicht der einzige Wohltäter?«, wiederholt Red verblüfft. »Wen gibt es denn sonst noch?«

»Sagen wir einfach, du bringst uns eine Menge Aufmerksamkeit ein, Si. Was natürlich eine große Ehre für uns ist«, fügt Timor trocken hinzu.

Mit jedem seiner Worte senkt sich die Last der Verantwortung schwerer auf Reds Schultern. Wenn sie es verbockt, wird sie nicht nur ihren eigenen Ruf ruinieren, jetzt liegt auch noch das Ansehen der Kaderschmiede von Rhyfentown in ihren Händen.

»Die Ehre ist ganz auf meiner Seite«, antwortet sie.

»Hm. In den öffentlichen Ställen geht es oft hart und kompromisslos zu. Du wirst in eher unschönen Disputkämpfen antreten müssen, und was das Prestige angeht … Nun ja, es gibt keines. Die Menschen werden durch Prunk und Glamour angezogen und auch davon findet sich hier kaum etwas. Dein eigentliches Ziel stand ja von Anfang an fest.«

»Es tut mir leid, ich wollte nicht undankbar erscheinen …«

Timor lacht unbeschwert. »Damit muss man doch nicht hinter dem Berg halten. Ehrgeiz und Macht gehören – wenn sie denn sorgsam dosiert für das Allgemeinwohl eingesetzt werden – zu den nützlichsten Werkzeugen, um die Zivilisation voranzutreiben.«

Ein wörtliches Zitat aus einem der bekanntesten Grundsätze des Kodex. Es ist allgemein bekannt, dass Si Timor den Kodex über alles stellt. Nicht in allen Kaderschmieden wird so viel Wert darauf gelegt. Nun trommelt er mit den Fingerspitzen auf den Tisch, während er Red durchdringend mustert. Vollkommen reglos lässt sie den prüfenden Blick über sich ergehen.

»Du solltest die Möglichkeit in Betracht ziehen, dass Si Wyll dich testen will«, sagt er schließlich. »Aus diversen, äußerst nachvollziehbaren Gründen tut er sich schwer damit, anderen zu vertrauen. Du musst also einen Weg finden, dir dieses Vertrauen zu verdienen.«

Langsam hat Red es satt, ständig irgendwelche Tests bestehen zu müssen. Eigentlich hat sie gedacht, mit dem Ende ihrer Ausbildung wäre auch das vorbei, aber nun wird ihr langsam klar, dass es sich genau andersherum verhält: Von nun an wird man sie nur immer genauer unter die Lupe nehmen.

Ihr Blick bleibt an dem schweren Papier hängen, an den kräftigen, leuchtenden Buchstaben ihres Caballaria-Titels.

Das Rote Phantom.

»Wie viel Zeit bleibt mir noch für die Vorbereitung auf meinen ersten Kampf?«, fragt sie schließlich.

Timor schenkt ihr ein feines, zufriedenes Lächeln.

KAPITEL 19

Cair Lleon, Blackheart

Achtzehn Jahre zuvor

Sobald sie merkt, dass Art befriedigt ist, bricht Belisan auf.

Niemals schläft sie im Palast. Noch nie hat er sie im Licht des frühen Morgens gesehen. Anfangs beschämt ihn das etwas – ist die Zeit mit ihm denn so schrecklich, dass sie so schnell wie möglich fort will? Dann aber begreift er, dass es nicht das Zusammensein mit ihm ist, das sie meidet, sondern lediglich der Schlaf. Sie kann stundenlang mit ihm im Bett liegen, völlig zufrieden und ausgeglichen, doch sobald einer von ihnen müde wird, ist sie fort.

Art wird noch bereuen, sie nie danach gefragt zu haben, denn als ihr intimes Arrangement bereits einige Monate besteht, findet er schließlich den Grund dafür heraus.

Eines Abends erscheint Belisan später als vereinbart, und schon als sie durch den Geheimgang seine Gemächer betritt, wirkt sie außergewöhnlich erschöpft. Sie entschuldigt sich für die Verspätung, woraufhin Art ihr anbietet, das Treffen zu verschieben. Sie aber lehnt das ab, und so finden sie sich letztendlich im Bett wieder, wo Art sorgsam darauf achtet, den Großteil der Arbeit zu übernehmen. Schließlich ist er ja der Schüler – auch wenn Belisan oft behauptet, ebenso viel von ihm zu lernen wie er von ihr.

Als sie fertig sind, wendet er sich ihr zu, schon leicht schläfrig in seiner Befriedigung. Belisan hat die Augen geschlossen, und ihr Atem geht tief und gleichmäßig. Anstatt sie zu wecken, lässt er sich in die zerwühlten Laken sinken und schläft langsam ein.

Dann wacht er auf und spürt, wie er ertrinkt.

Seine Brust verkrampft sich. Die nasse Schwere der See zerrt an ihm, Salzwasser brennt in seiner Kehle. Irgendetwas packt von hinten seinen Kopf, drückt ihn unter die Oberfläche. Art öffnet den Mund, und voller Gier strömt das Wasser herein. Umhüllt von der weichen, trügerischen Unterwasserwelt dreht er sich um, zwingt sich, durch die trübe Dämmerung zu spähen, während er gleichzeitig versucht, sich loszureißen.

Es ist ein Monster mit Belisans Gesicht, ein riesiges, schlankes Ding, das entfernt an einen Seehund erinnert. Mit konzentrierter Miene drückt es ihn unter Wasser, die mörderischen Absichten unverhüllt. Das Monster hat ihre braunen Augen, auch wenn deren Glanz durch Schlamm getrübt ist. Eine todbringende Selkie.

Art versucht zu schreien, erinnert sich zu spät daran, dass er hier den Tod riskiert, wenn er nach Luft schnappt. Immer wilder schlägt er um sich und kann sich so aus dem Griff der Selkie befreien. Sofort fangen seine Arme an zu rudern, tragen ihn Richtung Luft und Licht, lassen ihn beides einen herrlichen Moment lang einfach nur genießen.

Der Himmel ist mit drohenden Wolken bedeckt. Hastig ziehen sie vorüber, als wollten sie nicht Zeuge des Geschehens werden. Und dort, ganz nah, ist das Ufer, nur wenige Schwimmzüge entfernt, obwohl das Wasser unter ihm doch so unendlich tief ist.

Am Ufer steht eine Gestalt, eine menschliche Gestalt. Ihre Augen sind geschlossen.

Es ist Belisan.

»Bel!« Wie das Wasser in seiner Kehle stößt er gurgelnd ihren Namen aus.

Sie öffnet die Augen, sieht ihn an.

Art winkt mit aller Kraft.

Plötzlich spürt er etwas an seinem Fuß, ein tonnenschweres Gewicht zerrt an ihm.

»Bel …« Noch einmal schreit er, dann geht er unter.

Er ahnt eher, als er es hört, wie es über ihm plätschert, wie die Meeresoberfläche sich hebt. Die Selkie hat ihn gepackt, wie Eisenklemmen schließen sich ihre Arme um seinen Körper. Seine Brust brennt, brennt so unerträglich. Pure Verzweiflung ergreift ihn, eine Verzweiflung, wie er sie noch nie gespürt hat. Wenige Sekunden noch, dann wird er tot sein.

Das war's dann also.

Ein letzter Gedanke bleibt dir noch.

Es sollte ein guter sein.

Mama, denkt er mit beinahe staunender Schwermut, kurz bevor Belisans menschliche Gestalt vor ihm auftaucht, nach ihm greift …

Dunkelheit. Etwas drückt in seinem Hals, seine Kehle droht zu platzen, seine Brust zu zerreißen. Dann übergibt er sich. Rollt sich auf die Seite, krümmt sich zusammen wie ein sterbender Käfer, während Salzwasser aus seinem Mund quillt, herausgepresst von einer Faust, die wieder und wieder auf seinen Bauch drückt. Ein nasses Laken klebt an seiner Wange. Der Geruch feuchter Hafenluft drängt mit würziger Schärfe in seine Nase.

Verzweifelt saugt er Luft in seine Lunge – süße, Leben spendende Luft –, doch es tut weh, brennt in seinem gepeinigten Inneren. Wieder versucht er es, würgt, hustet mit brennendem Salzgeschmack auf der Zunge. Krampfhaft bohren sich seine Finger in das nasse Laken.

»Art.« Eine ängstlich zitternde Stimme, irgendwo hinter ihm. »Rede mit mir. Bitte, sag etwas. Art!«

Ein Bett. Sein Bett. Er ist nicht im Meer. Er ist im Palast, in seinem Schlafzimmer.

Die Faust an seinem Bauch verschwindet, nun streicht eine Hand vorsichtig über seine Schulter, wieder ruft jemand seinen Namen.

Ist ja komisch, denkt er, *gerade eben noch hat mich das Wasser verschlungen, aber in mir drin brennt es wie Feuer.*

Mühsam richtet er sich auf, lässt sich gegen die nassen Kissen sinken.

Neben ihm hockt die nackte Belisan. Das war ihre Faust an seinem Bauch. Ihre ängstliche Stimme.

»Ich war im Meer«, krächzt er. »Ich war …«

»Ich habe geträumt«, erklärt sie ihm unter Tränen. »Ich habe geträumt. Es tut mir so leid, so schrecklich leid.«

Geträumt? Aber das Wasser war real. Das Laken ist nass, der Geruch von Seetang hängt noch immer in der Luft. Mit fiebrigem Blick späht Belisan zwischen den feuchten Strähnen hindurch, die ihr ins Gesicht hängen. Wie ein wildes Tier sieht sie aus. Wie ein Tier in der Falle.

Und plötzlich begreift Art.

Offenbar sieht sie es ihm an, denn sie zieht sich von ihm zurück. Steigt langsam und vorsichtig aus dem Bett, noch immer nackt. Bleibt mit hängenden Schultern stehen und starrt ihn an.

Alles scheint für einen Moment in einer Art Schwebezustand zu verharren, schaudernd innezuhalten.

»Was ist passiert?«, versucht Art herauszufinden, doch seine Frage geht in einem Hustenanfall unter. Sein Hals pocht.

»Ein Traum«, sagt Belisan. »Es war ein Traum.«

»Das war dein Gesicht.«

Sie antwortet nicht.

»Dieses Monster da im Meer, das hatte dein Gesicht.« Art hört selbst, wie verwundert er klingt. »Hast du gerade versucht, mich umzubringen?«

Vehement schüttelt sie den Kopf. »Nein – *nein*! Ich habe es nicht wahrgenommen. Mir war nicht bewusst, was ich tue. Manchmal ziehe ich andere in meine Träume hinein, Art, es tut mir so schrecklich leid, ich habe das nicht unter Kontrolle …«

Der Schock ist so groß, dass er Art mitreißt wie eine erbarmungslose Flutwelle. Am liebsten würde er weinen.

»Bist du eine Auftragsmörderin?«, fragt er.

»Nein! Nein!«

»Du bist eine Gottgleiche.«

Darauf sagt Belisan nichts, doch unendliches Leid zeichnet sich auf ihrem Gesicht ab.

»Ich wäre fast gestorben.« Art tippt auf seine Brust. »Ich spüre es immer noch. Ich kann fühlen, wie …«

»Ich schwöre dir, ich wollte nicht …«

»Aber das warst du. In diesem Traum. Du hast mich unter Wasser gedrückt.«

Belisan schüttelt den Kopf, schafft es aber nicht, es abzustreiten. Tränen laufen über ihre Wangen, während sie ihn reglos ansieht.

»Bitte«, flüstert sie schließlich. »Ich habe es dir nicht gesagt, weil ich nicht wollte, dass du mich hasst. Deshalb schlafe ich nie hier. Ich war doch vorsichtig, so vorsichtig.«

»Du hast mich belogen.«

»Das musste ich. Mein ganzes Leben lang musste ich lügen. Wenn es jemand wüsste …«

Ja, genau. Wenn es jemand wüsste.

»Ich werde fortgehen«, haucht sie. »Weit, weit fort. Du wirst mich niemals wieder zu Gesicht bekommen.«

»Das kann ich nicht zulassen«, widerspricht er, doch es klingt nicht mehr wirklich überzeugend.

Sie wissen beide, was passiert, wenn sie bleibt.

»Ich verschwinde einfach«, fleht sie. »Niemand muss es je erfahren.«

»Bel.«

Gequält sieht sie ihn an. »Bitte. Ich wollte dir niemals wehtun.«

Art starrt sie reglos an. In seiner Brust brennt das Salzwasser, viel schlimmer aber brennt das Gefühl, verraten worden zu sein.

Schließlich nickt er kaum merklich.

Belisan reagiert schnell. Sie sammelt ihre Kleidung und Schuhe ein, hält sich aber nicht damit auf, sie anzuziehen. Den Arm voller Stoff, rennt sie mit wehenden Haaren durch das Zimmer. Das sanfte Licht der Wandleuchter malt helle Bahnen auf ihren Körper. Sie verlässt den Raum durch den Geheimgang, und die Wand schließt sich lautlos hinter ihr.

Art wartet ab. Kämpft gegen die Panik an und wartet ab. Seine Gedanken überschlagen sich.

Sie hat nicht versucht, dich umzubringen – doch, das hat sie, und jetzt flüchtet sie – Auftragsmörderin – *nur ein ängstliches Häschen mit einer schrecklichen Gabe – deine Geliebte, sie liebt dich – nein, du wärst beinahe gestorben – DU MUSST SIE EINFANGEN, MUSST SIE HINRICHTEN LASSEN …*

Die Panik gewinnt die Oberhand. Art steigt aus dem Bett, schleppt sich mit unsicheren Schritten zur Tür, öffnet sie und ruft nach den Wachen.

KAPITEL 20

Corescent, Rhyfentown

Fünf Monate zuvor

»Hübsches Manöver, aber du musst beim Rückschwung besser aufpassen. Deine Brust ist zu lange ungeschützt, ich hätte dort einen Treffer landen können.«

Frome geht bereits wieder in Verteidigungshaltung. Seine eingefallenen Wangen haben sich gerötet.

Reds schweißnasse Hände haben den Griff des Übungsrapiers nach und nach immer glitschiger werden lassen. Nun rutscht es gefährlich in ihrer Hand herum und droht ihr sogar ganz zu entgleiten.

»Diese dämlichen Handschuhe«, presst sie zähneknirschend hervor. »Die sind ungefähr so praktisch wie ein Schokoladenpenis.«

»Aber Si, du trägst echte DeCyngs. Sie sehen fantastisch aus, und nur darauf kommt es an.« Grinsend schwenkt Frome sein Schwert. »Schneid einfach die Handflächen raus und benutze darunter Tape in einer ähnlichen Farbe. Das sieht niemand, und so riskierst du nicht, deine Waffe zu verlieren.«

Seufzend richtet Red sich auf. Ein dumpfes Pochen macht sich in ihren Händen bemerkbar. »Dieses ewige Getue.«

»Ja, dieses ewige Getue«, stimmt Frome ihr zu und richtet sich ebenfalls auf. »Aufhübschen und posieren.«

»Ich will einfach nur diesen Kampf hinter mich bringen, am besten ganz privat, damit mich niemand anstarren kann.«

»Komm schon, du weißt doch, wie es früher gelaufen ist. Private Kämpfe können viel leichter manipuliert werden als öffentliche. Der ganze Zirkus ist eben der Preis, den wir für ein gerechteres System zahlen müssen.« Frome geht zum Waffenregal und schiebt sein Rapier hinein. Das Sonnenlicht, das durch die hohen Fenster hereinfällt, gleitet über seinen Hinterkopf.

Es ist Reds dritter Tag im Kloster von Corescent. Wenn morgen früh die Sonne aufgeht, bringt sie die Verheißung des ersten offiziellen Kampfes mit sich.

Wie es in Caballaria-Klöstern üblich ist, trainieren sie in einem mit Holz verkleideten Raum. In Rhyfentown bevorzugt man getöntes Holz, dessen Wärme entspannend auf die Muskeln wirkt und das dem Licht je nach Farbgebung einen beruhigenden Goldton verleiht. Doch für Red klingen die Geräusche hier drin irgendwie falsch. Kein Stein, der das Klirren aufeinandertreffender Klingen zurückwirft, kein klares, grelles Scheppern, wenn Metallrüstungen reagieren. Hier sind alle Töne dumpf und hohl.

Früher fand sie es merkwürdig, dass die Ritter vor ihren Kämpfen mehrere Tage komplett isoliert werden, aber jetzt versteht sie, warum es so gehandhabt wird. Gibt es keine Außenwelt mehr, bleibt einem nur der Kampf – nichts, was einen ablenken könnte. Es gibt nur noch eine Richtung, nur ein Ziel.

Beinahe ist es wie eine verkürzte, extremere Version ihrer Ausbildung im Kerker. Dort gab es noch die Mitrekruten, mit denen man gegessen und trainiert hat, außerdem eine Handvoll Ausbilder, die man täglich zu Gesicht bekam, und eine feste Routine, bei der man zwangsläufig anderen Menschen begegnete. Hier im Kloster sieht Red so gut wie niemanden. Die Mönche der Caballaria sind freundlich, aber schweigsam, und die Mahlzeiten werden ihr aufs Zimmer gebracht, sodass sie nicht in einem Speisesaal isst. Das Badezimmer ist an ihr Schlafzimmer angeschlossen und gehört ihr allein. Besucher sind verboten, einzige Ausnahme ist ein Trainer ihrer Wahl, der täglich kommen darf.

Auch in den Trainingsräumen, die ihnen zugewiesen werden, sind sie allein. Falls ihr Gegner ebenfalls hier untergebracht ist – wovon Red ausgeht –, so ist sie ihm noch nicht begegnet. Was ebenfalls beabsichtigt ist und einem streng überwachten Gesetz folgt. Kommt es vor dem Kampf zu einer Begegnung zwischen den Kontrahenten, kann der Kampf für ungültig erklärt werden, und beide Ritter haben Schande über sich gebracht.

Red ist froh, dass es dieses Gesetz gibt. Sie will ihren Gegner gar nicht treffen. Sie will nicht einmal seinen Namen wissen, bevor sie die Arena betritt, denn dann wird es zu spät sein, um sich das Hirn darüber zu zermartern, ob er besser ist als sie, welche Rekorde er vielleicht hält, wie seine Statistik aussieht, welche Waffe er bevorzugt, wie viele Kämpfe er bereits gewonnen hat. Wobei er ihr in Letzterem auf jeden Fall überlegen sein wird, egal, um wen es sich handelt. Der Kodex sagt, es zählt immer nur *ein* Kampf – der, zu dem man gerade antritt.

»Ich bin noch nicht bereit«, zischt sie.

»Das ist man nie. Man kann sich immer nur bis zu einem bestimmten Punkt vorbereiten. Alles andere liegt in den Händen der Heiligen.«

Überrascht hebt Red den Kopf. Gibt es tatsächlich noch Menschen, die glauben, die Heiligen wären die obersten Schiedsrichter der Caballaria, oder nimmt Frome sie vielleicht auf den Arm?

»Warum versuchen wir es dann überhaupt«, entgegnet sie, »wenn am Ende doch die Heiligen entscheiden?«

»Weil die Entscheidung der Heiligen auf Leidenschaft und Kraft basiert, nicht auf persönlichen Befindlichkeiten. Du musst voll und ganz davon überzeugt sein, für die richtige Sache zu kämpfen. *Das* spüren sie. Dein Gegner kann dir in so ziemlich allen Punkten überlegen sein – du wirst trotzdem gewinnen, solange du mit mehr Leidenschaft kämpfst.«

»Und wenn ich nicht an das glaube, wofür ich kämpfe, werde ich verlieren?«

Frome lacht leise. »Tja, genau deshalb dürfen die Ritter vor dem Kampf nicht erfahren, worum es in dem auszufechtenden Disput geht. Das macht die Sache einfacher. So muss man sich einzig und allein auf den Sieg konzentrieren.«

Frome ist ein ehemaliger Kämpfer der Caballaria, wie die meisten Ausbilder. Er weiß, wovon er spricht. Er hat es selbst erlebt.

Und sein Rat ist der einzige, der jetzt noch zählt.

*

Ein leises Schleifen ist es, mehr nicht, und doch weckt es sie.

Red kennt keinen Ort, an dem es so still ist wie in diesem Kloster. Kaum zu glauben, dass sie sich mitten in Rhyfentown befindet, dass dort draußen Türme und Kuppeln und flache Hausdächer in den Himmel ragen, ein wirres Netz aus Stromleitungen alles überspannt, Tausende flackernde Projektionen die Wolken mit Vorschlägen überziehen, wie man sein Leben verbessern kann, wenn man nur all seine Lektris ausgibt. Und natürlich mit den Schmollmündern der aktuell angesagten, hübschen Leuchtschirmprominenz.

Seit sie hier ist, hat sie richtig gut geschlafen, wofür sie dankbar ist. Aber nun trennt sie nur noch diese eine Nacht von ihrem allerersten richtigen Kampf. Frome hat ihr schon gesagt, dass sie wohl kaum Ruhe finden wird, dass sie also eine gewisse Erschöpfung mit einkalkulieren und sich deshalb kurz vor ihrem Auftritt in der Arena noch einmal ausruhen soll. Bis jetzt bestand die Nacht aus kurzen, unruhigen Schlafphasen, gefolgt von langen Stunden, in denen sie in die Dunkelheit gestarrt und versucht hat, das wohltuende Nichts durch pure Willenskraft herbeizurufen.

Zuerst glaubt sie, das leise Geräusch nur geträumt zu haben, sozusagen ein Auswuchs ihrer inneren Anspannung. Doch als sich ihre Augen an das trübe Beinahe-Licht vor der Morgendämmerung gewöhnt haben, entdeckt sie vorne an der Tür ein helles Rechteck auf dem Boden. Langsam steigt sie aus dem Bett und geht darauf zu.

Es sind mehrere kleine Papierbögen, an einer Ecke mit einer Heftklammer verbunden. Ihr erster Gedanke ist, dass Lee DeCyng ihr vielleicht noch einige seiner wundervollen Skizzen geschickt hat – auch wenn ihr vollkommen schleierhaft ist, welchen Sinn das so kurz vor dem Kampf noch haben sollte. Dann aber sieht sie, dass die erste Seite eng beschrieben ist.

In ihrem Zimmer gibt es weder Vorhänge noch eine künstliche Lichtquelle. Die Mönche hier leben nach dem Rhythmus der Natur, sie stehen auf, wenn der Morgen anbricht. Trotzdem ist von der Außenwelt kaum etwas zu spüren, denn fast alle Fenster gehen auf den weitläufigen Innenhof hinaus, der sich in der Mitte des Gebäudekomplexes befindet. Bislang wurde Red immer von der Sonne geweckt, deren Strahlen sich einen Weg durch das dichte Blattwerk der alten, knorrigen Eiche suchen, die in der Mitte des Hofs aufragt, als wäre das gesamte Kloster um sie herum erbaut worden. Deshalb nimmt sie nun die zusammengehefteten Seiten und legt sich wieder ins Bett, den Kopf Richtung Fenster. So wartet sie, bis es hell genug ist, um zu lesen.

Als es dann so weit ist und sie erkennt, was sie da in Händen hält, lässt sie das Papier so hastig fallen, als hätte sie sich daran verbrannt. Raschelnd gleiten die Seiten vom Bett und landen auf dem Boden.

Mit wild klopfendem Herzen lauscht Red auf Schritte vor ihrer Tür. Bestimmt wird gleich jemand reinplatzen, um sie auf frischer Tat zu ertappen, denn auf diesen Seiten findet sich jedes noch so kleine Detail über den Disput, den sie heute ausfechten soll: wer daran beteiligt ist und worum genau es geht.

Und wenn man sie damit erwischt, ist sie ruiniert.

Sie wartet über eine halbe Stunde.

Niemand kommt.

Sie wird es sich nicht ansehen. Das ist ein Test, ganz sicher. Die Wanduhr sagt ihr, dass es in einer Stunde Frühstück gibt. So lange kann sie warten. Kein Problem.

Strahlend weiß hebt sich das Papier vom warmen Holzfußboden ab, zieht immer wieder ihren Blick auf sich.

Irgendjemand ist mitten in der Nacht zu ihrem Zimmer gegangen und hat es unter ihrer Tür hindurchgeschoben. Falls das kein Test ist, will offenbar jemand, dass sie das alles erfährt.

Nein. Es ist ein Test.

Aber wenn es nun kein Test ist?

Für Red ist es beinahe unerträglich, einer Schwäche nachzugeben – für Schwäche zahlt man immer einen zu hohen Preis –, aber es kann ja sicher nicht schaden, einen kurzen Blick darauf zu werfen. Denn selbst wenn sie weiß, wofür sie kämpft, wird sie das nicht von ihrem Ziel abbringen. Dafür ist sie zu stark. Zu entschlossen. Sie hat zu viel riskiert, um jetzt alles zu versauen.

Bevor sie ihre Meinung ändern kann, hebt sie die Blätter auf und beginnt zu lesen.

Dispute werden grundsätzlich in übertrieben förmlicher Sprache abgefasst, die an die verstaubten, weitschweifigen Leitsätze des Kodex erinnert, und so dauert es eine Weile, bis Red sich durch den verschachtelten Text gekämpft hat. Danach allerdings begreift sie die volle Tragweite von Fromes Ratschlag.

Denn sie wird für die falsche Seite antreten.

Der Disput betrifft einen Vermieter namens Mackeler und einen seiner Mieter mit dem Namen Gedric. Mackeler gehören das Mehrfamilienhaus, in dem Gedric lebt, und dazu noch einige andere Häuser in der Nachbarschaft. Mackeler ist reich. Gedric nicht. Er kann seine Miete nicht bezahlen, weil er aufgrund einer Krankheit nicht arbeiten kann, und Mackelers Schiedsrichter führt an, dass er bereits seit Monaten mietfrei wohne. Gedrics Schiedsrichter allerdings bringt vernichtende Beweise vor. Das Gebäude, in dem Gedric lebt, ist nachweislich von schwarzem Schimmel befallen, der seine giftigen Klauen bereits über sämtliche Innenwände ausgebreitet hat. Gedrics Lunge ist dadurch geschädigt. Er kann nicht arbeiten, um Mackeler die Miete zu bezahlen, weil Mackelers Haus ihn so krank gemacht hat, dass er nicht arbeiten kann.

Mackeler hat sich geweigert, etwas gegen den Schimmelbefall zu unternehmen. Er habe sich bereits zu weit ausgebreitet, sei zu spät entdeckt worden. Außerdem behauptet er, Gedric müsse den Schimmel aus seiner alten Wohnung eingeschleppt haben. Das lässt sich vielleicht nicht zweifelsfrei ausschließen, doch so oder so zieht Mackeler es vor, einen armen, kranken Mann zu ruinieren, anstatt ihm zu helfen.

Da Gedric sich keine Vertretung durch einen privaten Stall leisten kann, ist der Disput beim öffentlichen Stall von Rhyfentown gelandet. Der durchtriebene Mackeler hat explizit Red als Kämpferin angefordert, was ihm auch zusteht. Vermutlich ist er aufgrund seines Einflusses ganz oben auf der Liste gelandet. Natürlich wäre es nachvollziehbar, wenn er den frischgebackenen Ritter wollte, der beinahe die Geißel der Gottlosen besiegt hätte, weil ihm das einiges an Prestige einbringt. Unglücklicherweise gibt es aber noch einen weiteren Faktor, der in eine ganz andere Richtung deutet: Mackeler ist ein registrierter Gottgleicher.

Der gottgleiche Vermieter möchte also, dass ein gottgleicher

Ritter für ihn antritt. Ein riskantes Spiel, von dem Red eigentlich nichts hätte erfahren sollen, obwohl sie direkt daran beteiligt ist.

Das ist unwichtig. Nichts davon ist wichtig, denn du wirst da rausgehen und gewinnen, wie es von dir verlangt wird.

Nicht wahr, Red?

*

Zwei Stunden vor Kampfbeginn sind Reds Habseligkeiten in einer großen Tasche verstaut, die abmarschbereit neben der Tür steht.

Ganz unten in dieser Tasche, unter ihren wenigen Kleidungsstücken und ihrer wuchtigen Ausgabe des Kodex, liegen die Disputunterlagen, die sie gar nicht haben dürfte. Sie wird vor dem Kampf noch einen Weg finden müssen, sie loszuwerden.

Es geht nur um einen Mietstreit, nicht um Leben und Tod.

Für Mackeler sicher nicht … aber für jemanden wie Gedric?

Während man sie zur Klosterpforte bringt, fragt sich Red, ob sie wohl wieder von Finnavair abgeholt wird. Doch stattdessen wartet eine Fremde in der Lederkluft der Wache auf sie – eine ernst dreinblickende Frau mit schmutzig-braunen Locken und steifer Körperhaltung, die ihr als Si Hathawy vorgestellt wird. Ein kurzes Nicken, ein knappes »Wie geht's«, danach sagt sie nichts mehr.

Der Himmel ist in die Farben des frühen Abends getaucht, als sie hinausgehen. Zwei weitere Wachen begleiten sie, einer wird vorausfahren, der andere hinter ihnen. Reds Blick streift den Waffengürtel an Si Hathawys Hüfte. Die Ritter der Wache sind die einzigen Menschen, die Schusswaffen anrühren dürfen. Ihre Hauptaufgabe besteht darin, Wertobjekte zu schützen – also Menschen, Dinge oder Gebäude – und jede Art von Ärger auszuschalten. Dafür braucht es einen gewissen Menschenschlag.

Das Kloster ist nur eine kurze Fahrt von der gleichnamigen Arena entfernt, und sobald sie die breite Straße erreichen, die darauf zusteuert, wissen alle genau, wohin sie fahren – und wer sie sein müssen. Unverständliche Rufe hallen zu ihnen herüber, während sie an den Passanten vorbeigleiten. In den Gesichtern spiegeln sich Neugier und Aufregung, manche kneifen sogar angestrengt die Augen zusammen, um zu erkennen, ob sich unter einem der Helme die junge Gottgleiche verbirgt, der es fast gelungen wäre, die Geißel der Gottlosen zu besiegen. Oder ist es womöglich ihr Gegner?

Die Corescent gehört zu den größten Arenen von Rhyfentown, ist aber nur halb so groß wie Cair Stour, jenes legendäre, tief im Zentrum von London eingelassene Monstrum, in dem nur die prestigeträchtigsten Dispute ausgefochten werden, das Durchlassventil der Lebensader dieser Stadt. Doch auch die Corescent ragt bedrohlich hoch über Red auf, als sie nun darauf zufahren. Ein leises Flattern breitet sich in ihrem Magen aus. Der schäbige kleine Sandplatz am Rande des Bezirks, auf dem sie entdeckt wurde, scheint plötzlich sehr weit weg zu sein.

Sie biegen zur Rückseite der Arena ab, wo ein leicht ramponierter Maschendrahtzaun das Areal vom öffentlichen Bereich abtrennt. Ohne anzuhalten, fahren sie hindurch; offenbar muss man dem gelangweilten Ritter, der das Tor für sie öffnet, nicht einmal sein Gesicht zeigen. Dahinter befindet sich ein rechteckiger vertrockneter Grasstreifen zwischen viel Beton, und jenseits davon erwartet sie eine unauffällige Tür, kaum zu sehen zwischen den riesigen Müllcontainern, die rechts und links davon aufragen. Überall liegen zertretene Sicaloreste herum. Die Vorderseite der Arena ist prunkvoll und schick, die Rückseite einfach nur zweckdienlich.

Die drei Motorräder halten dicht vor dem Eingang. Mit verspannten Muskeln gleitet Red vom Sitz. Sie hatte gehofft, dass die Fahrt ihre Nerven ein wenig beruhigen, der Wind das Kribbeln aus ihrem Körper vertreiben würde, aber es war so gar nicht wie ihre erste Fahrt mit Finnavair: zu kurz, um richtig reinzukommen, und zu viele neugierige Blicke und Mienen haben sich ihr zugewandt wie lichthungrige Sonnenblumen. Keine Chance, da den Kopf frei zu kriegen und die Stille zu spüren, nach der sie sich jetzt so oft sehnt.

Hathawy nimmt den Helm ab und dreht sich zu ihr um.

»Noch nie auf einem Bike gesessen, wie, Gottgleiche?«

»Nur ein Mal«, erwidert Red.

»Klar. Habe ich an der Art erkannt, wie du dich in der Kurve an meinem Hintern festgekrallt hast.«

Die drei lachen.

»Dein erster offizieller Kampf?«, fragt einer der beiden anderen freundlich, der ihr am Kloster knapp als Si Griffid vorgestellt worden ist. Er hat ein pummeliges Gesicht mit großen grünen Augen, die schärfer funkeln als manch ein Edelstein. Da es sich eindeutig um eine rhetorische Frage handelt – schließlich wissen sie ganz genau, wer Red ist –, antwortet sie nicht.

»Muss echt schwer sein«, meint der Dritte, ein etwas älterer Mann mit dem Namen Castur, dessen hervorstechendstes Merkmal eine dicke, knotige Narbe ist, die irgendwo unterhalb des Lederkragens seiner Jacke beginnt und sich bis hinter sein Ohr zieht. »In so einer Arena herumzustolzieren und mit funkelnden kleinen Schwertern zu wedeln. Du solltest es mal bei den Wardogs versuchen, Kleine. Mein Bruder hat früher bei den Wardogs gekämpft. Da geht's richtig ab. Keine Waffen, keine Regeln, einfach nur Faust und Fuß.«

»Die Wardogs existieren nicht mehr«, ruft ihm Red ins Gedächtnis.

»Schon seit Uthers Ableben nicht mehr«, ergänzt Griffid.

Castur schnaubt abfällig. »Nur weil dieser Jammerlappen, den wir König nennen, sie verboten hat, heißt das noch lange nicht, dass sie nicht mehr existieren. In einem richtigen Kampf kommt man nicht weit mit diesen hochtrabenden Caballaria-Regeln. Am Ende landen wir alle unter der Erde, mein Freund, also sage ich: Brich die Regeln und kämpfe fies, denn nur so kann man gewinnen.«

»Na komm, ich bring dich rein«, schlägt Griffid vor und rettet sie so.

Red achtet darauf, sich mit vollendeter Höflichkeit vor Hathawy und Castur zu verbeugen.

»Meine erste Eskorte und gleich solche Ritter – das hat mir ganz neue Einblicke verschafft«, stellt sie trocken fest.

Einen Moment lang ergötzt sie sich an Casturs angestrengtem Stirnrunzeln, da er offenbar herauszufinden versucht, ob sie das nun ernst gemeint hat. Hathawy ist da deutlich schneller – sie wirft Red einen eisigen Blick zu.

»Hör nicht auf ihn«, meint Griffid wenig später, als sie den schmalen, kalten Korridor hinuntergehen, der sich hinter der Tür auftut. »Der versucht nur, dir das Ganze madig zu machen, noch bevor deine Karriere richtig angefangen hat.«

»Noch einer, der Gottgleiche hasst«, stellt Red fest. »Öfter mal was Neues.«

Erstaunt zieht Griffid die Augenbrauen hoch. »Ne, das ist es nicht. Das ist bloß die übliche Rivalität zwischen Knarre und Schwert.«

»Verstehe ich nicht ganz.«

»Bist wohl noch nie einem Ritter von der Wache begegnet, wie?« Griffid klingt überrascht. »Okay, sagen wir mal so. Die Schwerter – also Caballaria-Ritter wie du, Si – halten die Knarren – also Ritter von der Wache wie uns – normalerweise für blutrünstige, schießwütige, stumpfsinnige Trolle. Und die Knarren sind der Ansicht, die Schwerter seien nichts weiter als hochnäsige, schleimige Zirkusaffen, die einen richtigen Kampf nicht mal dann erkennen, wenn er sie in den Hintern beißt.« Das grelle Licht der Neonröhren malt tiefe Schatten auf Griffids runde Wangen. »In der Arena ist keiner darauf aus, dich umzubringen. Draußen auf der Straße … tja, da manchmal schon. Oder glaubst du etwa, die Leute applaudieren uns, jubeln uns zu und spendieren uns Drinks? Es gibt wirklich leichtere Wege, sich seine Brötchen zu verdienen, und die Schwerter kriegen immer den ganzen Ruhm ab. Da wären wir.«

Griffid bleibt vor einer schwarzen Tür stehen. Auf einem schmalen, ungefähr auf Augenhöhe in die Tür eingelassenen Leuchtschirm steht in kalten weißen Buchstaben:

PRIMUM ADVERSARIUM
DAS ROTE PHANTOM

Griffid dreht sich zu Red um. »Das ist deine Tür. Ich werde mir den Kampf ansehen.« Grinsend fügt er hinzu: »Viel Glück.«

Damit macht er kehrt und verschwindet in der Richtung, aus der sie gekommen sind.

Reds Puls beginnt zu rasen, als sie die Tür öffnet.

Dahinter befindet sich ein kleiner, hell erleuchteter Umkleideraum. Der hintere Teil ist gefliest und hat einen Abfluss, aus der Wand ragt ein Duschkopf, und ein Raumtrenner aus getöntem Glas soll wohl so etwas wie einen Sichtschutz darstellen. Die gegenüberliegende Wand wird fast vollständig von einem bodentiefen Spiegel eingenommen. Vervollständigt wird das Ganze durch ein Sofa, einen kleinen Tisch und ein Schränkchen.

Auf dem Sofa wartet Stelia, das zurückhaltendere von DeCyngs Hühnern. Nervös blickt das Mädchen Red entgegen.

Einen Moment lang starren sie sich nur an.

Dann sagt Stelia übergangslos: »Ich bin hier, um beim Ankleiden zu helfen.«

Die Absurdität des Ganzen bricht über Red herein, und sie beginnt laut zu lachen. Nach kurzem Zögern stimmt Stelia mit ein. Wie ein kleines Kind kichert und gackert sie mit diesem Mädchen, das sie kaum kennt. Aber zumindest ist da jemand, der ebenso verwirrt und überfordert ist wie sie selbst. Und vielleicht sorgt gerade das dafür, dass sich der drückende Knoten in Reds Brust weit genug lockert, um sie wieder frei atmen zu lassen.

Stelia greift nach ihrer Hand. Es ist nicht das erste Mal, dass sie Red berührt – bisher eher unbewusst, um sie zurechtzuschieben bei der ganzen Fältelei und Zupferei und Drapiererei –, aber diesmal schwingt eine gewisse Vertrautheit darin mit, eine unerwartete Wärme.

»Bereit für dein Outfit?«, fragt sie.

Red hat bereits die ganze Woche einen Arbeitsanzug getragen, der an ihr neues Caballaria-Outfit angelehnt und speziell für ihr Training angefertigt worden ist, deshalb bleiben jetzt keine großen Überraschungen mehr. Trotzdem ist die endgültige Showversion des Roten Phantoms einfach atemberaubend: In elegantem Schwarz gehalten und mit Akzenten in der Farbe von getrocknetem Blut bestückt, schmiegt sich das Material perfekt an Reds Körper, folgt jeder einzelnen Linie, ohne sie in der Bewegung einzuschränken.

Das absolute Highlight des Outfits ist allerdings der Cestus, ein einzigartiger Kampfhandschuh, der das Markenzeichen des Roten Phantoms werden soll. Das Team von DeCyng hat ihn als perfekte Ergänzung zu Reds Schlussmanöver entworfen. Wie ein halb geöffneter Fächer erstreckt er sich vom Ellbogen bis zum Handgelenk, wo er durch ein aus winzigen Kettengliedern bestehendes Gewebe mit dem Handstück verbunden ist. Dieses Netz ist so flexibel, dass sich das Gelenk uneingeschränkt bewegen lässt.

Das Handstück wiederum besteht aus einer festen Platte auf

dem Handrücken und einer flachen Schlaufe an der Unterseite, bestehend aus demselben Netzgewebe. Dort wird die Hand komplett hineingeschoben wie in einen Handschuh. An der Platte sind bewegliche Glieder angebracht, die Schutz bieten bis zum zweiten Fingergelenk. Den Abschluss bilden schmale, leicht gebogene Krallen, mit deren rasiermesserscharfen Spitzen problemlos blutende Wunden gerissen werden können.

Die gesamte Konstruktion ist stabiler und leichter, als Red es für möglich gehalten hätte; sie besteht aus einer schwarzen metallischen Substanz – offenbar eine der widerstandsfähigsten Legierungen, die es gibt. Diese Krallen werden nicht abbrechen. Die dünnen silbernen Verbindungsstücke ziehen sich über den gesamten Rücken des Cestus und bilden so die Skelettstruktur von Arm und Hand nach.

Nachdem alles angelegt ist, führt Stelia sie mit fast zeremonieller Ehrfurcht zum Spiegel. Fassungslos starrt Red diese fremde, neue Version von sich an – erschaffen durch die Visionen anderer und ihre Vorstellung davon, welchen Charakter Red dort draußen in der Arena verkörpern soll. Diese Red ist elegant. Geschmeidig. Gefährlich. Erst jetzt begreift sie wirklich, welche Macht dem scharfen Blick eines Lee DeCyng innewohnt.

»Du siehst fantastisch aus«, flüstert Stelia.

Nun berührt sie Red nicht mehr, im Gegenteil, sie zieht sich ein Stück zurück. Das Rote Phantom sollte man aus der Ferne bewundern, studieren und bewerten wie ein Kunstwerk. Red ist nun keine Person mehr.

Sie ist ein Ritter der Caballaria.

Es klopft an der Tür, doch nichts passiert. Red wird klar, dass allein sie entscheidet, ob derjenige eintreten darf oder nicht. Hier ist niemand mehr, der die Verantwortung für sie übernehmen könnte.

»Herein«, ruft sie mit – hoffentlich – ruhiger Stimme.

Mehrere Weißjacken drängen sich in den Umkleideraum. Das Team der Corescent bildet das Auge des Hurrikans, die lebenswichtigen Adern, durch die das Blut des Kampfes fließt. Diese Leute haben schon alles gesehen, sind absolut unerschütterlich. Dachte Red zumindest. Nun aber flattern sie um sie herum wie die Hennen um den Gockel, preisen lauthals ihre Stiefel, ihre Maske, den krallenbewehrten Cestus. Vermutlich bekommen auch sie nur selten ein Outfit von DeCyng zu sehen. Stelia bleibt schützend in Reds Nähe, während jeder von ihnen auf ein anderes Detail deutet. Doch genau wie das Mädchen halten sie Abstand.

Nachdem alle diesen exklusiven ersten Blick auf die berühmte neue Ritterin ausgekostet haben, erklärt man Red das Prozedere und vergewissert sich, dass sie genau weiß, welche Rolle sie darin spielt. Sie nickt brav an den richtigen Stellen. Hofft sie zumindest. Eine Art losgelöste Benommenheit hat von ihr Besitz ergriffen. Sie selbst kann nicht diejenige sein, die dort draußen gefordert wird. Das Rote Phantom schon.

Die Zeit ist gekommen.

Sie führen Red aus dem Umkleideraum, zurück in den kalten, zugigen Korridor. Stelia bleibt zurück, versichert aber eifrig, vom Graben aus jede ihrer Bewegungen zu verfolgen. Schon jetzt stimmt sie inbrünstige Gebete an, gerichtet an Rhyfen, den Schutzpatron aller Kämpfenden.

Während sie durch die Eingeweide des Stadions wandern und sich langsam dem Eingang zur Arena nähern, wendet sich Red an die Leiterin des Teams und stellt die eine Frage, die wie ein schmutziges Geheimnis seit Wochen ihre Gedanken beherrscht: »Wissen Sie, wer heute alles im Publikum sein wird?«

Die Frau, eine rüstige Veteranin der Caballaria, versteht sofort.

»Ziemlich viele aus Ihrem Kerker«, beginnt sie, »außerdem natürlich Ihr Trainer, Si Frome. Und die Rekruten, die mit Ihnen zusammen graduiert haben.«

Red zögert kurz. »Und haben Sie zufällig gehört, ob der Hexenritter kommen wird?«

Vollkommen verblüfft sieht die Teamleiterin sie an. »Oh nein, Si. Nein. Würde jemand wie er hier … Das hätte man mir schon vor Tagen gesagt. Wegen der Sicherheit und so. Sie verstehen schon.«

Red versteht nur zu gut. Sie spürt, wie sich lähmende Finsternis in ihr ausbreitet.

Wenig später dringt der Lärm der Menge durch die Decke, wird lauter und lauter, als sie sich dem Eingang zum Graben nähern. Es hat etwas von einem Ausflug in die Tiefen des Waldes an einem stürmischen Tag, wenn das Ächzen der Bäume und das Rauschen der Blätter einen vollständig einhüllen.

Als sich das Tor öffnet und Red in die Arena hinaustritt, wird sie von blanker Furcht gepackt. Sie haben es ihr erklärt, haben ihr Tausende Aufnahmen anderer Kämpfe gezeigt, haben getan, was in ihrer Macht stand. Doch nichts hätte sie darauf vorbereiten können.

Und dennoch wird das alles von einem Gedanken überschattet, der wieder und wieder durch ihren Kopf wirbelt:

Er ist nicht hier. Er ist verdammt noch mal nicht hier.

Alles umsonst.

Sie spürt das kalte Metall des Cestus an ihrer linken Hand, und darunter, tief in ihrer Handfläche, ein leises, warnendes Kribbeln.

Die Lichter sind zu grell, zu hektisch. Das Herz schlägt ihr bis zum Hals, es schnürt ihr die Luft ab. Ihr ganzer Körper ist taub, ihr Verstand zu Eis erstarrt. Doch Red tritt hinaus in den Sand der Arena, wo ihr der aufbrandende Jubel der Menge entgegenschlägt.

KAPITEL 21

Cair Lleon, Blackheart

Achtzehn Jahre zuvor

»Xier ist da, Sire.«

»Schick xien rein«, erwidert Art, ohne aufzublicken.

Ein leises Rascheln von Stoff, dann ist Fortigo verschwunden.

Es sind die stillen Momente vor Sonnenaufgang. Art hat einen Raum tief im Labyrinth des Palasts für dieses Treffen gewählt – exakt denselben Raum, in dem sein erstes Treffen mit dieser Person stattgefunden hat.

Die Tür öffnet sich, und Dario Go kommt hereingerauscht, heute in einem streng geschnittenen schneeweißen Anzug, der in grellem Kontrast steht zu den gedämpften Erdtönen der Einrichtung. Über einem Arm trägt xier einen ordentlich gefalteten indigoblauen Mantel. Xier sinkt in eine tiefe Verbeugung.

Art lehnt sich in seinem Stuhl zurück und streckt einen Arm auf dem Tisch aus. Direkt neben seiner Hand steht eine silberne Handklingel. Sein Blick streift kurz Darios Gesicht, ohne dass er xien begrüßt hätte.

»Die Aufmerksamkeit meines Königs schmeichelt mir«, durchbricht Dario schließlich die Stille. »Ich kann mich nicht erinnern, jemals mit einer Überraschungseskorte der königlichen Pistolen geehrt worden zu sein. Darf ich das so verstehen, dass Sie nun alles gelernt haben, was die liebreizende Belisan Sie lehren konnte, Sire, und Sie sich im nächsten Gang einer etwas komplexeren Geschmacksrichtung zuwenden möchten?«

Vielleicht schärft das Adrenalin seine Sinne, denn Art glaubt, unter Darios glattem, unbeschwertem Ton eine gewisse Nervosität zu bemerken.

Noch immer sagt er nichts.

Schlechtere Schauspieler würden sich vielleicht dazu hinreißen lassen, herumzuzappeln oder immer weiter zu plaudern; zu fragen, warum sie vollkommen unvermutet aus ihrem Arbeitstag gerissen und in den Palast bestellt wurden. Warum zwei Ritter der Wache, deren Status nur durch die Schwertembleme an den Schultern und die Waffen kenntlich wurde, die wie faulige Früchte in den Holstern an ihren Gürteln hingen, sie diskret, aber unnachgiebig in eine unauffällige Limousine verfrachtet und mitgenommen haben.

Dario zappelt nicht und sagt auch nichts weiter. Reglos steht xier da und erwidert Arts Blick.

»Haben Sie es gewusst?«, fragt der schließlich.

»Was gewusst, Sire?«

»Dass Belisan Meretrix D'Aroch o'Iochitown eine Gottgleiche ist. Haben Sie es gewusst? Und bitte bedenken Sie, dass es als Hochverrat gilt, seinen König zu belügen.« Ganz bewusst verleiht er dem letzten Teil des Satzes besonderen Nachdruck.

Dario steht noch immer reglos vor ihm. »Darf ich fragen, was passiert ist?«

Art zögert. Ein Teil von ihm wünscht sich, es wäre alles nur ein Missverständnis. Ein Teil von ihm möchte hören, dass er überreagiert hat. Deshalb lässt er sich auf das Spiel ein.

»Sie hat geträumt und diesen Traum in mein Bett gebracht«, antwortet er knapp.

Der beißende, unverkennbare Geschmack von Meerwasser.

Laken, durchtränkt vom Gestank des Fischmarkts am Ende des Tages.

»Eine Dremen«, sagt Dario leise. »Äußerst selten. Seit Jahrzehnten hat es keine registrierten Dremen mehr gegeben.«

»Mir ist durchaus bewusst, wie selten Dremen sind, aber wir wissen doch beide, dass es dort draußen eine ganze Menge unregistrierte Gottgleiche gibt. Und ich weiß, was ich gesehen habe.« Mühsam zwingt Art seine Finger dazu, sich zu entspannen. Immer wieder wollen sie sich zur Faust ballen. »Viel besorgniserregender finde ich allerdings, dass diese Enthüllung Sie keineswegs zu überraschen scheint. Andererseits … wie könnte ein Spielleiter des Karnevals denn jemals derart *unaufmerksam* sein?«

»Das könnte nur einer, der einen schlechten Job macht. Mein König, Belisans … Zustand war mir zum Teil bekannt. Ich war darüber im Bilde, dass sie schon immer unter starken Albträumen litt, weshalb wir gewisse Vorkehrungen getroffen haben. Es gab keinerlei Grund, anzunehmen, dass etwas anderes dahintersteckt. In Belisans Familiengeschichte weist nichts auf Gottgleiche hin. Doch selbst wenn dem so wäre …« Dario holt tief Luft. »Verzeihen Sie mir, Sire, aber ich verstehe nicht ganz, warum Sie derart aufgebracht sind. Ist es für Sie denn wirklich so abstoßend, feststellen zu müssen, dass Ihre Freudenspenderin eine Gottgleiche war? Gut, sie ist nicht registriert, was illegal ist, aber das ist doch nun auch kein so schweres Verb…«

»Wie können Sie es wagen«, unterbricht Art xien beinahe sanft. So sanft, dass Dario einen Moment braucht, um die Worte zu verarbeiten. »Ich weiß sehr genau, wer dahintersteckt, Dario. Ich bin bestens informiert über Ihre Verbindungen zu Agravain Welyen.«

Dario sieht ihn mit offenkundiger Verwirrung an. »Verzeihen Sie mir, Sire, aber ich verstehe nicht ganz.«

»Bevor Sie sich dem Karneval der Nacht anschlossen, hatten Sie eine Privatanstellung bei der Familie Welyen, ist es nicht so?«

Leises Entsetzen und ein gewisser Ekel zeichnen sich auf Darios Gesicht ab. Für einen kurzen Moment nur, dann werden die Züge wieder ausdruckslos.

»Das ist lange her.« Mehr kommt nicht als Antwort.

»Was nicht bedeutet, dass Sie heute nicht auch noch für sie arbeiten könnten«, entgegnet Art.

»Natürlich«, nickt Dario, »doch ich kann Ihnen versichern, dass dem nicht so ist, Sire.«

»Beweisen Sie es mir.«

Dario schweigt.

Mit einem gereizten Seufzer fährt Art fort: »Sie stehen kurz davor, verhaftet zu werden. Eines sollten Sie wissen. Ich schätze nichts so sehr wie Ehrlichkeit. Sagen Sie mir, ob das alles Teil eines größeren Planes war. Sagen Sie mir, für wen Sie arbeiten. Dann werde ich mich gnädiger zeigen, als ich es sollte.«

»Ich arbeite für den Karneval der Nacht, Sire. Wir sind offen für alle und gehören niemandem.«

»Hübsch gesagt«, befindet Art, »nur traurigerweise nicht ganz zutreffend.«

»Das war keine ruchlose Inszenierung meinerseits.« Nun ist Darios Blick kalt wie der einer Katze. »Ich habe keinerlei Grund, Ihren Anspruch auf das Schwert infrage zu stellen. Leiten Sie eine Untersuchung ein. Durchleuchten Sie mich, dann werden Sie sehen …«

»Dario.« Art bemerkt durchaus, dass sein Gegenüber leicht irritiert auf diese Vertraulichkeit reagiert. »Das tue ich bereits. Während wir uns hier unterhalten, werden Ihre Räumlichkeiten durchsucht.«

Lange sieht Dario ihn einfach nur an, die exquisiten Züge zu einer reglosen Maske erstarrt.

Nun sieht Art es ganz deutlich: Xier ist auch nur ein Mensch, ebenso zerbrechlich, ebenso vielschichtig. Sie alle lernen, in ihre Rolle zu schlüpfen, sei es nun zum Angriff oder zur Verteidigung. Sie alle lernen zu überleben.

Schließlich neigt Dario den Kopf. »Ich gehe davon aus, dass ich mich bis auf Weiteres zu Ihrer Verfügung zu halten habe, Sire?«

»Im Zellentrakt von Cair Lleon gibt es Räumlichkeiten, die beinahe so luxuriös ausgestattet sind wie meine Privaträume«, erwidert Art. »Für ein Gefängnis ist es äußerst komfortabel.«

»Ich hätte eine kleine Bitte.«

»Sie können alle notwendigen Vorkehrungen treffen, die den Betrieb des Karnevals der Nacht während Ihrer Abwesenheit betreffen.« Nach kurzem Zögern fügt Art hinzu: »Und die Untersuchung wird sehr diskret vonstattengehen – nicht Ihnen zuliebe, versteht sich. Trotzdem ist es Ihnen vielleicht ein Trost, falls die Angelegenheit für Sie zu einem positiven Ende führt.«

Wieder neigt Dario den Kopf. »Vielen Dank. Aber darum wollte ich Sie nicht bitten.«

»Sondern?«

»Ich möchte Belisans Familie gerne persönlich informieren. Sie sollen nicht von irgendeinem anonymen Beamten aus Cair Lleon über den Tod ihres kleinen Mädchens in Kenntnis gesetzt werden.«

Art ist so schockiert, dass er nur mit Mühe seine wirren Gedanken ordnen kann. »Sie glauben, ich hätte sie getötet.«

Offenbar bemerkt Dario den Unterton in Arts Stimme, denn xier fährt sehr behutsam fort: »Ein Unfall … in der Hitze des Gefechts.«

»Belisan ist entkommen«, klärt Art xien ausdruckslos auf. »Sie ist verschwunden.«

Er beobachtet, wie Dario diese Neuigkeit verarbeitet. Vielleicht ist auch das gespielt, aber xier wirkt überrascht. Falls sie bei xiem Unterschlupf gefunden hat, verbirgt xier es äußerst geschickt.

Plötzlich ist Art einfach nur müde. Verwirrt, müde und am Ende seiner Kräfte. Zu viele offene Partien mit zu vielen Spielern und zu vielen Problemen. Er wünscht sich, das alles wäre einfach vorbei.

»Es gibt noch eine Möglichkeit, wie Sie dem Zellentrakt entgehen könnten«, wendet er sich wieder an Dario. »Möchten Sie sie hören?«

Dario nickt vorsichtig.

*

Sobald Dario weg ist, lehnt sich Art in seinem Stuhl zurück und reibt sich erschöpft das Gesicht.

»Ich weiß, was du jetzt sagen wirst«, erklärt er dem leeren Raum. »Sei nett zu mir, ich habe einen beschissenen Abend hinter mir.«

Mit lautlosen Schritten tritt Lillath hinter dem Wandschirm hervor, der ihr als Versteck gedient hat. Noch bevor er ganz begreift, was los ist, spürt er bereits ihre Arme, die sich von hinten um seine Schultern legen, den sanften Druck ihres Bauches an seinem Hinterkopf.

»Ist mir doch so was von egal, ob ich recht hatte«, sagt sie leise, während sie ihm über das Haar streicht. »Ich will einfach nur, dass es dir gut geht.«

Er schmiegt sich an sie und spürt, wie seine Schultern sich nach und nach entspannen.

»Was hältst du von Dario? Wird xier tun, was ich verlangt habe?«

Die kurze Bewegung an seinem Rücken verrät ihm, dass sie mit den Schultern zuckt. »Wenn nicht, geht xier in den Knast.«

»Wir brauchen Beweise für xiese Übereinkunft mit Agravain.«

»Falls es welche gibt, werden wir sie finden«, versichert Lillath ihm. »So oder so darfst du nicht zu lange warten, bis du zurückschlägst.«

Am liebsten würde Art sie fragen, woher sie von Darios Verbindung zu den Welyens wusste, aber er kann sich schon denken, was sie sagen wird: dass Klatsch und Tratsch unter den oberen Zehntausend seit jeher gehandelt werden wie Wertpapiere und dass es für die Mächtigen nichts Besseres gibt, als die schmutzigen Geheimnisse ihrer Rivalen zu sammeln wie Edelsteine. Trotzdem hatte Lillath schon immer ein besonderes Händchen dafür, Dinge in Erfahrung zu bringen. Die DeHavillands sind in ganz London bestens vernetzt, auch weit über die Grenzen ihres eigenen Bezirks hinaus, und diese Art von Macht erringt man nur, wenn man äußerst clever und verschwiegen ist.

Bis jetzt hat Art noch keinen Spionagechef benannt – auch bekannt unter dem Namen »Die Spinne«. Es wird bereits wild spekuliert, wer den Posten bekommen könnte. Dabei handelt es sich um einen inoffiziellen Titel, der nicht öffentlich vergeben wird.

Lillath bringt alles mit, was man für dieses Amt braucht. Ob sie wohl dazu bereit wäre?

»Wirst du ihr die Waffen Gottes auf den Hals hetzen?«, fragt sie nun.

Art stößt den Atem aus. »Nein.«

»Mir ist klar, dass es nicht schön ist, aber …«

»Ganz genau«, unterbricht er sie. »Und für einen Abend habe ich genug unschöne Dinge getan.«

Offiziell existieren die Waffen Gottes gar nicht – jene alte, geheime Institution, die nach dem Fall des Lysander-Regimes eingerichtet wurde und einem einzigen Zweck dient: nichtregistrierte Gottgleiche aufzuspüren und sie dem Gesetz zuzuführen. In diesem Fall wären sie das allerletzte Mittel, denn im hintersten, verschwiegensten Winkel seines Bewusstseins muss Art sich eingestehen, dass er eigentlich nicht will, dass Belisan gefasst wird.

»Sie hat versucht, dich umzubringen«, betont Lillath. »Das allein wäre schon Grund genug, aber zufälligerweise bist du nun einmal auch noch der König.«

Ihre Missbilligung ist nicht zu überhören. Kurz fragt sich Art, um wie viel stärker diese Missbilligung wohl wäre, wenn Lillath wüsste, dass er Belisan mit voller Absicht hat entkommen lassen.

»Ich bin mir nicht sicher, ob das wirklich ihr Ziel war, Lil.«

»Trotzdem. Ist es das Risiko wert?«

Er seufzt. »Ich will sie einfach nur vergessen.«

Lillath drückt ihn fest.

Selbst wenn Belisan sich nur der Tatsache schuldig gemacht hat, eine Gottgleiche zu sein und das vor ihm zu verbergen, ist es zwischen ihnen aus und vorbei. Irgendwann wird Art sich dem Schmerz stellen, den dieser Verlust mit sich bringt, aber vorerst gibt es einfach zu viel zu tun. Sie ist so plötzlich aus seinem Leben verschwunden, wie sie einst aufgetaucht ist, und er geht fest davon aus, dass sie nie wieder ein Teil davon sein wird.

Was zeigt, dass auch Könige sich irren können.

KAPITEL 22

Corescent-Arena, Rhyfentown

Fünf Monate zuvor

»Du hast den Kampf geschmissen.«

Vollkommen ruhig sagt Frome das, was jedoch nicht seinen Ärger verbirgt.

Bis jetzt hat Red einfach nur auf dem Diwan in ihrem Umkleideraum gesessen, hat den Schweiß auf ihrer Haut trocknen und das Wirrwarr nach dem Kampf an sich vorbeiziehen lassen, während sie ganz in ihrem erstaunlich intensiven Elend versunken ist: Was soll sie denn noch tun, um Wylls Aufmerksamkeit zu erregen – auf den verdammten Mond klettern, oder was? Fromes kalter Stakkato-Tonfall durchdringt allerdings die Endlosschleife, in der ihr Hirn gefangen ist.

»Ich weiß nicht, was Sie meinen«, erwidert sie dumpf.

Frome verschränkt die Arme vor der Brust. »Oh, na ja, dann lass es mich ganz deutlich sagen: Du hast diesen Kampf mit voller Absicht verloren, Red. Irgendwann hast du offenbar beschlossen, dass du über diesen Disput entscheiden solltest, weil du anscheinend der lächerlichen Überzeugung anhängst, dass dies im Rahmen deiner Fähigkeiten liegt. Du hast den verdammten Kampf geschmissen. Jesus!«

Reds Hirn übernimmt die Kontrolle über den Mund.

»Sie sind Christ?«, fragt sie überrascht. »Das haben Sie nie erwähnt.« Sie unterbricht sich kurz. »Bin noch nicht vielen von der Sorte begegnet. Oben im Norden sieht man ihre Kirchen kaum noch.«

Ein kaum wahrnehmbares Lächeln huscht über Fromes Gesicht. »Es kümmert dich einen Dreck, stimmt's?«

Red reißt sich zusammen. »Ich habe den Kampf nicht geschmissen.«

»Sei nicht albern, Mädchen. Manches kannst du wirklich gut verstecken, etwa deine Angst. Anderes allerdings ist dir deutlicher ins Gesicht geschrieben als eine Leuchtreklame, zum Beispiel, wenn du lügst. Glaubst du wirklich, ausgerechnet ich würde das nicht merken, nachdem ich dich monatelang trainiert und alles an dir *studiert* habe? Nachdem ich Tag für Tag an deiner Seite war? Lüg mich nicht an. So viel Respekt bist du mir schuldig.«

Ja, das ist sie Frome schuldig, und noch viel mehr. Respekt und Ehre sind etwas, was sie als Ritter anlegen sollte wie eine zweite Haut. Deshalb sucht sie nun hastig nach einer Antwort.

»Der Richtige hat gewonnen«, sagt sie schließlich.

Frome lacht höhnisch. »Das hast nicht du zu entscheiden. Hast du im letzten halben Jahr denn überhaupt nichts gelernt?«

»Dieser Vermieter, für den ich gekämpft habe, ist ein Gottgleicher. Wie hätte das denn ausgesehen, wenn ein Gottgleicher gewinnt, weil eine Gottgleiche für ihn kämpft? Ritter sollten nicht zu politischen Spielfiguren gemacht werden.«

»Mach dich nicht lächerlich, genau das sind wir. Deshalb lässt man dich ja über alles im Dunkeln.« Aufgebracht fährt sich Frome durch die Haare. »Himmelherrgott, Red, ist dir denn nicht in den Sinn gekommen, dass dein Sieg auch ganz anders gedeutet werden könnte? Als ein Zeichen der Heiligen, die sich im Kampf auf die Seite des Gottgleichen stellen? Auf die Seite des Gottgleichen-Klägers? Und dass so etwas den Gottgleichen mehr Legitimität verschaffen könnte? Wäre das nicht ein Ziel, für das man eintreten sollte?«

Red schweigt weiterhin.

»Diese Kämpfe sind vielschichtiger, als du denkst«, fährt Frome fort. »Es gibt immer mehr als eine Ebene zu bedenken, mehr als einer allein erfassen kann. Es ist nicht einfach schwarz oder weiß. Deshalb musst du als Kämpferin es einfach halten: Für dich gibt es nur Sieg oder Niederlage. Du bist ein Werkzeug. Du bist und bleibst ein Instrument, das von anderen eingesetzt wird. So ist dieses Leben nun einmal. Und das haben wir versucht, euch beizubringen. Nur wenn du das wirklich begreifst, kannst du hier überleben, sonst wirst du untergehen. Und wenn rauskommt, dass du deinen allerersten Kampf geschmissen hast …«

»Wird es denn rauskommen?« Red scheitert kläglich bei dem Versuch, die Frage gleichgültig klingen zu lassen.

»Ob die Schiedsrichter es gemerkt haben, meinst du?« Frome seufzt schwer und lässt die Schultern hängen. »Na ja, deine Freunde haben es sofort begriffen. Alle anderen … schwer zu sagen. Kommt ein solcher Verdacht auf, hängen die Entscheidungskriterien von der Kampfsituation, den Kämpfenden und den Gesamtumständen ab. Das ist mehr Kunst als Wissenschaft.« Er unterbricht sich kurz. »Und als dein persönlicher Trainer müsste ich eine Stellungnahme abgeben.« Wieder seufzt er. »Früher war das einfacher, da hat man lediglich die Schiedsrichter geschmiert, und fertig. Das korrupte System hatte definitiv auch seine Vorteile.« Er wirft Red einen Seitenblick zu. »Selbstverständlich scherze ich nur.«

Red ist zu sehr damit beschäftigt, gegen die aufsteigende Übelkeit anzukämpfen, um aufmerksam zuzuhören. Die Vorstellung, Frome für sich lügen zu lassen, schlägt ihr extrem auf den Magen. Jeder Schritt auf ihrem Weg scheint irgendwie heikel zu sein, von Unsicherheit geprägt. Eine winzige emotionale Entscheidung hat alles in Gefahr gebracht, worauf sie seit Jahren hinarbeitet. Wie eine unerbittliche Mauer aus Eis sollte sie sein, die sich so langsam auf den Feind zuschiebt, dass der die Gefahr erst erkennt, wenn es zu spät ist. Wenn er schon beinahe von ihr zerquetscht wird. Stattdessen ist sie eine lächerliche, wild lodernde Flamme, die niemandem schadet außer sich selbst.

»Warum, Red?«, fragt Frome nun. »Ich weiß doch, wie sehr du es willst. Die Caballaria liegt dir im Blut. Warum setzt du das alles gleich bei deinem ersten Kampf aufs Spiel?«

Natürlich denkt Red sofort an die Akte, die unter ihrer Tür hindurchgeschoben wurde. Abgrundtiefe Mutlosigkeit droht sie zu verschlingen.

»Es war ein Test«, sagt sie leise. »Und ich habe versagt.«

»Was soll das heißen?«

Red erzählt ihm von der Akte, beobachtet, wie er das Gesicht verzieht.

»Jemand hat versucht, den Kampf zu manipulieren.« Plötzlich richtet sich sein Zorn nicht mehr gegen Red. »So ein feiges, intrigantes Arschloch. Wegen dieser Akte wolltest du, dass der Mieter gewinnt, nicht wahr? Wie war sie formuliert?«

»Es klang so, als wäre der Vermieter im Unrecht.«

Frome hört kaum zu, schüttelt nur wütend den Kopf. »Ganz genau. Sie haben dir die Version präsentiert, durch die du am leichtesten umzustimmen warst, ganz auf ›armes Opfer des Miethais‹ getrimmt. Jede Wette, dass sein Adjudikator das verfasst und unter deiner Tür durchgeschoben hat – oder einer seiner Lakaien. Ziemlich riskante Sache. Das würde heißen, dass sie dich entsprechend eingeschätzt haben. Und nicht einmal ich hätte damit gerechnet, dass du den Kampf schmeißt. Eigentlich wirkst du immer wie jemand, der sich auf jeden Fall durchbeißt. Sehr zielorientiert, meine ich damit.« Er wirft Red einen prüfenden Blick zu. »Hast wohl eine Schwäche für Underdogs, wie?«

Eigentlich ist das für Red eher eine Frage des Anstands, wofür sie sich im Grunde genommen noch viel mehr schämt. Für so etwas wie Anstand ist in ihrem Plan einfach kein Platz.

»Unter diesen Umständen wird der Kampf möglicherweise einfach nur für ungültig erklärt.« Fromes Miene hellt sich auf. »Ganz zu schweigen von dem Wirbel, den es im Kloster auslösen wird, denn ohne die Hilfe eines Mönchs konnten sie dir die Akte unmöglich zuspielen. Hast du sie noch?«

Red nickt. Während des ganzen Theaters vor dem Kampf hatte sie keine Chance, die Akte loszuwerden, außerdem ist Stelia ihr die ganze Zeit nicht von der Seite gewichen.

Frome lehnt sich zurück. »Dann kommst du vielleicht doch noch mit heiler Haut aus der Sache raus.«

*

Da liegt Frome falsch.

Sei es durch die scharfen Blicke des Arenateams oder durch die Machenschaften der Adjudikatoren, jedenfalls wird der Verdacht laut, Red habe den Kampf geschmissen, und der Verdacht allein reicht aus, um den gesamten Disput ins Wanken zu bringen. Keine drei Stunden nach Ende des Kampfes findet sich Red in einem kleinen, stickigen Zimmer wieder, zusammen mit zwei Arena-Schiedsrichtern. Frome ist als offizieller Vertreter des öffentlichen Stalls von Rhyfentown ebenfalls anwesend.

Das Ergebnis des Kampfes wurde noch nicht offiziell dokumentiert, ebenso wenig der Eintrag von Reds Niederlage in ihrer Caballaria-Statistik. Alles hängt in der Schwebe, während man versucht, das Chaos durch langwierige Diskussionen zu beseitigen. Der Vermieter, dem Red durch ihre Niederlage die Klage versaut hat, ist verständlicherweise ein wenig aufgebracht.

»Er will *was*?«, donnert Frome.

»Einen Disput gegen Sie eröffnen«, antwortet der erste Schiedsrichter. »Was sein gutes Recht ist, sollte der Ausgang zweifelhaft bleiben und einer Ihrer Ritter der Grund dafür sein.«

»Was ist mit der Akte, die meinem Ritter zugespielt wurde?«

»Ein nicht unerheblicher Faktor«, erwidert der Schiedsrichter vorsichtig. »Ganz eindeutig ein nicht unerheblicher Faktor, allerdings ...«

»Von wegen allerdings«, brüllt Frome. »Das ist der springende Punkt in diesem Schlamassel. Irgendjemand – höchstwahrscheinlich aus dem Team des Mieters – hat unserer Kämpferin die Details über den Disput zur Kenntnis gebracht. Also sind die der Verursacher, nicht wir.«

»Gewiss, gewiss«, nickt der erste Schiedsrichter. »Und was sieht das Protokoll vor, wenn ein Ritter im Vorfeld über den anstehenden Disput informiert wird?«

Frome zögert.

»Er muss alles tun, um sich diesem Wissen zu verweigern. Falls es dazu bereits zu spät ist, muss er von dem Kampf zurücktreten, sodass ein anderer Ritter berufen werden kann. Und meines Wissens verfügt der Stall von Rhyfentown über ausreichend Ritter, um auch kurzfristig für Ersatz zu sorgen, oder?«

Frome schweigt.

Der Schiedsrichter legt die Fingerspitzen aneinander. »Si Red hatte die Wahl. Wie sie selbst zugibt, wurde sie nicht gezwungen, sich die Akte anzusehen. Sie hat sich aus freien Stücken dafür entschieden. Das alles hätte bereits in den Mauern des Klosters enden können, wenn sie einfach nicht hineingesehen hätte.«

»Ihnen ist doch wohl klar, dass wir das anfechten werden«, presst Frome zähneknirschend hervor.

»Jawohl. Doch ich muss Sie warnen. Eine öffentliche Einrichtung gegen eine Privatperson, noch dazu unter solchen Umständen ... Es dürfte um einiges einfacher, zeitsparender und kostengünstiger sein«, die Betonung der letzten beiden Punkte ist sehr subtil, aber eindeutig gewollt, »wenn Sie Ihrem Ritter einfach den Titel aberkennen, wie es hier verlangt wird.«

»Dann wird sie nie wieder in der Caballaria arbeiten können, wie Sie sehr wohl wissen. Und das wegen eines einzigen Fehlers zu Beginn ihrer Karriere.«

Bleierne Stille senkt sich über den Raum. Red weiß, was diese Stille bedeutet. In diesem Fall reicht ein Fehler schon aus. Sie hat jemanden verärgert, den man nicht verärgern sollte. Hier geht es nicht um Fairness oder Gerechtigkeit. Darum ging es von Anfang an nicht. Es geht nur um Macht. Ein Vermieter namens Mackeler hat mehr davon als Frome, mehr als die Schiedsrichter der Arena, mehr als der öffentliche Stall von Rhyfentown.

Wer die Macht hat, gewinnt immer.

Plötzlich werden draußen auf dem Gang Stimmen laut, es scheppert, die Tür öffnet sich.

»Hier drin, Si, aber …«, erklärt eine Stimme, in der leise Verzweiflung mitschwingt.

»Vielen Dank.«

Red sieht, wie die beiden Schiedsrichter auf der anderen Tischseite die Augen aufreißen, als hinter ihr jemand den Raum betritt. Jemand, dessen Anwesenheit wie ein Gravitationsfeld alles im Raum an sich zieht.

»Si … Si … Si Wyll, welch unerwartetes Vergnügen«, stammelt der erste Schiedsrichter. Sein Kollege, der sich bisher sowieso nicht als großer Redner hervorgetan hat, ist offenbar sprachlos.

Red dreht sich um.

In der offenen Tür steht ihr Gönner. Der Mann, dem sie seit Monaten nahezukommen versucht, von dem sie sich verzweifelt zumindest eine Nachricht erhofft hat. Der Hexenritter ist zu gewaltig, um von einem so schlichten und zweckmäßigen Gebilde wie diesem Raum umfasst zu werden. Seine Lederkluft ist mit keinerlei Abzeichen versehen, lediglich die speziell getönte Sonnenbrille verrät, dass er ein Ritter von Blackheart ist. Sobald er aber den Helm absetzt, kommen die berühmten raubvogelartigen Züge zum Vorschein, diese durchdringenden goldumrahmten Augen.

»Bitte entschuldigen Sie die Unterbrechung«, sagt er.

Seine Stimme ist sanfter als in Reds Erinnerung. Vielleicht ist das aber auch ihr normaler Klang, wenn sie nicht durch eine ganze Arena hallt.

»Nein, nein, nein …« Der Schiedsrichter stammelt noch immer hektisch, scheint damit aber seinen gesamten Wortschatz erschöpft zu haben, denn es kommt nichts mehr.

»Wie ich hörte, scheint es Probleme zu geben, was den Ausgang des Kampfes angeht, den mein Investment heute bestritten hat.«

Ein diskreter Hinweis, meisterhaft gesetzt. Plötzlich bekommt die Situation eine ganz andere Dimension – nun dreht sich alles um den Protegé eines höchst einflussreichen Vertreters der Caballaria.

»Keine Probleme, nein.« Der erste Schiedsrichter hat seine Stimme wiedergefunden. »Es ist vielmehr …«

»Wir wurden verarscht«, unterbricht Frome ihn knapp. Auch er hat sich im Stuhl umgedreht und sieht nun den Hexenritter direkt an.

»Von dem Vermieter, nehme ich an.«

»Korrekt. Er verlangt, dass meinem Ritter der Titel aberkannt und Si Red mit einem Arschtritt aus der Caballaria geworfen wird.«

Mein Ritter. Nicht *dein* Investment. Langsam kommt Red sich vor wie ein heiß umkämpftes Spielzeug.

»Eine völlig überzogene Retourkutsche«, befindet der Hexenritter. »Er wird wissen, dass er damit nicht durchkommt, schon gar nicht bei einem so bekannten neuen Gesicht. Er will nur Aufmerksamkeit.«

»Gewiss doch«, stimmt Frome gereizt zu. »Die ich ihm keinesfalls zugestehen möchte. Aber als einfacher Diener des Volkes habe ich wohl kaum die Mittel, um ihn aufzuhalten, oder?«

»Wohl eher nicht«, gibt der Hexenritter ihm recht. Entweder ist ihm der scharfe Unterton in Fromes Erklärung entgangen oder er geht bewusst nicht darauf ein. »Dann sollten wir ihm wohl besser gleich einen Tritt in den Hintern verpassen, oder? Wir ziehen Si Red aus dem öffentlichen Stall von Rhyfentown ab und ermöglichen ihr in einem privaten Blackheart-Stall einen Neuanfang. Keine Kämpfe mehr, bis ihre neuen Trainer sie ihr gestatten. Das könnte Jahre dauern oder auch nur ein paar Monate. Das liegt ganz bei ihr, nicht wahr?«

Fromes Blick wandert zu Red, die stocksteif auf ihrem Stuhl sitzt und angestrengt versucht, keinen Ton von sich zu geben, sich nicht zu rühren, eben nichts zu tun, was diese Überlegungen stören könnte.

»Ein privater Stall in Blackheart«, wiederholt Frome skeptisch. »Dein Stall, meinst du? Der Stall des Königs?«

»Selbstverständlich nicht«, winkt der Hexenritter ab. »Einer aus den unteren Rängen, ohne jede Verbindung zum Palast.«

Eine unfassbare Sekunde lang hatte Red die Erfüllung ihrer Träume direkt vor der Nase und schon wird sie ihr wieder entrissen. Sie versucht, sich mit dem Gedanken zu trösten, dass jeder Stall in Blackheart sie ihrem Ziel einen großen Schritt näher bringt.

»Das käme einer Beförderung gleich«, gibt Frome zu bedenken.

»Es ist keine Beförderung, eher eine Degradierung.«

»Dir ist aber schon klar, dass die Ställe von Blackheart als das Nonplusultra angesehen werden? Wo ist denn da die Strafe? Welche Botschaft sendet das aus?«

Der Hexenritter sieht ihn gelassen an. »Sie wird quasi wieder zum Kadetten gemacht, und sie ist wieder in der Proberunde, wie es bei einem neuen Stall sowieso der Fall wäre. Dieser Schritt geht mit großem Ehrverlust einher, das weißt du genau: vom vollwertigen Ritter zurück in die Ausbildung. Ihr wart alle so erpicht darauf, ihren frischen Promistatus auszunutzen, dass ihr sie zu schnell da rausgedrängt habt. Die Schuld daran tragt allein ihr.«

Voller Verachtung starrt Frome den Hexenritter an. »Im öffentlichen Sektor kann man es sich nun einmal nicht leisten, seine Frischlinge ewig zu verhätscheln«, kontert er. »Wir brauchen die Leute.«

»Ihr habt mehr als genug Leute. Euch ging es um Publicity.«

Zorniges Rot flammt in Fromes Gesicht auf, doch er sagt nichts mehr.

Zum ersten Mal seit seinem Erscheinen wendet sich der Hexenritter nun Red zu.

»Also? Akzeptierst du diese Strafe oder willst du lieber weiter um deine Ehre kämpfen?«

Ehre bedeutet in diesem Fall nicht nur, den Stall von Rhyfentown auszunutzen und an den Rand des Bankrotts zu treiben, sondern auch Frome und Si Timor persönlich. Außerdem gerät so ungefähr ein Dutzend weiterer anstehender Disputkämpfe in Gefahr, da dann nicht mehr die nötigen Ritter gestellt werden können.

Die Ehre kann sie mal.

»Ich akzeptiere die Strafe, Si«, antwortet Red also. Und weiß, dass sie eigentlich demütiger klingen sollte.

Der Hexenritter nickt. »Dann sollten wir uns noch kurz draußen unterhalten, bevor ich dich wieder in die Obhut von Si Frome entlasse.«

Keiner der Schiedsrichter hat sich mit einem Wort zu dem

Ganzen geäußert. Fast scheint es so, als wären sie überflüssig geworden, sobald der Hexenritter den Raum betreten hat.

Red steht auf und folgt ihm nach draußen. Sie blickt starr auf seinen in Leder gekleideten Rücken, während sie hinter ihm den Gang hinuntergeht. In einer Nische neben einer unscheinbaren Tür bleiben sie stehen. Sie befinden sich tief im Innern der Arena, dem Wirkungsbereich der Schiedsrichter, doch ein Großteil des Teams ist weiter oben zugange und bereitet den nächsten Kampf vor, deshalb ist es im Moment sehr ruhig. Sie sind allein.

Zum ersten Mal überhaupt ist sie mit ihm allein.

Er lehnt sich gegen die Wand und verschränkt die Arme vor der Brust. »Anscheinend gehst du gerne Risiken ein«, stellt er fest.

Da sie nicht weiß, was sie sagen soll, schweigt Red.

»Ich verstehe das. Offenbar geht es ja immer wieder gut aus für dich.«

Dieser Stich geht tiefer, als ihr lieb ist.

»Ich habe nicht damit gerechnet, dass du angerannt kommst und mich raushaust«, erwidert Red deshalb. »Falls das damit gemeint war.«

»Nun ja, das musste ich wohl, nachdem ich dich überhaupt erst da reingeritten habe, oder?«

Es dauert einen Moment, bis sie begreift. Die Erkenntnis scheint ihr den Boden unter den Füßen wegzuziehen.

Fassungslos mustert sie sein ausdrucksloses Gesicht. »*Du* hast mir die Akte des Disputs zugespielt.«

»Körperlich schneller als geistig«, murmelt er nur.

»Wieso? Du hättest damit … Ich hätte dadurch … Du wolltest mich testen. Wozu?«

»Ich war neugierig.«

Hilfloser Zorn schnürt ihr die Kehle zu, deshalb starrt Red ihn nur wortlos an.

»Ich wollte sehen, für welchen Weg du dich entscheidest«,

fährt der Hexenritter fort. »Auf wessen Seite du dich schlägst und ob du den Mut aufbringst, die Sache durchzuziehen. Ich wollte herausfinden, was für ein Mensch du bist.«

»Es gibt einfachere Möglichkeiten, jemanden besser kennenzulernen. Ich weiß nicht, zum Beispiel … *reden.*«

Der Hexenritter neigt kaum merklich den Kopf, als wäre das eine höchst merkwürdige Vorstellung.

»Reden fällt den Menschen leicht«, stellt er dann fest. »Reden können wir alle gut. Es ist einfach, das eine zu sagen und etwas ganz anderes zu meinen. Durch Reden lässt sich vieles verschleiern, durch Taten jedoch nicht. Vor allem nicht, wenn sie unter Druck erfolgen. Zwingt man jemanden dazu, eine schwere Entscheidung zu fällen, verraten seine Taten mehr über ihn als alle Worte. Es ist ein guter Test.«

»Und, habe ich bestanden?«, faucht sie.

»Würden wir beide jetzt hier stehen, wenn dem nicht so wäre?«

Wir beide. Diese Worte sorgen dafür, dass Reds Magen sich schmerzhaft zusammenkrampft.

»Du wolltest, dass ich den Kampf schmeiße.«

»Ich wollte, dass du Mitgefühl mit den Machtlosen zeigst.«

»Aber ich habe mich gegen … den Gottgleichen gestellt.«

»Dann müssen wir uns deiner Meinung nach also mit jedem Gottgleichen da draußen identifizieren, als bestünde von Geburt an automatisch ein Band zwischen uns?« Der Hexenritter schnaubt spöttisch. »Mackeler ist ein Aasgeier. Zufälligerweise ist er auch ein Gottgleicher. Und?«

»Ich habe das Gesetz der Caballaria gebrochen. Habe das Schlimmste überhaupt getan.«

Zu Reds großer Verblüffung lacht der Hexenritter laut auf.

»Das Gesetz der Caballaria«, wiederholt er abfällig. »*Das Schlimmste überhaupt.* Warum geben sie den neuen Rittern immer nur funkelnde Waffen mit auf den Weg, aber nie die schmutzige Wahrheit? Die Caballaria ist ein Zirkus voller Heuchler, politischer Intriganten und Machtversessener. Es werden ständig Kämpfe geschmissen, oder Dispute werden geregelt, bevor sie überhaupt die Arena erreichen. Bloß weil die Strafen für so etwas heutzutage härter sind als früher, heißt das nicht, dass die Leute nicht trotzdem versuchen würden, die Kämpfe zu manipulieren.« Nach einer kurzen Pause fährt er fort: »Die öffentlichen Kämpfe wurden geschaffen, um der Korruption entgegenzuwirken und den Gleichheitsgrundsatz zu stärken. Sie sollten den Machtlosen eine Stimme verleihen, die ebenso gehört wird wie die der Mächtigen.« Trocken fügt er hinzu: »Es war eine nette Idee, aber vermutlich ist dir bereits aufgefallen, dass da noch eine Menge Luft nach oben ist.«

»Und was ist mit der Ehre?«, will Red von ihm wissen.

»Menschen wie Frome wollen noch immer an eine Welt glauben, in der Ehre nicht nur existiert, sondern auch die Herzen der Menschen lenkt, aber ich sage dir eines. Während der gesamten Menschheitsgeschichte gab es nur Zeiten des Fortschritts, wenn jene, die sich dafür eingesetzt haben, ebenso kaltblütig und heimtückisch vorgegangen sind wie die Gegenseite.« Der Hexenritter schenkt Red ein freudloses Lächeln. »Fairness schafft man nicht, indem man fair spielt.«

»Mackeler wird trotzdem einen Disput gegen den Stall von Rhyfentown eröffnen«, wendet Red ein. »Er wird seine Rache bekommen.«

»Nein, das wird er nicht. Denkst du wirklich, Blackheart ließe das zu? Die öffentlichen Kämpfe sind einem Traum entsprungen, den Si Garad Gaheris mit dem König höchstselbst geteilt hat, und die beiden haben eine Menge Leute vergrätzt, als sie ihn realisierten. Sie mussten hart für die Umsetzung kämpfen, über viele Jahre hinweg. Da werden sie kaum zulassen, dass irgendein kleiner Landbesitzer ihr großes Projekt beschmutzt.«

Für den Hexenritter steht ein Landbesitzer offenbar auf einer Stufe mit einer Kakerlake.

»Also«, beginnt er wieder, »du nimmt deine Strafe an und trainierst hart in deinem neuen Stall. Anschließend werden wir sehen, wie wir dich weiter voranbringen können.«

»Wirst du mich trainieren?«

»Ich? Nein.«

»Warum nicht?«

Ihr Vorschlag hat ihm offenbar die Sprache verschlagen, denn der Hexenritter starrt sie fassungslos an.

Es hat keinen Sinn, etwas zurückzuhalten. Sie hat nur dieses eine Ass im Ärmel, und jetzt könnte der perfekte Moment gekommen sein, um es auszuspielen. Also holt Red tief Luft und setzt alles auf eine Karte.

»Es gibt da etwas, was du wissen solltest, Si.«

Schweigend wartet er darauf, dass sie fortfährt.

»Ja, ich habe den Kampf wegen Mackeler geschmissen, aber es gab noch einen anderen Grund.«

Er wartet weiter.

»Ich … hätte beinahe die Kontrolle verloren. In der Arena.«

Über meine Magie, würde sie gerne noch hinzufügen, aber das muss sie gar nicht. Er versteht sie auch so.

»Was war der Auslöser?«, fragt er.

Red zögert. »Ich bin nicht sicher.«

»Es muss einen emotionalen Auslöser geben, der die Magie hervortreten lässt. Du solltest ihn kennen. Was war es?«

Als mir klar wurde, dass du nicht gekommen bist, und all meine Pläne sich in Luft aufzulösen schienen.

»Ich konnte es einfach nicht ertragen, für so einen zu gewinnen, während die halbe Welt mir zusieht«, erklärt sie. »Da haben meine Handflächen angefangen zu jucken und wurden heiß. Ich konnte sie kaum noch in mir halten. Ich habe Angst bekommen, dass das Überwachungsarmband Alarm schlagen könnte, also habe ich den Kampf geschmissen. Während der Ausbildung und beim Training war alles gut mit der Magie. Sie hat sich nie gezeigt. Aber in der Arena …« Die Schamesröte auf ihren Wangen ist echt. »Ich habe keine Eltern mehr, und ich habe nie irgendwelche anderen Gottgleichen gekannt. Es gab niemanden, der mir das alles erklärt hätte. Bring mir bei, wie ich sie kontrollieren kann.«

Red ist angewidert von der Verzweiflung, die in ihrer Stimme mitschwingt, aber es gibt keine andere Möglichkeit. Dass sie ihre Magie nicht vollständig unter Kontrolle hat, ist nicht gelogen – mit ihren Albträumen und bei der Begegnung mit dem Wahrsager war es in letzter Zeit oft verflucht knapp –, doch es ist auf jeden Fall ein Vorwand. Sie muss näher an den Hexenritter herankommen, koste es, was es wolle. Sie muss mit ihm allein sein.

»Ich kann jemanden suchen, der dir das beibringt«, schlägt er vor.

Red richtet sich entschlossen auf. »Ich möchte, dass du das machst.«

Bestimmt wird er nun nach dem Warum fragen, und sie legt sich eilig ein paar Argumente zurecht, die er vielleicht schlucken könnte. Deshalb lässt seine Antwort sie überrascht nach Luft schnappen.

»Also schön. Aber während der nächsten Wochen bin ich erst mal auf Turnierreise. Es wird warten müssen, bis ich wieder hier bin.« Bei jemandem, der nicht über derartige Macht verfügt, hätte man wohl Schüchternheit vermutet, als er hinzufügt: »Ist das in Ordnung?«

Red versucht, sich weder die Verblüffung noch das Triumphgefühl anmerken zu lassen, das sie gerade überkommt. »Klar. Ja, natürlich.«

Der Hexenritter mustert sie noch einmal durchdringend, dann nickt er, stößt sich von der Wand ab und kehrt zu dem Raum zurück, in dem der inzwischen vermutlich stinksaure Frome auf sie beide wartet.

Beinahe benommen folgt ihm Red. Noch vor ein paar Minuten lag ihr Schicksal in den Händen eines Miethais, der verglichen mit diesem Ritter nicht einmal eine Mücke ist im weit verzweigten Spinnennetz der Macht.

Sie hat sich vor einem kleinen Felsblock gefürchtet. Nun steht sie plötzlich im Schatten eines Bergmassivs, und undurchdringliche Finsternis senkt sich auf sie herab.

KAPITEL 23

Fickledunn, Alaunitown

Achtzehn Jahre zuvor

Er sollte heute Abend gar nicht hier sein.

Die Security des Hauses ist ebenfalls dieser Ansicht – zunächst. Als die Wachen begreifen, wen sie vor sich haben, geben sie schockiert den Weg frei. Fickledunn, das private Anwesen des Lords von Alaunitown, steht offenbar nicht auf ihrer mentalen Liste der Orte, die der König von London in diesem Moment aufsuchen könnte.

»Sire …« Auch der diensthabende Lakai, ein zaundünner Mann mit stolzer Adlernase, ist verblüfft. »Mein König. Welch … unerwartete … Freude.«

Er verneigt sich tief. Selbst nach zehn Monaten Regentschaft muss Art sich noch davon abhalten, bei diesen automatisierten Demutsbekundungen verlegen herumzuzappeln. Er ringt sich ein Nicken ab.

»Es tut mir leid, dass ich einfach so hier auftauche«, sagt er. »Es war ein sehr kurzfristiger Entschluss. Dringende Angelegenheit. Irgendwann werden wir bestimmt ein Leuchtschirmgerät haben, das andere Kommunikationswege bietet und es überflüssig macht, so etwas persönlich vor Ort klären zu müssen, nicht wahr?«

»Nicht wahr?«, wiederholt der Lakai verwirrt, um dann hinzuzufügen: »Ich meinte, selbstverständlich, Sire. Jawohl, mein König. Soll heißen, wenn Sie derlei Dinge besprechen wollen, sind Sie genau am richtigen Ort gelandet, immerhin befinden wir uns hier im Herzen des technischen Fortschritts. Will sagen, Alaunitown kann es liefern.«

»Ist Lord Welyen zu sprechen?«, bringt Art ihn höflich wieder auf Kurs.

»Die Herrschaft hat bereits Gäste«, erklärt der Lakai, »doch ich werde sie sofort darüber informieren, dass Sie hier sind, Sire.«

Art wird mit zwei Vertretern seiner Leibwache hineingebeten, während der Rest draußen wartet. Schweigend sitzen die Ritter auf ihren Motorrädern und behalten das Haus aufmerksam im Blick. Wie das Gesetz es für Privatgrundstücke vorschreibt, müssen seine beiden Begleiter vorübergehend ihre Waffen abgeben.

Der Lakai ist inzwischen irgendwo in den stillen Tiefen des weitläufigen Hauses verschwunden. Man setzt den König in einen geschmackvoll eingerichteten Empfangsraum, in dem jede Menge Erfrischungen bereitstehen, die er allerdings nicht anrührt. Seine Leibwache stellt sich hinter ihm an der Wand auf, die Tür im Blick.

Wenig später erscheint ein Diener und bedeutet ihm unterwürfig, ihn in den ersten Stock zu begleiten.

Art steigt die geschwungene Treppe hinauf, vor und hinter sich je eine Wache. Scharf umrissene Projektionen bereits verstorbener Welyens zieren die Wände; mit strengen Blicken scheinen sie die kleine Prozession zu verfolgen. Man führt ihn durch einen mit dunklem Holz verkleideten Flur, auf dessen Steinboden seine Stiefelabsätze überlaut hallen.

Vor einer geschwungenen Tür bleiben sie stehen. Der Diener klopft, wartet eine gedämpfte Antwort von drinnen ab und reißt dann mit einer tiefen Verbeugung die Tür auf, was Art als Einladung dienen soll, einzutreten.

Der lässt seine Wache draußen im Korridor zurück und macht sich darauf gefasst, nun wieder in irgendeinem Salon zu landen, zu abendlicher Stunde sanft ausgeleuchtet von gedimmten Lampen. Ganz und gar nicht gefasst ist er allerdings, als er feststellen muss, dass er ein grell beleuchtetes Zimmer betreten hat, in dem ein riesiges Bett steht, auf dem sich zwei nackte Gestalten wälzen. Eine davon ist männlich und erinnert an eine bleiche, nasse Ratte. Bei der anderen handelt es sich eindeutig um Dario Go.

Ruckartig bleibt Art stehen.

Das Treiben setzt sich noch einen Augenblick fort. Von lähmender Unsicherheit gepackt, muss Art wie paralysiert hinsehen, bis Dario irgendwann den Kopf dreht, als hätte xier gerade erst bemerkt, dass jemand hereingekommen ist.

»Sire«, keucht xier.

Agravain hört auf zu stöhnen, wendet sich trotz seiner verdrehten Haltung noch weiter um und folgt Darios Blick.

»Es tut mir schrecklich leid«, platzt es aus Art heraus. »Ihr Diener … Er hat mir signalisiert, ich könne eintreten.«

»Keine Sorge«, erwidert Agravain, »ich bin fast fertig.«

Sein rundlicher Körper zuckt unter der Decke, und Dario stößt einen rauen Laut aus.

»Ich werde …« Art schiebt sich Richtung Tür. »Ich werde draußen warten.«

»Wie es Ihnen beliebt«, hört er Agravain noch antworten, bevor er die Tür hinter sich schließt. Grauenvolle Scham scheint seinen gesamten Körper zu erfassen, während er reglos im Korridor steht.

Am liebsten würde er irgendwo gegentreten, doch er unterdrückt den Impuls. Der verfluchte Diener ist verschwunden, nur seine beiden Wachen sind noch da und beobachten ihn wachsam.

Welch eine Inszenierung. Ein verdammtes Machtspiel. Sieh dir an, wen ich alles ficken kann.

Art wird von einem angewiderten Schaudern erfasst, hasst sich aber gleichzeitig für diese Reaktion. Mühsam ringt er um Selbstbeherrschung, während vor seinem inneren Auge immer wieder aufblitzt, was er gerade gesehen hat.

Es dauert nur ein oder zwei Minuten, bis sich die Zimmertür erneut öffnet. Dario erscheint im Türrahmen, das sonst so akkurat frisierte Haar zerzaust, den schmalen Körper in einen dünnen Morgenmantel gehüllt. Sieht man von den Haaren und einer leichten Rötung der Wangen ab, wirkt xier vollkommen aufgeräumt.

»Sire«, grüßt xier förmlich. »Möchten Sie nicht hereinkommen?«

Art wirft xiem einen prüfenden Blick zu und versucht erfolglos herauszufinden, ob xier in Ordnung ist oder aufgewühlt oder … Doch aus Darios Miene lässt sich rein gar nichts ablesen.

»Du hast deine Sachen vergessen«, ruft Agravain von drinnen. Gnädigerweise hat er sich eine Hose und ein hellgelbes Hemd angezogen, Letzteres allerdings nicht zugeknöpft, sodass es offen über seinem nackten Bauch hängt. Nun zeigt er auf eine elegante Tasche, die auf einer Kommode steht; über dem Stuhl daneben hängt ein indigoblauer Mantel, der Art sehr bekannt vorkommt.

»Die hole ich, nachdem ich gebadet habe«, erklärt Dario.

Agravain schnaubt spöttisch. »Du hast dich offenbar kein bisschen geändert.« Mit übertriebener, aufgesetzter Vertraulichkeit wendet er sich an Art: »Xier liebt es, danach hier ein Bad zu nehmen. Fragen Sie mich nicht, warum.«

»Das ist nicht weiter geheimnisvoll«, entgegnet Dario ruhig.

»Die Wanne hier ist herrlich tief, man fühlt sich wie in einem kleinen Swimmingpool.« Xier blickt kurz zu Art, er neigt den Kopf. »Wenn mein König mir gestattet, mich zu entfernen …«

»Unbedingt«, presst Art mühsam hervor.

Damit schwebt Dario aus dem Raum. Als xier sich an Art vorbeischiebt, murmelt xier leise vor sich hin. Dann fällt die Tür hinter xiem zu.

In der einsetzenden Stille wendet sich Art dem Mann zu, der ihn tot sehen will.

Agravain hat säuerlich den Mund verzogen. Anscheinend hat sich Dario bei seinem Abgang für seinen Geschmack etwas zu ehrerbietig gegenüber Art gezeigt. Doch er fängt sich schnell wieder; offenbar ist er zu gut gelaunt, um sich lange darüber zu ärgern. Immerhin hat er momentan ganz klar die Oberhand.

»Also«, beginnt er, »welch eine Überraschung, Sire.«

»Zweifelsohne«, erwidert Art steif.

»Darf ich Ihnen etwas zu trinken anbieten? Sie bevorzugen Pollidori, nicht wahr? Ich hätte da einen hervorragenden und äußerst seltenen Jahrgang in meinem Keller liegen.«

»Tatsächlich? Nun, wie könnte ich da Nein sagen?« Auch wenn er keinen Tropfen davon anrühren wird.

Agravain klingelt nach einem Diener, gibt die Bestellung auf und zeigt dann auf zwei wuchtige Polstersessel an einem kleinen Beistelltisch, dessen gläserne Platte so dünn und fragil wirkt wie Spinnenseide, ganz dem neuesten Trend von 'launitown entsprechend.

»Ich werde diesen hier nehmen, wenn es Ihnen nichts ausmacht.« Art tritt an den Sessel heran, der näher bei ihm steht – und entscheidet sich damit nicht für den, den Agravain ihm angeboten hat.

Agravain lässt sich in den Sessel an der Wand fallen und streckt die nackten Füße von sich. »Ganz und gar nicht, so überlassen

Sie mir den Platz, der mir am liebsten ist. Geschützter Rücken und freier Blick in den Raum.«

»Die klassische Machtposition«, stellt Art fest. »Allerdings umfasst dieser freie Blick hauptsächlich die Kommode.«

Achselzuckend erwidert Agravain: »Es ist eine sehr hübsche Kommode. Ich nehme an, Sie kommen in dringlichen Angelegenheiten, die nicht bis zur nächsten Konsiliumssitzung warten können, Sire?«

Mit keiner Silbe erwähnt er die Szene mit Dario, als solle damit klargestellt werden, dass sie nur für einen der Beteiligten peinlich war, nämlich für Art. Agravain strahlt eine beinahe arrogante Behaglichkeit aus, es scheint ihn in keinster Weise zu stören, nun mit dem Mann allein zu sein, den er vor gerade mal zwei Tagen umzubringen versucht hat.

Er fürchtet sich kein bisschen vor dir.

»Nein«, beginnt Art langsam, »das konnte nicht warten. Ich möchte mit Ihnen sprechen.« Nach kurzem Zögern fügt er hinzu: »In einem Umfeld, in dem wir ganz offen reden können.«

Mit einem spöttischen Grinsen erwidert Agravain: »Unser Kindkönig will also einen auf kontrovers machen, wie? Nun ja, hier kann er das problemlos versuchen, das kann ich versprechen. Mein Haus ist sicher, und meine Dienstboten sind mir treu ergeben, da sie genau wissen, was mit ihnen geschieht, wenn sie es nicht sind. Leider ist das in dieser traurigen Zeit der einzige Weg, um sich wahre Loyalität zu sichern. Was für den Palast eher nicht gilt, nicht wahr? Dort gibt es mehr Lecks als in einer rostigen Badewanne.«

»Agravain«, beginnt Art noch einmal und registriert mit Genugtuung, wie sein Gegenüber bei der vertraulichen Anrede kurz zusammenzuckt. »Ich muss es einfach wissen: Warum hasst du mich so sehr?«

»Hassen?« Agravain gibt ein künstliches Lachen von sich, das wohl freundlich klingen soll. »Wie kommen Sie denn darauf, dass ich Sie hasse?«

Jedes Wort, das aus seinem Mund kommt, klingt irgendwie schmierig.

»Viele sind davon ausgegangen, dass du das Schwert für dich gewinnst. Und dann hat Borin dich verraten …«

»Oh, bitte.« Agravain winkt ab. »Das ist Schnee von gestern.«

Vor Arts innerem Auge taucht das Bild auf, wie Agravain in der Arena die Todesgeste in seine Richtung gesandt hat. Und er denkt an die unzähligen Gelegenheiten, bei denen dieser Mann im Konsilium seine Autorität untergraben, gegen ihn gearbeitet oder sich ihm offen widersetzt hat. Für einen kurzen Moment gestattet er sich sogar, einen Zeh in Belisans eisige Meeresfluten zu tauchen.

Alles Schnee von gestern, ja?

Mit aller Kraft verdrängt er den aufsteigenden Zorn.

»Und doch«, erwidert er langsam und versucht, ein wenig Unsicherheit in seine Stimme zu legen, einen Hauch von Nervosität, »werde ich das Gefühl nicht los, dass du einen gewissen Groll gegen mich hegst.«

Agravain schnalzt mit der Zunge. Je unwohler Art sich zu fühlen scheint, desto mehr blüht er auf. »Wenn ich überhaupt einen Groll hege, dann höchstens gegen Ihren Vater.«

»Gegen meinen Vater? Warum das?«

»Nun, wer hat denn diese Schweinerei hinterlassen, die uns alle in den Hintern gebissen hat? Ich hätte diese Angelegenheit von Anfang an sauber geregelt.«

»Indem du mich gleich in der Wiege erdrosselt hättest?«, schlägt Art unbeschwert vor, als wäre das alles nur ein Witz.

Grinsend schüttelt Agravain den Kopf. »Oh nein, ich hätte das erledigt, noch bevor Sie geboren wurden. Na, nun schauen Sie doch nicht so besorgt drein. Wie gesagt, alles Schnee von gestern. So wie Uther selbst.«

»Ich bin froh, dass du das sagst. Geradezu erleichtert. Denn nichts liegt mir mehr am Herzen als ein Friedensschluss mit dir – zum Wohle Londons. Interne Streitigkeiten schwächen nur unsere Machtposition. Wenn Alaunitown und Blackheart an einem Strang ziehen, können wir weitreichende Veränderungen einleiten, die …«

»Wissen Sie, was wir brauchen?«, fährt Agravain fort, als hätte Art gar nichts gesagt. »Einen Krieg. Der letzte liegt schon Jahrzehnte zurück. Das kurbelt die Wirtschaft so richtig an! Wie ein Stromstoß in ein träges Herz. Stellt man sich ein Land als einen Menschen vor, als einen lebenden Körper, dann bringt ein träger Herzschlag ja nicht gerade viel voran, oder? Sicher, er erhält das schwerfällige Gleichgewicht und sorgt dafür, dass alles irgendwie läuft, aber er treibt sicher niemanden zu Höchstleistungen an. Nein, das schafft nur ein rasender Puls. Ein frischer Energieschub. Kämpfen oder fliehen, das bringt das Blut in Wallung. Wie ein Krieg. Friedenszeiten verweichlichen die Bevölkerung, alle gewöhnen sich viel zu sehr daran, versorgt und getätschelt zu werden. Langfristig gesehen ist das schädlich. Wir lehren sie nicht mehr, auf eigenen Beinen zu stehen, verstehen Sie? Stattdessen hängen sie ihr Leben lang an unserer Brust und saugen uns aus.«

Art schweigt einen Moment, um das Gehörte zu verarbeiten. »Du … meinst das ernst«, stellt er dann fest.

Achselzuckend fährt Agravain fort: »Sicher keine allseits beliebte Sicht der Dinge, aber wenn man einen Blick in die Geschichtsbücher wirft, wird schnell klar, dass es sinnvoll ist.« Als er Arts Blick bemerkt, zieht er spöttisch die Augenbrauen hoch. »Nun machen Sie aber mal halblang. Sie tun ja gerade so, als wäre ein Krieg das Schlimmste, was uns passieren könnte. Sie sind doch nicht wirklich so naiv, oder? Widrigkeiten haben immer auch etwas Positives an sich, und darauf sollten Sie den Blick richten. Suchen Sie nach den Chancen, die dadurch geboten werden.«

»Welche Chancen könnten sich denn bieten, wenn unzählige Londoner ihr Leben verlieren?« Art schafft es nicht, seine Verwunderung zu unterdrücken.

»Nun, für die Bestattungsbranche schon mal eine Menge. Kommt immer auf die Sichtweise an.«

»Aber du bist nicht in der Bestattungsbranche tätig.«

Agravain schlägt die Füße übereinander. »Nein, aber ich bin im Waffengeschäft tätig, und für diese Branche ist es ziemlich schlecht, wenn niemand kämpfen will.«

»Die Welyens machen in Technik«, widerspricht Art.

»Sie glauben ernsthaft, *Technik* füllt die Kassen?« Agravain lacht laut auf. »Bei allen Heiligen!« Er wirft Art einen abschätzigen Blick zu. »Nun aber mal ran, Sire. Sie wollten offen reden. Sprechen Sie aus, was Ihnen auf der Seele brennt. Ich denke, ich habe ausreichend bewiesen, dass dies ein sicherer Ort ist, oder nicht? Also, lassen Sie uns Klartext reden.«

Art erwidert nichts darauf, woraufhin Agravain unbeeindruckt fortfährt: »Ich werde Ihnen sagen, was in den Köpfen von Londons Elite vorgeht, egal wie viel philanthropisches Geschwafel sie zum Schein von sich gibt. Sie rollen alle wohlbehütet in ihren Limousinen durch die Stadt, und wenn sie in eines der mieseren Viertel kommen, blicken sie durch die getönten Scheiben in die schmutzige Welt hinaus, sehen diese ahnungslosen kleinen Schweine, wie sie dort im Dreck wühlen, und sie spüren … Ekel.« Wieder zuckt er gelassen mit den Schultern.

Art räuspert sich mühsam. »Wer arm ist, ist für dich also mit einem Schwein gleichzusetzen?«

Abwehrend spreizt Agravain die Hände. »Ich sage ja nicht, dass es ihre Schuld ist. Ich sage nur, was alle denken, aber niemand auszusprechen wagt. Langsam habe ich die Schnauze voll davon, dass es jedes Mal einen empörten Aufschrei gibt, wenn man einfache Wahrheiten in Worte fasst. Wir leben in einer freien Welt, und Freiheit sollte ja wohl auch heißen, dass man sagen kann, was immer man will.« Er denkt kurz nach. »Früher war das so. Es wird Zeit, dass wir wieder dorthin zurückkehren. Aber jetzt mal im Ernst. Was diese ganzen Gleichheitsfanatiker einfach nicht sehen wollen, ist die Tatsache, dass unsere Welt auf dem Fundament einer klaren Hierarchie errichtet wurde. Immer schon hatten die Dinge eine feste Ordnung – das ist heute so, und das wird auch in Zukunft so sein. Sie ist ein fester Bestandteil unserer Realität. Und die derzeit vorherrschende Struktur hat Menschen wie Sie und mich an ihrer Spitze. Das ist weder gut noch schlecht, es ist einfach so. Wenn man diese Struktur allerdings ins Wanken bringt, diese Ordnung der Dinge, dann …« Er schlägt klatschend mit der Faust in seine offene Handfläche. »Chaos, Tod, Elend. Das hat die Geschichte oft genug gezeigt. Ich bin immer wieder verblüfft darüber, dass wir anscheinend so gar nichts aus der Vergangenheit gelernt haben.«

»Mir wurde beigebracht, dass jeder die Chance verdient, sich zu verbessern – gesünder, gebildeter und wohlhabender zu werden. Es sollte nicht nur darum gehen, als was man geboren wird. Das ist ungerecht.«

»Das Leben ist nun einmal ungerecht. Jeder, der etwas anderes glaubt, dürfte sich schwertun, zu überleben.« Offenbar wird Agravain jetzt erst bewusst, wie aggressiv sein Tonfall geworden ist. »Hören Sie mal, mein Junge, ich bin um einiges älter als Sie. Ich habe wesentlich mehr von der Welt gesehen. Und ich habe mir Ihre leidenschaftlichen kleinen Reden im Konsilium angehört, ja, das habe ich wirklich. Ihr Idealismus ist bewundernswert, ganz ehrlich. Früher war ich da ganz ähnlich. Aber dann hat sich das ausgewachsen. Ich habe die Kindheit hinter mir gelassen und bin zum Mann geworden. Und es wird wirklich Zeit, dass Sie dasselbe tun. Denn eines sage ich Ihnen: Ein weichherziger König bringt London nur Kummer und Leid.« Kopfschüttelnd fügt er hinzu: »Das war schon immer so.«

Art schluckt schwer. »Und wenn ich mich dieser Meinung nicht anschließen kann?«

Agravain zuckt mit den Schultern. »London war stets gut darin, sich neue Könige zu suchen.«

Ein hässlicher, dicker Wurm namens Angst schlingt sich um Arts Herz und drückt fest zu.

»Eigentlich«, zwingt er sich zu sagen, »muss dafür erst der alte König sterben.«

Er wird es doch nicht wirklich zugeben, oder?

»Wir sind gut darin, unsere Könige zu töten.« Agravain lächelt vielsagend. »Uther wäre da so ein Beispiel.«

Nun hat er schon zum zweiten Mal Arts Vater erwähnt. Offenbar gibt es da etwas, was er ihm mitteilen möchte.

»Der König-gebettet-in-Frieden ist an Herzversagen gestorben.«

Aus dem feinen Lächeln in Agravains Gesicht wird ein breites Grinsen. »Ja, natürlich. Genau wie der arme Borin. Sicher haben Sie davon gehört? Schockierend war das. Macht einen irgendwie nachdenklich, oder nicht? Wenn zwei derart kraftstrotzende Männer so schwache Herzen haben können … Nun ja. Offenbar kann es jeden treffen, zu jeder Zeit.«

Art überkommt das Gefühl, dass es ihn jetzt sofort erwischen könnte.

»Wie dem auch sei«, fährt Agravain fort, »sosehr ich Uthers frühzeitiges Ende auch bedauere, muss ich doch zugeben, dass ich ein wenig erleichtert bin, schon allein wegen Orcade.« Er schnalzt mit der Zunge. »Keine sehr glückliche Ehe war das.«

»Ach nein?«

»Er war ein brutaler Kerl. Männer wie er sind das ja oft, nicht wahr? Jedes Mal, wenn sie mit blauen Flecken und gebrochenen Knochen zu mir kam, hätte ich ihm am liebsten den Hals umgedreht. Niemand darf meine Schwester so behandeln.« Agravains Miene verfinstert sich. Er meint es ernst. »Aber sie hat mich jedes Mal davon abgehalten. Orcade nimmt vieles auf sich zum Wohle anderer. So war sie schon immer.«

Art gibt sich alle Mühe, seine nächste Frage so klingen zu lassen, als wäre es reine Theorie: »Würdest du tatsächlich jemanden umbringen, nur wegen Orcade?«

»Bei Ihnen klingt das so, als wäre es eine vollkommen absurde Vorstellung. Ach, ich vergaß, Sie haben keine Schwester, oder? Dann können Sie nicht verstehen, wie tief dieses Band greift. Es ist einzigartig.« Eine fast schon befremdliche Hingabe zeichnet sich auf Agravains Gesicht ab.

Art muss einen angewiderten Schauder unterdrücken.

»Willst du damit andeuten, dass du den König von London umgebracht hast, um deiner Schwester zu Hilfe zu kommen?«, fragt er nun ganz direkt.

Agravain lacht dröhnend. »Frecher Bengel, versucht hier, mich zum offenen Hochverrat zu verführen.«

Plötzlich hört Art Brunes Stimme in seinem Kopf, eine ihrer Lektionen zum Thema Diplomatie.

Es gibt immer Gemeinsamkeiten zu entdecken, selbst bei jenen, die Sie verabscheuen.

Denken Sie an etwas, das Ihnen selbst zuwider ist. Es könnte genau das sein, was Ihr Gegenüber begehrt.

»Denkst du etwa, mich würde das stören?«, plappert er los. »Bei Marvol, ich wäre dir sogar dankbar. Wenn es denn wahr wäre.«

Agravain mustert ihn schweigend.

Art schluckt. »Nun ja, vielleicht bin ich da gerade etwas über das Ziel hinausgeschossen. Es wäre wohl nicht gut, wenn das jemandem zu Ohren käme.«

Ein verschmitztes Lächeln huscht über Agravains dicke Lippen. »Da machen Sie sich mal keine Sorgen. Ich habe diesen Raum schon vor langer Zeit schallisolieren lassen. Manchmal geschehen hier drin Dinge … nun ja, es war einfach notwendig.« Er zwinkert Art zu. »Sie wissen sicher, was ich meine.«

War Orcade auch schon in diesem schalldichten Zimmer mit ihm gefangen? Besser nicht daran denken.

Nein, denk bloß nicht darüber nach.

»Keinen Menschen habe ich jemals mehr gehasst als meinen Vater«, sagt Art langsam. »Ich bin froh, dass er tot ist.« Er legt den Kopf in den Nacken. »Bei allen Heiligen, es tut gut, das mal loszuwerden.«

Agravain kichert beifällig. »Freut mich, dass ich helfen konnte. Ich kann mir nicht einmal vorstellen, wie es sein muss, im Schatten eines solchen Skandals aufzuwachsen. Hart, wirklich hart. Und doch sitzen Sie nun hier.«

»Ja, so ist es«, nickt Art. »Irgendwie.«

»Stellen Sie Ihr Licht nicht unter den Scheffel. Sie könnten ein großartiger König sein, Dracones. Dazu müssen Sie sich nur ein wenig Skrupellosigkeit zulegen, mehr nicht. Sie dürfen das Volk dort draußen nicht als Menschen sehen. Stellen Sie sich London vielmehr als eine Art Organismus vor. Hat ein Mensch eine kranke Niere, und sie fängt an zu versagen, wird sie herausgeschnitten, richtig?« Agravain spreizt die Finger. »Jeder stirbt irgendwann, das ist unvermeidlich. Bei vielen von ihnen können Sie vielleicht darüber bestimmen, wie und wann es geschieht, aber sterben werden sie so oder so, nicht wahr? Und bei manchen von ihnen passiert es dann vielleicht wegen der kranken Niere.« Agravain starrt ins Leere. »Genau das ist es. Manchmal müssen Opfer erbracht werden, damit der restliche Organismus weiterleben kann. Manchmal müssen wir skrupellos sein, zum Wohle aller.« Er wirft Art einen kurzen Seitenblick zu. »Sie scheinen überrascht zu sein.«

»Ich …« Art zögert. »Zum Wohle aller … genau darum geht es mir auch. Selbstverständlich. Eigentlich ist es sogar mehr als das. Ich bin nicht religiös, aber gäbe es einen Gott, der für das Wohl aller zuständig ist, dann wäre er wohl der Einzige, vor dem ich das Knie beugen würde.«

Agravain lacht leise. »Gut formuliert.«

Nachdenklich sieht Art sein Gegenüber an. »Ich bin wirklich froh, dass du so ehrlich zu mir warst«, sagt er schließlich. »Ehrlichkeit ist für mich mit das Wichtigste.«

Agravain nickt ihm zu. »Für mich ebenfalls, Sire, für mich ebenfalls. Vielleicht haben wir doch mehr gemeinsam, als Sie denken.«

Es klopft an der Tür, und ein Diener kommt herein. Er bringt eine Flasche mit bernsteinfarbenem Inhalt und zwei dickwandige Gläser.

Mit einem Zwinkern wendet sich Agravain wieder Art zu. »Gentlemen besprechen ihre Geschäfte stets bei einem Drink. Vorhin sagten Sie etwas über die Zusammenarbeit von Blackheart und Alaunitown. Zum Wohle aller, nicht wahr?«

»Zum Wohle aller«, wiederholt Art, während sie anstoßen.

KAPITEL 24

Der Dornensaal, Blackheart

Achtzehn Jahre zuvor

Der Dornensaal ist wunderschön, voll imposantem Marmor, von dem die früher geradezu brutalen Debatten heute etwas gedämpfter widerhallen.

Man sitzt auf elegant geschnitzten Stühlen, deren Lehnen allerdings spitz zulaufen und in den scharfkantigen, dornenartigen Verzierungen enden, die typisch sind für die Architektur von Blackheart. An der Decke hängen in langen Reihen mehrere Kronleuchter, die in alter Zeit aus Menschenknochen bestanden, irgendwann aber stillschweigend durch Kopien aus Silber und Eisen ersetzt wurden. Teile der steinernen Wände gehen noch auf Zeitalter zurück, in denen hier die Clanoberhäupter rivalisierender Stämme zusammenkamen, um ihre Differenzen mit Worten oder Bluttaten beizulegen.

Eigentlich ist es heute nicht so viel anders, überlegt Art. Wir gehen uns immer noch gegenseitig an die Gurgel, hüllen das Ganze aber in den Mantel der zivilisierten Debatte.

Der Thron des Schwertes im Parlament – Arts Thron – steht leicht erhöht auf einem Podest, sodass er über den restlichen Sitzen aufragt. Wie ein hungriger Raubvogel reckt er sich mit seinen geschwungenen Verzierungen der Menge unten entgegen.

Direkt vor dem König scharen sich an einem runden Eichenholztisch die Anführer der sieben Bezirke von London. Hinter jedem der Heiligen-auf-Erden sitzt dessen Entourage aus Vastos und Vertretern der wichtigsten Industriezweige, Kultureinrichtungen und Religionen, deren Plätze sich vom Tisch aus auffächern wie die Speichen eines großen Rades, was sinnbildlich das Stadtbild Londons widerspiegelt.

Orcade hat wie üblich weit vorne in den Rängen von Alaunitown Platz genommen. Heute hat sie ein eng sitzendes blaues Outfit gewählt und sticht damit deutlich aus dem vorherrschenden Grau in ihrem Abschnitt hervor.

Ihr Bruder sitzt lässig auf seinem Platz an der runden Tafel, von Kopf bis Fuß in das blasse Gelb Alaunitowns gekleidet, stellenweise abgesetzt durch dunkelgraue Akzente. Er unterhält sich lachend mit dem Würdenträger an seiner Seite, seinem Onkel, der die größte Fabrik der Familie Welyen leitet. Als das Konsilium eröffnet wird, dreht er sich nach vorne und nickt Art auf eine Weise zu, dass alle es mitbekommen. Es ist das erste Mal seit Beginn der Regentschaft, dass er seinem König ein gewisses Maß an Respekt zollt. Art glaubt, in vielen Mienen Verblüffung über diese unvermittelte Versöhnlichkeit zu entdecken.

Gegenüber vom Thron hat der Maeder seinen Sitz, ein traditionell unvoreingenommener Schiedsrichter, der die Ordnung aufrechterhält und dafür sorgt, dass alle Stimmen gleichermaßen Gehör finden. Trotzdem versinkt das Konsilium oft genug im Chaos; Art erinnert das manchmal an eine wild gackernde Hühnerschar, in der sich jeder stur an seinem Ei festklammert.

Der amtierende Maeder hat eine sehr ruhige, einlullende Sprechweise, die unglücklicherweise schon mehr als einmal den Großteil seiner Zuhörer in eine Art schläfrige Trance versetzt hat. Jetzt allerdings hat die Sitzung gerade erst begonnen, und die meisten sind noch hellwach, als gedämpfter Lärm von draußen durch die Wände dringt. Das Geräusch übertönt bald die langatmigen Ausführungen des Maeders, der daraufhin irritiert innehält.

Die Türen des Dornensaals werden nach Beginn der Sitzung stets vom Schlüsselmeister verriegelt und von außen bewacht. Sobald sie verschlossen sind und die Sitzung begonnen hat, wird niemandem mehr Zutritt zum Saal gewährt, nicht einmal mehr Konsiliumsmitgliedern, die noch draußen sind.

Das Getöse wird lauter. Die Türen beben, als würde von außen dagegengeschlagen.

In der drückenden Stille meldet sich eine verschreckte Stimme zu Wort. »Unmöglich«, sagt der Lord von Evrontown. »Niemand kommt auch nur in die Nähe des Gebäudes. Es ist absolut unmöglich …«

In diesem Saal ist schon eine Menge Blut geflossen, und das nicht nur in ferner Vergangenheit. Konsiliumssitzungen bilden den perfekten Rahmen für einen Staatsstreich, da sämtliche Saith an einem Ort versammelt sind und sich so viel leichter auslöschen lassen. Aus diesem Grund wird das Gebäude normalerweise streng bewacht.

Die Türen öffnen sich mit einem Knall.

Taumelnd stürmt der Schlüsselmeister in den Saal, richtet sich hastig auf und starrt die Konsiliumsmitglieder an.

»Verzeihen Sie die Unterbrechung«, plappert er wirr, »ich konnte sie nicht aufhalten.«

»*Wen* konntest du nicht aufhalten, Edward?«, brüllt der Maeder.

Seine Frage wird beantwortet, als sich plötzlich ein ganzer Trupp von Rittern an dem glücklosen Edward vorbeischiebt und in den Saal strömt. Sie tragen das Schwertemblem an der Schulter und Pistolen im Gürtel.

Ritter von Blackheart.

Ritter des Königs.

Ein paar von ihnen bleiben an der Tür stehen und blockieren sie. Andere stellen sich an der Wand hinter ihrem König auf. Drei jedoch lösen sich von der Gruppe und marschieren zum entgegengesetzten Ende der runden Tafel.

Art wartet geduldig, bis sich das ängstliche Geschrei gelegt hat.

»Ich muss mich entschuldigen«, sagt er dann. »Ich wollte niemandem Angst einjagen.«

»Was hat das zu bedeuten, Sire?«, verlangt der Maeder zu wissen. »Bewaffnete Ritter haben in diesem Saal nichts verloren. Unter keinen Umständen!«

Art nickt zustimmend. »Es gibt jedoch eine Ausnahme von dieser Regel.« Er richtet sich auf. »Agravain Welyen, Lord von Alaunitown. Ich verhafte Sie wegen Hochverrats«, sagt er förmlich.

Einigen steht der Mund offen vor Verblüffung.

Totenstille legt sich über den Saal.

Dann:

»Soll das ein Witz sein?«

Agravain verzieht den Mund zu einem verwirrten Grinsen. Er will sich von seinem Stuhl erheben, doch die drei Ritter an seiner Seite schieben warnend die Hand Richtung Waffe – sie sind schussbereit. Sofort lässt sich Agravain zurück auf seinen Platz fallen.

Wieder wartet Art einen Moment, bevor er fortfährt. Jetzt gilt es, seine Stimme richtig einzusetzen. Er muss all seine Autorität hineinlegen.

»Nein, das ist kein Witz. Wir haben Beweise dafür, dass Sie Uther Dracones ermordet haben, meinen Vater.« Über das einsetzende Protestgeschrei hinweg fügt er hinzu: »Und dass Sie dasselbe bei mir versucht haben.«

Der Maeder verlangt lauthals nach Ruhe, es dauert aber eine

Weile, bis er sich Gehör verschafft hat. Arts Ritter stehen reglos auf ihren Plätzen und behalten das Geschehen im Auge.

Schließlich stößt Agravain ein ängstliches Lachen aus. »Sie sind *wahnsinnig*. Wie kommen Sie dazu, aus heiterem Himmel ein solches Drama heraufzubeschwören?«

»Ich habe alles mitgeschnitten«, erklärt ihm Art knapp. »Ich habe Bildmaterial.«

Agravain blinzelt hektisch. »Was? Wovon?«

»Von unserem Treffen in Ihrem Haus. Von unserem ›offenen Gespräch‹.«

Das tut Agravain mit einem höhnischen Schnauben ab. »Ausgeschlossen.«

Der Maeder wendet sich Art zu. »Das ist illegal. Im privaten Raum entstandene Aufnahmen jeglicher Art dürfen nicht öffentlich gezeigt werden.«

Beschwichtigend hebt Art die Hand. »Ich weiß, und ich übernehme die Verantwortung für diesen Gesetzesverstoß, hoffe allerdings, dass er gegen Lord Welyens Vergehen abgewogen wird, die um einiges schwerer wiegen.«

Suchend dreht Agravain sich um. Sein Blick bleibt an seiner Schwester hängen, als erwartete er sich Hilfe von ihr, doch Orcade hält den Blick gesenkt. Der Schock hat sie offenbar paralysiert.

»Du …« Agravain sucht vergeblich nach einem passenden Ausdruck. »Es gibt keinerlei … Ich habe nichts gesagt, *rein gar nichts*, das beweisen würde …«

Art bleibt bei seinem förmlichen Ton. »Verzeihung, aber für mich war das eindeutig ein Geständnis. Falls Sie allerdings denken, das wären meine einzigen Beweise, sind Sie ein Narr.« Nach einer kurzen Pause fügt er hinzu: »Außerdem ist mir aufgefallen, dass Sie den Vorwurf, einen Anschlag auf mein Leben verübt zu haben, nicht zurückgewiesen haben.«

»Weil er vollkommen aus der Luft gegriffen ist! Sie haben wohl den Verstand verloren!«

»Das Mädchen, Agravain. Das Mädchen, das Sie zusammen mit Laerd Dario vom Karneval der Nacht für mich ausgesucht haben. Haben Sie sich nie gefragt, wo dieses Mädchen abgeblieben ist?«

Wortlos starrt Agravain ihn an.

Jetzt kommt es darauf an. Einen Moment lang befürchtet Art, es könnte nicht genug sein. Dass Agravain vielleicht doch nicht einknickt.

Doch genau das tut er.

Er wendet sich der runden Tafel zu, sieht die verblüfften Mienen, spürt das unheilvolle Schweigen.

»Ich habe Beweise«, brüllt er hektisch. »Unwiderlegbare Beweise dafür, dass unser König mit einer Gottgleichen verkehrt hat! Bei allen Heiligen, wisst ihr nicht mehr, wie das bei unserem letzten König ablief? Bei *seinem Vater*, damals mit Edler? Das Produkt des Ganzen sitzt jetzt hier vor uns! Das allein sollte ihn schon das Schwert kosten, verdammt. Er hat sich eine Spionin der Gottgleichen ins Bett geholt!«

Art wird von der grauenvollen Vision übermannt, wie er dem Ritter an seiner Seite die Pistole abnimmt und diesem ekelhaften Mistkerl mitten in die Stirn schießt. Einen Moment lang glaubt er sogar, ein blutiges Rinnsal auf der bleichen, babyzarten Haut zu sehen.

Hör auf, ermahnt er sich.

»Ich hatte keine Ahnung, dass sie eine Gottgleiche ist«, erklärt er den Anwesenden ruhig. »Oder glauben Sie wirklich, ich hätte wissentlich jemanden in mein Bett gelassen, der die Absicht hatte, mich umzubringen?«

Agravains Gesicht verzerrt sich. »Das … Das ist lächerlich! Alles Lüge!«

»Nein, es ist vielmehr ein medizinischer Eingriff. Die Entfernung einer kranken Niere.« Art nickt ihm zu. »Vielen Dank für diese wertvolle Lektion.«

Volltreffer.

»Ich vermute mal, durch das Eingeständnis, meinen Vater auf dieselbe Weise getötet zu haben wie Ihren ehemaligen Streiter, wollten Sie mich ausreichend einschüchtern, um mich zu Ihrer willenlosen Marionette zu machen. Aber Sie haben mich damit nicht eingeschüchtert, Lord Welyen. Sie haben mich damit nur zornig gemacht.«

Panisch sieht Agravain sich um. »Das kannst du nicht ernst meinen, ich hatte nichts damit zu tun, dass …«

Art fällt ihm gnadenlos ins Wort: »Von Rechts wegen steht es mir zu, *moldra lagha* für den Tod meines Vaters einzufordern. Ihr Leben für das Leben, das ihr genommen habt.« Unerbittlich sieht er Agravain in die Augen. »Was meinen Sie? Werden die Heiligen meinen Streitenden noch einmal über Ihren siegen lassen?«

Flammende Röte schießt in Agravains Wangen. »Wie kannst du es wagen, du beschissener kleiner Kambionficker!«

Ein empörtes Zischen geht durch den Saal aufgrund dieser schockierenden Verunglimpfung.

Art spürt, wie sich ein triumphierendes Lächeln auf seinem Gesicht breitmachen will, unterdrückt es aber noch rechtzeitig.

»Schafft ihn weg«, befiehlt er seinen Rittern. »Bitte … schafft ihn einfach weg.«

Agravain wird von seinem Stuhl gezerrt und abgeführt. Kein Laut durchbricht die von Entsetzen geprägte Stille. Die Miene des Lords von Alaunitown zeigt deutlich, dass er einfach nicht glauben kann, was dieser sanftmütige Kindkönig da gerade mit ihm macht. Plötzlich reißt er den Kopf herum und versucht verzweifelt, den Blick seiner Schwester einzufangen.

»Orcade«, fleht er, »hast du davon gewusst? Was machst du denn? Warum sagst du nichts?«

Sie hat während der ganzen Szene nicht ein Mal den Kopf gehoben, und sie tut es auch jetzt nicht. Zusammengekauert sitzt sie auf ihrem Platz, klein und verängstigt.

Als sie die Tür erreichen, verfällt Agravain in Panik und beginnt zu schreien.

»Er vernichtet unsere Wirtschaft! Er will allen Londonern die Waffen verbieten! Allen außer seinen Rittern! Er wird euch nach und nach sämtliche Freiheitsrechte nehmen! Er ist ein Unifizierer! Er wird die Bezirksgrenzen aufheben! Es wird Krieg geben!«

Ist ja witzig, denkt Art. *Genau das wolltest du doch.*

*

»Meinen Glückwunsch, Sire.« Beinahe gelassen bringt Orcade die Gratulation vor, die Art mit einem kurzen Nicken annimmt.

Es ist später Abend, und sie sitzen in seinem privaten Salon zusammen. Die Stunden seit der morgendlichen Konsiliumssitzung waren ziemlich spannend, und langsam kündigt sich bei Art die Erschöpfung an, der tiefe Fall nach dem Hoch des Triumphes.

»Ich bin beeindruckt.« Orcade nippt an ihrem Weinglas, um sich zu stärken. Ihre Hand zittert kaum merklich, die letzten Nachwirkungen der Anspannung. »Vor allem davon, wie viele Beweise Sie gegen ihn in der Hand haben. Das mit … Uther habe ich immer vermutet, konnte aber nie etwas Konkretes finden.«

Art schweigt. Genau das ist das Problem: Seine Beweise gegen Agravain beschränken sich eigentlich auf das ziemlich vage gehaltene Geständnis, das er bei ihrem Umtrunk in seinem Schlafzimmer abgelegt hat.

Die Aufnahme war geschickt eingefädelt. Darios Tasche – gerade groß genug, um einen Prototypen des Miniaturfilmapparats zu verstecken, den die Welyens zurzeit entwickeln – wurde absichtlich im Raum zurückgelassen. Im Vorbeigehen bekam Art von Dario dann die Anweisung zugeraunt, dafür zu sorgen, dass Agravain in dem Sessel gegenüber von der Kommode Platz nahm, damit er direkt und gut sichtbar von der Linse erfasst werden konnte.

Doch mehr als diese Aufnahme haben sie nicht. Bis jetzt wurden keine stichhaltigen Beweise gefunden, die Agravain mit Uthers oder Borins Tod in Verbindung bringen. Natürlich haben Giftexperten (voller Begeisterung und in epischer Breite) Mutmaßungen geäußert, was er verwendet haben könnte, um bei beiden Männern einen Herzinfarkt auszulösen, aber mehr können sie nicht tun. Die postmortalen Untersuchungen haben nichts Konkretes ergeben.

Und Belisan? Dario gibt zwar zu, dafür bezahlt worden zu sein, sie auf Art anzusetzen, behauptet aber, keinerlei Kenntnis von irgendwelchen Anschlagsplänen gehabt zu haben, und xier war sofort bereit, Agravain ans Messer zu liefern. Allerdings weckt die Aussicht auf eine Haftstrafe in den meisten einen ziemlichen Eifer. Alles in allem hat Art nicht viel in der Hand.

Orcade sollte die Wahrheit erfahren.

Mit einem frustrierten Seufzer erklärt Art ihr deshalb: »Abgesehen von der Aufnahme gibt es keine Beweise.«

Verwirrt sieht sie ihn an. »Wie bitte?«

»Ich musste schnell handeln. Wir haben nichts weiter – bis jetzt. Deshalb wird Ihr Bruder auch nur ins Exil geschickt und nicht durch die Caballaria hingerichtet.«

Er beobachtet, wie sie diese Information verarbeitet.

»Sie bluffen wirklich äußerst gekonnt, Sire«, sagt sie schließlich. Ist da etwa Bewunderung in ihrem Blick?

»Ich lerne schnell«, erwidert Art, dem dieser Gedanke keine Freude bereitet.

Nachdenklich dreht sie den dicken Stiel ihres Weinglases zwischen den Fingern.

»So wird der Skandal um Ihre Familie nicht ganz so groß«, sagt er leise.

Orcade schüttelt den Kopf. »Es wird uns so oder so für einige Zeit kaltstellen. Agravain hat viele Feinde. Wir. *Wir* haben viele Feinde. Die haben nur auf eine solche Gelegenheit gewartet.«

»Das tut mir leid.«

Mit einem schweren Seufzer stellt sie fest: »So läuft dieses Spiel nun einmal, Sire. Für seine Siege sollte man sich nicht entschuldigen.« Ruhig sieht sie ihn an. »Und zumindest bin ich ihn jetzt los.«

Art kann regelrecht sehen, welch eine Last dadurch von ihr abfällt. Sie strahlt plötzlich eine ganz neue Leichtigkeit aus, die sie wahrscheinlich nicht mehr empfunden hat, seit sie ein Kind war.

»Ich danke Ihnen für Ihr Vertrauen«, sagt sie leise. »Das bedeutet mir viel.«

Achselzuckend erwidert er: »Ohne Vertrauen geht die Welt vor die Hunde.«

»Mich hat man anderes gelehrt. Aber ich würde es gerne glauben.« Mit einem ermutigenden Lächeln fügt sie hinzu: »Sie sind tatsächlich vollkommen anders als Ihr Vater.«

»Heute habe ich eine gewisse Ähnlichkeit empfunden.«

»Mitgefühl kann auch eine Schwäche sein, Sire. Mein Bruder hat Ihren Vater getötet, meinen Ehemann, und er hat versucht, Sie zu töten. Meiner Meinung nach waren Sie sogar noch zu großherzig ihm gegenüber.«

Das wird die Zeit wohl zeigen.

»Während unseres Vieraugengesprächs hat er sich unglaublich liebevoll über Sie geäußert«, beginnt Art vorsichtig.

Orcade presst die Lippen zusammen.

»Als Kind hatte ich einmal ein Pferd«, erzählt sie dann. »Es hieß Strada, und ich habe es mehr geliebt als irgendetwas sonst. Eines Tages warf es mich ab – ohne böse Absicht, es hat sich wohl vor einem Eichhörnchen erschreckt oder so –, und ich brach mir bei dem Sturz den Arm. Sobald ich genesen war, wollte ich unbedingt wieder zu ihm, doch es war nicht in seinem Stall. Der Stallmeister hat mir dann erzählt, dass Agravain das Tier erschießen ließ.« Beinahe teilnahmslos gibt sie die Geschichte wieder. »So äußert sich die Liebe meines Bruders.«

Art spürt, wie seine Schuldgefühle sich verflüchtigen.

»Und wie fühlt man sich so als neue Lady von 'launitown?«

Orcade denkt einen Moment nach. Dann schenkt sie ihm ein unsicheres Lächeln. »Ängstlich. Und wundervoll.«

Art hebt das Glas. »Ja, so ist es, nicht wahr? Erschreckend und herrlich zugleich.«

Klirrend stoßen ihre Gläser aneinander.

KAPITEL 25

Unbekannter Ort

Vier Monate zuvor

Als sie den Helm über den Kopf zieht, hat Red die Schnauze schon gestrichen voll.

Es war spät, der Tag längst beendet, als sie plötzlich die Nachricht bekam, sich bereitzuhalten, da sie in zwei Stunden abgeholt werde. Noch bevor der Wagen schließlich vorfuhr, stand sie bereits wartend im Nieselregen und trat ungeduldig von einem Fuß auf den anderen.

Leicht ramponiert und schmutzig, wirkte der Wagen von außen wie ein häufig gebrauchtes und durchschnittlich gepflegtes Alltagsgefährt. Sobald sie auf der Rückbank Platz nahm, verriegelten sich die Türen, und in diesem Moment wurde ihr bewusst, dass sie nicht nach draußen sehen konnte. Nicht einmal das Licht der Straßenlaternen drang herein. Außerdem war die Fahrerkabine durch eine blickdichte Scheibe vom hinteren Bereich abgetrennt, sodass sie keine Ahnung hatte, wer dort vorne am Steuer saß. Der Fahrer bestand nur aus einer leisen, freundlichen und unglaublich höflichen Stimme, die aus dem Lautsprecher des Leuchtschirms drang, der an der Trennscheibe angebracht war.

Red fragte nach seinem Namen.

»Als ich noch bei den Wardogs gekämpft habe, kannte man mich als Beschissener Bastard, Si«, antwortete er. »Aber die meisten nennen mich Ford, falls Ihnen das lieber ist.«

Da sie nicht ganz sicher war, was sie bevorzugen sollte, verfiel Red in angespanntes Schweigen.

Ihre Bitte, die Verdunkelung der Scheiben aufzuheben, damit sie wenigstens sehen könne, wohin sie fuhren, lehnte Ford sehr höflich und mit leisem Bedauern ab. Zwischendurch hielten sie mehrmals an, was vermutlich dem Verkehr geschuldet war, doch ansonsten rollten sie entspannt dahin. Der Wagen fraß die Meilen mit einem kaum hörbaren Summen, ohne jegliche Hintergrundgeräusche, die Red vielleicht verraten hätten, durch welche Gegend sie gerade fuhren.

Als der Wagen schließlich hielt, informierte Ford sie fröhlich darüber, dass sie nun bitte den Helm aufsetzen solle, der auf der gegenüberliegenden Sitzbank liege. Das Ding hatte ein komplett verdunkeltes Visier, das von der Stirn bis hinab zum Kinn reichte. Vollkommen unmöglich, damit irgendetwas zu sehen.

Sie weigerte sich, woraufhin Ford ihr ebenso fröhlich erklärte, sie werde nirgendwohin gehen, bevor der Helm auf ihrem Kopf sei.

Red zog den Helm an.

Und so hört sie nun, in völliger Dunkelheit und durch den Helm extrem gedämpft, das leise Quietschen einer sich öffnenden Tür, dann schließt sich eine unerbittliche Hand um ihren Oberarm und zieht sie aus dem Wagen. Ford warnt sie leise, dass sie nun durchsucht werde. Sie bleibt stocksteif stehen, bis es vorbei ist.

Offenbar zufrieden damit, zieht die Hand an ihrem Arm sie weiter. Sie wird über unebenes Gelände geführt. Ihre Füße ordnen es in die Kategorie überwucherter Trampelpfad ein, was aber auch schon der einzige – und wegen seiner Ungenauigkeit vollkommen nutzlose – Hinweis ist, den sie bekommt. Den Rest ihrer Konzentration verwendet sie darauf, nicht hinzufallen.

Noch nie musste sie vollkommen ohne ihre Augen auskommen. Sie fühlt sich irgendwie schwach und stolpert unsicher dahin wie ein frisch geborenes Kalb. Die Hand an ihrem Arm greift mal fester zu, dann wieder lockerer, während sie die Richtung vorgibt. Schließlich betreten sie ein Gebäude, was Red daran erkennt, dass der leichte Wind, den sie bis dahin nicht wirklich wahrgenommen hat, plötzlich weg ist und dass sie jeden Schritt deutlich hören kann, da die Geräusche offenbar von Wänden zurückgeworfen werden.

In völligem Schweigen gehen sie weiter.

»Verdammte Scheiße«, murmelt Red schließlich und bleibt abrupt stehen. Sie reißt sich los und zieht den Helm vom Kopf, auch wenn sie halb damit rechnet, von den Füßen gerissen zu werden, noch bevor sie etwas sehen kann. Ein weiter Raum öffnet sich um sie herum, sie steht in einem riesigen, äußerst seltsamen Gebäude. Über ihrem Kopf verlaufen Gerüste und Stege und winden sich um wuchtige Maschinen herum, deren trommelartige Umrisse in dem merkwürdigen, geisterhaften Halbdunkel nur schwer zu erkennen sind.

»Wie es aussieht, seid Ford und du nicht so gut klargekommen.«

Als Red sich umdreht, steht der Hexenritter neben ihr. Seine Hand hat sie aus dem Wagen gezogen, seine Hand hat sie ins Gebäude geführt.

Plötzlich kommt sie sich unglaublich klein und verloren vor.

»Was ist das hier?«, fragt sie schnell.

Der Ritter zieht eine Augenbraue hoch. »Wie wäre es erst mal mit einem ›Guten Abend, Sir‹?«

»Du scheinst mir nicht zu denen zu gehören, die auf Höflichkeitsfloskeln stehen.«

Ein kaum wahrnehmbares Lächeln umspielt die Lippen des Hexenritters. Er tritt einen Schritt beiseite und lehnt sich gegen eine der achteckigen Säulen, die sich der hohen Decke entgegenstrecken.

»Das hier ist ein altes Elektrizitätswerk aus der Liessan-Ära«, erklärt er. »Heute ist es nicht mehr in Betrieb, die Zeiten haben sich geändert. Völlig veraltete Technik, allerdings wird es noch als Back-up für Notfälle genutzt. Während der letzten Bezirkskriege war es häufig in Betrieb, was aber auch schon ein paar Jahrzehnte her ist. Die Hauptkraftwerke der Gegend wurden durch Impulsbomben lahmgelegt, aber die Technik hier ist so alt, dass sie davon nicht betroffen war. Manchmal ist alt eben besser.«

Und welche Gegend wäre das?, will Red ihn fragen, lässt es dann aber sein. Man macht sich schließlich nicht die Mühe, extra einen abgedunkelten Wagen und einen speziellen Helm zu besorgen, um ihr dann einfach so zu verraten, wo sie sich befindet.

Stattdessen sieht sie sich um. In der vermeintlichen Leere zeichnen sich gewisse Strukturen ab: hohe, geriffelte Säulen unter geschwungenen Deckenbögen, die mit feinen Symbolen und Reliefmustern verziert sind. Alles sehr elegant und verschnörkelt.

»Es ist … hübsch«, stellt sie fest.

»Du solltest es tagsüber sehen. In die Mauern sind sternförmige Muster eingelassen, und zwischen den Bögen sind die Decken mit gemeißelten Gitterkonstruktionen verkleidet. Spektakulär.«

Erst jetzt findet Red den Mut, sich ihrem geheimnisvollen Gönner zuzuwenden und ihn eingehend zu mustern.

Der Ritter trägt eng anliegende, elastische Kleidung, die volle Bewegungsfreiheit garantiert, dazu einen Mantel, der offenbar mit Pelz gefüttert ist – passend zu der zunehmenden Kälte draußen. Die weite Kapuze auf seinem Kopf unterstreicht noch die unterschwellige Bedrohung, die stets von ihm auszugehen scheint und für die er so berühmt ist. Seiner Ausstrahlung haftet etwas Zeitloses an, eine gewisse Wucht, die nicht zu seinem wahren Alter von gerade mal dreiundzwanzig Jahren zu passen scheint. Allerdings wirkt er ohne Arena-Kostümierung doch etwas jünger.

»Wozu die Geheimniskrämerei?«, will Red von ihm wissen.

»Ich lege Wert auf meine Privatsphäre.«

»Ich werde schon niemandem erzählen, wo wir sind«, protestiert sie.

Könnte ich auch gar nicht, weil ich es verdammt noch mal nicht weiß.

»Ganz genau«, nickt er. »Denn wenn du es tust, wirst du niemals wieder herkommen. Was wir beide hier tun werden, könnte uns ins Gefängnis bringen, falls du das vergessen hast. Du wirst es keiner Menschenseele gegenüber erwähnen. Unter keinen Umständen.«

Red wirft ihm einen Blick zu, der hoffentlich ganz die verletzte Unschuld gibt. »Bestimmt nicht.«

Er nickt knapp, stößt sich von der Säule ab und wandert durch den dämmrigen Raum.

»Wie gefällt es dir in deinem neuen Stall?«

Red lebt nun seit zwei Wochen in Spittelgrounds, dem Stall in Blackheart, der ihr neues Zuhause ist. Dort ist man auf die Ausbildung von Kämpfenden für die privaten Caballaria-Arenen und Wach- und Sicherheitspersonal spezialisiert. Das Hauptgebäude, ein Furcht einflößend schönes Herrenhaus, steht in einem der ruhigen, reichen Viertel am Rande des Bezirks. Dort gibt es einen Salzwasserpool, eine riesige Waffenkammer, unzählige Trainingsräume mit jeder Art von Übungswaffe, die sich ein Mensch je ausgedacht hat, und zwei große Schießstände auf den Außenplätzen für die zukünftigen Ritter der Garde. Eine bedrückend ruhige Oase im Herzen von London.

In Spittelgrounds gibt es grundsätzlich nicht viele Kadetten – Red ist eine von dreien, und die beiden anderen haben ihre eigenen Trainingspläne und ignorieren sie weitgehend. Hin und wieder kommen die an den Stall gebundenen Ritter vorbei, die alle erfahren, eindrucksvoll und sehr selbstsicher wirken. Red ist bei Weitem die Jüngste dort, selbst die anderen Kadetten sind ein paar Jahre älter als sie.

Inzwischen erfasst sie genau den Moment, wenn ihr Gegenüber sie erkennt; es ist eine subtile Veränderung der Körperhaltung. Jeder dort weiß über sie Bescheid, von den Ausbildern bis hin zum Küchenpersonal, doch in Spittelgrounds hält man Berühmtheit für einen eher niederen Auswuchs der Gesellschaft – auch wenn man die Vorteile voll zu nutzen weiß –, weshalb man besonderen Wert darauf legt, keinerlei Bemerkung in dieser Richtung zu machen, zumindest nicht in ihrer Gegenwart.

Das Training in Spittelgrounds ist vollkommen anders als im Kerker. Red hat gedacht, der Sinn dieser neuen Entwicklungsphase liege darin, sie wieder ganz auf Linie zu bringen mit den Gesetzen der Caballaria, da sie durch eine Verletzung ebendieser Regeln derart in Schwierigkeiten geraten ist. Doch ihre neuen Ausbilder legen weniger Gewicht auf die Ehre und viel mehr auf die Show.

Sie verfeinern das Manöver, das zu ihrem Markenzeichen erklärt wurde, und zeigen ihr, wie sie einzelne Körperpartien ins beste Licht rücken kann. Beinarbeit und Atmung werden trainiert, wobei oft Witze gerissen werden über die »ungehobelte« Arbeit in öffentlichen Talentschmieden. Offenbar ist Red für sie ein extrem grob behauener Klumpen Ton, aus dem sie eine atemberaubende Statue formen wollen; ein Kunstwerk, das der Ehre gerecht wird, einem Stall von Blackheart anzugehören.

Sie wird darin geschult, Interviews zu geben, und man zeigt ihr, wie sie gerade genug und nie zu viel von sich preisgibt.

Weniger reden soll sie, heißt es. Nur eine Augenbraue lupfen, anstatt zu antworten. Aus ihrer »Ihr könnt mich mal«-Mimik soll sie ein »Ich bin eben zu geheimnisvoll, um zu antworten«-Gesicht machen.

Dieser ganze Feinschliff langweilt sie, und sie wird zunehmend rastlos. Sie will sich endlich wieder die Hände schmutzig machen, will Dreck und Schweiß und Leidenschaft spüren.

Sie will kämpfen.

»Äh …«, antwortet sie nun, »läuft ganz gut.«

»Ganz gut«, wiederholt der Hexenritter trocken.

Dieser Mann ist der Schlüssel zu allem, was du dir wünschst.

Sei – gefälligst – etwas – dankbarer.

»Es ist wirklich unglaublich dort«, fügt sie hastig hinzu. »Ich stehe tief in deiner Schuld dafür, dass du mir das ermöglicht hast.«

Er schnaubt spöttisch. »Du bist eine grauenvolle Lügnerin. Aber unter der fachkundigen Anleitung dort wirst du bestimmt bald besser.«

Red versucht, nicht frustriert mit den Zähnen zu knirschen. »Zumindest scheinen sie darauf mehr Wert zu legen als auf mein Kampftraining.«

»Nun ja, man geht eben davon aus, dass du bereits kämpfen kannst. Ihr Ziel besteht darin, aus dir einen Ritter der Caballaria zu machen.«

Sie ist ihm gefolgt, weiter in das Gebäude hinein und zu einer Stelle, wo keine schattenhaften Konstrukte aufragen. Stattdessen stehen sie nun auf einer freien, von ordentlich aufgereihten Lichtern umgebenen Stelle, an der feiner Sand den harten Betonboden bedeckt. An einer Seite des Platzes steht ein breites Waffenregal, aus dem diverse Griffe und Klingen hervorragen.

»Einrichtungen wie Spittelgrounds verschaffen dir Glamour«, erklärt der Hexenritter, »aber mit dem Glamour verhält es sich wie mit den Lügen, die zu schmieden sie dich lehren – er hält nicht lange vor.« Er dreht sich zu ihr um. »Du musst aufpassen, sonst verleitet deine Hintergrundgeschichte dich vielleicht dazu, ihm zu viel Beachtung zu schenken.«

Nun richtet er seine gesamte beunruhigende Aufmerksamkeit auf sie. »Du genießt das Privileg, deinem Leben einen tieferen Sinn zu geben als den reinen Komfort. Am Ende zerfallen wir alle zu Staub, oder nicht? Man bekommt nur wenig Zeit, um aus sich etwas Überragendes zu machen, bevor man dem großen Gleichmacher gegenübertritt.«

»Und diese tiefere Bedeutung erlangt man, indem man sich für Geld prügelt?« Bevor Red es verhindern kann, ist der höhnische Kommentar schon draußen.

Der Hexenritter sieht sie fassungslos an; offenbar kann er nicht glauben, dass ein so zart gebauter Körper wie ihrer so viel Dummheit in sich tragen kann.

»Das erreicht man durch Macht, die einzige Währung, die wirklich zählt. Und genau darin liegt dein Vorteil, Red. Du warst von Anfang an mit mehr Macht ausgestattet als die meisten anderen.«

»Mir hat man das genaue Gegenteil erzählt.« Plötzlich hat sie wieder Faradays zerfurchtes Gesicht vor Augen. »Nämlich, dass es ein Nachteil sei, weil man mir niemals trauen wird.«

»Macht ist immer eine Frage der Perspektive. Wenn du einen Vorteil in ihr siehst, wirst du sie entsprechend nutzen. Wenn du sie als Handicap betrachtest, machst du sie genau dazu. Lass dir niemals von anderen vorschreiben, was du denken sollst.«

»Gilt das dann rein logisch betrachtet nicht auch für dich?«

Er reagiert mit einem feinen Lächeln auf ihren Konter, und Red stellt gereizt fest, dass es sie glücklich macht, ihn dazu verleitet zu haben.

»Logisch betrachtet schon«, gibt er ihr recht. »Nimm an, was man dir beibringt, aber bilde dir dann ein eigenes Urteil. Vielleicht kommst du letztendlich zu dem Schluss, dass ich ein totaler Vollarsch bin …«

Oh, Si, denkt Red, *an dem Punkt bin ich bereits angekommen.*

»… aber im Moment bin ich nun mal dein Lehrer. Du wolltest es schließlich so, richtig?«

Etwas schwer Fassbares, Dunkles regt sich tief in Reds Innerem. Das hier ist ihre nächste Prüfung, und sie wird nicht versagen.

»Richtig«, bekräftigt sie.

Der Ritter nickt. »Erzähle mir, wie es war, als deine Magie zum ersten Mal einsetzte.«

Red sortiert kurz ihre Gedanken, bevor sie anfängt: »Ich war zwölf. Ich wurde in einen Kampf verwickelt mit einem der anderen Kinder aus dem Wohnheim, in dem ich lebte.«

»Worum ging es dabei?«

Sie zögert.

»Stimmt etwas nicht?«, erkundigt sich der Hexenritter. Seine Stimme klingt sanfter als gerade eben noch.

»Nein, es ist nur … Das hat mich noch nie jemand gefragt. Ich dachte, ich müsste bei der Registrierung darüber reden, aber die hat das nicht interessiert.«

»Natürlich nicht. Denen ist egal, *wie* wir funktionieren, solange sie uns nur unter Kontrolle halten können.« Nach kurzem Zögern fügt er hinzu: »Du musst es mir nicht sagen, wenn es zu schmerzhaft ist.«

Ja, das ist es, aber Red will nicht, dass er das erfährt.

»Es ging um meine Eltern«, erklärt sie ihm also. »Unsere einzige Gemeinsamkeit bestand darin, dass wir alle Waisen waren, deshalb war das auch der einfachste Weg, einander zu verletzen. Jedenfalls beschimpfte dieser Junge meine Mutter, und ich verlangte von ihm, dass er es zurücknahm, was er aber nicht wollte. Stattdessen hat er es immer wieder gesagt, lauter und lauter. Dann weiß ich nur noch, dass alles gekribbelt hat und mir ganz heiß wurde, und plötzlich ist der Tisch umgekippt, und der Junge hat daruntergelegen und heulte, sein Arm sei gebrochen. Ich erinnere mich noch genau daran, wie erstaunt ich war. Ich habe mich gefragt, wie er es geschafft hatte, unter den Tisch zu geraten. Das Ding war richtig schwer, es musste von zwei Erwachsenen angehoben werden. Er hat behauptet, ich hätte den Tisch auf ihn geschleudert, dabei hatte ich mich gar nicht von der Stelle gerührt.« Mit einem verlegenen Achselzucken ergänzt sie: »Danach habe ich es ziemlich schnell begriffen.«

Eine schlüssige Geschichte, routiniert vorgetragen nach endlosen Proberunden vor dem Spiegel. Allerdings musste sie das Lügengespinst noch nie einem anderen Gottgleichen auftischen. Red starrt angestrengt zu Boden. Soll er ruhig glauben, die Erinnerung sei schmerzhaft für sie.

»Ist dir bewusst, warum sie zutage tritt, wenn es geschieht?«, fragt er.

»Keine Ahnung. Es ist zu selten passiert – erst drei Mal in meinem ganzen Leben.«

Es wird mit jeder Lüge einfacher. Schmiert die Zunge.

»Das ist ungewöhnlich«, stellt der Ritter fest. »Normalerweise ist es äußerst schwer für uns, unsere Emotionen unter Kontrolle zu halten.«

»Unsere Magie, meinst du.«

Er zuckt nur mit den Schultern. »Wir sind unsere Magie. Sie steckt in unserem gesamten Sein, in Körper, Geist und Gefühlswelt. Alles ist miteinander verknüpft. Du kannst sie nicht als etwas Eigenständiges sehen. Solange du das tust, wirst du sie nie verstehen und auch nicht unter Kontrolle bekommen.«

Bist du etwa deswegen so? Legst du dir selbst so erbarmungslos straffe Zügel an, dass du nicht einmal mehr lächeln kannst?

Red beschließt, diese bahnbrechende Erkenntnis besser für sich zu behalten.

»Nun, dann wollen wir doch mal sehen, was wir hier haben«, entscheidet der Ritter. »Verteidige dich.«

Er macht keinerlei Anstalten, zu dem gut bestückten Regal zu gehen. Ein Kampf ohne Waffen? Auch gut. Schnell nimmt Red eine solide Ausgangshaltung ein, doch der Ritter, der immer noch zwei Armlängen von ihr entfernt ist, rührt sich nicht vom Fleck.

Aus dem Augenwinkel sieht sie, wie die weiß glühende Schnur einer elektrischen Peitsche auf ihre Beine zuschießt, sie hört das hohe, feine Summen, als sie sich nähert. Wie aus dem Nichts ist sie aufgetaucht, und die Zeit reicht nicht aus, um ihr auszuweichen. Eine Mikrosekunde vergeht, dann ist Reds Entscheidung gefallen, und sie springt in die Höhe. Doch da ist die Peitsche unter ihr bereits verschwunden, und sie landet unsicher auf beiden Füßen, taumelnd, weil ihre Beine noch immer fürchten, mit der Peitsche in Kontakt zu kommen.

»Deine Verteidigung besteht darin, wie ein Frosch herumzuhüpfen?«, fragt er.

Red dreht sich zu dem Hexenritter um, der noch immer am selben Platz steht – und keine Peitsche in der Hand hält. Nirgendwo ist eine Peitsche zu sehen. Wo ist sie hin?

»Die Peitsche …«, setzt sie an, kommt sich dabei aber selbst lächerlich vor.

»Das war eine Illusion.«

Red starrt ins Leere und ruft sich den Moment ins Gedächtnis, als die Peitsche plötzlich auf sie zugeschossen ist. Sie hat seine Magie noch nie in Aktion gesehen. Und sie hat nicht damit gerechnet, dass sie so echt wirken könnte.

»Dein erster Instinkt hätte sein müssen, die Peitsche wegzuschieben, bevor sie dir zu nahe kommt«, fährt er fort. »Die Furcht vor einer Bedrohung ist normalweise der erste emotionale Impuls, der eine magische Reaktion hervorruft. Oft greifen wir zu unserer Magie, bevor wir irgendetwas anderes tun.«

»Aber du sollst mir doch beibringen, wie ich meine Magie *bezwinge*, nicht, wie ich sie *benutze*.«

»Zunächst müssen wir sie freisetzen«, erklärt er ungerührt. »Danach erst können wir lernen, sie zu kontrollieren.«

Verwirrt runzelt Red die Stirn. Für sie klingt das nicht besonders logisch, aber andererseits hat sie auch nicht viel Ahnung von Magie. Bisher hat sie nur eine einzige Gottgleiche gekannt, nämlich sich selbst.

»Und wie soll ich eine Illusion wegschieben?«, fragt sie weiter. »Kann man sie etwa anfassen?«

»Nein, aber als Pelleren kannst du mithilfe der Luft, die stoffliche Dinge umgibt, physikalische Veränderungen hervorrufen, also Druck ausüben oder Schäden erzeugen. Du solltest meine Illusionen mit einem einzigen Gedanken auflösen können, lange bevor sie dich erreichen. Immerhin handelt es sich nur um manipuliertes Licht. Den Tast-, Geschmacks- und Geruchssinn kann ich nicht beeinflussen. Behalte das im Hinterkopf, es könnte nützlich sein«, fügt er bissig hinzu, bevor er kurz nickt und befiehlt: »Noch einmal.«

Bevor Red es ganz begriffen hat, zischt es, und die glühende Peitsche taucht vor ihr auf, zu schnell für eine bewusste Entscheidung, sodass sie rein instinktiv reagiert. Wieder springt sie hoch, auch wenn ihr schon auf halbem Weg klar wird, dass es falsch ist.

»Nein. Noch einmal.«

Sie will protestieren, einen Moment Pause einfordern, nur eine Sekunde, um sich etwas zu überlegen, sich vorzubereiten – aber Nachsicht bedeutet Schwäche, und die darf sie nicht zeigen vor einem Mann, der selbst so vollkommen frei davon ist. Wieder blitzt die Peitsche auf. Und wieder. Sie springt, hechtet, wedelt mit den Händen, schlägt vollkommen wirkungslos auf die Luft ein. Eine Stunde vergeht, dann noch eine. Durch die hohen Lichtaufbauten rings um ihren Übungsbereich ist alles jenseits davon in undurchdringliche Dunkelheit gehüllt, und irgendwann kommt es Red so vor, als wäre dort nichts mehr, als hätte das alles aufgehört zu existieren. Ihre Welt besteht nur noch aus ihrem rasselnden Atem, der Stimme ihres Mentors, die von dem harten Beton zurückgeworfen wird, und aus den verschiedenen Waffen, die er ihr in Form seiner Illusionen entgegenschleudert: Äxte, Schwerter, Messer und Laserstrahlen aus einer Fake-Pistole, die allerdings so echt wirken, dass ihr Magen sich jedes Mal zusammenkrampft, wenn einer der Strahlen ihren Körper streift.

»Hör auf, dich zu verstecken!«, ruft der Hexenritter ihr zu, selbst gut versteckt hinter seinen Illusionen. »Ich will dich sehen.«

Zähneknirschend stemmt Red sich vom Boden hoch. »Ich versuche es ja …«

»Nein, das tust du nicht.« Er lässt sie nicht ausreden. »Du hältst dich immer noch zurück.«

Egal, wie viele Illusionen er auf sie loslässt, egal, wie sehr sie sich bewusst macht, dass nichts davon real ist – es wird nicht einfacher. Jede von ihnen wirkt absolut überzeugend. Wieder und wieder befiehlt Red ihren Augen, sich nicht darauf einzulassen, ihren Ohren, einfach nicht hinzuhören, doch es nützt nichts. Ihr Schweiß stinkt nach Furcht. Immer wieder aufs Neue den sicheren Tod oder zumindest die schlimmste Verstümmelung vor Augen zu haben, ist anstrengend. Es laugt sie aus. Sie fällt und fällt und fällt.

»Warte«, keucht sie irgendwann. Ihre Beine zittern schon bei dem Versuch, einfach nur ihr Gewicht zu tragen. Kalt ist es hier, man muss sich bewegen, um warm zu bleiben.

»Nein«, lautet die Antwort des Ritters.

»WARTE!«

Und plötzlich ist er da, steht von einer Sekunde auf die andere so dicht vor ihr, dass sie deutlich sehen kann, welchen Tribut die stundenlange Anwendung von Magie von ihrem Gegner gefordert hat. Er scheint zu zittern, und seine Haut hat einen ungesunden Grauton angenommen. Sie ist so überrascht, dass sie nicht aufpasst – eine schnelle Bewegung, und der Ritter hat sie am Hals gepackt.

»Furcht als Auslöser ist eigentlich zu einfach, aber irgendwie müssen wir es aus dir herauskitzeln.« Erschöpfung schwingt in seiner Stimme mit.

»Lass mich los«, zischt Red und kämpft gegen seinen Griff an, während brennende Wut in ihr aufsteigt. Er hat sie mit demselben Manöver kaltgestellt wie bei ihrer ersten Begegnung, aber sie wird sich ganz sicher nicht ergeben – nein, andere müssen vor *ihr* niederknien und schreiend um Vergebung flehen für alles, was sie getan haben …

»Wo ist deine Magie, Red?«, fragt er. »Wo bist *du*?«

Prüfend sieht er ihr ins Gesicht, sie erwidert seinen Blick. Und innerhalb eines Herzschlages verändert sich alles. Sein Blick wandert zu ihren Lippen, für den Bruchteil einer Sekunde nur, bevor er wieder ihre Augen fixiert.

Und in diesem einen schwindelerregenden Moment fühlt es sich nicht mehr an wie ein Kampf.

Dann reißt Red die Hände hoch und schlägt zweimal fest mit der offenen Handfläche auf seine Ohren. Das reicht. Der verwirrende Geräuschangriff ist heftig genug, um seinen Griff an ihrer Kehle zu lockern, sodass sie sich befreien und ihm die Schulter in den Solarplexus rammen kann. Taumelnd weicht er ein Stück zurück.

Das Adrenalin in ihrem Blut fordert, dass sie ihrem Angreifer nachsetzt und ihn vernichtet, aber sie ist zu erschöpft, um diesen Wunsch zu erfüllen. Sie schafft es kaum noch, sich auf den Beinen zu halten.

Der Hexenritter richtet sich auf, und sie starren einander wortlos an, während Red angestrengt nach Luft schnappt.

»Zumindest dein Körper reagiert«, stellt er schließlich fest, doch sein Tonfall macht deutlich, dass das nichts Gutes ist. Ganz und gar nichts Gutes. »Hast du nicht gesagt, im Kampf fiele es dir schwer, deine Magie unter Kontrolle zu halten? Da kommt überhaupt nichts von dir. Genauso gut könnte ich eine Tote angreifen.«

»Du quälst mich doch nur!«, faucht Red ihn an.

Mehr hat sie ihm nicht zu sagen, denn sie kann ja schlecht zugeben, dass sie ihn belogen hat und überhaupt nicht gekommen ist, um sich von ihm zeigen zu lassen, wie sie ihre Magie kontrollieren kann.

Der Ritter stößt einen leicht zittrigen Seufzer aus und fährt sich mit der Hand über das Gesicht. »Wir sind fertig für heute.« Mit ausgestrecktem Arm zeigt er in die Dunkelheit hinter den Lampen.

Red beugt sich vor und versucht, möglichst viel Luft in ihre Lunge zu saugen. Der Schweiß an ihrem Rücken ist inzwischen kalt, was das Gefühl des Versagens nur noch weiter verstärkt.

»Tut mir leid«, sagt sie. »Wir können weitermachen.«

Der Mann mit dem Gesicht einer Statue schüttelt den Kopf. »Du bist zu erschöpft dafür. Wir versuchen es in ein paar Wochen noch einmal. Ford wartet draußen, er wird dich zurück nach Spittelgrounds bringen.«

In ein paar *Wochen*? Red würde gerne protestieren, ist aber einfach zu kaputt. Wütend und niedergeschlagen taumelt sie nach draußen, während ihre Gedanken sich wirr im Kreis drehen.

Schon rein körperlich ist er ein außergewöhnlicher Kämpfer, den sie möglicherweise nie besiegen wird. Nimmt man dann noch diese Illusionen dazu, wird er absolut unbezwingbar. Seine Magie ist um einiges mächtiger, als die Öffentlichkeit es je gewagt hat, sich vorzustellen. Vermutlich ist das nicht einmal den Menschen in seinem direkten Umfeld klar. Wie sollte es auch anders sein? Wenn sie es wüssten, hätte man ihn sicher schon längst irgendwo weggesperrt. Kein Wunder, dass er niemanden an sich heranlässt.

Wie, bei allen sieben Höllen, soll sie also nahe genug an ihn herankommen, um ihn zu töten?

KAPITEL 26

Cair Lleon, Blackheart

Zehn Jahre zuvor

Die Luft in dem großen, hallenden Ballsaal funkelt silbrig.

Winzige Glitzerpartikel schweben in trägen Wirbeln durch den Saal, sanft und langsam verteilt von einem System zirkulierender Lüftungen, deren Gitter in regelmäßigen Abständen in Wänden und Boden eingelassen sind. Bis zum Ende des Abends wird sich der Glitzer auf der Haut und in den Haaren sämtlicher Gäste abgesetzt haben, sogar in den Falten ihrer Kleidung. So viele Sprachen, Farben, Modestile, Leidenschaften und Allianzen versammeln sich hier – und doch schwebt über allem das Silber, die Farbe des Geldes, die Farbe von London, und überzieht sie mit seinem strahlenden Glanz, welche Rolle sie auch spielen mögen.

Hoch über den Köpfen der Menge hängen die berühmten schwarzen Eisenleuchter von Cair Lleon. Zwanzig an der Zahl, überall an der Decke verteilt, jeder mit Hunderten von Kerzen bestückt. Durch ein robustes Zugsystem lassen sie sich bis zum Boden absenken, wann immer die Kerzen erneuert werden müssen. Der Ballsaal wird nicht oft benutzt. Doch wenn es einmal so weit ist, wenn sämtliche Kerzen brennen und Tausende Flämmchen über der Menge flackern, scheint dieser Glanz die ganze Welt in einen Traum zu hüllen.

Diesmal ist der alljährliche Ball der Caballaria der Anlass hierzu, das größte Event des Jahres: eine prunkvolle Menagerie aus Pomp und Show, der Achte seiner Art während der artorischen Ära, der inzwischen gut etablierten Herrschaft des sogenannten Trickreichen Königs.

Ein Ende des Saales, der Bereich direkt vor der königlichen Empore, wurde komplett freigeräumt. Heute kämpfen an dieser Stelle nur Ritter, die aufgrund ihres außergewöhnlichen Könnens auserwählt wurden, die aufgehenden Sterne am Himmel der Caballaria. Wer hier antritt, dem steht Großes bevor, sagt man, was sicherlich auch für Finnavair Caballarias o'Rhyfentown gilt, die nun ihre Position einnimmt und sich für den Kampf bereit macht.

Die unter dem Namen die Flinke Fee bekannte Ritterin tritt erst seit ein paar Monaten in den noch recht jungen öffentlichen Kämpfen an, ist aber bereits ein Liebling der Medien und hat in der breiten Öffentlichkeit einen regelrechten Kult ausgelöst. Steht abends ein Kampf an, ist es beinahe egal, wo in Rhyfentown man auf die Straße tritt: In jeder Caballaria-Bar findet man ihr Gesicht und ihre Embleme an der von Projektionen überzogenen Wand.

Außerdem hat sie den Trend der synthetischen Zweithaut begründet, dem inzwischen viele junge Londoner anhängen. Das durchscheinende, hauchdünne Material verschmilzt mit den Konturen des Gesichts und macht die Züge darunter gleichzeitig unkenntlich; im Design ist alles vertreten von Tattoo-ähnlichen Mustern bis hin zu Tiergesichtern oder Sagengestalten. Was die Fantasie einem auch eingibt, es ist sicherlich als Zweithaut erhältlich. Die Billigversionen gibt es an jeder Ecke zu kaufen, zum einmaligen Gebrauch, etwa als Partykostümierung. Wer allerdings etwas mehr ausgeben will, kann ein berühmtes Gesicht über dem eigenen tragen, auch wenn dieses nie sonderlich realistisch ausfällt.

Die Zweithaut gehörte von Anfang an zu Finnavairs Arena-Outfit, und auch heute macht sie keine Ausnahme. Sie kämpft mit dem Gesicht eines Hundes, um an ihre Herkunft als »Straßenköter« zu erinnern. Ihre wahren Züge sind unter der kunstvoll gezeichneten Schnauze nicht mehr zu erkennen.

Das einzig Dumme ist nur, dass Art gerade die sehr gerne sehen würde.

Sie beendet ihre Vorstellung mit einem spektakulären Manöver, bei dem sie die Kopfbedeckung ihres Gegners in drei Teile zerschlägt und anschließend geschickt mit ihrem Schwert aufspießt. Begeisterter Applaus erfüllt den Ballsaal, Fäuste schlagen rhythmisch in offene Handflächen, und Art klatscht euphorisch mit.

Lillath, die auf der königlichen Empore zu seiner Rechten sitzt, beugt sich zu ihm herüber. »Sie ist fantastisch, nicht wahr?«

Dabei wirft sie ihm einen prüfenden Blick zu.

»Ja«, antwortet er möglichst gelassen. »Sehr …« Krampfhaft sucht er nach dem richtigen Wort: attraktiv… nein … heiß … nein … »Beeindruckend.«

»Hm.«

»Was?«

»Gar nichts.«

Art sieht sie gereizt an. »Ich habe keine Ahnung, *was* du hier gerade nicht sagst. Ich weiß aber, *dass* du etwas nicht sagst.«

»Nein, es ist nichts«, wiederholt Lillath mit nervender Gelassenheit. »Vielleicht solltest du sie um einen Tanz bitten.«

»Sicher nicht.«

Lillath lehnt sich zurück. »Dann soll Lucan sie für dich fragen. Immerhin ist er dein Kommunikationsbeauftragter.«

»Wie alt sind wir denn, zwölf?« Art zögert kurz. »Außerdem ist Lucan gerade beschäftigt.«

Ihr gemeinsamer Freund tummelt sich unten in der Menge

und hofiert die wichtigeren Gäste. Da er mit der Feder schon immer geschickter war als mit dem Schwert, überraschte es niemanden, als er irgendwann das Rittertraining abbrach und sich stattdessen für eine Karriere als Vastos in beratender Funktion entschied. Lucan kann mit Worten nicht nur jede Menge Gruben graben, sondern sich auch mühelos aus ihnen befreien, aber sein Job besteht darin, die Kommunikationsströme des Palasts zu strukturieren, und nicht, Arts Liebesleben auf die Sprünge zu helfen. Das zurzeit sowieso nicht existent ist.

»Dann willst du also die Nummer abziehen, bei der du aus Feigheit mit deiner Frage bis zum allerletzten Moment wartest, und weil sie schon einer ganzen Horde von Tanzpartnern zugesagt hat, muss sie die dann alle absägen, weshalb du dich so schuldig fühlst, dass du dein Angebot zurückziehst, was es so aussehen lässt, als hätte sie den König von London beleidigt, wodurch ihr Abend völlig ruiniert ist. Und erst der Skandal in den Medien …!«

»Bei Rhyfens Schwert«, unterbricht Art sie zuckersüß, »wenn du nicht sofort aufhörst, deinen geliebten Herrscher zu piesacken, werde ich es so aussehen lassen, als hättest *du* ihn beleidigt, und dann kannst du dich mindestens eine Woche lang als größtes Klatschobjekt der Stadt bezeichnen.«

Hochnäsig erwidert Lillath: »Daran bin ich längst gewöhnt. Nur zu.«

»Was willst du eigentlich von mir, DeHavilland?«

»Ich habe mich lediglich gefragt, warum du dich noch nicht mit ihr unterhalten hast, wo du sie doch schon seit Monaten anschmachtest.«

»Ich habe nichts dergleichen getan.« Art spürt, wie er rot anläuft.

»Du hast dir in letzter Zeit all ihre Kämpfe angesehen.«

»Wer hat dir das …?« Er muss die Frage gar nicht stellen, denn er kennt die Antwort: Fortigo Balanchine, sein angeblich loyaler persönlicher Assistent. Lillath und er sind im Laufe der Jahre mehr als ein Mal zusammen im Bett gelandet, was sich zu einer sehr speziellen Freundschaft voller Höhen und Tiefen entwickelt hat.

Jetzt sitzt du ganz tief in der Scheiße, Balanchine, flucht Art im Stillen.

Garad, als Streitender des Königs zu seiner Linken platziert, beugt sich vor. »Ich wusste gar nicht, dass du ein Fan der Flinken Fee bist, Art!«, stellt xier voller Begeisterung fest.

»Ich …« Art denkt kurz nach. »Als Fan würde ich mich nicht bezeichnen. Eigentlich sehe ich mir nur deine Kämpfe richtig an.«

Garad lacht. »Tja, freut mich jedenfalls, dass du dem Geschehen in der Caballaria nun ein wenig mehr Aufmerksamkeit widmest.«

»Anscheinend gibt es da endlich etwas, was seine Aufmerksamkeit fesselt«, murmelt Lillath.

In Gedanken lässt Art sie tausend Tode sterben. Grausame Tode.

»Hast du sie schon einmal getroffen?«, fragt Garad weiter.

»Wann hätte ich denn die Zeit dazu, Garad?«, erwidert Art gereizt.

Sein Streitender zuckt unbeeindruckt mit den Schultern. »Zeit muss man sich eben nehmen.«

Art würde sich gerne einreden, dass er Garad besser kennt als irgendjemand sonst, aber er weiß, dass xier noch wesentlich mehr in sich birgt, als auf den ersten Blick erkennbar ist, und dass xier einen Teil von sich komplett vor der Welt verschließt. Garad behauptet oft, das sei eine notwendige Schutzmaßnahme, da die Öffentlichkeit sowieso viel zu viel Anteil am Leben nimmt, aber in Wahrheit gewährt er nicht einmal Art Zugang zu diesem Teil xieses Selbst.

Deshalb tut Garad manchmal auch Dinge, die sein Umfeld vollkommen aus dem Konzept bringen, wie etwa jetzt, als er den Mund öffnet und »FINNAVAIR!« durch den ganzen Saal brüllt. Die Köpfe aller Anwesenden wenden sich ihnen zu.

Befragte Dame hebt mit der Reaktionsschnelligkeit einer erschrockenen Katze den Kopf. Als sie Garad erkennt und begreift, wer da nach ihr gerufen hat, huscht ein Lächeln über ihr Gesicht. Sie sagt etwas zu der kleinen Gruppe, von der sie umringt ist, löst sich aus der Menge und kommt auf die königliche Empore zu.

Art wartet geduldig darauf, dass sein übereifriger Puls zu einem normalen Rhythmus zurückfindet.

Mit dieser unglaublich ruhigen Stimme, die er nur in absoluten Notsituationen einsetzt, fragt er: »Was soll das werden?«

»Ich mache euch miteinander bekannt«, erklärt Garad.

»So – wird – man – nicht – dem – König – von – London – vorgestellt.«

»Also wirklich, Art«, rügt ihn Lillath. »Du jammerst doch ständig rum, dass du dieses ganze fade Zeremoniell am liebsten abschaffen würdest und wie ein normaler Mensch behandelt werden willst.«

»Nein, das ist einfach wundervoll.« Art setzt hastig ein Lächeln auf, da die Flinke Fee bereits am Rande seines Gesichtsfelds erscheint. »Die Klatschbasen bei Hofe werden monatelang davon zehren.«

»Si Finnavair«, hebt Garad an, »es ist mir eine Freude, mal wieder die Klingen mit dir zu kreuzen.«

»Leider nur in Wortgefechten«, erwidert die Ritterin, die nun vor der Empore angekommen ist. »Eines Tages würde ich dir aber gerne in der Arena gegenüberstehen, Si Garad.«

Sie spricht mit leichtem Rhyfentown-Dialekt. Da sie nicht mehr kämpft, hat sie ihre Showrüstung abgelegt und durch eine enge schwarze Weste ersetzt, wodurch ihre gut trainierten Arme sichtbar werden. Ihre Hosen stecken in hohen Stiefeln, die sich eng an ihre Beine schmiegen. Auch die Zweithaut hat sie abgelegt, sodass nun ihr lebhaftes, mit Glitzer überzogenes Gesicht zu erkennen ist, außerdem ihr Markenzeichen, die dichten, an den Spitzen bunt gefärbten Locken. Heute erstrahlen sie in flammendem Rot. Nun huscht ihr Blick kurz zu Art, bevor sie ihn hastig senkt.

Art sieht seinen Streitenden auffordernd an. Jetzt liegt es an Garad, sie aus dieser protokollarischen Sackgasse herauszuholen, denn der König stellt sich nicht selbst vor, und allen anderen ist es strengstens untersagt, sich dem König vorzustellen.

Welten vergehen und Sterne explodieren, bevor eine endlose Sekunde später Garad schließlich das Heft in die Hand nimmt.

»Sire«, beginnt xier mit einer ausladenden Geste, »darf ich Ihnen Si Finnavair Caballarias o'Rhyfentown vorstellen? Si Fin, dies ist Artorias Dracones, Erster dieses Namens, König von London, Herr über Blackheart und Londons Saith der Sieben Königreiche, Regent von …«

»Bitte«, unterbricht Art ihn schnell, »das reicht.« Er atmet einmal tief durch, in der Hoffnung, dadurch ruhiger zu werden. »Si, es ist eine Ehre, Sie kennenzulernen. Das war eine wirklich herausragende Darbietung.«

Obwohl es ihr nicht an Selbstbewusstsein zu fehlen scheint, bringt dieses Kompliment sie sichtlich aus dem Konzept.

»Meinen Sie wirklich?«, fragt sie nervös. »Natürlich gehört das zu Ihren Pflichten, Sie müssen nett zu den Leuten sein …«

»Nein, nein«, versichert Art hastig, »ich meine, ja, das gehört schon auch dazu, aber so habe ich das nicht … Bei Ihnen war es aufrichtig gemeint. Was natürlich nicht heißen soll, dass ich bei anderen ständig lüge …« Er unterbricht sich, und es folgt ein für alle Beteiligten qualvoller Moment des Schweigens. »Nun denn, wir haben uns wohl ordentlich festgefahren«, fährt Art schließlich lächelnd fort. »Von nun an wird jedes Wort aus meinem Mund wie eine Lüge klingen. Wie kann ich Sie jetzt noch überzeugen?«

Finnavair bricht in fröhliches, wenig damenhaftes und unglaublich charmantes Gelächter aus. »Ich kenne absolut niemanden, der tatsächlich ›nun denn‹ sagt!«

»Tja, jetzt schon«, stellt Art fest.

»Ja, jetzt schon.« Sie runzelt kurz die Stirn.

»Stimmt etwas nicht?«

»Na ja, Sie haben mir ein Kompliment gemacht, das sollte ich nun erwidern, Sire. Deshalb habe ich versucht, mir eines zu überlegen.«

»Lassen Sie sich ruhig Zeit. Die Auswahl ist sicher riesig, ich verstehe vollkommen, wenn Sie das ein wenig überfordert.«

Ihre Miene hellt sich auf. »Ja, jetzt habe ich eins. Sie sind ein ziemlich guter König.«

Einen Moment lang ist Art sprachlos. »Nur … ziemlich gut?«, bringt er dann mit Mühe hervor.

»Na ja, Sie haben das Schwert erst seit ein paar Jahren inne, und Sie sind noch jung. Ihnen bleibt also noch jede Menge Zeit, um ein wirklich großartiger Herrscher zu werden, keine Sorge.« Si Fin schenkt ihm ein strahlendes Lächeln.

»Dann sollten wir wohl hoffen, dass ich mich noch eine Weile auf dem Thron halten kann«, stellt er fest. »Nun denn, mein größtes Ziel als König soll es von nun an sein, von Ihnen als ›großartig‹ bezeichnet zu werden.«

Wieder lacht sie unbekümmert.

Art stellt fest, dass er sogleich nach einem Weg sucht, dieses Lachen noch einmal aus ihr hervorzulocken.

»Verzeihen Sie mir, Sire«, sagt sie dann. »Dürfte ich Ihnen etwas sagen, was nicht als Scherz gemeint ist? Um es wiedergutzumachen?«

»Wenn Sie das möchten.«

Finnavairs Wangen verfärben sich leicht. »Ein Ritter zu sein, ist das, was mein Leben ausmacht. Es bedeutet mir einfach alles. Deshalb stehe ich tief in Ihrer Schuld.«

Art blinzelt verwirrt. »Ich weiß nicht …«

»Ich bin eine Waise«, erklärt sie. »Hätten Sie nicht die Gesetze bezüglich der Zutrittsbestimmungen der Caballaria geändert, hätte ich nicht einmal bei den Auswahlkämpfen antreten können.«

»Ah …« Verlegen rutscht Art auf seinem Stuhl herum. »Nun ja.«

Erst jetzt wird ihm wieder bewusst, dass sie nicht allein sind. Er kann Lillaths Grinsen beinahe auf der Haut spüren.

»Si«, sagt er deshalb schnell, »möchten Sie vielleicht tanzen?«

»Mit Ihnen?« Beinahe schockiert sieht Finnavair ihn an. »Sire«, fügt sie hastig hinzu.

»Nun ja, wir könnten es auch getrennt versuchen, aber ich befürchte, das wäre nicht sonderlich spannend für mich.«

Abschätzend sieht sie ihn an. »So etwas weckt also große Befürchtungen in Ihnen?«

»Ach, ich führe ein sehr eintöniges Leben. Da können kleine Dinge schon große Befürchtungen wecken.«

»Sollten Sie die Dame Ihres Herzens nicht zunächst umwerben?«

»Wir reden hier doch nur von einem Tanz, nicht von einem Heiratsantrag.«

Finnavair mustert ihn mit einem faszinierten Lächeln. Dann legt sie ihre Hand auf seine. Warm und weich ist ihre Handfläche und ein wenig feucht. Sie ist eine berühmte Ritterin, die erst kürzlich in einer der größten Arenen der Welt einen spektakulären Sieg eingefahren hat, bei dem Millionen von Menschen jede ihrer Bewegungen verfolgt haben. Dieser Druck, diese

Anspannung ... Aber bei einem Tanz mit einem König bekommt sie feuchte Hände. In der Welt der Arena kennt sie sich aus, das hier aber ist offenbar absolutes Neuland für sie.

Trotzdem schaffen sie es recht gut, dieses fremde Terrain zu erkunden.

*

»Schon komisch«, stellt Fin ein paar Stunden später fest. »Ich habe immer gehört, du wärst kein Freund von Gewalt.«

Art liegt auf dem Rücken, rührt sich nicht und versucht angestrengt, sich daran zu erinnern, wie man atmet.

»Dieser Art von Gewalt«, antwortet er schließlich, »scheine ich doch etwas abgewinnen zu können.«

Er spürt ihr Lachen in seiner Brust. Sie hat sich an ihn geschmiegt, die Beine wie schmale Dolche in die Bettdecke gebohrt.

Doch, es war ein interessanter Abend, überlegt Art. Allerdings sollte sein Puls langsam mal in Bereiche zurückkehren, die nicht medizinisch bedenklich sind.

Irgendwann sagt er: »Ich würde dich gerne wiedersehen.«

»Für so etwas? Bist du denn sicher, dass du das durchhältst, mein König? Es könnte unangenehme Fragen geben, wenn du beim nächsten Staatsempfang mit gebrochenen Knochen auftauchst.«

Art lacht. »So brutal bist du nicht.«

Fin schweigt. Ziemlich lange.

»Ich würde dich auch gerne wiedersehen«, gesteht sie schließlich. »Aber es geht nicht.«

Sein Herz zerfällt zu Staub. »Bist du einem anderen versprochen?«

»Nein, das ist es nicht.«

Er sucht nach einem anderen Grund. »Was ist es dann? Kannst du es mir sagen?«

Die zarte Haut an ihrem Brustkorb spannt sich, als sie leise seufzt.

»Es … geht einfach nicht. Die Caballaria ist meine eine große Liebe. Die einzige Liebe, für die in meinem Leben Platz ist.«

»Viele Menschen haben mehr als eine.«

Bedrückt erwidert Fin: »Aber das geht selten gut. Eine muss immer Abstriche machen, denke ich. Auf diesem Gebiet hatte ich nie viel Glück. Du etwa?«

Am liebsten würde er ihr eine schlagfertige Antwort hinknallen. Oder ihre Theorie zerpflücken und sämtliche Schwachstellen aufdecken.

Aber dann muss er an Garad denken, dier immer allein ist.

Und an sein eigenes Leben.

»Nein«, antwortet er deshalb leise. »Und langsam frage ich mich, ob sich das jemals ändern wird.«

»Ganz bestimmt.« Fin zögert kurz, dann fügt sie hinzu: »Wenn du allerdings zwischendurch hin und wieder etwas … trainieren möchtest …?«

»Tut mir leid, aber das bedeutet für mich immer etwas mehr, auch wenn ich es gerne anders hätte.«

Fin hebt den Kopf und sieht ihn ernst an. »Sich selbst zu kennen, ist ein sehr nützlicher Wesenszug.«

Er versucht zu lächeln.

Wenig später löst sich Fin von ihm und verlässt ihn.

Art suhlt sich noch ein wenig in seinen Grübeleien. Warum will er immer nur jene, die er nicht haben kann? Es gibt schließlich eine ganze Menge, die er haben *könnte.* Ihm werden ja mit erschöpfender Regelmäßigkeit weiterhin mögliche Kandidatinnen präsentiert. Was stimmt bloß nicht mit ihm?

Sein Blick wandert zum Schreibtisch, auf dem sich wieder

einmal Papierstapel auftürmen. Finnavair ist nicht die Einzige, deren Herz bereits vergeben ist. Mit einem ergebenen Seufzer steht er auf, bestellt Kaffee und wendet sich wieder seinem Königreich zu. Als er sich zu seinem persönlichen Posteingang vorgearbeitet hat, greift er zu den Nachrichten, die sich seit dem Morgen angesammelt haben.

Ganz oben liegt eine neue. Vermutlich ist sie reingekommen, während er sich mit Fin blaue Flecken geholt hat. Sie stammt von Lillath, das erkennt er an der Handschrift. Da er regelmäßig vertrauliche Informationen von seiner »Spinne« bekommt, dauert es einen Moment, bis er die Tragweite dieser Nachricht begreift. Dann allerdings verschlägt es ihm kurz den Atem.

Es gibt Neuigkeiten von B. Sie steckt in Schwierigkeiten.
L.

Acht Jahre hat es gedauert, und nun das. Belisan ist zurück.

KAPITEL 27

Surwek, Iochitown

Drei Monate zuvor

Von dem glamourösen Schein der untergehenden Sonne umkränzt, ragt Spittelgrounds in den Himmel auf.

Die vereinzelten Wolken sind in tiefes Blau und strahlendes Gold getaucht, ihre beinahe unmöglichen Farbschattierungen und Formen machen es leicht, daran zu glauben, dass dort oben Götter zu finden sein müssen. Zumindest handelt es sich um einen jener Abende, deren Pracht einen sprachlos machen kann.

Red kümmert das alles nicht. Sie stapft den breiten, mit perlmuttweißen Steinen durchsetzten Weg hinauf, der zum Eingang des prunkvollen Herrenhauses führt, in dem sie nun zu Hause ist. Dabei ist sie so in ihre wirren Gedanken versunken, dass sie nicht einmal bemerkt, wer sie dort erwartet.

Erst das plötzliche Aufheulen eines Motorrads direkt vor ihr lässt sie aufblicken. Diese Lederkluft kennt sie, die vielen Amulette und Aufnäher, darunter das Symbol von Rhyfentown.

Finnavair. Mit einem breiten Grinsen hält sie neben Red an.

»Dich habe ich doch gerade erst gesehen«, stellt Red verblüfft fest.

Fragend neigt Fin den Kopf. »Wo denn?«

»Auf einem Leuchtschirm, dein heutiger Kampf. Ich habe nur das Ende mitgekriegt. Ist der nicht erst seit einer Stunde vorbei?«

Reds verwirrte Miene lässt Fin laut auflachen. »Nicht einmal die geheimnisvolle Flinke Fee kann an zwei Orten gleichzeitig sein. Viel wichtiger ist aber wohl die Frage: Wo warst *du*?« Sie deutet mit dem Kopf Richtung Haus. »Man hat mir gesagt, du hättest schon am Nachmittag zurück sein sollen.«

»Nirgends.«

»Da wirst du dir schon etwas Besseres ausdenken müssen«, erwidert Fin bestimmt. »Kein Stall sieht es gern, wenn sein Siegerpferd einfach so davontrabt. Na komm, üb doch schon mal an mir.«

Red seufzt schwer. »Ich war in Wendelsworde.«

Das scheint Fin zu verblüffen. »Bei allen Heiligen, gleich in einem anderen Bezirk? Wendelsworde ist eine ganze Ecke weg. Was wolltest du denn da?«

Ihr fehlt die Energie für noch eine Lüge. »Ich war im Merewīowing.«

Fin bricht in schallendes Gelächter aus. »Im Hexenrittermuseum? Oh Mann, Red.«

»Mir war vorher nicht klar, dass es so eine billige Touristenfalle ist«, erwidert Red säuerlich.

»Du bist einer der wenigen Menschen in den Sieben Königreichen, die von sich behaupten können, eine persönliche Verbindung zum Hexenritter zu haben. Warum, bei allen sieben Höllen, musst ausgerechnet du das Haus besuchen, in dem er aufgewachsen ist?«

Weil sie sich Hinweise erhofft hat. Tiefere Einblicke. Verdammt noch mal, *irgendetwas*, was sie näher an ihn heranbringt und ihr dabei hilft, ihn zu knacken.

Stattdessen war da nur ein Ticketverkäufer auf einem Blechstuhl an der Eingangstür des Merewīowing, ein grauhaariger Kerl, der sie kaum eines Blickes würdigte, als sie ihr Ticket kaufte, und sie nur gelangweilt darüber informierte, dass sie »nicht länger als eine Stunde« bleiben dürfe.

Die Wände des zu einem Museum umfunktionierten Wohnhauses waren weiß gestrichen, wohl um einen besseren Hintergrund zu bilden für die Lichtprojektionen der ursprünglichen Tapete, die in typisch alfrenischem Muster gehalten war. Wenn man sich anstrengte, konnte man unter dem Lichtmuster auf dem Boden noch die verblassten Fliesen erkennen, abgenutzt und glatt geschliffen, damit die Besucher nicht an der gesprungenen Oberfläche hängen blieben.

Im Keller dann bekam Red die berüchtigten langen Eisenketten zu sehen, festgemacht an einem dicken, in der Mauer eingelassenen Ring, der an den in der Nase eines Stiers erinnerte. Mit diesen Ketten hatte der Hexenritter sich während seiner Teenagerjahre in dem Kellerraum angekettet, um seine Magie unter Kontrolle zu halten, genau wie sein schrecklicher Vater es ihn gelehrt hatte. *Versteck dich. Die Nachbarn dürfen es nicht sehen.* An der gegenüberliegenden Wand standen ein schmales Klappbett und eine kleine, einsame Kommode – Nachbildungen der ärmlichen Habseligkeiten, die der Hexenritter in Kindertagen sein Eigen nennen konnte. Geisterhafte Schatten eines alten Schmerzes.

Kein Wunder, dass er so distanziert ist und nichts von sich preisgibt außer seinen Kampfkünsten, wenn sein Leben auf diese Art zur Schau gestellt wird.

Was wird wohl passieren, wenn er herausfindet, dass sie es eine volle Stunde lang begafft hat – nicht anders als die Touristenströme, die sich wie ein riesiger Wurm durch die Eingeweide seiner Kindheit graben?

»Ich war nur neugierig«, behauptet sie und erzwingt dann

einen brachialen Themenwechsel: »Du wartest also auf jemanden aus Spittelgrounds?«

»Ja, auf dich. Was glaubst du denn?«

»Auf mich?« Verwirrt runzelt Red die Stirn. »Warum wartest du auf mich?«

»Ich nehme dich mit auf eine Party. Nein sagen gilt nicht. Du brauchst unbedingt ein bisschen Abwechslung.«

Fins Gesichtsausdruck macht deutlich, dass jede Reaktion von Red lediglich für Heiterkeit sorgen würde.

»Ich habe morgen Training«, versucht sie es trotzdem.

Fin schüttelt den Kopf. »Erst am Nachmittag. Ich habe mir deinen Tagesplan zeigen lassen.«

»Aber …« Verzweifelt sucht Red nach einem plausiblen Grund, warum sie nicht mitkommen kann. »Wo findet diese Party denn statt? Und wer kommt da? Man könnte uns erkennen.«

»Keine Sorge, wir gehen inkognito.« Fin präsentiert ihr eine glitzernde Zweithaut.

Red wirft ihr einen resignierten Blick zu. »Du hast an alles gedacht, oder?«

»Man gibt sich Mühe.« Fin springt unternehmungslustig von einem Bein auf das andere. »Also, was ist jetzt, Si? Kommst du mit, oder willst du den Abend lieber damit verbringen, Recherchen zu den Lieblingsgerichten des Hexenritters anzustellen?«

*

Von außen sieht es aus wie ein verlassenes Lagerhaus irgendwo in dem weitläufigen Gewerbegebiet von Iochitown.

Doch Fin erklärt Red, dass die Dinge nur selten das sind, was sie zu sein scheinen. Sie umrunden mit Büschen überwucherte Grünflächen und halten direkt vor einem hohen Zaun, der ein karges, von Schutt übersätes Areal begrenzt, in dessen Mitte das Lagerhaus aufragt wie ein weggeworfener Karton. Aus den hohen, schmalen Fenstern dringt Licht, das flackernd und suchend über den Müll und die nackte Erde draußen streicht.

Fin bückt sich und tastet im Halbdunkel herum.

»Muss hier irgendwo sein«, hört Red sie murmeln, dann folgt ein: »Treffer!«

Sie zieht ein Stück Zaun beiseite und klettert durch das entstandene Loch. »Komm schon, Kleine.«

Red zögert noch. »Ist das … legal?«

»Kein Stück. Wenn du Motorräder hörst, verziehst du dich so schnell du kannst durch den Hinterausgang.«

Heute hat sich Fin für eine Zweithaut entschieden, die wie ein Schlangenkopf aussieht und sich verstörend gut an ihre eigenen Züge anpasst. Wangen und Stirn sind von winzigen grünen Schuppen überzogen, die Augen nicht mehr als schwarze Löcher, und ihr Mund ist ein breit grinsender Schlitz. Die wilden Locken hat sie unter einer Perücke verborgen, sodass sie nun einen kurzen weißen Bob trägt. Wenn sie ausgeht, möchte sie von niemandem erkannt werden. Nur so kann sie sich heutzutage noch wirklich frei fühlen, sagt sie.

Während sie auf das Lagerhaus zugehen, beginnt Reds Herz, nervös zu pochen. Je näher sie kommen, desto lauter wird das pulsierende Brummen von drinnen, das dem Gebäude die Aura eines knurrenden Hundes verleiht, der sich geduckt auf den Boden kauert.

»Bei solchen Veranstaltungen kommen immer coole Leute«, ruft Fin laut, um die Musik zu übertönen. »Vor allem Künstler. Wird von diversen zwielichtigen Gestalten organisiert. Alle sehr kreativ. Einmal haben sie eine Party geschmissen, bei der es so gut wie kein Licht gab. Man hat absolut nichts gesehen, nur hin und wieder haben die Wände geleuchtet, in so einer ekelhaften Farbe, wie rohes Fleisch. Und die Musik war total schrill und weinerlich, davon hat man Zahnschmerzen bekommen. Die Veranstaltung hatte das Motto *Im Bauch eines sterbenden Tieres.* Einfach genial, oder?«

»Erstaunlich«, bestätigt Red schwach.

Die Vordertür des Lagerhauses ist verschlossen. Fin drückt auf einen ziemlich improvisiert aussehenden Schalter an der Wand. Einen Moment später öffnet sich eines der hohen Fenster, und hinter der schmierigen Scheibe taucht ein Mädchen mit roten Haaren auf. Auf ihrem Gesicht prangt ein fein gestochenes Tattoo, das die sich selbst verzehrende Weltenschlange darstellt.

»Passwort?«, brüllt sie über den Hintergrundlärm hinweg.

»Sie verschlingt die Schwachen«, schreit Fin zurück.

»Kommt rein.«

Unbeholfen klettert Red durch das offene Fenster.

»Reizendes Passwort«, sagt sie zu Fin, während sie dem rothaarigen Mädchen durch einen schmalen Korridor folgen. Über ihnen hängen verrostete Metallhaken von der Decke.

»So heißt ein Song von Flowers for Kane. ›She Devours the Weak‹.« Als sie Reds fragenden Blick bemerkt, lacht sie nur. »Musik?«

»Ich habe kaum Ahnung von Musik«, gibt Red zu.

»Das wird sich ändern, wenn du eine Weile mit mir auf dem Bike unterwegs warst.«

Dann öffnet sich die Tür am Ende des Korridors, und Red tritt in den Hauptraum hinaus, wo sie eine Flut an Sinneseindrücken überfällt, die alles andere überlagert.

Die Halle ist so groß, dass ihre Decke sich in Raum und Zeit zu verlieren scheint. Die riesige Menschenmenge wird von allen Seiten durch wogende Streifen aus winzigen Lichtpunkten angestrahlt, die pulsierend flackern, während sie ihren endlosen, wirbelnden Tanz aufführen. Dadurch entsteht der Eindruck, als wäre der ganze Raum in einem haltlosen Sturz gefangen.

»Die haben hier Breitbandprojektoren installiert, die Wände und Boden abdecken«, schreit Fin ihr ins Ohr. »Angeblich fühlt es sich so an, wenn man in einem Schwarzen Loch gefangen ist. Du weißt schon, die Dinger im Weltall?«

»Aber es weiß niemand, wie sich das anfühlt!«, protestiert Red. »Man weiß ja nicht einmal genau, ob die existieren!«

»Fantasie!« Fin dreht sich mit erhobenen Armen um die eigene Achse. »Wie fühlt sich das hier denn an?«

»Als würde man sterben!«

»Gut! Dann betrachte diese Nacht als deine Wiedergeburt!«

Das Weltenschlangenmädchen lacht.

»Hör mal, ich weiß, dass ich dich hergelockt habe, aber du hättest jederzeit Nein sagen können. Warum bist du mitgekommen?«

Red betrachtet die Menschenmenge, die sich vor ihnen ausbreitet. Überall verschwitzte Gestalten in allen Formen und Farben, versteckt hinter jeder nur erdenklichen Rolle: schwarze, mit Nieten geschmückte Raumpioniere, Engel mit bemalter Haut und geschwungenen Flügeln, Tiergestalten in Federn und Fell, in Glas gekleidete Machinettes, stylishe Luftpiraten.

So etwas wie das hier hat sie noch nie erlebt.

»Um zu vergessen«, sagt sie schließlich. »Zumindest für eine Weile.«

»Da habe ich genau das Richtige.« Fin greift nach ihrer Hand. »Hab keine Angst, Red, ich werde mich um dich kümmern, während du dich eine Zeit lang verlierst.«

Und das tut Red dann auch. Genau wie Fin.

*

Viel später, so spät, dass es bereits schon wieder früh ist, kommt ein Machinette auf Red zu.

Winzige elektrische Lämpchen sind unter seiner Haut eingenäht. Sie schimmern an seinen Armen und lassen das dünne Gewebe darüber in zartem Rosa erglühen. Seine Brust ist mit sorgsam geschnittenen und vernarbten Löchern übersät, aus denen kleine Metallknöpfe ragen. Red weiß, dass die Machinettes extreme Dinge mit ihren Körpern anstellen, doch es ist ein gewaltiger Unterschied, ob man das nur auf Bildern oder live vor sich sieht. Ihr Magen zieht sich bedenklich zusammen, als sie den Blick über ihn wandern lässt.

»Du bist mit Fin hier, habe ich gehört«, brüllt der Machinette über die laute Musik hinweg. »Ich bin ein Freund von ihr.«

Red sieht ihn sich genauer an. Er ist klein und ziemlich jung, mit einer erfrischend fröhlichen Ausstrahlung.

»Man nennt mich Perfekt.« Er streckt ihr die Hand hin.

»Ist das wirklich dein Name?«, fragt Red zweifelnd, während ihre Fäuste sich berühren.

»Jawohl. Selbst ausgesucht. Deinen kenne ich natürlich schon.« Er zwinkert ihr verstohlen zu. »Keine Sorge, ansonsten weiß keiner hier, wer du bist. Ich bin sehr verschwiegen. Das wird in meiner Branche erwartet. Ich verschaffe den Leuten Zugang zu anderen Dimensionen, verkaufe ihnen Träume. Andere Bewusstseinsformen. Spaß eben. Findest du es nicht auch erstaunlich, dass es Menschen auf dieser Welt gibt, deren Furcht vor ein bisschen Spaß so groß ist, dass sie alle anderen ebenfalls daran hindern wollen? Andererseits sind wohl auch nur die Dinge wirklich erstrebenswert, von denen andere einen abhalten wollen, oder?« Er legt Red seine kalte, mit Glas überzogene Hand auf den Arm. »Ich hätte da etwas, was dir gefallen könnte.«

»Wohl eher nicht.« Red entzieht ihm den Arm und wendet sich ab. Verdammt, der hört ja gar nicht mehr auf zu reden.

Perfekt lässt sich nicht abschütteln. »Hast du denn nicht gerne Spaß?«

»Den habe ich auch so.«

»Ich habe nützliche Dinge im Angebot, gerade für Leute wie dich. Schon mal von Tidal gehört?«

»Nein. Verschwinde.« Red sucht in der Menge nach Fin.

»Solltest du aber«, behauptet Perfekt hartnäckig. »Oh ja, das solltest du. Gerade du. Es unterstreicht deine Talente, wenn du weißt, was ich meine.«

»Ich habe sehr gute Ausbilder, vielen Dank.«

»Doch nicht das. Deine *Magie*.« Das letzte Wort raunt er.

Widerwillig dreht Red sich wieder zu ihm um. »Warum sollte mich so etwas interessieren? Ich benutze meine Magie nicht. Das darf ich nicht.«

Perfekt lächelt freundlich. »Ich habe da einen Kunden«, beginnt er, »ein sehr berühmter Meretrix, aber ich werde dir nicht verraten, wer es ist. Wie gesagt, ich bin verschwiegen. Jedenfalls ist er ein Gottgleicher – nicht registriert, verstehst du? –, und er benutzt Tidal, um die … Genüsse mit ihm zu verstärken. Vor allem die besonders anregenden Momente, könnte man sagen. Die meisten von euch haben ja keine direkte Kontrolle über ihre Aktivposten, aber er ist angeblich äußerst gut darin.« Perfekt stößt ein meckerndes Lachen aus. »Er macht so viel Asche, dass er gar nicht mehr weiß, wie er sie ausgeben soll.«

»Wirklich?«, fragt Red ungläubig. »Die Leute zahlen für so etwas?«

»Für anregende Stunden mit einem Gottgleichen? Die bestbezahlten Vertreter der ganzen Branche. Stell dir einen Betrag vor und verdreifache ihn, dann bist du nah dran. Je illegaler etwas ist, desto mehr Lektris kommen dabei rum, verstehst du?« Er seufzt schwer. »Ich wünschte, ich wäre ein Gottgleicher. Das wäre fantastisch. Ihr seid so schön exotisch!«

Red muss sich davon abhalten, ihn einfach niederzuschlagen.

»Was kostet es?«, fragt sie stattdessen. »Dieses Tidal?«

»Oh, da kann ich dir einen guten Preis machen. Sag mir, wie viel du brauchst, dann besorge ich es dir.«

»Hast du denn keines hier?«

»Nein«, gesteht Perfekt. »Aber das bekommt man nur von einer einzigen Quelle, und da kriegst du nur dann etwas, wenn ich dich empfehle. Der Verkäufer ist verständlicherweise etwas schreckhaft.« Er beugt sich vor und drückt Red eine kleine Glasscheibe in die Hand, auf der etwas eingraviert ist. »Die Zugangsdaten zu meinem privaten Leuchtkanal. Wenn du was haben willst, einfach Bescheid sagen.«

Red steckt die Scheibe ein. Perfekt mag ein Riesenarsch sein, aber wenn dieses Tidal auch nur annähernd das bewirkt, was er behauptet, könnte es ihr bei Wyll den entscheidenden Vorteil verschaffen. Den kleinen Unterschied machen, der den tödlichen Schlag ermöglicht.

Sie braucht jede Hilfe, die sie kriegen kann.

»Vielleicht mache ich das, danke.« Damit lässt sie ihn stehen.

»Willst du denn gar nichts von mir kaufen?«, ruft Perfekt ihr aufgebracht hinterher.

Doch Red ignoriert ihn und lässt sich von der Menge verschlingen.

KAPITEL 28

Surwek, Iochitown

Zehn Jahre zuvor

Die weitläufige Empfangshalle des Karnevals der Nacht wirkt auf den ersten Blick leicht chaotisch.

Auf dicken Teppichen sind kleine Tische arrangiert, über denen sich elektrische Lichterketten spannen, bis hinüber zu einer Bühne, auf der sich jede nur erdenkliche Verlockung präsentiert, um zu verführen und zu berauschen.

Man wandert herum, unterhält sich, macht es sich auf kleinen Sofas gemütlich. Alles ist in Rosa, Gold, Bronze und warmen Brauntönen gehalten. Finger gleiten über nackte Haut. Verkleidungen aller Art sind hier ein normaler Bestandteil des Spiels, das beginnt, sobald man durch die Tür tritt. Katzen, Bären, Insekten, Schlangen und Dämonen, gekleidet in Leder, Musselin, Seide, grobe Seile oder Glas. Jeder ist in Bewegung, es wird gelacht, getuschelt, gesäuselt.

Art ist es auf den ersten Blick zuwider. Es erinnert ihn an Belisan.

Er trägt heute eine Zweithaut, die sein Gesicht mit metallisch glänzendem Gold überzieht, und sein auffälliges blondes Haar wurde durch einen matten Silberton getarnt. Dazu hat er eine Lederkluft in Blackheart-Schwarz angelegt, die mit gefälschten

Aufnähern versehen ist. Als Ritter aufzutreten, ist an Orten wie diesen nichts Ungewöhnliches, was gut ist, denn er will möglichst unauffällig bleiben.

Sie sitzt an einem Tisch ganz hinten, mit dem Rücken zur Wand. Immer wieder gleitet ihr Blick über die Menge. Die leibhaftige Erinnerung an einen Schmerz, der auch nach acht Jahren noch kaum verblasst ist, in einem Raum voll prallem Leben.

Sie sollte nicht so schön sein. Da irren sich die Leute immer, denkt er. Angeblich erschafft die Fantasie ein strahlendes, überbordendes Reich, mit dem die Realität sich keinesfalls messen kann – und doch kommt nichts, was er sich in seiner Vorstellung ausgemalt hat, auch nur annähernd an das heran, was er nun vor sich sieht. An das, was ihr Anblick tief in ihm auslöst. Noch immer glänzt ihr Haar tiefschwarz, noch immer hat sie diese unglaublich großen Augen.

Augen, die so vollkommen ausdruckslos waren, als sie ihn in einem Traum unter Wasser zog.

Er verdrängt die Erinnerung, während er sich ihrem Tisch nähert.

Wortlos sehen sie sich an.

»Ich hätte nicht gedacht, dass du kommst«, sagt Belisan schließlich.

Art setzt sich zu ihr an den Tisch. »Wie hätte ich nach dieser Nachricht nicht kommen können? Du sagtest, du wärst in Schwierigkeiten.«

Anstatt darauf einzugehen, zeigt sie mit einer knappen Geste über seine Schulter. »Du hast Verstärkung mitgebracht.«

Seine Wachen, die verstohlen hinter ihm Position bezogen haben, sind ebenso verkleidet wie er. Die Vorstellung, dass sie so leicht auffallen, beunruhigt ihn etwas.

»Du etwa nicht?«, entgegnet er.

»Natürlich nicht. Wer will schon etwas mit einer Frau zu tun haben, die auf der Flucht ist?«

Art verkneift sich eine Antwort. Während der vergangenen acht Jahre hat Cair Lleon viel Aufwand betrieben und eine Menge Geld in diskrete Nachforschungen investiert, um sie zu finden, jedoch ohne Erfolg. Sie muss Hilfe gehabt haben. Es wäre dumm, sich überhaupt mit ihm zu treffen, wenn da tatsächlich niemand im Hintergrund wäre.

Art wird das Gefühl nicht los, dass sie beobachtet werden; als wäre da noch jemand, der sie im Auge behält. Wie jeder gute Herrscher ist Dario Go über so ziemlich alles informiert, was hier vor sich geht, auch wenn xier es vorzieht, dabei unbemerkt zu bleiben.

Schon immer hatte Art den Verdacht, dass Dario ein treuer Verbündeter von Belisan ist, doch wie so vieles im Zusammenhang mit dieser Frau konnte es nicht bewiesen werden. Wie viele unrechte, verstohlene Machenschaften nie aufgedeckt werden, wie viele Geheimnisse und Lügen unerkannt und ungestraft bleiben, gehört zu den erstaunlichsten und erschreckendsten Lektionen, die Art als Herrscher lernen musste. In den Geschichten, die er als Kind innig liebte, war das immer anders. Langsam entwickelt er einen regelrechten Groll gegen sie, weil sie in so vielen Punkten von der Realität abweichen.

»Ich sagte doch, es wäre zu gefährlich, noch jemanden mitzubringen«, betont Belisan nun.

»Ich bekomme eine Nachricht von einer Person, die schon einmal versucht hat, mich umzubringen, in der es heißt, ich solle sie heimlich treffen, an einem belebten Ort, doch den Grund werde ich nur erfahren, wenn ich persönlich erscheine, und zwar ohne Begleitung«, erwidert Art sarkastisch. »Was dachtest du denn, wie das abläuft?«

Sie presst die Lippen zusammen.

»Wenn du mich einfach nur verhaften willst, warum sollten wir uns dann noch unterhalten?«, gibt sie zurück. »Wozu diese Scharade?«

Irritiert runzelt Art die Stirn. »Sei nicht albern, sie sind zu meinem Schutz hier, nicht, um dich zu verhaften.«

Belisan verzieht das Gesicht, doch was sie damit ausdrücken will, kann er nicht sagen. Es gelingt ihm einfach nicht, sie einzuschätzen. Er kennt dieses Gesicht so gut, und doch kann er nicht darin lesen. Bei allen Heiligen, hat er sie überhaupt je wirklich gekannt? Und wie sehr haben die letzten Jahre sie verändert? So viel Zeit ist vergangen, so vieles ist jetzt anders.

Wirkt er vielleicht auch verändert auf sie? Als er sie kennenlernte, war er noch ein halbes Kind, und die Grenzen ihrer Beziehung waren von der ersten Nacht an festgelegt. Wie sollen sie jetzt miteinander umgehen? Verfluchter Mist, welche Regeln greifen hier? Er hat sich so lange im sicheren Fahrwasser von Etikette und Protokoll bewegt, dass diese Unsicherheit ihm das Gefühl gibt, in einem endlos weiten Meer zu versinken.

Nein, nein, kein gutes Bild. Schnell weg damit.

»Fürchtest du dich vor mir, Sire?«, fragt Belisan.

Die Tür, die sich gerade einen Spalt weit für sie geöffnet hat, schlägt mit voller Wucht zu.

»Warum tauchst du plötzlich wieder auf, Bel, nachdem du dich jahrelang erfolgreich versteckt hattest? Was ist so verdammt wichtig, dass du deswegen ein Treffen mit mir riskierst?«

Angespannt sitzt sie ihm gegenüber. Einen Moment lang sieht sie ihn schweigend an, dann antwortet sie: »Ich möchte, dass du Agravain Welyen begnadigst.«

Art nimmt sich einen Augenblick Zeit, um diese Überraschung zu verdauen.

»Sag das noch mal.«

Sie kann ihm nicht in die Augen sehen. »Begnadige Agravain.

Hebe die *moldra lagha* auf, und lass ihn nach London zurückkehren, zu seiner Familie.«

Es ist lange her, dass dieser Name in seiner Gegenwart ausgesprochen wurde.

Agravains Verbannung aus London war in den letzten Jahren der reinste Balsam für ihn, wie ein Geschenk, an dem man sich wieder und wieder erfreuen kann. Ohne ihn scheint die Arglist seiner Familie zumindest eingedämmt zu sein. Orcade hat sich als verlässliche, umgängliche und kooperative Lady von Alaunitown erwiesen, sie ist zu einem Fels geworden, auf den Art sich stützen kann.

Ihr Bruder war ein giftiger Dorn, den er aus Londons Ferse gezogen hat. Art kann sich kein Szenario vorstellen, in dem er diesen Dorn freiwillig wieder in das Fleisch der Stadt bohren und sie dadurch erneut verkrüppeln würde.

Er schluckt gegen die bittere Galle an, die in seiner Kehle aufsteigt. »Dann hast du also tatsächlich für ihn gearbeitet«, stellt er fest. »Du warst von Anfang an sein Werkzeug.«

Belisan weicht seinem Blick aus. »Spielt das denn eine Rolle?«

»Ob das eine Rolle spielt? Ob *das* eine Rolle spielt?« Am liebsten würde er etwas zertrümmern, etwas klirrend zerschlagen. »Er hat versucht, mich umzubringen, Bel. Und ob das eine Rolle spielt.«

Sie schüttelt den Kopf. »Er hat nicht versucht, dich umzubringen.«

»Jetzt komm schon. Er hat dafür gesorgt, dass Dario dich auf die Karte setzt. Und wie, bei allen sieben Höllen, habe ich dich ausgewählt?« Art kann es selbst kaum fassen. »Wie konnte ich ausgerechnet den einen Menschen wählen, der für den Feind arbeitet?«

»Glaub, was du glauben musst«, erwidert Bel mit erschreckender Hoffnungslosigkeit.

»Die Wahrheit. Das ist es, was ich glauben muss. Werde ich sie nun endlich bekommen?«

»Die Wahrheit?« Trotzig sieht sie ihn an. »Dario hat für dich ausnahmslos Gottgleiche auf die Karte gesetzt. Es war vollkommen egal, wen du auswählst – es wäre auf jeden Fall ein Gottgleicher gewesen.«

Ungläubig starrt Art sie an. »Das … das ist doch lächerlich. Wieso? Eine gewöhnliche Meretrix, die ihr Handwerk versteht, hätte mich doch ebenso leicht umbringen können.«

Belisans Geduld ist offenbar erschöpft. »Hörst du mir nicht zu? Darum ging es ihnen nicht. Sie wollten dich nicht töten, sie wollten dich lediglich als Kambionficker in Verruf bringen.«

Dieses Schimpfwort aus dem Mund einer Frau zu hören, die selbst davon betroffen ist, schockiert ihn – auch wenn es triefend vor Abscheu vorgebracht wird.

»Es sollte einen großen Skandal geben, der dich letztlich das Schwert kostet«, fährt Belisan fort. »Ihnen ging es nur darum, dich zu demütigen. Dein Tod war nie das Ziel.«

»Du erwartest wirklich, dass ich dir das glaube? Dass jeder Kandidat auf der Karte des Karnevals ein Gottgleicher war?« Er wirft ihr einen verächtlichen Blick zu. »Komm schon, Bel, das waren Dutzende. So viele Gottgleiche findet man in ganz Surwek nicht.«

Belisan sieht ihn wortlos an.

Da keine vernünftige Reaktion von ihr kommt, beginnt Art zu lachen. »Paranoia? Das zieht bei mir nicht.«

»Oh, ich denke schon. Ist es denn wirklich ein so abwegiger Gedanke, dass es deutlich mehr von uns geben könnte, als du weißt?«

»Jetzt versuchst du, mir Angst zu machen.«

»Wenn dir diese Vorstellung Angst macht, bist du deinem lieben Herrn Papa vielleicht doch ähnlicher, als du denkst.«

Art stößt einen kraftlosen Seufzer aus. »Das war unfair.«

Sie senkt den Blick und schweigt.

»Bel«, versucht er es noch einmal, »das bist doch nicht du. Dieser … Zynismus.«

»Nein«, gibt sie zu, »diese Seite von mir hast du nie zu Gesicht bekommen. Dir wurden nur die angenehmen Aspekte meines Wesens gezeigt, eben das, was dir schmeichelte. Du weißt schon: die säuselnde, ergebene Hure. Die rauen Kanten habe ich vor dir versteckt. Das musste so sein.«

Fassungslos starrt er sie an. »Habe ich dich wirklich so schlecht behandelt?«

Ein wenig sanfter erwidert sie: »Du warst sehr gut zu mir. Und ich habe diese Rolle freiwillig gespielt.«

»Bei allen Heiligen.« Er denkt daran zurück. »Dein Schauspieltalent und meine Gutgläubigkeit. Die perfekte Kombination für ihn.«

Belisan setzt zum Sprechen an, schließt dann aber den Mund, ohne ein Wort gesagt zu haben.

Beinahe ist er ihr dankbar. Hätte sie ihn mit irgendeiner Plattitüde abgespeist, wäre vermutlich auch noch sein letzter Geduldsfaden gerissen.

»Ich habe dich damals gehen lassen, weil ich dachte, es gäbe Menschen, an die du dich wenden kannst«, erklärt er ihr. »Also erzähl mir jetzt bitte nicht, dass du dich die ganze Zeit bei dem verfluchten Agravain Welyen verkrochen hast.«

»Mir blieb nicht viel anderes übrig. Ich hatte eine Familie, die mich brauchte …« Sie unterbricht sich kurz und korrigiert sich dann mit gepresster Stimme: »Ich *habe* eine Familie, die mich braucht.«

Als er den Schmerz in ihren Augen sieht, wird er weich. Er kann einfach nicht anders.

»Du musst nicht zu ihm zurück«, versichert er ihr. »Nie wieder. Ich kann deiner Familie helfen. Ich kann sie schützen.«

Unverhohlene Hoffnung schwingt in seiner Stimme mit. Seit Jahren herrscht er über Millionen von Menschen, und doch ist er bereit, vor seiner ersten großen Liebe auf die Knie zu fallen, genau wie der Achtzehnjährige von damals. Er spürt, wie sie zögert, spürt seine Hoffnung steigen – dann aber schließt sie krampfhaft die Augen.

»Ich habe meine eigenen Mittel, um sie zu schützen.«

»Erpresst er dich etwa? Was hat er gegen dich in der Hand?«

Mit aller Kraft hält sie sich zurück, und doch rollt nun eine Träne über ihre Wange.

»Gar nichts. Ich bin nur loyal ihm gegenüber. Klar?«

»Das glaube ich nicht. Er droht dir, habe ich recht?«

Belisan schüttelt den Kopf. »Hör auf, mich retten zu wollen, Art. Ich muss nicht gerettet werden.«

Noch immer hält sie die Augen geschlossen, aber nun streckt sie langsam den Arm über den Tisch, die Handfläche nach oben, die Finger entspannt. Wartend verharrt sie so. Voller Sehnsucht blickt Art auf ihre Hand hinab. Plötzlich überkommt ihn der unwiderstehliche Drang, sie zu berühren. Wenn er sie nur berühren könnte, würde sich alles wieder einrenken. Dann müssten sie nicht mehr mit Worten kommunizieren, mit schwerfälligen, dummen Worten, die nie all die feinen, vagen Nuancen dessen ausdrücken können, was sie verbindet.

Art streckt die Hand aus, ihre Fingerspitzen berühren sich …

Noch immer befindet er sich in der Halle des Karnevals, Menschenströme wabern um ihn herum, doch sein Blickwinkel hat sich von jetzt auf gleich verändert. Unerklärlicherweise sitzt er nun mit dem Rücken zur Wand, auf dem Platz, wo gerade noch Belisan war. Dadurch hat er die gesamte Halle im Blick, sieht es sofort, als Belisan durch die Tür tritt.

Mit wiegenden Hüften gleitet sie durch den Raum, in einen einsamen Tanz versunken.

Nein, nicht ganz allein. Ein Mann ist ihr in die Halle gefolgt, geht nun beinahe besitzergreifend hinter ihr her.

… Während irgendwo anders, in der wirklichen Welt, Belisans Finger Arts Hand umschließen, obwohl er versucht, sich von ihr zu lösen …

Es ist Agravain. Er trägt einen kembrischen Hut, dessen Seiten sein Gesicht umschließen und einen Großteil seines Haares verdecken, dennoch ist er leicht zu erkennen. Die Falten um seinen Mund haben sich sichtlich vertieft. Es ist der Agravain von heute, gezeichnet durch das Exil.

»Braune Lederjacke«, sagt jemand dicht an seinem Ohr, und Art fährt herum. Plötzlich sitzt Belisan neben ihm, sie sieht ihn durchdringend an. »Schwarze Kappe. Links hinter mir.«

… Es ist nicht echt. Er spürt, wie die Realität hinter den Bildern verharrt, die Wirklichkeit, in der er mit Belisan am Tisch sitzt und sie seine Hand hält, als wären sie Liebende. Die anderen Bilder überlagern sie, wie eine in einer Traumgestalt zurückgekehrte Erinnerung …

Was soll das, versucht der Art im Traum zu sagen, was machst du mit mir? Aber wie damals, in dem Traum von der ihn ertränkenden Selkie, ist er vollkommen hilflos. Sie hat ihn in ihre Welt hineingezogen, und in ihrer Welt liegt die gesamte Macht bei ihr.

Zum Beispiel hatte er gerade eben noch keine Pistole in der Hand.

»Er ist hier, Art«, sagt die Traum-Belisan. »Agravain ist hier, im Karneval der Nacht, und du kannst ihn töten. Hier und jetzt.«

Aber Agravain kann nicht hier sein. Er wäre viel zu feige, um sich Art zu stellen, deshalb zwingt er jemanden, der ebenso viel zu verlieren hat wie er selbst, hierherzukommen und um sein Leben zu feilschen.

»Du wirst jetzt aufwachen«, erklärt ihm Belisan im Traum. »Und du wirst eine Pistole in der Hand halten. Du wirst ihn entdecken, dort links hinten. Und du wirst ihn töten, bevor er dich

töten kann. Hast du das verstanden? Er ist nicht wegen einer Begnadigung hier. Er ist gekommen, um Rache zu nehmen.«

Alles verschwimmt, dann wird die Welt um ihn herum wieder scharf, als wären Belisans Geist und Arts Sinne endlich miteinander in Einklang gebracht. Er sitzt wieder auf der anderen Seite des Tisches, Belisans Finger sind mit seinen verschlungen, und sie sieht ihm direkt in die Augen.

Doch jetzt liegt eine Pistole in Arts freier Hand.

Sie ist unter dem Tisch verborgen, er spürt, wie ihr Gewicht seine Hand gegen den Oberschenkel drückt. Ungläubig senkt er den Blick und mustert die Waffe. Eine solche Pistole hat er noch nie gesehen: Ihr Lauf ist extrem kurz, und ihr fehlt jede Art von Schmuck, ganz anders als die aufwendig verzierten Waffen der Garde, die ihm vertraut sind. Schwer ist sie, und sie fühlt sich merkwürdig an in seiner Hand.

Art schließt die Finger um die Pistole. Seine Hand weiß, was zu tun ist, auch wenn sein Gehirn verzweifelt versucht, dazwischenzugehen und das Ganze zu beenden. Trotz all seiner Proteste hat die Palast-Security schon vor langer Zeit durchgesetzt, dass der König ein regelmäßiges Schießtraining absolviert. Art hat etliche Waffen in der Hand gehabt und abgefeuert, und überraschenderweise stellte sich heraus, dass er gar kein schlechter Schütze ist. Doch eigentlich sollte er dieses Talent niemals zum Einsatz bringen müssen.

Es ist absolut unmöglich, dass er eine Waffe in der Hand hält. Andererseits ist es auch unmöglich, davon zu träumen, dass man im Ozean ertrinkt, und dann beim Aufwachen Meerwasser auf sein Bett zu speien. Obwohl so viel Zeit vergangen ist, erinnert er sich noch genau an den salzigen Gestank.

Belisan neigt unauffällig den Kopf und lenkt Arts Blick damit ein Stück nach links. Er sieht ihn sofort: Eine leicht geduckte Gestalt sitzt zwei Tische weiter, und sie trägt die gleiche braune

Lederjacke, den gleichen kembrischen Hut wie der Mann in dem Traum. Er hält den Kopf gesenkt, das Gesicht leicht abgewandt. Nur den Mund kann Art deutlich sehen, die tiefen Falten dort.

Dieses Arschloch. Sitzt ganz offen hier herum. Die ganze Zeit war er schon da. Und hätte Belisan ihm nicht gezeigt, worauf er achten muss, hätte er es niemals bemerkt.

»Art.« Er spürt ihre kühlen Finger in seiner Hand. *»Ich kann ihn nicht töten, aber du kannst es.* Moldra lagha. *Marvols Gesetz gestattet es dir.«*

»Nein, Bel …«, setzt er an.

»Sprich es nicht aus, er kann uns hören.«

Was meint sie damit? Agravain sitzt zu weit weg, und in der Halle ist es viel zu laut, als dass er sie verstehen könnte.

»Bitte, wenn du je etwas für mich empfunden hast, schweig jetzt und hör einfach nur zu. Bitte.«

Trotz allem gehorcht er.

»Wir haben nicht viel Zeit«, erklärt ihm die Belisan aus dem Traum. *»Er wird misstrauisch werden, und er ist nicht allein gekommen.«*

Art spürt, wie sich ein ungutes Gefühl in ihm ausbreitet. Agravain hat Verbündete?

»Ich wollte dir nie wehtun«, fleht die Traum-Belisan weiter. *»Ich weiß, dass es keinen Grund für dich gibt, mir zu glauben, aber bitte vergiss nie, dass ich dir das gesagt habe. Du darfst es nicht vergessen. Bitte. Er ist direkt hinter dir, Art. Nimm die Waffe und erschieße ihn, bevor er dich umbringt. Er ist hier, um dich zu töten.«*

Aber hier sind überall Menschen. Agravain verkriecht sich zwischen Unschuldigen. Ihm ist vollkommen egal, ob seinetwegen andere verletzt werden. Das war schon immer so. Er hat den Tod verdient, nach allem, was er getan hat. Und wer weiß, was er noch plant? Niemals zuvor hat Art eine solche Gewaltbereitschaft in sich gespürt. Wilde, verzweifelte, unerbittliche Brutalität.

Doch sie stammt nicht von ihm. Sie stammt von Belisan.

»*Töte ihn.*« Irgendwo in seinem Innern erklingt ihre Stimme. »*Beende es. Du darfst ihn töten. Du musst. Art, er richtet eine Waffe auf dich, gleich drückt er ab …*«

Es reicht, denkt er, getrieben von verstockter Wut. *Ich bin der König, verdammt. Und ich habe die Schnauze voll.*

Sein Arm hebt sich, die Waffe richtet sich aus. Dabei spürt er, dass Belisan an ihm zerrt wie ein hungriges Kind. Er versucht, sie abzuschütteln, doch er selbst hat ihr ja Zutritt gewährt. Er hat ihr Zutritt gewährt, und nun ist sie überall, erfüllt ihn ganz und gar mit ihrem Zorn, der grauenvoll ist in seiner Schlichtheit. Auf ein einziges Ziel ist er gerichtet, und mit dem Entsetzen, das mit jeder verspäteten Erkenntnis einhergeht, begreift Art, wie mächtig sie in Wahrheit ist – dass sie schon immer vollständig von ihm hätte Besitz ergreifen können, es jedoch nie versucht hat.

Bis jetzt.

Es ist, als wäre Fria Lysander selbst zurückgekehrt, um ihn zu bestrafen, um sie alle zu bestrafen, und ihr Zorn trifft mit voller Wucht auf seine erbärmliche, anbrandende Furcht.

Er sieht, wie der Mann in der braunen Lederjacke aufsteht …

Töte ihn, kreischt Belisan in seinem Kopf. *TÖTE IHN, BEVOR ER UNS BEIDE TÖTET!*

Dann ertönt ein Schrei, laut und schrill wie der eines Kindes. Ruckartig fährt Belisan herum. Der feste Griff ihrer Finger lockert sich. Sofort lässt die Kraft ihres Zorns nach, ein wenig nur, doch es reicht aus. Arts Furcht stemmt sich dagegen, und er wird von ihr überwältigt. Kambion, denkt er voller Abscheu, und plötzlich gibt es kein Jetzt und Gleich mehr, keine aufeinanderfolgenden Entscheidungen, es passiert alles gleichzeitig: Alles verschwimmt, fließt ineinander, wird zu einem verwirrenden, kreischenden Wust aus Emotionen. Art reißt sich von Belisans Hand los und richtet die Waffe auf sie. Ängstlich drückt sie sich in ihren Stuhl.

»Du verstehst nicht«, schreit sie. »Er hat mein …«

Brennender Schmerz schießt in Arts Arm, gleichzeitig hört er einen ohrenbetäubenden Knall. Die Pistole in seiner Hand zuckt. Belisan schweigt und wird nach hinten geschleudert, kraftlos wie eine Lumpenpuppe fällt sie von ihrem Stuhl. Chaos bricht aus, die Menschen um ihn herum beginnen zu schreien, zu weinen.

Agravain versucht wegzulaufen, also reißt Art die Waffe herum, springt auf und macht einen Schritt. Dann schießt er ihm in den Rücken. Zweimal muss er abdrücken, bevor Agravain endlich zu Boden geht. Art läuft zu ihm hin, baut sich über dem reglosen Körper auf und feuert vier weitere Schüsse ab.

Dann wartet er ab, ob sich etwas rührt.

Obwohl keinerlei Bewegung zu erkennen ist, schießt er noch zwei Mal, nur um sicherzugehen.

KAPITEL 29

Unbekannter Ort

Drei Monate zuvor

Red steht an der Tür, eine Hand zur Faust geballt.

Ihr ist eine vollkommen wahnsinnige und brandgefährliche Idee gekommen, wie sie an den Hexenritter herankommen und sich sozusagen an seinen Schutzbarrieren vorbeimogeln kann, vielleicht sogar weit genug, um ihn zu erledigen. Das Problem ist nur: Wenn sie falschliegt, könnte sie dadurch auf einen Schlag alles verlieren.

Risiko und Nutzen. Ständig wägt sie beides gegeneinander ab. Verschiedene Argumente schwirren ihr durch den Kopf. Möglicherweise ist hier und heute Endstation, andererseits flirtet sie doch schon seit Jahren mit dem Tod. Warum also jetzt einen Rückzieher machen? Koketterie war noch nie ihr Ding.

Sie hebt die Hand und will anklopfen, als die Tür plötzlich aufgerissen wird. In der dunklen Öffnung steht der Hexenritter, wie üblich in seinem dezenten Trainingsoutfit.

»Du bist pünktlich«, stellt er fest. »Gut. Komm rein.«

Sie wartet darauf, durchsucht zu werden wie beim letzten Mal, doch er tritt einfach nur beiseite, um sie hereinzulassen. Drinnen sieht alles aus wie vorher: Die hohen Leuchtaufbauten schaffen ein helles Rechteck auf dem kahlen Boden. Die Waffen im Regal funkeln.

»Stimmt etwas nicht?«, fragt der Ritter hinter ihr.

Red tritt nervös von einem Fuß auf den anderen. »Nein.«

»Wir können anfangen, wenn du so weit bist.«

»Warte noch.« Überrascht dreht sie sich zu ihm um.

Reglos steht er da. »Was ist?«

Prüfend mustert sie ihn. Irgendetwas ist anders an seiner Haltung. Und seine knappen Antworten … Er wirkt angespannt.

»Ist nicht wichtig«, sagt sie schnell.

Er sieht sie an, sie starrt zurück. Nein, sie wird nichts preisgeben.

Nach einem endlos langen Moment senkt er den Blick. »Fangen wir an.«

Red spürt eine fast beschämende Gier in sich aufsteigen, sie will ihn vor sich haben, nah, ganz nah, nah genug, um ihn zu verletzen. Doch wie beim letzten Mal bleibt er auf Distanz, sodass die Entfernung es unmöglich macht, feinere Nuancen wahrzunehmen. In dem grellen Licht wirkt seine Haut bleich und hart. Kaum merklich verlagert er das Gewicht auf den anderen Fuß, die Hände hängen entspannt herab.

Und dann kommen die Illusionen.

Wie schon beim letzten Mal versucht Red, sie abzuwehren, schafft es aber aus irgendeinem Grund nicht, ihren Körper oder ihren Geist davon zu überzeugen, dass sie nichts weiter sind als Licht. Ihr Gehirn brüllt Warnungen, ihr Körper scheut vor jeder Gefahr zurück. Und ihr Gegner lässt ihr keinerlei Spielraum. Er ist rastlos, beinahe zappelig. Heute gibt es keine Mauern, keine ausdruckslose Miene, keine sparsamen Bewegungen. Irgendetwas in ihm springt herum wie Grillen auf heißem Asphalt. Er will sie bestrafen, oder vielleicht will er auch sich selbst bestrafen – Red ist nicht sicher, was zutrifft. Vielleicht ja beides.

Ein Löwe schiebt sich in ihr Gesichtsfeld, ein massiges, wildes Biest, dessen Fell in dem hellen Licht des Kampfplatzes golden aufleuchtet. Seine Krallen schaben über den Boden, jede einzelne länger als ein menschlicher Finger. Nun reißt er das Maul auf …

Ein brennender Schmerz in der Seite lässt Red auf die Knie sinken.

»Kann es in einem verlassenen Kraftwerk tatsächlich Löwen geben?«, fragt der Hexenritter und zieht den Kampfstab zurück, mit dem er ihr den brutalen Schlag verpasst hat.

»Nein.« Obwohl ihr Körper mit einem fiesen Pochen dringende Notfallnachrichten schickt, versucht Red, klar zu denken. »Ich weiß das, aber es ist …«

»Eine Ablenkung«, unterbricht sie der Ritter. »Es ist nicht real.«

»Ich *weiß*, aber …«

»Du weißt es offenbar nicht, denn sonst könntest du es ignorieren.«

»Das ist doch sinnlos!«, bricht es aus Red hervor. »Warum machen wir das? In der Arena werde ich es niemals mit Illusionen zu tun bekommen, deshalb muss ich auch nicht wissen, wie man sie bekämpft!«

»Du bist eine Gottgleiche«, antwortet er schlicht. »Die Magie liegt dir im Blut.«

Sie richtet sich auf und zwingt sich, den Mund zu halten. Bloß nicht die Kontrolle verlieren. Sie muss einen kühlen Kopf bewahren.

Der Hexenritter tritt einen Schritt zurück. »Noch einmal von vorne. Selber Angriff.«

»Nein, du wirst mich nur wieder niederschlagen. Wo ist denn da der Sinn?«

»Der Sinn besteht darin, dass du *lernst*«, blafft er sie an. »Wir werden so lange weitermachen, bis du mir deine Magie zeigst. Und los.«

Red greift nach ihrem Kampfstab. Sie ist so erschöpft, dass es sich anfühlt, als hätte sie zerbrechliche Stöckchen im Leib statt Knochen. Sie darf keine Schwäche zeigen. Sie darf nicht verlieren.

Unaufhaltsam fährt der Ritter zu ihr herum.

»Ich werde dich töten, Red.«

Noch bevor sie einen klaren Gedanken fassen kann, greift er sie an.

Er ist schnell, so verdammt schnell. Der Tanz beginnt, doch er ist auch beschämend schnell wieder vorbei. Mit einem eleganten Schlag seines Stabes reißt der Ritter sie von den Füßen, sodass sie auf den Rücken knallt. Der erbarmungslose Betonboden drückt ihr die Luft aus dem Leib.

Keuchend liegt sie da. Lautlos geht der Hexenritter neben ihr in die Hocke.

»Emotionen lenken ab«, erklärt er ihr. »Kitzele sie aus deinem Gegner heraus und er wird sich dir öffnen wie eine Blume.«

Ich werde dich töten, Red.

»Du denkst vielleicht, ich hätte Angst vor dir«, ächzt sie. »Aber das stimmt nicht.«

Er mustert sie eingehend und entdeckt dabei offenbar etwas, was ihn überrascht.

»Vielleicht ist es ja das.« Beinahe kindliches Staunen schwingt in seinem Tonfall mit. Dann verfinstert sich seine Miene. »Nun ja, mit Schmerz geht es auch.«

Er packt Reds Arm und dreht ihn mit einem schnellen Ruck herum. Gegen ihren Willen löst sich ein gepresster Schrei aus ihrer Kehle. Er legt so viel Kraft in die Bewegungen, dass die Muskeln an seinem Unterarm zittern.

Immer weiter dreht er ihn um. »Gib auf.«

»Fick dich.«

»Daedalas hatte recht, was dich betrifft. Selbstzerstörerisch. Du weißt einfach nicht, wann es genug ist.«

Red stößt ein kraftloses Lachen aus. »Vielleicht ist genau das mein Weg zum Sieg.«

Wieder huscht dieses ungläubige Staunen über sein Gesicht.

Und wieder wandert sein Blick zu ihren Lippen hinab – nur für den Bruchteil einer Sekunde, wie beim letzten Mal. Doch ihr reicht es als Hinweis. Die Gier in ihrem Innern flammt erneut auf. *Er ist nah, so nah, das ist deine Chance, schnapp ihn dir.* Jetzt spürt sie sogar seinen Atem auf ihren Lippen. Wer hätte gedacht, dass er so hektisch atmen kann; kommt das vom Adrenalin oder hat er vielleicht Angst?

Dieser Gedanke erregt sie, treibt sie an. Sie richtet sich so weit auf, dass ihre Lippen sich berühren. Ihr Kuss gleicht fast schon einem Biss. Zischend saugt er den Atem ein, dann teilen sich seine Lippen, schutzlos. Heiß und feucht schmeckt er, eine Empfindung, die sich tief in Reds Innerstes einbrennt.

Sie spürt, wie seine Zunge gierig gegen ihre stößt. Ein beinahe schmerzhaftes Hochgefühl strömt durch ihre Adern. Grob packt er ihre Schultern, zwei neue Schmerzpunkte, doch die Signale verschwimmen und werden zu Lust. Seine Zunge gleitet in ihren Mund, er hält ihre Lippen gefangen, sein Atem streicht in schnellen, harten Stößen über ihre Haut.

Einen qualvollen, langen Moment bleiben sie noch ineinander verflochten, dann löst er sich von ihr. Er stützt die Unterarme neben Reds Kopf auf den Boden und stemmt sich so weit hoch, dass sie beide atmen können.

»Was tust du da?«, fragt er leise. Seine Augen mit den golden umrandeten Iriden sind weit aufgerissen.

»Emotionen lenken ab«, faucht sie nur.

Dann drückt sie die Hand gegen seinen Unterleib. In dieser Hand hält sie das kurze Messer, das immer in ihrem Stiefel steckt. Seine Spitze zielt genau auf die nicht zu übersehende Wölbung in seiner Hose.

Mit explosionsartiger Schnelligkeit greift der Hexenritter an. Red lacht laut auf, als er sich so weit von ihr herunterrollt, dass er ihr Handgelenk packen und ihr das Messer entreißen kann, um es dann fortzuschleudern. Wie die Ratten kämpfen sie miteinander, zerren hektisch und ungeschickt an der Kleidung des anderen. Der harte Boden schabt brennend über ihren nackten Rücken. Sie stemmt ein Knie in seine Flanke und rollt ihn herum, drückt ihn mit ihren Schenkeln zu Boden. Flehend sieht er zu ihr hoch. Wieder muss sie lachen, wie im Rausch.

»Gib auf«, zischt sie.

»Nein«, faucht er.

Sie packt ihn an der Kehle, und sofort fängt er ihre Hände ab, setzt sich zur Wehr, hält kraftvoll dagegen. Red drückt ihn mit ihrem ganzen Gewicht nach unten, stemmt die Schenkel gegen seinen Körper, die Muskeln voll angespannt. Dann reißt er eine Hand los, schiebt sie zwischen ihren Körpern hindurch und dringt mit einem Finger in sie ein.

Ihr gesamter Körper beginnt zu pochen, hält sie in einem paralysierenden Rausch gefangen.

»Gib auf«, keucht er.

Verzweifelt versucht sie, das unkontrollierte Zittern zu unterdrücken.

»Gib auf«, befiehlt er wieder.

Sie löst eine Hand von seinem Hals und streckt sie aus. Ein leises Klappern setzt ein. Das Messer, das er gerade eben weggeworfen hat, ihr Messer, rutscht mit beängstigender Geschwindigkeit über den Boden, dann prallt der Griff gegen ihr Bein. Sie hebt es auf und richtet die Spitze auf seine Kehle.

Er erstarrt, sieht sie mit weit aufgerissenen Augen an, den Mund leicht geöffnet. In seinem Blick spiegelt sich brennende Gier.

Vollkommen ruhig hält sie das Messer, so dicht an seiner

Haut, dass es ihn schneidet, sobald er zu hastig einatmet. Mit der freien Hand greift sie nach unten und zieht seinen Arm weg. Dann stützt sie sich auf seinen Bauch, hebt die Hüften an, packt ihn und schiebt ihn in sich hinein, ganz tief in sich hinein. Laut stöhnend umfasst er mit beiden Händen ihre Taille.

Fieberhaft klammern sie sich im Licht der grellen Lampen aneinander. Jetzt hat sie ihn, zwingt ihn, sich unter ihr zu winden, spürt seinen harten, zuckenden Bauch, spürt mit ihren Händen, ihrem ganzen Körper, mit allen Sinnen diesen jungen, hungrigen Mann. Weiche, von Narben durchzogene heiße Haut bebt unter ihr, feucht vom Schweiß.

Sie kämpfen bis zur totalen Erschöpfung, aber keiner von ihnen gibt auf.

KAPITEL 30

Alfrens Krypta, Cair Lleon, Blackheart

Zehn Jahre zuvor

In der Krypta herrscht drückende, undurchdringliche Finsternis.

Fackeln an der Wand schaffen dichte Lichtflecken und vertiefen noch die Schatten der menschlichen Schädel, aus denen ihre Halterungen geschnitzt sind, lassen einzelne Strahlen über die knöchernen Auffangschalen tanzen. An der Decke prangt ein riesiges Bild von Marvol: Der Heilige des Todes blickt nüchtern in den Raum hinab, die langen Haare umspielen sein Gesicht wie Tentakel.

Eine der Wände ist mit einem Gemälde verziert, dieses zeigt Marvol mit Gwanhara, der Schönen Heiligen, seiner angeblichen Geliebten. Sie halten sich eng umschlungen – seine Hand ruht an ihrem Rücken, während ihre Finger in seinem Haar vergraben sind, die freie Hand seinen Kopf an ihren Hals drückt.

Viele Stockwerke weiter oben schwitzt ganz London wegen des extrem heißen Sommers, und trotz Ventilatoren in sämtlichen Räumen und niemals endendem Nachschub an Eis schmort man auch im Palast im eigenen Saft. Die Temperatur hier in der Krypta ist da eine höchst willkommene Überraschung, angenehm kühle Luft streicht schmeichelnd über die Haut.

Trotzdem kommt niemand hier herunter, um das zu genießen.

Die berühmte Krypta von Cair Lleon ist die letzte Ruhestätte der zerfallenen Körper aller Königinnen- und Könige-gebettet-in-Frieden. Die offizielle Einbettungszeremonie ehemaliger Monarchen von London findet oberirdisch statt, in wesentlich prunkvollerem Ambiente, doch anschließend werden ihre Körper hierhergebracht, um auf ewig vor sich hin zu modern, zeitlose Vertreter der Historie des Todes. Die einzelnen Räume der Krypta sind durch lange, verschlungene Tunnel miteinander verbunden, in denen man sich nur schwer zurechtfindet. Niemand kommt einfach nur zum Spaß hierher.

Heute allerdings schon.

Art lehnt an der opulent gestalteten Deckelkante eines steinernen Sarkophags, der in alfrenischem Stil verziert ist, also äußerst üppig und verschnörkelt. Rechts und links von ihm haben in einem Halbkreis Garad, Lucan, Brune, Fortigo und Lillath Aufstellung genommen – sein Streitender, zwei seiner engsten Berater, sein persönlicher Vastos und seine Spinne.

Früher dachte er, es wäre nichts als abergläubischer Unsinn, dass Herrscher durch ihren inneren Kreis ihre eigene Version der Saith erschaffen. In der Vergangenheit gingen manche Monarchen sogar so weit, ihre sechs engsten Vertrauen offiziell umzubenennen und zu behaupten, sie seien Reinkarnationen der Heiligen, doch das kam schon vor Jahrzehnten aus der Mode, und Art hat keineswegs vor, diese Tradition wieder aufleben zu lassen. Er glaubt nicht daran, dass die Heiligen durch lebende Menschen wirken. Und er glaubt auch nicht daran, seine eigene, symbolische Version eines längst verstorbenen Zirkels nachbilden zu müssen.

Und doch hat er es unbewusst irgendwie getan.

Fortigo ist Evron der Sanftmütige, Heiliger des Mitgefühls, der Bescheidenheit und der Tüchtigkeit. Jeder, der sich für eine Karriere im Dienstleistungssektor entscheidet, wählt Evron zu seinem Idol.

Lucan ist Alaunis der Schlaue, Heiliger des Fortschritts und der Geisteskraft. Der wissenshungrige, clevere Lucan findet durch seinen Intellekt immer einen Weg.

Lillath ist Iochi die Gerissene, Heilige aller Täuscher und Spione – eben all jener, die sich von Geheimnissen, Spielereien und dem Verborgenen angezogen fühlen.

Brune ist Senza die Gerechte, die letzte Entscheidungsinstanz, die Richtig und Falsch gegeneinander abwiegt und Gesetze schafft.

Garad ist Rhyfen der Zornige: Krieger, Kämpfender, Heiliger des Mutes, der Entschlossenheit und der Brutalität.

Bleiben nur noch zwei. Arts Geliebte Belisan ist tot – er selbst hat sie getötet –, was aus ihr Gwanhara die Schöne macht, die Künstlerin, Bewahrerin der Weltengeschichte, Heilige der Kreativität und Leidenschaft.

Was letztlich bedeutet, dass er selbst Marvol sein muss, der Todbringende Heilige.

Das fühlt sich auf eine so schreckliche, unausweichliche Weise richtig an, dass es ihm beinahe den Atem verschlägt.

In dem Korridor draußen vor der Krypta hallen Schritte. Die schwere steinerne Tür wurde für den Nachzügler offen gelassen, der nun lautlos hindurchschlüpft.

Lady Orcade bleibt am Eingang der Krypta stehen und lässt den Blick über die wartende Versammlung wandern. Obwohl sie für ihre unerschütterliche Zurückhaltung bekannt ist, hat sie in diesem Moment etwas von einem verschreckten Vogel an sich.

Lillath ist die Erste, die sich rührt, weshalb Orcade sich sofort auf sie konzentriert.

»Danke, dass Sie gekommen sind«, sagt Lillath.

Orcade antwortet nicht sofort. Der förmliche Ton, den Lillath anschlägt, scheint ihre Nervosität noch zu steigern.

»Wenn mein König mich zu einem vertraulichen Gespräch einbestellt, gehorche ich«, antwortet sie schließlich.

Lillath bleibt gelassen. »Sie wurden darum gebeten, nicht einbestellt.«

Wieder mustert Orcade die versammelte Gruppe, was wohl zeigen soll, dass sie das anders sieht. Erst jetzt steigt sie die wenigen Stufen hinab, die in den Begräbnisraum führen. Ihre Bewegungen sind steif, als hätte sie Schmerzen.

Sie bleibt vor Art stehen und faltet sittsam die Hände vor dem Körper.

»Die Wahl des Treffpunkts hat mich neugierig gemacht«, gibt sie zu. »Ich war erst ein einziges Mal unten in der Krypta, bei der Einbettung Ihres Vaters.«

Sie erwartet wohl, dass Art etwas erwidert.

Doch es ist Lillath, die sagt: »Wir haben dieses Treffen aus gutem Grund in Alfrens Krypta gelegt. Wie Sie ja sicher wissen, war er ein Technophobiker.«

Orcade nickt. »Er war berüchtigt dafür, ja.«

»Hier unten gibt es kaum Zeugen«, fährt Lillath entspannt fort, »und in dieser speziellen Krypta erst recht nicht. Die Mauern sind zu dick, um von außen Tonaufnahmen zu machen. Es wird also keinerlei offizielle Aufzeichnungen über dieses Treffen geben.«

Art kann sehen, wie Orcade sich bewusst macht, was das genau bedeutet: Niemand wird jemals erfahren, was sie heute hier besprechen – niemand außer jenen, die diesen Ort lebendig verlassen.

Plötzlich liegt eine unterschwellige Bedrohung in der Luft.

»Werde ich nun ebenso hingerichtet wie mein Bruder?«, fragt sie.

Es schwingt keinerlei Trotz in ihrer Stimme mit, sie ist so verschlossen und zurückhaltend wie immer.

»Nein.« Die Antwort kommt von Brune, und sofort wendet Orcade sich ihr zu. »Dies ist keine Hinrichtung, Lady Orcade, und Sie werden auch nicht angeklagt.«

»Was ist es dann?«

»Ein Gespräch unter Verbündeten.«

Orcade lässt sich die Worte durch den Kopf gehen, wobei sie wieder forschend zu Art sieht. Er weiß, dass sein Gesicht im Schatten liegt, weiß, dass sie nicht darin lesen kann, trotzdem wendet er den Blick ab.

»Der Tod Ihres Bruders Agravain liegt noch nicht lange zurück«, fährt Brune fort. Ihre Stimme wird von den steinernen Wänden der Krypta zurückgeworfen. »Wir bedauern sehr, dass wir die Details der Vorgänge im Karneval der Nacht so schnell öffentlich machen mussten, ohne vorher die Familie zu informieren, doch unsere erste Sorge muss und wird immer London gelten. Es musste etwas unternommen werden, um der aufkeimenden Panik in der Bevölkerung entgegenzuwirken. Wir hoffen, dass Sie das verstehen.«

Orcades Kinn hebt sich kaum merklich.

»Sein Tod war rechtmäßig, dem Gesetz der *moldra lagha* folgend«, antwortet sie. »Wir verstehen das durchaus.«

Alle hier Anwesenden verstehen vor allem eines: Wer seine Version als Erster verbreitet, hat die Kontrolle über die folgende Brandungswelle. Der Palast hatte keine andere Wahl, als die Nachricht so schnell wie möglich publik zu machen.

»Nichtsdestotrotz möchten wir sämtliche Unklarheiten beseitigen, die Ihrerseits vielleicht noch bezüglich der Einzelheiten bestehen«, betont Brune.

Die durchdringenden Blicke ringsum lassen Orcade den Kopf senken; sicher wiegen sie schwer.

»Es stand schon immer fest, dass Agravains grauenvolles, unbegründetes Verlangen nach Vergeltung in einer Tragödie enden würde«, sagt sie. »Ich bin zutiefst beschämt darüber, seinen Namen zu tragen und damit auch einen Teil der Verantwortung. Hätte ich von seinen Plänen gewusst, hätte ich alles in meiner Macht Stehende getan, um sie zu vereiteln.«

»Ihr scheint Schmerzen in der Hüfte zu haben«, stellt Lillath unvermittelt fest.

Orcade wirft ihr einen überraschten Blick zu. »Ich … ja. Eine alte Verletzung, die mir hin und wieder Probleme bereitet.«

»Das tut mir leid. Wie kam es dazu?«

Es dauert ein wenig zu lange, bis Orcade antwortet: »Mein Bruder war der Verursacher.«

Tu das nicht, Lil, denkt Art im Stillen. *Sie war nicht im Karneval der Nacht. Ein Dutzend Menschen hat geschworen, dass sie sich zu diesem Zeitpunkt woanders aufgehalten hat. Zwing sie nicht dazu, dir zu sagen, was er ihr alles angetan hat. Das ist grausam.*

Fast scheint es, als hätte Lillath seine Gedanken gehört, denn sie nickt nur und fragt nicht weiter.

Dafür übernimmt Brune nun wieder: »Auch wenn Sie verständlicherweise bestrebt sind, sich von Lord Agravains Taten zu distanzieren, konnten wir bislang leider nicht den Eindruck gewinnen, dass die Familie Welyen ausreichend Abstand von seinen Ansichten nimmt, um die Form der Gerechtigkeit zu akzeptieren, die an ihm geübt wurde.«

»Dann lassen Sie mich hier und jetzt versichern, dass wir keine *moldra lagha* für seinen Tod anstreben werden«, erwidert Orcade. »Keiner von uns, niemals.«

»Ist auf das Wort einer Welyen denn so viel Verlass?«

Es ist Lucan, der diese Frage stellt. Von der positiven Energie, die er normalerweise verströmt, ist im Moment nichts zu spüren. Er ist vollkommen fokussiert.

Orcade zieht an ihren verschränkten Fingern und kauert sich kaum merklich zusammen. »Ich diene nun schon seit Jahren im Konsilium, Sire.« Nun spricht sie Art direkt an. »Habe ich Sie in dieser Zeit je enttäuscht? Bin ich Ihnen jemals in den Rücken gefallen?«

»Ganz im Gegenteil«, befindet Brune. »Alaunitown kann sich glücklich schätzen, von Ihnen vertreten zu werden.«

»Sire?«, fragt Orcade leise. »Wollen Sie nicht mit mir sprechen?«

Arts Kiefer ist wie zugeschweißt.

Orcade räuspert sich kurz. »Obwohl der König sich mir gegenüber großzügig zeigt und mich mit seinem Vertrauen ehrt, war die artorische Ära bisher nicht gut zu meiner Familie«, fährt sie fort. »Agravains Taten hatten im Laufe der Jahre immer desaströsere Folgen für uns. Wir leiden. Wir haben zu schnell zu vieles verloren. Wir fürchten uns.«

Art spürt, wie sich unter seinen Saith leise Verwunderung breitmacht. Dass die Familie Welyen vom Glück verlassen wurde, ist inoffiziell schon seit einiger Zeit bekannt, doch Orcades Eingeständnis ist riskant und deshalb überraschend.

»Ich will nicht respektlos erscheinen, Sire, aber wir sind keine Rhyfen-Familie, wir sind eine Alaunis-Familie«, erklärt sie weiter. »Wir sind Geschäftsleute, die Gewinn und Risiken gegeneinander abwägen. Und Rache bringt so gut wie gar keinen Gewinn.«

»Eine Ansicht, die wir durchaus teilen«, versichert Brune, »weshalb wir Ihnen einen Vorschlag unterbreiten möchten. Sie werden ein Blutabkommen unterzeichnen, eine Immunitätsvereinbarung mit dem König, in der Sie versichern, dass es keinem Angehörigen der Familie Welyen gestattet ist, *moldra lagha* für den Tod von Agravain einzufordern. Das Dokument wird nicht an die Öffentlichkeit gelangen, es sei denn, die Familie Welyen versucht, das Abkommen zu brechen.«

Dazu wird auch eine Blutprobe von Orcade verwahrt werden, um die Echtheit durch einen Vergleich mit dem Blut auf dem Dokument belegen zu können. Die Unterzeichnung eines Blutabkommens ist von nahezu unwiderlegbarer Beweiskraft, aus der man sich nicht herauswinden kann.

Reglos steht Orcade da und denkt blitzschnell nach.

»Von einer solchen Immunitätsvereinbarung habe ich noch nie gehört«, sagt sie dann vorsichtig.

»Bis Ende der Woche wird sich das ändern«, versichert ihr Brune. »Der Kampf zur Ratifizierung des entsprechenden Gesetzes findet in drei Tagen statt, zeitgleich mit der Verfechtung einiger anderer Gesetzesvorlagen, sodass ihm hoffentlich kaum Aufmerksamkeit geschenkt wird.«

»Aber ... möglicherweise verlieren Sie den Kampf.«

»Ich werde nicht verlieren«, versichert ihr Garad. Xier lehnt mit verschränkten Armen an dem Sarkophagdeckel.

Einen Moment lang hält Orcade dem Blick stand, dann muss sie sich geschlagen geben.

»Sollten Sie das Abkommen unterzeichnen«, fährt Brune fort, »wird Blackheart Vertragsverhandlungen mit jenen Firmen der Familie Welyen aufnehmen, die Ihrer Einschätzung nach die lukrativsten interbezirklichen Geschäftsbeziehungen ermöglichen. Der König hegt zum Beispiel ein persönliches Interesse an Kommunikationstechnologie, die sich für die breite Masse eignet. Und hat nicht eine Ihrer größten Entwicklungsstätten das Motto ›Ein Leuchtschirm für jeden Haushalt‹ ausgegeben?«

Orcade nickt vorsichtig.

»Wenn Blackheart die Familie Welyen so offen unterstützt, wird das sicher zu einer schnellen Wiederherstellung Ihres guten Namens und einem geschäftlichen und finanziellen Aufschwung führen«, prophezeit Brune. Kühl sieht sie Orcade in die Augen. »Die Saith bestehen nicht nur aus sechs Häuptern. London leidet, wenn ein Zweig fehlt. Es ist darauf angewiesen, dass Ihre Familiengeschäfte florieren. Es ist darauf angewiesen, dass Alaunitown sich erholt.«

Mit wenigen leisen Worten entscheidet Orcade über ihr Schicksal. »Dann werde ich unterzeichnen.«

Ganz klar eine Nachfahrin von Alaunis. Der Schlaue Heilige hält die Hand über sie, sagt man.

Nun schaltet sich auch Art ein. »Ich hätte gedacht, dass Sie um Bedenkzeit beten«, stellt er fest.

Fragend sieht sie ihn an. »Hätten Sie mich denn dann gehen lassen?«

Sein Schweigen reicht als Antwort.

»Also bleibt mir wohl kaum eine andere Wahl«, schlussfolgert sie, um dann hastig hinzuzufügen: »Dafür hat Agravain gesorgt.«

Erinnerungen an den Tag seiner Schwertzeremonie steigen in Art auf, er sieht eine jüngere Version von Orcade in einem taubengrauen Outfit vor sich, wie sie angespannt vor ihm stand und versuchte, durch einen Deal mit ihm aus dem Schatten ihres Bruders zu treten. Jetzt ist ihr Bruder tot, was all das nach sich zieht.

Wie betäubt steht er da. Und ist dankbar dafür, denn im Moment möchte er nichts anderes spüren als Taubheit.

Orcade mustert ihn noch immer. »Sire, ich ... ich habe eine Frage.«

Er neigt den Kopf. »Nur zu.«

»Ich habe gehört ...« Sie zögert kurz. »Ich habe gehört, dass an dem Angriff auf Ihre Person noch jemand beteiligt war.« Sie senkt den Blick. »In Ihrem offiziellen Statement hieß es, dabei habe es sich um eine langjährige Komplizin meines Bruders gehandelt, aber in meiner Familie weiß niemand etwas über diese Frau. Möglicherweise stand Agravain ja von Anfang an unter ihrem Einfluss. Anscheinend war sie eine Gottgleiche mit sehr speziellen Fähigkeiten?«

Sie achtet sorgfältig darauf, das Ganze als eine Art Verhandlungsposten zu präsentieren, nicht als Drohung. Jeder hier weiß, dass der Palast einige Verrenkungen machen musste, um das Bild zu erschaffen, das man haben wollte. Agravain war clever genug, bis zum Schluss sämtliche Beweise für seine Beteiligung zu verschleiern, und Belisan war tatsächlich um einiges mächtiger, als man geahnt hatte.

Cair Lleon hat gnadenlos jede mögliche Verbindung zwischen Art und Belisan ausgelöscht. In den Augen der Welt war sie eine Attentäterin und Gottgleiche, die zusammen mit Agravain an einer böswilligen Verschwörung beteiligt war, die zum Ziel hatte, London seines Hauptes zu berauben, indem der König des Schwertes ermordet werden sollte.

Ich wollte dir nie wehtun. Vergiss das nicht.

Art hat nichts vergessen. Er erinnert sich noch an jedes Detail aus jener Nacht, ob er das nun will oder nicht. Wie ihr Körper gezuckt hat, als die Kugeln einschlugen. An den schrillen Schrei, der klang, als stamme er von einem Kind, aber vermutlich ihrer Kehle entsprang; das letzte Geräusch, das sie je von sich gab. Und er erinnert sich an diesen überwältigenden Zorn in seinem Innern, der ihn zu einer Tat trieb, die er sich selbst niemals zugetraut hätte.

Er weiß noch genau, wie es hinterher in der Halle aussah, erinnert sich an die umgestürzten Tische und die funkelnden Scherben auf dem Teppich, die Splitter der zersprungenen Weingläser. An die panischen Menschen, die um ihn herumstolperten, an die Rufe seiner Leibwächter. Zu viele Zeugen sahen es, die Sache ließ sich nicht unter den Teppich kehren. Deshalb ist Belisan nun aus dem Verborgenen getreten. Die Welt weiß, wer sie ist, und die Welt hat ihr Urteil über sie gefällt.

»Wir werden versuchen, ihren Einfluss auf Ihren Bruder herauszustreichen«, bietet Lucan an. »Sie hatte keine Familie, es wird also wohl kaum zu Gegendarstellungen kommen.«

Orcade neigt kurz den Kopf. »Vielen Dank. Eine freundliche Geste dieser Art wäre höchst willkommen.«

Lucan nickt. »Es wäre mir eine Ehre, Sie hinaufzubegleiten, dann können wir sofort die nötigen Dokumente aufsetzen.«

Spröde Sachlichkeit treibt sie aus der Krypta. Als Orcade mit steifen Schritten die Stufen hinaufsteigt, sieht sie sich noch einmal nach Art um, und er könnte schwören, für einen Moment so etwas wie Mitleid in ihrem Blick entdeckt zu haben, bevor sie durch die Tür verschwindet.

Gleichzeitig spürt er, wie seine verbliebenen Saith ihn angespannt mustern, wie sie in seiner Miene, seinen Gesten nach einem Hinweis auf seine Gedanken suchen. Doch es gibt nichts, was er ihnen zeigen könnte.

Sie hatte das Potenzial, die nächste Fria Lysander zu werden, hat man ihm gesagt.

Du hast das Richtige getan, hat man ihm gesagt.

Sie hätte dich umgebracht, Art, hat man ihm gesagt.

Es geschah zum Wohle aller, hat man ihm gesagt.

Und jedes Mal hat er zugestimmt, denn sonst wäre er unter der Last dessen, was er getan hat, zerbrochen.

Nun lässt er sie alle einfach stehen, geht zur Tür und verlässt wortlos die Krypta. Es gibt nichts zu sagen. Feind oder Geliebte, das Ergebnis ist dasselbe. Sie haben verloren, er hat gewonnen. Er hat gewonnen, und dieser Sieg ist alles, was ihm jetzt noch bleibt.

Er geht den erfrischend kühlen Gang entlang, meidet ganz bewusst die Abzweigung, die Lucan und Orcade genommen haben müssten. Eigentlich weiß er gar nicht genau, wo er hinläuft. Einfach ziellos im Dunkeln herumwandern, das möchte er jetzt. Vielleicht verirrt er sich ja auch hier unten. Ein seltsam tröstlicher Gedanke.

»Sire! So warten Sie doch!«

Er beschleunigt seine Schritte. Sein Geist ist zu erschöpft, um ein klares »Lass mich in Ruhe« zu formulieren, aber sein Körper weiß genau, was er jetzt will.

»Artorias.«

Sein vollständiger Name, gerufen in einem derart zwingenden Tonfall, lässt ihn innehalten. Es gibt nur einen Menschen, der seinen Vornamen in voller Länge ausspricht. Außerdem hört er das leise Pochen ihrer Klingenbeine auf dem staubigen Steinboden.

Seit neun Jahren steht Brune nun schon an seiner Seite und lenkt seinen Blick durch das verwirrende Dornengestrüpp, als das sich die Londoner Politik von seinem erhöhten Standpunkt aus darstellt. Obwohl er wusste, dass Brune früher die engste Vastos-Beraterin seines Vaters war – oder vielleicht gerade deswegen –, ist es ihm immer leichtgefallen, ihr zu vertrauen. Ihre Hingabe gilt dem Königreich, unabhängig davon, welchen Monarchen es aktuell hofiert. Sie ist stets ruhig, gelassen und ziemlich Furcht einflößend, wenn ihr Zorn einmal geweckt wird. Wahrscheinlich hat er in seinem ganzen Leben niemandem mehr Respekt entgegengebracht als ihr. Und weil sie es ist, bleibt er nun stehen.

»Wohin soll Ihr wutschnaubender Marsch Sie denn führen?«, fragt sie ein wenig atemlos.

Art sieht sie schweigend an und wartet darauf, dass sie loswird, was sie ihm zu sagen hat. Wenn sie damit fertig ist, kann er endlich allein sein.

Brune neigt abwägend den Kopf. »Es ist gut gelaufen. Besser, als wir es uns erhofft hatten.«

»Und ich musste nichts weiter dafür tun, als jemanden umzubringen, der mir im Weg war«, stimmt Art ihr zu.

»So ist es«, erwidert sie frei von jedem Sarkasmus. »Ich bin froh, dass Sie nun endlich Ihre skrupellose Seite entdeckt haben, Sire. Es hat wohl einen Mann wie Agravain gebraucht, um Ihnen diesen letzten, kleinen Stoß zu versetzen. Zumindest dafür sollten wir ihm dankbar sein.«

»Dankbar sein«, wiederholt Art ausdruckslos. »Ja, ich danke ihm jeden Tag dafür.«

»Nehmen Sie sich ruhig ein wenig Zeit zum Trauern. Ich weiß, dass Sie sie geliebt haben.« Sehr pragmatisch bringt sie diese Feststellung vor, beinahe ungeduldig.

»Und deswegen ist sie nun tot«, erwidert er.

»Das ist ja nun mal ausgemachter Mumpitz«, befindet Brune.

Art weiß, was jetzt kommt. Während der vergangenen Tage haben seine Freunde ihm diverse Vorträge dieser Art gehalten, und es war nahezu alles dabei: von der traurigen Version über die mitfühlende bis hin zur verständnislosen und der wütenden. Er weiß, dass sie es alle nur gut meinen.

»Also«, fährt Brune nun fort, »wie sieht Ihr Plan denn genau aus? Wollen Sie, von Trauer getrieben, durch die Hallen der Toten wandeln und sich voller Melodramatik mit der Frage quälen, ob es nicht besser wäre, wenn Sie sich ihnen gleich anschließen?«

Okay, bisher hat es niemand gewagt, so gnadenlos offen zu sein.

»Hassen Sie sich selbst dafür, dass Ihr Überlebensinstinkt Sie dazu gebracht hat, sie zu töten, bevor sie Sie töten konnte?«

»Sie wollte mich nicht töten«, erwidert Art leise.

»Sagt wer?« Brune bleibt vollkommen ruhig. »Die Frau, die Sie vom ersten Tag an belogen hat? Die willige Schachfigur Ihres Feindes? Die schlichte Wahrheit sieht doch so aus: Sie werden niemals wissen, was sie wirklich wollte. Natürlich können Sie sich den Rest Ihres Lebens lang das Hirn darüber zermartern, aber für mich ist das nichts weiter als Zeitverschwendung. Und eines können Sie mir glauben: Wenn Sie erst in mein Alter kommen, werden Sie nichts so sehr bereuen wie vergeudete Zeit. Solche Gedanken werden Ihnen dann den Schlaf rauben. Sie hat ihre Wahl getroffen, Sire. Sie allein hat diese Wahl getroffen, und dabei hatte sie ganz bestimmt nicht Ihr Wohl im Blick, sondern allein ihr eigenes. So sind die Menschen nun einmal.«

»Trotzdem ist es meine Schuld, dass sie tot ist.«

Brune lacht laut auf. »Nein, absolut nicht. Wie, bei allen Heiligen, kommen Sie denn darauf? Sind Sie wirklich ein solcher Idiot?«

Ihr Hohn trifft ihn so unerwartet, dass es Art die Sprache verschlägt.

»Dann wollen wir doch mal sehen«, murmelt sie vor sich hin, und nun klingt sie wieder so wie bei jeder ihrer vielen Lektionen: belehrend, mütterlich und herablassend genug, um an Arts Nerven zu zerren. »Was glauben Sie, worum es beim König-Sein geht? Dass Sie für jede einzelne Ihrer Entscheidungen die Verantwortung tragen?«

»Ich habe das Konsilium, ich habe Sie, und ich habe so viele Berater, dass sie mir quasi aus dem Arsch quellen«, erwidert er gereizt. »Aber am Ende treffe ich die Entscheidungen, und deshalb trage ich auch die Verantwortung. So war es schon immer, seit dem Tag, an dem ich das Schwert ergriffen habe.«

Brune reagiert ziemlich ungehalten auf diese Feststellung. »Sie wollen das Schwert ergriffen haben? Damit hatten Sie ja nun wirklich kaum etwas zu tun.«

Seufzend gibt Art zu: »Na schön, ja, mir ist bewusst, dass ich ohne die Beteiligung von Garad und Borin niemals König geworden wäre, aber das ist doch nun wirklich kleinlich.«

»Ich spreche doch nicht von *denen*«, schnauzt Brune ihn an. »Ich spreche von Hektor und mir.«

Sie bringt das mit so viel Leidenschaft vor, dass Art kurz innehält.

»Hektor? Meinen Sie etwa meinen Vormund Hektor?«, hakt er skeptisch nach.

»Wen wohl sonst, Artorias? Der Name ist nicht sonderlich

weit verbreitet. Wir sollten eigentlich heiraten, früher einmal.« Als er sie verblüfft anstarrt, nickt sie knapp. »Jawohl, vor ungefähr einer Million Jahren, als wir beide noch jung waren.«

Art denkt zurück an seinen alten Vormund, einen raubeinigen, aber freundlichen Ritter mit mächtigem Kaiser-Wilhelm-Bart, dessen ergraute Haare an der Oberlippe fast gelb waren, da er jahrelang geraucht hatte. Dieser Mann war unfähig, in normaler Lautstärke zu kommunizieren, sondern brüllte stets. Seine Dienstboten liebten ihn und taten ihre Zuneigung oft dadurch kund, dass sie seine Marotte hin und wieder nachahmten, wenn er außer Hörweite war. »REICH MIR MAL DAS SALZ«, schrien sie dann, oder: »GANZ SCHÖN KALT HEUTE, NICHT?«

Si Hektors Leidenschaft galt vor allem Hunden und Pferden, während er andere Menschen oft nicht einmal wahrnahm. Art hätte Stein und Bein geschworen, dass er sein Leben lang Junggeselle war, und dasselbe galt auch für Brune. Die beiden zusammen, das konnte er sich absolut nicht vorstellen.

»Was kam dazwischen?«, fragte er neugierig.

Brune tat die Frage als bedeutungslos ab. »Das Leben. Aber wir sind Freunde geblieben, unsere Sicht auf die Dinge hat uns wohl verbunden. Wir waren jung genug, um noch idealistisch zu sein, was natürlich zu einer vernichtenden Desillusionierung führte, als unsere Ideale bis über die Schmerzgrenze hinaus belastet wurden. Also haben wir angefangen, unser eigenes Spiel zu spielen.« Sie sieht ihn durchdringend an. »Haben Sie sich denn nie gefragt, warum Si Hektor sich sofort bereit erklärte, Sie aufzunehmen, als niemand etwas mit Ihnen zu schaffen haben wollte? Ja, er hatte ein wirklich großes Herz, aber trotzdem.«

Art starrt sie an, und sie erwidert seinen Blick kühl. »Was soll das heißen?«

»Dass Sie Teil unseres Planes waren. Natürlich hatten wir

mehrere. Allerdings waren Sie dann letztlich der, der sich gegen alle Wahrscheinlichkeit durchsetzte. Es hing von so vielen unvorhersehbaren Faktoren ab: sie als Kind überhaupt am Leben zu erhalten, denn man konnte ja nicht wissen, ob Uther es sich nicht doch noch anders überlegte und seinen Fehler zu korrigieren versuchte; selbst Ingernas Familie hätte vielleicht einen fehlgeleiteten Rachefeldzug beginnen können. Dann musste man Ihnen die richtige Erziehung angedeihen lassen, was aber auch nicht zwangsläufig damit enden musste, dass Sie letztlich unsere Wertvorstellungen übernehmen würden.« Sie unterbricht sich kurz. »Und dann musste natürlich Uther sterben, sobald Sie alt genug waren, um sich das Schwert anzueignen.«

Das ist einfach zu viel. Art bricht in hilfloses Gelächter aus. »Das kann nicht Ihr Ernst sein.«

»Das ist mein voller Ernst«, tadelt ihn Brune.

»Wollen Sie etwas behaupten, Sie hätten Uther umbringen lassen?«

»Machen Sie sich nicht lächerlich. Ich lasse nicht einfach irgendwelche Herrscher umbringen, das wirkt sich viel zu destabilisierend auf das Reich aus. So etwas tun nur kurzsichtige Amateure wie Agravain. Allerdings muss ich zugeben, dass ich meine Finger im Spiel hatte, als Borin sich in der Arena geschlagen gab.«

Fassungslos starrt Art sie an. »Was hatten Sie gegen ihn in der Hand?«

Achselzuckend erklärt Brune: »Dies und das. Das meiste davon werden Sie niemals erfahren. Vieles davon werde nicht einmal *ich* erfahren. So viele Spieler machen so viele Züge und Gegenzüge, es gibt unzählige Einflüsse, unzählige Mechanismen, Ziele und Begierden, die unsere Welt in eine Million Richtungen zerren, sie hunderttausendfach verändern und umgestalten. Zu glauben, dass man seine Entscheidungen allein und selbstständig trifft, ist nicht nur mutwillig und dumm – es ist schiere Arroganz.«

Art sieht sie schweigend an. Das tut weh, und noch viel mehr, da es von ihr kommt.

»Ich liebe Sie, Artorias«, sagt sie steif. »Ich liebe Sie, als wären Sie mein eigener Sohn, mehr als ich es je vermutet hätte. Die Welt dort oben«, sie zeigt Richtung Decke, »dreht sich unaufhörlich weiter, und es gibt noch so viele Entscheidungen, die Sie treffen müssen. Aber Sie werden sie niemals allein treffen. Sie werden niemals allein sein.«

Ohne dass er es auch nur vermutet hätte, breitet sich Wärme in ihm aus, und ihm scheint ein Stein vom Herzen zu fallen.

Brune wendet sich ab.

»Morgen früh findet das Treffen mit den kembrischen Abgesandten statt«, ruft sie ihm mahnend zu, dann verschwindet sie in der Dunkelheit.

TEIL III

Am Ende holt Marvol uns alle.

Traditionelles Gebet der Saith

KAPITEL 31

Wendelsworde, Gwanharatown

Sechs Jahre zuvor

»Das ist die dümmste Idee, die du jemals hattest, Art.«

Garad Gaheris, der Silberne Engel, seit zwölf Jahren Streitender des Königs und bekannt dafür, Kämpfenden, bei deren Anblick sich die meisten anderen Ritter einnässen würden, ohne Zögern gegenüberzutreten, ist sichtlich nervös.

»Das stimmt nicht«, erwidert Art sachlich. »Weißt du nicht mehr, wie ich euch damals dazu überredet habe, mitten in der Nacht auf diesen verlassenen Wasserturm zu klettern, und dann das halbe Dach über Lucan …«

»Das hier ist schlimmer«, faucht Garad und sieht zu dem verfallenen Stadthaus hinüber, das unheilvoll vor ihnen aufragt.

Um hierherzukommen, mussten sie sich mit ihren Bikes zwei Stunden lang durch den Südwesten von Gwanharatown kämpfen. Art trägt das, was im Laufe der Jahre zu seinem liebsten Tarnoutfit geworden ist: abgetragene schwarze Blackheart-Lederkluft mit dazu passendem Helm, der durch das getönte Visier nicht nur seine Haare, sondern auch sein Gesicht verdeckt. Garad hat sich für dezentes Blau entschieden, das auf eine Herkunft aus Evrontown hinweist, allerdings mit gefälschten, vollkommen bezuglosen Aufnähern.

»Er ist nur ein Mensch, Garad«, sagt Art nun, auch wenn sein Puls sich ebenfalls leicht erhöht hat. »Genau wie du und ich. Etwas anderes in ihm zu sehen, wäre respektlos.«

Garad schnaubt abfällig. »Damit komme ich klar. Hör mir zu, Art. Edler Feverfew ist schon lange tot, ganz egal, was die Medien behaupten.«

Irgendwie wiegt dieser Name bedrückend schwer.

Schon seit einigen Monaten hält sich hartnäckig das Gerücht, dass der berüchtigte *thwimoren* und entehrte Lieblingsfreund des ehemaligen Königs nicht nur lebendig, sondern auch wieder in London sei und ganz offen gegen seine Verbannung verstoße.

Alles fing damit an, dass ein emotionsgeladener Bericht veröffentlicht wurde, in dem es hieß, Edler sei in seinem alten Viertel in Gwanharatown gesehen worden. Aus dieser einen Sichtung wurden mehrere, und bald wurde aus vereinzeltem Getuschel eine wahre Flut an Gerüchten. Wahrsager taten die unterschiedlichsten Prognosen bezüglich seiner Absichten kund: Er wolle begnadigt werden. Er wolle dem Sohn seines ehemaligen Herrn seine Dienste antragen. Er wolle den regierenden König, bei dessen Erschaffung er selbst geholfen habe, ermorden. Die Hysterie hat ihre summenden Finger um Londons Kehle geschlungen, und nach und nach wird der Druck auch im Palast spürbar.

Der Tod von Agravain und Belisan liegt inzwischen vier Jahre zurück. Während dieser Zeit hat Art die weitläufige Festung, die er sein Heim nennt, kaum noch verlassen. Seine Sicherheitsleute erlauben es nicht. Der Herrscher darf niemals wieder in solche Gefahr geraten, egal wie die aktuelle Lage gerade aussieht. Und man kann es in ihren Augen wohl kaum als Einschränkung bezeichnen, wenn sein Leben sich in einem Umfeld abspielt, das mit nahezu beschämendem Luxus ausgestattet ist. Cair Lleon lässt schließlich keine Wünsche offen.

Art hingegen sieht das anders. Er hat die vergangenen vier

Jahre in einem Zustand verbracht, der dem Tod gar nicht so unähnlich war, eingehüllt in eine Taubheit, die jedes stärkere Gefühl ausschließt. Die anhaltenden Gerüchte über Edler allerdings sorgen dafür, dass er langsam aus dem tiefen schwarzen Brunnen emporklettert, dass er wieder Licht und Wärme auf der Haut spürt, dass er schrittweise in das Leben mit all seinen Qualen zurückkehrt.

Diesmal wird er Antworten finden zu den Fragen aus seiner Vergangenheit. Bei allen Heiligen, das wird er.

»Ich möchte nur mit ihm reden«, versichert er nun.

Garad versucht es noch einmal: »Ich weiß ja, dass die letzten Jahre hart für dich waren, aber sich einfach so aus dem Palast zu schleichen, noch dazu allein, das ist … selbstmörderisch. Du kannst dich nicht ohne Schutz in der Öffentlichkeit bewegen.«

»Was meinst du denn, warum ich dich gebeten habe mitzukommen? Dir würde ich jederzeit mein Leben anvertrauen, Garad.«

»Glaub bloß nicht, dass ich dir das durchgehen lasse, nur weil du dich bei mir einschleimst.« Garad ist klar, dass xier diese Schlacht quasi schon verloren hat. »Wenn Jaksen herausfindet, dass ich dir dabei geholfen habe, bin ich tot.«

»Das gilt für uns beide«, erwidert Art trocken. »Oder meinst du etwa, der Status als König wird mich dann noch retten?«

Garad stößt einen resignierten Seufzer aus.

Jaksen ist der Chef der persönlichen Leibgarde des Königs, eine Furcht einflößende Frau, deren Sinn für Humor anscheinend bereits bei der Geburt chirurgisch entfernt wurde. Sie war es auch, die darauf bestand, Art den Umgang mit einer Schusswaffe beizubringen, und in seinen dunkleren Momenten hat er ihr einen Teil der Schuld an dem zugesprochen, was daraus resultierte.

»Keine Ahnung, warum ich überhaupt so nervös bin«, brummt

Garad, während sie langsam auf das Haus zugehen. »Hier ist nichts. Sieht man doch, dass seit Jahren niemand da gewesen ist.«

Das Haus ragt vor ihnen auf wie das finstere Vorzeichen eines Albtraums. Das rostige Tor ist nicht verschlossen und hängt schief in den Angeln. Es gibt ein schrilles Quietschen von sich, als sie es aufschieben, und das Metall kratzt schabend über den Boden. Der Weg zum Haus ist mit rissigen Steinplatten ausgelegt, zwischen denen dichtes Unkraut wuchert. Auch der Rest des Vorgartens gleicht einem Dschungel – feucht, düster und voller Leben. In dem hohen Gras liegt das verbogene, von Rost zerfressene Vorderrad eines Fahrrads.

Art hat das Gefühl, von allen Seiten beobachtet zu werden, als sie die Vordertreppe hinaufgehen und unter das Vordach treten. Laut klappern ihre Schritte auf den gesprungenen Marmorstufen. Während Art die Hand hebt, um anzuklopfen, spürt er, wie Garad neben ihm auftaucht und automatisch in Verteidigungshaltung geht.

»Hast du das gehört?«, raunt xier.

»Was denn?«

»Die Musik.«

Lauschend neigt Art den Kopf. Ja, hinter der Tür sind feine, hohe Töne zu hören. Mehrere Streichinstrumente spielen eine säuselnde Melodie.

»Wie war das noch gleich? Hier ist nichts?« Art entdeckt eine Klingel, doch bevor er den Knopf drücken kann, öffnet sich die Tür ganz von alleine.

Art weiß, dass er eigentlich Angst haben sollte – so wie Garad, dier Furcht verströmt wie einen durchdringenden Geruch –, doch stattdessen ist er eher genervt.

Das hier hat etwas viel zu Theatralisches an sich.

Im Innern des Hauses ist alles blitzsauber. Die schwarz-weißen Fliesen in der Diele sind blank geschrubbt und sehen aus wie neu, ihr Glanz wird nur von dem dunkelroten Läufer verdeckt, der sich den Flur entlangzieht. An den weißen Wänden funkeln ordentlich polierte Messingleuchten, deren elektrische Kerzen runde Lichtflecke an die Decke malen. Und das alles wird von dieser zittrigen, ätherischen Musik untermalt. Auch wenn es von außen nicht den Anschein hat: Hier lebt jemand, das ist nicht zu übersehen.

Art bemerkt eine Bewegung im Halbdunkel jenseits des Korridors. Entschlossen tritt er über die Schwelle, ohne auf Garad zu achten, dier ihm warnend eine Hand auf den Arm legt.

Eine melodiöse, leise Stimme ertönt, die eindeutig zu einem Mann gehört: »Verratet ihr mir auch, was ihr hier wollt?«

Ruckartig bleibt Art stehen, das Herz rutscht ihm in die Hose und noch weiter.

»Ich bin auf der Suche nach jemandem, der Edler Feverfew kannte«, ruft er.

Schweigen.

Dann: »Ich kannte ihn.«

Vergeblich sucht Art nach dem Sprecher. Edler hatte doch Familie, oder nicht? Eine Frau und einen Sohn. Die Frau ist das sicher nicht, und der Sohn müsste zu jung sein für eine solche Stimme, die den rauen Schliff der mittleren Jahre in sich trägt.

»Ich hege keinerlei böse Absichten«, versichert Art. »Ich will nur reden.«

»Über die Gerüchte, laut denen er noch lebt? Ich habe das Statement des Palasts gestern gesehen. Da wurde alles abgestritten.« Die Stimme verfällt in einen kindischen Quengelton: *»Edler Feverfew ist bereits vor mehreren Jahren auf dem Kontinent verstorben. Die Gerüchte, er sei zurückgekehrt, sind schlichtweg falsch. Und selbst wenn dem so wäre, ist er in London nicht erwünscht. Er wurde von König-gebettet-in-Frieden Uther des Landes verwiesen,* *und das hat noch immer Bestand. Er war ein Verbannter, und er bleibt ein Verbannter, auch über seinen Tod hinaus.«*

Anscheinend hat der Sprecher ein Talent dafür, sich solche Reden einzuprägen.

»Ich will nur reden«, betont Art noch einmal.

»Dann komm herein«, entscheidet die Stimme schließlich. »Komm zu mir, ich werde dir alles über ihn erzählen.«

»Wohin?«

»Erste Tür links.«

»Du bleibst hier«, flüstert Art Garad zu.

»Sei nicht albern«, zischt xier. »Ich gehe vor.«

Art protestiert nicht dagegen, und sein Streitender schiebt sich langsam den Korridor entlang, eine Hand vorsorglich an der kurzen Schwertscheide, die xier an der Hüfte trägt. Garads Finger streichen über den Verschluss. Der Vorfall im Karneval der Nacht hat eine langatmige und schwierige Debatte über die Waffengesetze ins Rollen gebracht. Nun ist das Tragen von Schusswaffen allen Bürgern außer den Rittern untersagt, was wohl bald auch noch auf andere Waffen ausgeweitet werden wird. In den konservativ ausgerichteten Medien wurde bereits davor gewarnt, dass dies bald auch für Ritter gelten dürfte, doch Garad hat bereits sehr deutlich gemacht, was xier von dieser Möglichkeit hält. Art hat xien in seinem gesamten Leben kein einziges Mal ohne ein Schwert an der Hüfte gesehen.

Er tritt auf den roten Läufer. Obwohl er sauber und neu aussieht, klebt er bei jedem Schritt an den Sohlen. Er sieht zu, wie Garad sich der ersten Tür auf der linken Seite zuwendet und sie öffnet.

Dahinter befindet sich ein kleiner Salon, der von einem großen, mit weißem Stein eingefassten Kamin beherrscht wird. Jemand hat schwarze Symbole an die Wände rechts und links davon gezeichnet. Auf dem Kaminsims steht ein großer Leuchter, dessen flackerndes Licht die Bilder beinahe lebendig wirken lässt. Möbliert ist der Raum mit einer saphirgrün gepolsterten Liege und zwei großen Sesseln.

In dem Sessel direkt am Feuer sitzt ein Mann. Er ist schon leicht ergraut, aber sehr gepflegt. Sein dünner weißer Bart reicht bis auf die Brust seines violetten Samtmantels. Sein Gesicht ist wettergegerbt, er hat kleine dunkle Augen und lange Finger, deren Spitzen er sanft aneinandergelegt hat. An den Füßen trägt er feine Lederschuhe, wie man sie zu einem Ball anziehen würde. Ihre Spitzen sind so blank poliert, dass sie im Licht glänzen. Alles in allem wirkt er wie jemand, der zu einer großen Party geladen hat – allerdings wohl zu der Art von Festivität, bei der zunächst im Keller ein bedauernswertes, ahnungsloses Opfer einen grausamen Ritualtod erleidet, bevor man sich im Salon zusammenfindet, Siruptee schlürft und Horsd'œuvres knabbert, während man sich in gepflegter Konversation übt.

»Sieh mal einer an, es ist der Trickreiche König«, ruft der Mann in gespieltem Erstaunen. »Was willst du denn hier? Und wo ist deine Entourage?«

Fröhlich und ungeniert blickt Art aus dem Sessel jener Mann entgegen, den sein Vater Uther einst als seinen besten Freund und größten Feind bezeichnete, und er scheint keinen Tag gealtert zu sein, seit er sein gesamtes Leben in Schimpf und Schande hinter sich lassen musste.

Die Gerüchte sind wahr. Edler Feverfew ist am Leben.

Es dauert eine Weile, bis Art eine Antwort über die Lippen kommt: »Du müsstest tot sein.«

Edler wirft ihm einen verhaltenen Blick zu. »Nun, vielleicht bin ich das ja. Vielleicht hast du einen Geist vor dir.«

Eine Weile starren sie sich an.

Dann sagt Edler: »Du wolltest reden, oder nicht?«

Art nickt benommen.

»Willst du denn nicht Platz nehmen?« Edler deutet mit einer eleganten Geste auf die Liege, die seitlich versetzt zu seinem Sessel steht. »Leider kann ich nichts anbieten, was des Königs von London würdig wäre, aber du hast dich ja auch nicht vorher angekündigt«, stellt er mit leisem Tadel fest.

Vollkommen überwältigt geht Art zu der Liege hinüber und setzt sich. Die Polsterung sinkt überraschend tief ein. Garad stellt sich in die offene Zimmertür und blockiert mit gezücktem Schwert den einzigen Ausgang, wodurch Art sich ein wenig sicherer fühlt.

Aus diesem Winkel ist Edlers Profil kaum noch zu erkennen, da sein Gesicht fast vollständig von der geschwungenen Sessellehne verdeckt wird. So lässt sich unmöglich sagen, was in ihm vorgeht.

»Du siehst aus wie Uther, weißt du das?«, sinniert er. »Also, vom Gesicht her, nicht, was die Statur betrifft.«

Im Vergleich zu seinem massigen Vater ist Art kaum mehr als ein Insekt, besteht nur aus knotigen Armen und Beinen. Bevor er auch nur versuchen kann, sie zu verdrängen, hat er die Frage bereits gestellt: »Warum hast du ihm dabei geholfen, meine Mutter zu vergewaltigen?«

Die Musik, die während der ganzen Zeit im Hintergrund gesäuselt hat, verebbt abrupt. Dröhnende Stille setzt ein, und Art zwingt sich, seine Finger und Schultern zu entspannen.

»So war das nicht!« Mit einem Schlag ist das pompöse Getue verschwunden. Edler dreht den Kopf ein wenig in seine Richtung und presst die sinnlichen Lippen zusammen. »Wer hat dir diese Lüge aufgetischt? Irgendwelche Klatschweiber?«

»Meine Pflegefamilie.«

»Aber wer? Wer genau?« Wütend, beinahe trotzig flüstert Edler: »Bestimmt nicht der fromme Si Hektor, nein, der nicht. Er hätte dich vor alledem geschützt.«

Bei ihm klingt das Attribut fromm eher wie eine Beleidigung.

»Si Hektor *hat* mich geschützt«, erwidert Art schneidend. »Es war jemand anderes.«

Ein leises Rascheln dringt aus Edlers Sessel, dann schiebt er einen dünnen Ellbogen auf die gepolsterte Armlehne und dreht sich zu Art um. Sicher liegt es an dem flackernden Licht der Kerzen, dass seine Iriden von einem golden schimmernden Ring umfasst zu sein scheinen. Und sicher lässt das flackernde Licht der Kerzen die schmalen Schatten über die Wände tanzen.

»Willst du wissen, was wirklich zwischen den beiden passiert ist?«, fragt Edler. »Deshalb bist du doch hergekommen, oder nicht? Bestimmt ist es schmerzvoll für dich, es nicht zu wissen.«

»Ja«, murmelt Art.

»Ich kann es dir zeigen, wenn du willst.«

Es scheint Edler ein dringendes Bedürfnis zu sein, denn plötzlich klingt er unglaublich jung, beinahe hilflos.

»Wie denn?«, fragt Art vorsichtig.

»Lass es, Art«, warnt Garad ihn angespannt. »Wir sollten gehen, jetzt sofort.«

»Es ist bloß Magie«, wiegelt Edler beinahe flehend ab. »Nichts weiter als Show. Illusionen tun doch niemandem weh, nicht wahr?«

Art ist da anderer Meinung, doch er kann jetzt nicht einfach gehen. Genauso gut könnte er versuchen, das Atmen einzustellen.

»Bitte«, sagt er deshalb. »Bitte zeig es mir.«

Edler grinst so breit wie ein Kind, das darauf brennt, sein Können unter Beweis zu stellen.

Das Licht im Zimmer trübt sich ein, wird gleichzeitig heller …

… und dann steht plötzlich Uther Dracones in einer Ecke des Zimmers. Quicklebendig, groß und breit, vollkommen real. Er sieht gut aus. Das hat Art ganz vergessen: klarer, wachsamer

Blick, das Haar an den Schläfen kurz geschoren. Breitbeinig steht er da, die Hände hinter dem Rücken verschränkt …

Nein. König Uther ist tot. Er ist jetzt der König-gebettet-in-Frieden, und das ist auch nicht der Mann, den Art kannte. Dies ist eine jüngere Version von ihm, in seinem Bart ist kaum ein graues Haar zu sehen. Sein Blick gleitet über die Anwesenden hinweg, doch Art kann einfach nicht aufhören, seinen Vater anzustarren. Es passt alles. Diese langsamen, bewussten Bewegungen, als wäre er der absolute Herr über den Raum, der ihn umgibt. Wie er die Menschen anzusehen pflegte, als wären auch sie sein persönliches Eigentum.

Erst jetzt beginnt Art zu begreifen, wie gefährlich Edler ist. Noch nie hat er von einem Gottgleichen gehört, der über solch unglaubliche Fähigkeiten verfügt. Das hier ist mehr als reine Illusion, mehr als eine Projektion. Es *ist* Uther – atmend, lebendig, fast schon greifbar.

Nun erscheint eine Frau vor Uther. Sie materialisiert sich nicht nach und nach, sondern ist einfach da, so schnell, dass Arts Gehirn sich bewusst vor Augen führen muss, dass sie nicht schon die ganze Zeit dort stand.

Rein äußerlich hat Art vor allem eines von seinem Vater: die hellen, unbändigen Haare. Ansonsten gleicht er mehr seiner Mutter: Groß und schlank ist sie, wie eine Tänzerin – wobei ihm die nötige Grazie dafür fehlt –, dazu diese leuchtend grünen Augen, die sie nun allerdings niederschlägt, als Uther ihr etwas ins Ohr flüstert.

Ingerna Gorlais, lebensecht.

Gierig nimmt Art jedes Detail in sich auf. Selbst jetzt findet er es verstörend, wie verzweifelt er Gefühle für sie in sich heraufbeschwören möchte. Da ist kein Schmerz in ihm, und gerade das macht es umso schlimmer. Schmerz wäre etwas Unwiderlegbares. Diese Leere jedoch ist endlos, nicht greifbar.

Ingerna wirkt nicht so besonnen wie auf den offiziellen Bildern. Dort hält sie den Kopf immer in einem bestimmten Winkel, blickt leicht von unten herauf, wodurch ihre feinen Züge stärker betont werden. Auch der kinnlange Haarschnitt, den sie zu jener Zeit bevorzugte, betont ihre hohen Wangenknochen und lässt sie noch modellierter wirken. Hier und jetzt aber sind ihre Wangen gerötet, und sie reckt das Kinn. Ihr Haar ist leicht zerzaust, einzelne Strähnen sind gelockt. Vollkommen unbewusst streicht sie sich das Haar aus dem Gesicht.

Art kann nicht hören, was ihr da eingeflüstert wird, aber ihre Reaktion ist unmissverständlich. Sie zeigt sich in der Art und Weise, wie sie den Kopf hält, wie Uther ihren Anblick genießt. Er hebt kurz eine Hand, als wollte er sie berühren, lässt sie dann aber wieder sinken.

Die beiden flirten miteinander.

Art spürt ein schmerzhaftes Ziehen im Bauch. Das ist nicht richtig. So war das nicht.

»Woher willst du das wissen?«, flüstert Edler kaum hörbar. Erst jetzt wird Art klar, dass er seine Gedanken laut ausgesprochen haben muss. »Ich war dabei. Du warst damals noch nicht einmal geboren.«

Starr vor Entsetzen beobachtet Art das Geschehen. Jetzt versteht er, was ihm hier gezeigt wird. Das sind keine Abbildungen seiner Eltern, die wie Marionetten aus Licht und Luft willkürlich nach Edlers Pfeife tanzen.

Es ist eine Erinnerung.

Sie sehen hier den ersten Schritt auf dem Weg zur Zeugung des Artorias Dracones, wiederbelebt durch eine Illusion, die kunstvoller und detaillierter ist als selbst die modernste Leuchtschirmtechnik. Arts Vater ergreift die Hand seiner Mutter und zieht sie in seine Arme, beginnt, mit ihr zu tanzen, wogegen sie offenbar nicht viel einzuwenden hat. Uther lacht. Unbeschwert sieht er aus, jung. Die beiden wiegen sich im Takt einer Musik, die Art nicht hören kann, unübersehbar entzückt voneinander.

»Das ist nicht wahr«, sagt er. »Sie war mit einem anderen verheiratet, und sie hat ihn abgewiesen. Deswegen hat er dich und deine Illusionsmagie benutzt, um auszusehen wie Gorlais, und so ist er dann zu ihr gegangen. Sie dachte, er wäre ihr Mann, und hat …«

»Warum haben die Gewöhnlichen nur so gar keine Ahnung davon, wie dergleichen funktioniert?«, erwidert Edler betrübt. »Eine Illusion mag zwar Augen und Ohren täuschen, aber nicht den Geruchssinn. Und ganz sicher hält sie keiner Berührung stand. Welche Art von Wunder brauchte man wohl, damit eine Frau bei einem Mann liegt, der lediglich *so aussieht* wie ihr Gatte, sich aber anders anfühlt und anders riecht? Ganz zu schweigen von der Form des Körpers hinter der Illusion …«

»Er hat sie vergewaltigt«, presst Art mit trockenem Hals hervor.

»Sie hatten eine Affäre, Sire. Sie dauerte nur eine Woche lang, während er sich am Hof von Kernowyen aufhielt, doch in dieser Woche verbrachten sie jede Nacht miteinander. Meine Aufgabe bestand darin, mögliche Beobachter zu täuschen, mehr nicht. Schließlich konnte der König von London nicht Nacht für Nacht im Schlafzimmer einer verheirateten Frau verschwinden, nicht wahr? Diener und Wachen können schreckliche Tratschtanten sein. Also habe ich ihm das Aussehen ihres Ehemannes gegeben.« Er schnaubt abfällig. »Gorlais hatte es nicht anders verdient. Der saß jeden Abend stumpf in seiner Halle und kippte sich Met hinter die Binde, bis er nicht einmal mehr lallen konnte. Irgendwann im Morgengrauen torkelte er dann ins Bett. Natürlich sollte eigentlich kein Kind dabei gezeugt werden. Aber weißt du, was dein heiligenfürchtiger, kampfeswütiger Vater tat, als er herausfand, dass deine Mutter schwanger war?«

Art muss nicht nachfragen, denn in diesem Moment spielt sich die Szene schon vor seinen Augen ab. Uther steht mit verschränkten Armen und beängstigend starrer Miene vor einer sichtbar schwangeren Ingerna, die ihn wutentbrannt anschreit. Dabei reißt sie den Mund so weit auf, dass es beinahe komisch wirkt.

Sie ist bis nach London gereist, nach Cair Lleon, um von ihm die Anerkennung der Vaterschaft einzufordern. Er weigert sich und verbannt sie offiziell aus London. Sie aber widersetzt sich der Anordnung und riskiert eine Gefängnisstrafe, als sie Art in einem privaten Beinhaus in Blackheart zur Welt bringt.

Dann stirbt sie.

»Warum hat sie mich überhaupt bekommen?«, flüstert Art. Und da ist sie endlich, die Frage, die ihn in Wahrheit umtreibt, die er sein Leben lang mit sich herumgeschleppt hat, die tief in seinem Inneren schwärt. Warum hat sie ein ungewolltes Kind ausgetragen und zur Welt gebracht, das Ergebnis eines schäbigen, sich über eine Woche hinziehenden One-Night-Stands?

»Nun, es könnte etwas damit zu tun haben, dass sie vor deiner Geburt einen Wahrsager aufgesucht hat.« Edler erhebt sich aus dem Sessel, geht zum Kamin hinüber und lehnt sich an den Sims. Hinter ihm ragt noch immer Arts finster dreinblickender Vater auf.

»Was für einen Wahrsager?«, hakt Art nach.

»Sie ließ auch einen für deine Geburtsmantik kommen.« Edler wirft ihm einen fragenden Seitenblick zu. »Weißt du überhaupt, was das ist?«

»Selbstverständlich weiß ich das«, faucht Art ihn an.

»Wer wird denn gleich so dünnhäutig sein? Leider musste ich schon oft feststellen, dass die Gewöhnlichen kaum etwas über unsere Kultur wissen«, rechtfertigt sich Edler. »Jedenfalls kam dieser Wahrsager und verkündete deine Mantik, und was meinst du wohl, was er prophezeit hat? Dass du trotz all der widrigen Umstände bei deiner Volljährigkeit das Schwert von London erringen wirst. Er hat deinen glorreichen Aufstieg zum Thron vorhergesagt.« Edler schnaubt wieder. »Vermutlich hat sie das dazu angespornt, die Sache durchzuziehen. Vielleicht war es auch die ultimative Rache an deinem Vater. Wer weiß das schon so genau, von ihr selbst mal abgesehen, und sie können wir ja nicht mehr fragen, oder?«

Art spürt, wie sich seine Hände zu Fäusten ballen.

»Warum weißt du so viel darüber?«, fragt er gepresst.

»Ja, was glaubst du denn, wen sie damals gebeten hat, ihr einen Wahrsager zu besorgen? Ich war der einzige Gottgleiche, den sie kannte.«

Am liebsten würde Art ihm die verlogene Zunge herausreißen. Seine Mutter hätte niemals den Mann um Hilfe gebeten, der für den Übergriff auf sie verantwortlich war. Das alles hier ist so zurechtgebogen, dass Edler dabei möglichst gut und seine Mutter möglichst schlecht wegkommt.

»Es war richtig von ihm, mit dir zu brechen«, stellt Art fest. »Du bist das reinste Gift.«

»Gift?« Erbost sieht Edler ihn an. »Ich? Dein Vater war nichts weiter als ein niederträchtiger Aufschneider, und deine Mutter war eine geltungssüchtige kleine Schl…«

Art kann sich nicht länger zurückhalten.

Er springt auf, stürmt auf Edler zu und rammt ihm die Faust gegen den schmalen Kiefer. Im ersten Moment begreift er nicht, was da schiefläuft, warum sein Arm immer weiter vorschießt, anstatt aufzuprallen, warum er *sieht*, wie seine Faust durch Edlers Gesicht hindurchgleitet. Dann verliert er das Gleichgewicht, spürt, wie seine Beine nachzugeben drohen.

Taumelnd fällt er auf die Knie, sieht sich verwirrt um.

Edler ist verschwunden, einfach so, von einem Atemzug zum

nächsten. Hinter ihm steht nun ein Junge, den Art noch nie zuvor gesehen hat. Er trägt eine alte, steife Hose und ein altes, steifes Jackett, beides schon längst aus der Mode. Geschockt und reglos steht er da. Dann neigt er langsam den Kopf wie ein wachsamer Vogel und sieht Art mit großen Augen an.

Verfluchte Scheiße. Edler war bloß eine *Illusion*.

Bevor Art auch nur Luft holen kann, rennt der Junge ans andere Ende des Salons, reißt eine Tür auf und verschwindet dahinter.

Garad stößt einen wütenden Schrei aus, Schritte poltern, eine weitere Tür wird zugeschlagen. Es dauert noch einen Moment, bis Art sich unsicher auf die Füße stemmt. Er ist zu benommen, um den Jungen zu verfolgen. Seine Gedanken drehen sich im Kreis, während er krampfhaft versucht, all das zu sortieren, was er gerade gesehen und erlebt hat.

Dieser Junge … er hat nicht nur Uther und Ingerna erschaffen, sondern sich selbst die Gestalt von Edler übergestreift und sie wie eine Marionette bewegt. So muss auch Uther den Gorlais gegeben haben. All das hat er nur mit der Kraft seines Geistes vollbracht. Kein Wunder, dass die Illusion von Edler an vielen Stellen so jung klang. Dieser Junge kann nicht älter als sechzehn oder siebzehn sein.

Die illegale Anwendung von Magie ist hier das geringste Problem. Nein, es ist vielmehr die erstaunliche Realitätsnähe dieser Illusionen, die Art Kopfzerbrechen bereitet. Das waren drei sprechende, sich frei bewegende Personen mit intuitiver Mimik und Gestik, vollkommen lebensecht. Er kann kaum glauben, dass er mit etwas interagiert haben soll, das nur aus manipuliertem Licht und Ton bestanden hat. Ist überhaupt irgendetwas hier real? Ist dieser Junge real?

Art überprüft diesen letzten Gedanken, bevor er endgültig den Zug Richtung Irrenhaus besteigt. Illusionen können keine Türen öffnen, ganz egal, wie lebensecht sie sind.

Garad erscheint in der Salontür und berichtet schwer atmend: »Er ist nur in den Keller gerannt und hat sich eingeschlossen. Es gibt dort keinen anderen Ausgang, ich weiß also nicht, was er damit bezwecken will. Wer ist das? Und wo ist Edler hin?«

»Edler war nicht real«, erklärt ihm Art geistesabwesend und mit einer gewissen Ungeduld in der Stimme. »Das muss sein Sohn sein.«

Fassungslos starrt Garad ihn an.

»Er hat nicht versucht, aus dem Haus zu fliehen?«, hakt Art nach.

»Ich habe die Eingangstür abgeriegelt.«

Art denkt angestrengt nach. »Vielleicht fand er dich so Furcht einflößend, dass er Panik bekommen hat.«

»Ein Gottgleicher mit solchen Fähigkeiten? Da sollte eher ich Angst vor *ihm* haben, nicht andersherum. Art, wir müssen das in den Griff kriegen.« Garad klingt so, als stünde xier selbst kurz vor einer Panikattacke.

»Das wie ›das Kind‹?«

»Wie bitte?«

»Er ist noch ein Kind.« Art sieht seinen keuchenden Streitenden nachdenklich an. »Und er ist in den Keller gerannt, anstatt abzuhauen.«

Während Garad ihn noch verständnislos anstarrt, verlässt Art den Salon, geht den Flur hinunter und stellt sich vor die geschlossene Kellertür.

Er klopft.

Stille.

Durch das Holz der Tür hindurch sagt Art: »Das war unglaublich. Wie du meine Eltern erschaffen hast. Wie du deinen Vater erschaffen hast.«

Stille.

»Du bist doch Edlers Sohn, oder? Sie haben dich Wyll genannt, glaube ich.«

Stille.

»Warum hast du so getan, als wärst du dein Vater?«

Stille.

»Um Sie zu verscheuchen«, murmelt Wyll schließlich.

Dünn und jung klingt das, ganz anders als die melodiöse Stimme des heraufbeschworenen Edler.

Art denkt fieberhaft nach. Ihre beiden Väter zu erschaffen und eine ausgedehnte, höchst emotionale Unterhaltung zu initiieren, scheint ihm doch eine sehr seltsame Methode zu sein, um jemanden zu verscheuchen.

Viel eher wirkt es wie der unbeholfene Versuch, ihn zu beeindrucken.

»Warum wolltest du mich denn verscheuchen?«

»Ich bin gefährlich.« Wylls Stimme zittert hörbar.

»Warum bist du gefährlich?«

»Haben Sie doch mitgekriegt.«

»Ja, und das war mit das Eindrucksvollste, was ich jemals gesehen habe. Du solltest dich darüber freuen. Die Leute versuchen ständig, mich zu beeindrucken. Aber nur selten ist das jemandem so gut gelungen wie dir gerade. Darf ich reinkommen? Ich möchte mich nicht durch eine Tür mit dir unterhalten.«

Stille. Lange, lange Stille.

Warte. Warte einfach ab.

Ein Schaben.

Ein Klicken.

Die Tür öffnet sich.

»Lass mich vorgehen«, verlangt Garad in seinem Rücken, doch anstatt abzuwarten, steigt Art betont langsam die Treppe hinab, um dem Jungen genug Zeit zu lassen, wieder nach unten zu fliehen und sich hinter der nächsten Ecke zu verkriechen.

Im Keller ist es ziemlich dunkel. An der Decke hängt nur eine nackte Glühbirne, die einen schwachen Lichtfleck auf den Boden wirft. Ein altes Klappbett, ein Tisch mit einem halb vollen Wasserglas, auf dem Boden mehrere Teller mit verschmierten Essensresten. Ein Nachttisch, auf dem ein altes, offenbar oft gelesenes Buch liegt. In einer Ecke ragt ein Regal auf, gefüllt mit weiteren Büchern, und auch davor sind hohe Stapel angehäuft. Schwer und mächtig wirken diese Möbel, dem Stil nach mehrere Jahrhunderte alt. Es gibt nur eine natürliche Lichtquelle, ein schmales Eisengitter, das hoch oben in der Wand eingelassen ist. Die Stäbe sind so dicht beieinander, dass sich höchstens eine Katze hindurchquetschen könnte.

Art konzentriert sich nun wieder auf Wyll, der sich in die hinterste Ecke des Raumes geflüchtet hat.

»Lebst du etwa hier unten?«, fragt Art betroffen.

»Hier ist es am sichersten«, krächzt der Junge. »Wegen dem Eisen.«

»Dem Eisen?«

Sein Blick huscht zur Seite, und Art folgt dem wortlosen Hinweis. Auf dem Boden liegen, gewunden wie Schlangen, zwei dicke Ketten, die mit einem Ring an der Wand verbunden sind. Am Ende jeder Kette hängt eine eiserne Handfessel.

Leise Übelkeit macht sich in Arts Magengrube breit. »Du kettest dich selbst im Keller an«, folgert er.

Nach kurzem Zögern erklärt Wyll: »Pa hat gesagt, dass ich das machen muss.«

»Edler? Warum?«

»Er hat gesagt … Er hat gesagt, meine Magie wäre zu stark. Sie müsse unter Kontrolle gehalten werden, sonst bekämen wir Ärger.«

Eisen soll angeblich die Magie der Gottgleichen neutralisieren. In London gibt es deswegen eine lange Tradition von Eisenschmuck und Tand, der gerne an die Gewöhnlichen verhökert wird. Anscheinend sind auch Gottgleiche nicht gegen Aberglauben gefeit.

»Tut mir leid, was ich oben alles gesagt habe«, platzt es plötzlich aus Wyll heraus. »Pa hat mir beigebracht, seine Erinnerungen hervorzuholen und sie echt werden zu lassen. So habe ich früher immer geübt. Und nachdem er gestorben ist … habe ich einfach weiter geübt.«

Deshalb konnte er also Arts Eltern so überzeugend heraufbeschwören, ohne ihnen je begegnet zu sein. Natürlich hat Art schon gehört, dass Illusionisten Menschen und Dinge perfekt nachbilden können, die sie selbst gesehen haben. Aber die Erinnerungen eines anderen?

»Edler ist also tot?«, fragt er sanft.

Wyll weicht seinem Blick aus. »Seit ein paar Monaten.«

»Und wie ist er gestorben?«

»Er war lange krank. Irgendwas mit seinen Knochen.« Wyll zuckt traurig mit den Schultern. »Die haben es mir nie genau erklärt.«

»Und wo ist der Rest deiner Familie?«

Wieder zögert Wyll kurz, bevor er antwortet: »Auf dem Kontinent. Sie haben sich an die Verbannung gehalten, auch noch nachdem Pa tot war.«

»Dann bist du hier also ganz allein?«

Einen Moment lang blitzt Trotz in dem schmalen Gesicht des Jungen auf, doch er vergeht schnell wieder. Er ist abgehauen. Sich in seinem Alter allein durchzuschlagen, kann einen einerseits stolz machen, andererseits ist es aber auch eine große Schande. Für einen normalen Sechzehnjährigen wäre das wohl beinahe unmöglich, ohne dabei aufzufallen. Aber für einen *thwimoren*? Er kann sich jedes x-beliebige Aussehen verpassen. Er kann ein Haus verlassen und heruntergekommen wirken lassen, sodass niemand auf die Idee käme, mal bei ihm anzuklopfen.

Bis Art aufgetaucht ist.

»Du scheinst eine Menge über mich zu wissen«, stellt er nun fest.

»Sie sind der König. Sie sind … Ich habe viel über Sie auf den Leuchtschirmen gesehen.« Wyll schweigt kurz. »Es tut mir leid, ich wollte Ihnen nicht wehtun. Mir gefällt es einfach, wenn alles echt wirkt. Früher habe ich die Dinge in den Köpfen der Leute real werden lassen, um jemanden zum Spielen zu haben. Aber die fanden das nicht gut. Sie haben dann Angst bekommen.« Immer schneller quellen die Worte aus ihm hervor, auch wenn seine Stimme brüchig und rau klingt, weil sie so lange nicht gebraucht worden ist.

Art konzentriert sich voll und ganz auf den Jungen. »Ich habe keine Angst.«

Wyll lässt den Kopf hängen und starrt auf seine Füße. Er wirkt wie ein geschlagener Hund.

»Du lebst also allein hier«, nimmt Art den Faden wieder auf.

Mit einem vorsichtigen Achselzucken erklärt der Junge: »Es ist besser, wenn ich mich von anderen fernhalte.«

»Da bin ich anderer Meinung.« Art sieht sich in dem Kellerraum um. »Würdest du mir verraten, warum du nach London zurückgekehrt bist? Das hier ist doch nicht mehr deine Heimat.«

Die Antwort ist ein kaum hörbares Flüstern. »Gnade.«

Verwirrt runzelt Art die Stirn. »Wie bitte?«

»Wir sind nicht unsere Väter«, erklärt Wyll. »Vielleicht … vielleicht können wir ja den Kreislauf der Rache durchbrechen.« Ängstlich sieht er Art an.

»Du glaubst, ich würde Jagd auf dich machen?«, hakt Art verwundert nach.

Schaudernd erwidert Wyll: »Mein Vater hätte Ihrer Mutter helfen können, Sire. Sie hat ihn darum gebeten, das habe ich in seinen Erinnerungen gesehen. Aber er hat die Sache erst nach ihrem Tod aufgedeckt, und das auch nur aus Hass auf den König, weil er ihn bestrafen wollte.« Der Junge schluckt. »Mein Pa ist schuld an ihrem Tod, Sire, genau wie alle anderen. Sie haben das Recht der *moldra lagha* auf Ihrer Seite. Sie haben das Recht, Rache an mir zu üben.«

Aber du hast meine Mutter doch nicht getötet, würde Art ihm am liebsten sagen. *Das war ich.*

Mit Wylls durch und durch unlogischem Schuldgefühl vor Augen, begreift Art plötzlich, wie absurd das klingt und dass er diese Bürde vollkommen grundlos mit sich herumgeschleppt hat. Er ist ebenso wenig für den Tod seiner Mutter verantwortlich wie Wyll. Sie haben beide die Sünden ihrer Väter übernommen, und es wird höchste Zeit, sie abzulegen.

Er kann diesen Jungen nicht einfach hier zurücklassen. Und irgendetwas sagt ihm, dass Wyll das auch weiß; dass er vielleicht sogar darauf spekuliert hat.

Art reibt sich die Stirn und überlegt kurz. »Würdest du mit mir kommen, wenn ich dich darum bitte?«, fragt er dann.

Wyll beäugt ihn wachsam. »Was soll das heißen, mit Ihnen kommen?«

»Irgendwo anders leben. An einem Ort, wo du sicher wärst. Wo du niemandem schaden könntest.«

Auf Wylls Gesicht breitet sich schmerzliche Hoffnung aus, die nur schwer zu ertragen ist. Doch dann wird seine Miene wieder ausdruckslos.

»Hier ist mein Zuhause«, sagt er unsicher.

Arts Stimme wird rau, weil ihm schmerzlich bewusst ist, wie viel Wahrheit in dem steckt, was er dem Jungen nun sagt: »Zu Hause ist dort, wo man glücklich ist. Das muss nicht zwangsläufig der Ort sein, von dem man stammt oder an dem man wohnt. Bist du hier glücklich?«

»Nein«, flüstert Wyll.

»Na dann.«

Er kann regelrecht sehen, wie der Junge begreift, dass dieses Angebot für ihn Realität werden könnte. Und wie er sich an diese neue Realität anpasst – für sein Alter erstaunlich schnell.

»Gibt es an diesem Ort viel Eisen?«, fragt er. »Das hält mich nämlich unter Kontrolle. Wenn Sie das Eisen wegnehmen, bin ich zu so ziemlich allem fähig.«

Achselzuckend erwidert Art: »Geht es im Leben nicht genau darum? Zwischen dem, was man tut, und dem, wozu man fähig ist, besteht allerdings ein großer Unterschied. Das ist die wahre Prüfung für jeden Charakter.«

Wyll sieht ihn schweigend an. Seine Iriden sind von einem hellen Ring umgeben, so strahlend, dass es aussieht wie Gold.

*

In dem trüben Licht eines leblosen Wintertags wirkt selbst die bronzefarbene Haut des Jungen blass und grob. Er zupft an einem losen Fädchen an seinem Pulli herum, dann schiebt er die Ärmel hoch, um sie sofort wieder herunterzuziehen. Hoch und runter, hoch und runter. So sitzt er auf dem Sozius von Arts Motorrad.

Garad mustert Wyll so wachsam, als wäre er eine brennende Zündschnur. Dann zieht xier Art beiseite.

»Steht er jetzt unter Arrest?«

»Wir können ihn nicht einfach hier lassen«, stellt Art klar.

»Nein, natürlich nicht. Er ist viel zu gefährlich, um frei herumzulaufen.«

»Er hat die vergangenen Monate eingesperrt in einem Keller verbracht – glaubst du wirklich, da tausche ich einen Kerker gegen einen anderen aus?« Arts Tonfall ist so scharf, dass Garad ihm einen überraschten Blick zuwirft. »Sein Vater ist tot, und der Rest seiner Familie schert sich offenbar einen Dreck um ihn, sonst hätten sie ihn schon längst nach Hause verfrachtet. Er ist vollkommen allein. Sollen wir ihn jetzt etwa auch im Stich lassen? Was für Menschen wären wir dann?«

Garad mustert ihn durchdringend, lange genug, um alles mit diesem Blick deutlich zu machen.

Kann es sein, dass du dich ein wenig zu sehr mit ihm identifizierst, Art?

Art geht zu Wyll hinüber, der sofort den Kopf hebt.

»Sie werden mich wirklich von hier wegbringen«, sagt er.

»Nur, wenn du das willst. Wir könnten auch Kontakt zu deiner Familie aufnehmen …«

»Die wird das nicht interessieren.«

Möglicherweise ja doch, und Art möchte einen derartigen Skandal lieber vermeiden. Er wird dafür sorgen, dass der Palast diskret seine Fühler ausstreckt.

»Bleibe ich jetzt bei Ihnen?«, fragt Wyll.

Art zögert. »Wir müssen ein schönes Zuhause für dich finden.«

»Sie haben doch gesagt, zu Hause ist man da, wo man glücklich ist.«

»Das stimmt.«

»Und wenn ich nun bei Ihnen glücklich bin?«

Art setzt zu einer Antwort an, doch ihm fällt keine ein.

»Das mit dem König-Sein klingt bestimmt toll«, sagt er schließlich, »aber das ist es eigentlich nicht. Dir ginge es woanders sicherlich besser.«

Wyll sagt lange Zeit nichts, und dann kommt nur ein: »Wir werden sehen.« Plötzlich klingt er so gar nicht mehr wie ein Sechzehnjähriger.

Garad hat xieses Motorrad bestiegen, hält den Helm aber

noch in der Hand und beobachtet die beiden. Art weiß genau, was xiem gerade durch den Kopf geht, denn er hat denselben Gedanken.

Was hast du denn nun mit Edlers Sohn vor?, hört er Garads Stimme in seinem Kopf.

Ich habe nicht die leiseste Ahnung, antwortet er im Stillen.

KAPITEL 32

Iochitown

Drei Monate zuvor

Red starrt auf die schmuddeligen Dinger, die kreisförmig vor ihnen aufgereiht sind.

»Pedalos«, stellt sie ausdruckslos fest.

»Oho«, spottet Fin, »du dachtest wohl, wir würden auf schweren Bikes durch die Straßen heizen und rufen: ›Schaut uns an, Leute, seht euch die Ritter an!‹ Außerdem hast du sowieso noch kein eigenes Bike.«

»Aber diese Dinger sind gefährlich«, protestiert Red.

»Tausende von Menschen benutzen sie jeden Tag, so ziemlich jeder eigentlich.« Fin überlegt kurz. »Na ja, abgesehen von den Idioten, die immer noch glauben, fette Limousinen wären das beste Transportmittel überhaupt. Und die Branchen, in denen mehr transportiert werden muss.«

»Das weiß ich alles«, erwidert Red gereizt.

»Dann weißt du ja sicher auch, wie man damit fährt.«

Noch immer starrt Red das Pedalo an. Sieht eigentlich einfach aus. Wer ein Motorrad fahren kann, sollte auf jeden Fall mit diesem Kinderkram klarkommen. Das Problem ist allerdings, dass sie nicht Motorrad fahren *kann*. Noch nicht.

»Hilf mir.« Sie gibt sich geschlagen.

Ohne zu zögern, packt Fin sie auf das Pedalo und zeigt ihr, wie man schnell und langsam, bergauf und bergab fährt. Dann geht es los, Finn vorneweg, Red etwas unsicher hinterher.

Diesmal ist es Red, die Fins Gesellschaft gesucht hat. Seit ihrem Gefecht mit dem Hexenritter ist erst eine Woche vergangen, aber es treibt sie um. Der Großteil des Tages ist mit Trainingsstunden angefüllt, doch während der restlichen Zeit hat sie ständig ihn im Kopf: seinen Körper, seine Stimme, den Klang seines leisen Stöhnens. Wenn sie erst an dieses Stöhnen denkt, wird es umso schwerer, endlich Schlaf zu finden.

Manchmal fragt sie sich, ob man es ihr ansieht. Als wären seine Hände mit einer Art Farbe beschmiert gewesen, die erst Stunden später sichtbar wird und nun überall auf ihrer Haut klebt, an jeder Stelle, die er berührt hat. Bislang hat er ihr keine Nachricht geschickt, und sie selbst hat keinerlei Möglichkeit, Kontakt zu ihm aufzunehmen. Es ist wahnsinnig frustrierend, auch nur an ihn zu denken, aber ihr Gehirn verweigert sich jeder anderen Beschäftigung. Natürlich kann sie sich selbst eine gewisse Erleichterung verschaffen – was sie auch tut, tun muss, da ihr Körper ihr sonst nicht einmal erlaubt, das Bett zu verlassen –, doch sie hält nie lange vor. Schon wenig später schleicht sich der drängende Schmerz wieder an.

Du hättest ihn töten sollen, anstatt ihn zu vögeln, mahnt ihr Verstand. *Du bist ein Feigling.*

Es wäre zu gefährlich gewesen, versucht sie dagegenzuhalten. *Ich brauche mehr Zeit. Er muss mir vertrauen.*

Also wartet sie ab, auch wenn sie dabei die Wände hochgehen könnte. Und wenn sie Gesellschaft hat, lenkt sie das zumindest vorübergehend von diesen Qualen ab.

Fin und sie haben extra darauf geachtet, kein Leder zu tragen, keine Aufnäher auf der Kleidung, außerdem haben sie sich mit Kopfbedeckungen getarnt. Doch durch die Pedalos scheinen sie sowieso unsichtbar zu werden. Welcher Ritter der Caballaria würde sich schon mit so einem Ding abgeben? Als Red spürt, wie die Blicke der Leute einfach an ihr abgleiten, beginnt sie zu begreifen, wo der Vorteil liegt. Nach ein paar Minuten hat sie ihr Pedalo auch besser unter Kontrolle, und sie gewinnt an Selbstvertrauen.

Das ist ja ganz leicht, denkt sie.

Sie fahren gerade am Kanal entlang, als plötzlich eine ahnungslose Ente Reds Weg kreuzt. Wenn sie das Tier nicht überfahren will, muss sie entweder direkt in den Kanal fahren oder eine junge Frau mit Baby auf dem Rücken rammen. Sie entscheidet sich für die dritte Möglichkeit, weicht hektisch nach links aus und verliert natürlich prompt die Kontrolle über ihr Gefährt. Wie sich herausstellt, ist der Boden gnadenlos und unglaublich hart.

»Red!« Fin kommt angeschossen und springt geschmeidig wie eine Katze von ihrem Pedalo. »Alles in Ordnung? Hast du dich verletzt?« Besorgt beugt sie sich zu Red hinunter. »War das wegen dieser Prügelei da hinten? Hat einer von denen dich runtergestoßen? Ich schwöre dir, denen verpasse ich …«

Red hebt die Hand, um Fins Wutausbruch Einhalt zu gebieten. »Es war eine Ente.«

Verwirrt starrt Fin sie an. »Was?«

»Da war eine Ente«, erklärt sie. »Eine verdammte Scheißente hat mir den Weg abgeschnitten und ich konnte nirgendwohin …«

Fin bricht in schallendes Gelächter aus. Sie hockt sich auf die Fersen, legt den Kopf in den Nacken und johlt. »Eine Ente?«, keucht sie schließlich. »Du bist wegen einer Ente gestürzt?«

Wieder beginnt sie zu lachen.

»Halt die Klappe.« Mühsam versucht Red, ihren Zorn unter Kontrolle zu halten. »Die saß einfach da. Man könnte meinen, die wollte, dass ich im Kanal lande.«

»Und da musstest du Federn lassen«, stellt Fin fest, bevor der nächste Lachanfall sie außer Gefecht setzt.

»Leck mich.« Jetzt muss Red selbst lachen.

So hocken die beiden eine ganze Weile wild kichernd auf dem Boden, sodass die Passanten ihnen betont gleichgültig oder leise vor sich hin meckernd ausweichen müssen. Irgendwann tun ihnen die Bäuche weh.

»Das war mies«, stellt Red gequält fest, als sie sich schließlich wieder im Griff haben.

Fin wischt sich die Tränen aus den Augen. »Oh ja, die Enten von Iochitown sind wahrhaft dämonisch. Das weiß jeder.«

»Vielen Dank für die Warnung.«

»Manche Dinge kann man erst wirklich verstehen, wenn man sie selbst erlebt hat«, verkündet Fin in gemessenem Tonfall.

»Dann sollte das also eine Lektion für mich sein?«, hakt Red nach, während sie sich aufrappeln.

Fin grinst nur, dann zeigt sie auf Reds Ellbogen. »Tut das weh?«

An der Stelle, wo der Boden ihr einen liebevollen Kuss aufgedrückt hat, ist die Haut rot und aufgeschürft.

»Jetzt, wo ich es bemerkt habe, wird es gleich höllisch brennen«, vermutet Red. »Aber ich werde es überleben.«

»Wurde ja auch Zeit, dass die große Stadt dir ein paar Narben verpasst.« Fin steigt wieder auf ihr Pedalo. »Gratulation zur Premiere, Si!«

Damit fährt sie davon, und Red – nun wieder etwas wackelig – folgt ihr.

Eine Weile bleiben sie am Kanal, immer auf dem schmalen Uferstreifen. Nachdem sie sich an das Pedalo gewöhnt hat, entspannt sich Red etwas und nimmt ihre Umgebung wieder wahr. Es ist eine ganz eigene Welt hier, überall ist etwas los: Lange, bunt gestrichene Boote liegen am Ufer vertäut und lassen sich gemütlich vom Wasser schaukeln; manche von ihnen haben regelrechte Gärten auf ihren Dächern. Sie entdeckt großblättrige Gemüsepflanzen, Rosmarinbüsche und die langen Ranken der Ritterliebe, eines bitteren Krauts, das die Basis der hirntötenden Liköre bildet, die in allen Caballaria-Bars ausgeschenkt werden.

An Deck der Boote blitzen immer wieder kleine Spiegel auf, die an dünnen Fischernetzen befestigt sind, außerdem flattern bunte Tücher im Wind, und auf Plakaten werden Theaterabende, Buchverkäufe, Floh- und Antiquitätenmärkte, aber auch frisches Obst angepriesen. Es gibt Bars auf Booten, Buchläden auf Booten, Teestuben auf Boten und ein Boot, »auf dem alles zu finden ist, was es auch an Land gibt«.

Die unterschiedlichsten Menschen sitzen an Deck, treiben dort Sport oder hängen sich aus den Fenstern der kleinen Verschläge. Zwei Kinder – höchstens neun oder zehn Jahre alt – sitzen angelnd am gegenüberliegenden Ufer, während ihnen jemand quer über das Wasser zubrüllt, sie sollten *sofort* zum Essen kommen, die Forellen wären später auch noch da. Mehr als einmal springt Red ein gewisses Symbol ins Auge, das an Türen und in Fenstern hängt wie ein Windspiel oder ein Talisman, mal aus Holz gefertigt, mal aus Metall, Glas oder dicken Fäden: ein Kreis, an einer Stelle von einer Wellenlinie durchbrochen.

Und am Rande dieser Welt findet sich das Ufervolk, das über und am Wasser lebt, aber niemals darauf. Sie hausen in schmuddeligen, dicht an dicht gedrängten Häuschen, aber auch in eleganten, schlichten Gebäuden, die sich mit hohen Glaswänden vom Wasser abgrenzen. Red erinnert das an die Hafenwohnung von Six. Wahrscheinlich muss man für diese Aussicht einiges hinblättern. Weiden beugen sich tief über die Wasseroberfläche, die ihr sanftes Grün in zarten Algenfäden wieder aufnimmt. Irgendwann gehen die kleinen Häuser in Lagerhäuser über, die Anlegeplätze bleiben zurück, und stattdessen tauchen Bars und Restaurants auf, deren Tische sich direkt am Ufer drängen.

»Es heißt, man soll sein Besteck ins Wasser werfen, das bringt Glück«, erklärt Fin, als sie den Kanal hinter sich lassen und eine kurze Pause einlegen. »Das Kanalvolk findet es dann. Die Souvenirverkäufer stöbern die ganze Zeit am Ufer herum und suchen nach irgendwelchem Mist, den sie reparieren, aufpolieren und verkaufen können.«

»Was hat es mit diesem Kreis mit der Wellenlinie auf sich?«, fragt Red.

»Das ist das Symbol von Ephas. Sie hängen oder malen es überall auf, um seinen Schutz zu erbitten.«

»Und wer ist Ephas?«

»Der Flussgott. Einer von mehreren, um genau zu sein, aber er ist quasi ihr Anführer. Es gibt auch noch Belisama, Dorin und Hefaster.«

»Das Kanalvolk hat eine eigene Religion? Ich dachte … na ja, sie gehören doch zu Iochitown. Zu London.«

Fin wirft ihr einen überraschten Blick zu. »Klar, aber darüber hinaus machen sie ihr eigenes Ding. Identität entsteht durch Orte im Herzen ebenso wie durch Orte, an denen man lebt. Was dich irgendwie zu verwirren scheint.«

Red verzieht das Gesicht. »Ganz schön kompliziert, diese Stadt.«

»Sie besteht aus Millionen von Menschen, die alle auf unterschiedliche Weise miteinander verbunden sind. Der komplexeste Tanz, den man sich vorstellen kann. Stört es dich?«

»Wie soll ich da jemals durchsteigen?«

Fin denkt kurz nach. »Musst du das denn? Außerdem wird es niemals langweilig, weil es immer etwas Neues zu entdecken gibt. Was sich ständig ändert, wird man nie leid. Die Stadt verlangt uns viel ab, aber sie schenkt uns auch eine Menge. Es ist ein Geben und Nehmen, wie in einer Beziehung. Schließlich kann man sich an einen Ort ebenso binden wie an einen Menschen.«

»Wie bist du so weise geworden?«

Fins übliches Strahlen scheint sich kurz einzutrüben, als hüllten dunkle Wolken sie ein.

»Ich habe meine Kindheit in den Lebensadern dieser Stadt verbracht«, antwortet sie schließlich. »Sie ist mir Mutter und Vater zugleich.«

Während der kommenden Stunden erkunden sie einen Großteil von Iochitown. Die Pedalos haben etwas Leichtes an sich, etwas Gelassenes. Stellt man sich ein Motorrad als brüllenden Löwen der Freiheit vor, dann ist das Pedalo ein Vogel, der über die Welt hinweggleitet, anstatt hindurchzustürmen. Auf einer Brücke entdeckt Red irgendwann weiße Schrift, die sich in teils dicken, teils verschnörkelten oder auch kaum leserlichen Buchstaben von den dunklen Steinen abhebt:

VOM SCHEISSHAUS ZUM HERRENHAUS
DAS KIND KEHRT WIEDER, DER ALBTRAUM
WIRD FOLGEN
KNIET ALLE NIEDER VOR TERMINAS

Sie hat keine Ahnung, was das bedeuten soll.

Stille Sträßchen mit Ziegelpflaster, Gassen, in denen bunte Laternen hängen. Ecken, in denen nachts sicher alles strahlt, die jetzt am Tag aber verschlafen wirken. Überfüllte Wohnblocks, lang gezogene Reihenhausketten, dann wird die Optik nach und nach immer einheitlicher, schlichter, von vertrauten Punkten durchsetzt. Sie fahren an Zäunen vorbei, hinter denen auf kargen Flächen riesige Zweckbauten aufragen, an Straßen, die nirgendwohin zu führen scheinen. Niemals hätte Red gedacht, dass es in einem Königreich mit vierundzwanzig Millionen Einwohnern so viel Leere geben könnte.

Schließlich hält Fin an einer breiten Schotterstraße an, neben der ein Tor aufragt. Dahinter steht ein höchst merkwürdiges Gebilde. Gestrüpp und Himmel halten sich hier die Waage.

»Weißt du, was das für ein Gebäude ist?«, fragt Fin.

Red sieht es sich genauer an. Die Mauern sind rostrot, die hohen, irgendwie trostlos wirkenden Fenster von hübschem cremeweißem Stein eingefasst. Mehrere Türmchen und Zinnen verleihen ihm eine geheimnisvolle, beinahe prunkhafte Aura. Und es steht dort ganz allein, wundervoll in seiner Einsamkeit.

»Eine Art verlassenes Schloss?«, rät Red hilflos.

»Das ist eine Kläranlage.«

Ungläubig starrt sie Fin an.

»Ist so«, versichert die ungerührt. »Genau hier, unter unseren Füßen, läuft das größte Abwassersystem des ganzen Bezirks zusammen.«

»Aber … sie sieht aus wie eine *Kirche.*«

Fin breitet theatralisch die Arme aus. »Die Kirche des Heiligen Klärus.«

»Heilige Scheiße.«

Fin wirft ihr einen begeisterten Blick zu. »Du hast einen Witz gemacht!«, kräht sie. »Und er war auch noch gut! Kaum zu glauben. Warum haben wir das nicht aufgezeichnet?«

»Ich bin witzig.«

»Das stimmt«, nickt Fin. »Allerdings meistens ungewollt.«

»Du kennst mich doch kaum«, setzt Red sich zur Wehr, obwohl sie nicht im Geringsten gekränkt ist.

»Richtig. Das zu ändern, ist schließlich Sinn und Zweck des heutigen Tages, nicht wahr?«, stellt Fin grinsend fest. »Und jetzt komm, ich will dir noch etwas anderes zeigen.«

Sie fahren durch Brachland, vorbei an Beton und Stahl, unter sich kreuzenden Metallträgern hindurch, die krasse Muster in den endlosen Himmel zeichnen. Der Mensch liebt Muster, darin ist er ganz ein Wesen der Natur, denn auch die Natur liebt wiederkehrende Strukturen. Fast schon verzweifelt drückt er der Erde seinen Stempel auf. Kontrolliert man etwas, so besitzt man es, meint er – doch vielleicht liegen Schönheit, Schmerz und Leben gerade in den Dingen, die er nicht kontrollieren kann.

Fin führt sie zu einer Reihe merkwürdiger Metallgebilde, die tief in den ausgehöhlten Boden eingelassen sind. Durch ein riesiges Stahltor strömt massenweise Wasser, brüllend und glitzernd, von Sonnenfunken durchsetzt. Zu beiden Seiten des Tores ragen Gerüststiegen auf, auf denen die Kontrollmechanik des Tores untergebracht ist, die mehr oder weniger aussieht wie ein überdimensionierter Schalter. Jeder dieser Schalter scheint ungefähr so groß zu sein wie Red.

Eingelassen sind die Gerüste in massive Betonblöcke, die durch die Wasserflecken eine ganz eigene Maserung bekommen haben. Dunkle Ringe ziehen sich über die Blöcke und zeigen, wie über Monate, Jahre und Jahrzehnte hinweg der Wasserstand angestiegen und wieder gefallen ist, hoch und runter, wieder und wieder. Alles verändert sich, das ist die Botschaft. Selbst so beständig wirkende Dinge wie Beton werden durch ihre Umwelt stetig verändert.

Das alles hier gab es schon, bevor Red geboren wurde, und es wird auch noch hier sein, wenn sie lange tot ist. Und es wurde von ihresgleichen erschaffen, von einer Menge zerbrechlicher, vergänglicher Menschenwesen, die Dinge bauten, welche so viel länger Bestand haben als sie selbst und die das Leben vieler anderer vergänglicher Menschenwesen beeinflussen und so durch die Zeit nachwirken.

»Wozu ist das alles da?«, fragt Red neugierig.

»Hat irgendwas mit Wasserkraft zu tun.«

»Aber was genau? Was passiert hier?«

Fin zuckt nur mit den Schultern.

Auch eine Art Magie, nur eben aus Beton und Stahl erschaffen. Eine langsamere Art, die Elemente gefügig zu machen, sie einem bestimmten Zweck zu unterwerfen.

»Setzen wir uns doch ein bisschen hin und verschnaufen«, schlägt Fin vor. »Ich habe etwas zu trinken dabei.«

Sie suchen sich eine der Gerüststiegen aus, klettern hinauf und lassen dann die Beine über dem rauschenden Wasser baumeln. Fin gibt Red eine offene Feldflasche und die nimmt dankbar einen großen Schluck Bier.

Fin seufzt zufrieden. »Dann hat sich dein leidenschaftlichster Wunsch also endlich erfüllt«, stellt sie fest.

Red sieht sie erschrocken an.

»Ein Ritter zu werden«, präzisiert Fin.

»Oh.« Red versucht, möglichst gelassen zu wirken, während die Erinnerung an Wylls warme, tastende Zunge ihr Gehirn lahmlegt. »Ja, schätze schon.«

»Was kommt als Nächstes?«

Achselzuckend meint Red: »Was immer das Herz begehrt.«

Mit einem leisen Lachen bohrt Fin weiter: »Und was wäre das in deinem Fall?«

»Keine Ahnung. Ich war noch nie gut darin, weit vorauszuplanen.«

»Achtung, so etwas kommt meist schleichend.« Fin setzt die Flasche an und nimmt einen großen Schluck.

»Sprichst du da aus Erfahrung?«

»Ha! Zu clever, die Kleine, einfach zu clever.« Fin wirft ihr einen prüfenden Blick zu. »Also, was hat das alles hier zu bedeuten? Warum wolltest du mit mir losziehen?«

Red hält sich krampfhaft an ihrer Flasche fest. »Ich musste einfach mal raus.«

Fin nickt. »Verstehe ich gut. Unser glorreiches, ach so privilegiertes Leben hat auch gewisse Nachteile.« Fragend legt sie den Kopf schief. »Oder ist da noch etwas anderes im Busch? Du kannst dich mir anvertrauen, wenn es dir hilft. Wir haben keine gemeinsamen Bekannten, wem sollte ich es also groß erzählen?«

»Einen gemeinsamen Bekannten haben wir.«

»Wen?«

»Du kennst doch«, mühsam hält sich Red davon ab, seinen Vornamen zu sagen, was zu vertraut gewirkt hätte, »den Hexenritter, oder nicht?«

Fin winkt ab. »Ach, seine Geheimnisse sind wohl die bestgehüteten von ganz Blackheart, und er hasst Klatsch und Tratsch. Ja, wir sind uns eine Zeit lang häufiger über den Weg gelaufen, aber ich würde nicht behaupten, dass ich ihn *kenne*. Die Caballaria liebt ihn, er allerdings scheint diese Welt eher zu verabscheuen. Ich bin mir nicht einmal sicher, ob er bei Hofe richtige Freunde hat.«

»Er hat den König«, stellt Red vage fest.

Von einem Moment auf den anderen scheint Fin alle Schutzschilde hochzufahren. »Ja, das mag sein.«

»Ich habe gehört, dass jeder, der an den König herankommen will, erst mal an seinem Streiter vorbeimuss.«

»So ist es.«

»Und stimmt es, dass der König Cair Lleon seit Jahren nicht mehr verlassen hat?«

»Weißt du was?«, schlägt Fin abrupt vor. »Das sage ich dir nur, wenn du mir vorher eine Frage beantwortest, und zwar so ehrlich wie möglich. Sonst läuft da gar nichts.«

Herausfordernd sieht sie Red an.

»Okay, ich mache mit«, stimmt Red vorsichtig zu.

»Wenn du hier und jetzt einen Wunsch frei hättest, egal was, ohne Verpflichtungen, ohne Konsequenzen fürchten zu müssen, einfach so – was würdest du dir wünschen?«

»Du zuerst.«

Fin hebt ihre Flasche und prostet den gurgelnden Wassermassen zu. »Ich würde mir wünschen, mich niemals verlieben zu können.«

Mit einem überraschten Pfiff stellt Red fest: »Das ist ja mal was!«

»Aber zweifellos sehr nützlich.« Fin zwinkert ihr zu, doch es wirkt irgendwie trostlos.

»Um wen geht es?«

»Sage ich dir nicht. Du bist dran.«

Red starrt zu dem monströsen Gerüst auf der anderen Seite hinüber. »Ich würde gerne spurlos verschwinden.«

Sie ist sich nicht sicher, ob es an Fin oder an dem Bier liegt, dass sie so gnadenlos ehrlich antwortet.

Wie ein Scheinwerfer scheint Fins Blick sie zu durchleuchten. »Da bist du ja in der richtigen Stadt gelandet.«

Red antwortet nicht.

»Allerdings entscheiden sich Menschen, die spurlos verschwinden wollen, wohl eher selten dafür, sich den unzähligen Blicken in der Arena auszusetzen.«

»Kämpfen ist das Einzige, was ich wirklich gut kann.«

»Na ja, auf dieser Party habe ich dich tanzen gesehen. Das war auch nicht schlecht. Zumindest für jemanden, der ganz high war vom Glitzerstaub.« Fin lacht laut auf, als Red das Gesicht verzieht.

»Ich war nicht high.«

»Dann bewegst du dich in nüchternem Zustand also auch so?«

»Spötterin.«

Fin schnappt hörbar nach Luft. »Vorsicht, sonst wird es beleidigend.«

»Wie man in den Wald hineinruft …«

»Oh, ich beleidige nur Menschen, von denen ich gemocht

werden will«, erklärt Fin mit entwaffnender Ehrlichkeit. »Mich und London. Du musst London ebenfalls mögen, Nordlicht.«

Doch Red schüttelt ablehnend den Kopf. »Ich gehöre nicht hierher.«

»So funktioniert das aber nicht. Du bist hier, also bist du ein Teil von London. Und überhaupt: Wer nicht zu London gehören will, sieht es sich bestimmt nicht mit diesem Ausdruck in den Augen an, den ich schon den ganzen Tag bei dir feststellen konnte.«

»Und was für ein Ausdruck war da in meinen Augen?«

»Als könntest du nicht genug davon kriegen. Du hast dein Herz schon halb verloren. Jetzt zieh es auch durch.«

»Und was genau soll das heißen?«

Fin grinst breit. »Du musst auch *unter* ihre vielen Röcke blicken. Die meisten Menschen machen sich nicht die Mühe, die verborgenen Seiten aufzudecken. Die Straßen, durch die sie jeden Tag laufen, die Büros, in denen sie arbeiten, die Häuser, in denen sie essen und schlafen – für die meisten ist das schon alles im Leben. Man hat sie nie gelehrt, mehr wahrzunehmen als das. Was eine echte Tragödie ist. Ihnen entgeht dadurch so viel Wundervolles, obwohl es sie ständig umgibt. Wenn sie sich nur die Zeit nehmen würden, richtig hinzusehen …«

Fins Blick scheint in weite Ferne zu schweifen.

»Mut zum Risiko, darum geht es«, fährt sie beinahe verträumt fort. »Uns beiden steckt das im Blut, dir und mir. Es erhält uns am Leben. Würde ich immer nur auf Nummer sicher gehen, würde ich nie all diese Herrlichkeiten entdecken. Nimm dir, was du willst, Red, ohne Furcht. Man lebt nur einmal, und du könntest morgen schon tot sein.«

»Marvol wartet«, murmelt Red zustimmend.

»Marvol wartet auf uns alle«, nickt Fin.

Sie stoßen an, und als das Klirren ihrer Flaschen über das

Rauschen des Wassers hinweghallt, trifft Red eine Entscheidung. Sie wird das Spiel noch eine Weile laufen lassen, einfach um zu sehen, was dabei herauskommt. Zwar ist sie nicht mehr ganz sicher, was sie eigentlich will, aber sie weiß genau, was sie *nicht* will: Sie will nicht, dass Wyll stirbt.

Noch nicht. Jetzt noch nicht.

KAPITEL 33

Anwesen von Si Hektor, Senzatown

Sechs Jahre zuvor

Der Rasen ist einigermaßen gepflegt, gerade genug, um die unschönen Auswüchse der Wildnis im Zaum zu halten. Er fällt in einem sanft geschwungenen Hang vor ihnen ab, um weit unten am Waldrand auszulaufen. An seinen Rändern wachsen vereinzelte Sträucher, die ihre Beeren im Gras verteilen. Hinter einem kleinen Holztor befindet sich ein Gemüsegarten, der zurzeit unter beschämend fetten gelben Kürbissen und dichten Tomatenstauden begraben ist. Die letzte Sommerwärme hängt in der Luft, langsam senkt sich die Dämmerung herab. Von den Bäumen dringt zufriedenes Vogelgezwitscher herüber. An einem solchen Ort kann man wieder an das Gute im Menschen glauben. Es ist ein Ort, der den Geist sanft mit seiner Ruhe durchdringt.

Art lehnt sich entspannt zurück und lauscht auf das leise Knistern im Gras, das von sich nähernden Schritten stammt.

»Hey-ho, Wyllt Ambrosias«, sagt er und deutet auf den leeren Stuhl, der seinem gegenübersteht. »Möchtest du dich zu mir setzen?«

Erfreut stellt er fest, dass der Junge seit ihrer letzten Begegnung wieder etwas kräftiger geworden ist. Trotzdem werden seine Wangen wohl, wenn er irgendwann einmal aufhört zu wachsen, noch immer beinahe hohl wirken, was ihm scharf umrissene, schmale Züge verleiht.

»Woher kennst du meinen vollen Namen?«, fragt Wyll, während er sich setzt.

»Von deiner Familie«, erklärt Art schlicht.

»Du hast mit ihnen gesprochen?«

»Ja. Und sie haben endlich zugestimmt, dass es das Beste für dich ist, wenn du hierbleibst und nicht wieder zu ihnen zurückkehrst.«

Mit diesem *endlich* fügt er eine kleine, barmherzige Lüge hinzu. Wylls Familie war nur zu gerne bereit, ihn der Obhut der Bezirksbehörden von Gwanharatown zu überlassen, die den Kontakt hergestellt hatten. Sie haben keine Ahnung, wer wirklich hinter dem Ganzen steckt. Die Medien würden sich überschlagen, sollten sie je herausfinden, dass der König selbst sich um Wylls Wohlergehen sorgt, doch es wurden alle nur erdenklichen Maßnahmen getroffen, um das zu verhindern.

Der Junge lebt gut versteckt hier auf dem Anwesen von Si Hektor. Arts ehemaliger Vormund hat bereits bewiesen, wie geschickt er darin ist, andere vor neugierigen Blicken zu schützen – was nicht weiter verwunderlich ist, wenn man bedenkt, wie viel Übung er darin durch Art bekommen hat.

Wyll lässt den Blick über die Wiese schweifen und sagt nichts.

»Natürlich nur, wenn es dir recht ist«, betont Art. »Hierzubleiben.«

Er bekommt ein Achselzucken zur Antwort.

»Ich weiß, es ist ziemlich ruhig, hier draußen auf dem Land.«

Wieder ein Achselzucken. »Ruhig ist gut.«

Si Hektors Anwesen befindet sich am äußersten Rand von Senzatown, weit vom Stadtzentrum entfernt. Hier gibt es nichts außer Ackerland, grüne Hügel, Wälder, Wiesen und Weiden.

»Fehlt dir das Leben in der Stadt?«, erkundigt sich Art.

»Manchmal nehmen sie mich mit, für einen Tagesausflug.« Wyll zögert. »Ich gehe gern ins Theater.«

Art zieht eine Augenbraue hoch, gibt aber zu: »Ja, davon habe ich gehört.«

Vor einigen Wochen nahm Hektors Entourage den Jungen erstmals mit zu einer Aufführung. Während der Pause äußerte er sich verwundert darüber, wie wenig realistisch die Kulissen gestaltet seien, woraufhin man ihm in groben Zügen erklärte, dass der Realitätssinn bei einer solchen Darbietung vorübergehend außer Kraft gesetzt werden solle.

Die zweite Hälfte des Stückes war dann extrem lebensecht.

»Es war einfach dämlich«, beschwert sich Wyll nun trotzig. »Wie sie alle voller Begeisterung dieses morsche Holzteil angegafft haben, das da auf die Bühne geschoben wurde. Dabei hat das überhaupt nicht ausgesehen wie ein Pferd.«

»Also hast du ein echtes Pferd daraus gemacht«, folgert Art so gelassen wie möglich.

»Ich dachte eben, das würde den Leuten besser gefallen«, setzt sich Wyll zur Wehr.

Seine Illusion war so überzeugend, dass sie für eine wahre Sensation sorgte. In den Lokalnachrichten zeigte man sich verblüfft und entzückt darüber, dass es dem Theater gelungen sei, einen ausgewachsenen Hengst auf die winzige Bühne zu bringen, auch wenn sich niemand so ganz sicher war, wie sie das angestellt hatten.

Das war Wylls Glück – Verwirrung und Skepsis sorgten dafür, dass er nicht aufflog.

»Die Menschen gehen nicht ins Theater, um mit der Realität konfrontiert zu werden«, erklärt Art ihm nun. »Sie wollen ihr dort eher entfliehen.«

Wyll lässt sich das durch den Kopf gehen. Schließlich stellt er fest: »Es ist schon eine Weile her, dass du mich besucht hast.«

Der Junge ist überraschend direkt. Gleichzeitig ist er ziemlich still, ohne dadurch unsicher zu wirken. Zurückhaltend, aber nicht schüchtern. Nur wenige Monate sind vergangen, doch er hat schon enorme Fortschritte gemacht; kaum etwas ist geblieben von dem verschreckten Jungen, den Art in dem Keller eines heruntergekommenen Hauses aufgelesen hat.

»Ich weiß, und es tut mir leid«, entschuldigt er sich.

Mit einem trockenen Grinsen winkt Wyll ab. »So habe ich das nicht gemeint. Du bist der König, du hast viel zu tun.« Wieder lässt er den Blick über den Rasen schweifen. »Es ist schön hier. Wirklich schön.«

Art spürt, dass da noch mehr ist.

»Aber?«, fragt er deshalb.

»Wenn ich achtzehn werde, bin ich offiziell erwachsen. Dann werde ich tun können, was immer ich will.«

Art nickt bestätigend. »So ist es.«

Anstatt weiter auf das Thema einzugehen, steht Wyll auf und geht ein paar Schritte auf die Wiese hinaus. Mit dem Rücken zu Art bleibt er stehen, vollkommen reglos, und starrt Richtung Waldrand. Gerade als Art seiner Verwirrung Luft machen will, bemerkt er im Augenwinkel eine Bewegung. Lange, dünne Beine staksen aus dem Unterholz hervor. Glänzendes Fell leuchtet in den letzten Sonnenstrahlen auf.

Das Reh tritt auf die Wiese hinaus, seine Ohren zucken nervös hin und her.

Dass es in diesem Moment an diesem Ort erscheint, hat etwas so atemberaubend Perfektes an sich, dass es Art beinahe das Herz bricht, ihn all die Schönheit dieser Welt herbeisehnen lässt. Die zarten Hufe des Tieres versinken im Gras, als es sich langsam vorwärtsbewegt.

Wyll hebt die Hand und lockt es mit gekrümmtem Finger zu sich.

Furchtlos läuft das Reh auf ihn zu. Das weiße Fell an seinem Hals schimmert, die Muskeln gleiten bei jeder Bewegung hin und her. Wyll streckt den Arm aus. Das Tier ist ihm nun so nah, dass er es berühren könnte. Erstaunlicherweise schmiegt das Reh den Kopf in Wylls offene Hand. Noch erstaunlicher ist allerdings, dass seine Schnauze widerstandslos durch seine Finger gleitet.

»Dort hinten im Wald lebt eine ganze Gruppe«, erklärt Wyll leise. »Ich habe sie tagelang beobachtet, um es perfekt hinzubekommen.« Lächelnd lässt er die Hand sinken. »Natürlich sind die echten Rehe zu dumm, um mein Reh zu erkennen. Oder vielleicht sind sie auch zu schlau. Meine Nachbildung hat ja keinen Geruch. Manipuliertes Licht, nichts weiter, nur dazu gedacht, das menschliche Auge zu täuschen.«

Er klatscht in die Hände und das Reh verschwindet.

Es dauert einen Moment, bis Arts Gehirn und Augen sich einig sind und er wirklich begreift, dass es weg ist.

Wyll dreht sich zu ihm um und verschränkt abwehrend die Arme vor der Brust. Verlegenheit und Trotz spiegeln sich in seiner Miene wider.

»Eigentlich muss ich gar nicht klatschen oder so«, erklärt er, »aber die Leute finden es dann weniger seltsam. Offenbar gefällt es ihnen nicht, wenn ich Dinge einfach nur durch Gedankenkraft erscheinen oder verschwinden lasse.«

»Warum nur?«, murmelt Art sarkastisch; er kann es sich einfach nicht verkneifen. Irgendwie hat er bereits vergessen, wie außergewöhnlich und unglaublich überzeugend die Gabe dieses Jungen ist. Und wie mühelos er sie beherrscht. »Wyll … ich weiß, dass du noch minderjährig bist, aber es ist trotzdem illegal, Magie einzusetzen. Wenn du erwischt wirst …«

»Hast du gemerkt, dass dieses Reh nicht echt war?«

»Nein.« Wyll hat etwas an sich, das Art beinahe zur Aufrichtigkeit zwingt. »Aber darum geht es nicht.«

»Ich weiß, Sire. Ich wollte damit nur zeigen, dass ich mit meiner Magie Gutes schaffen kann. Schöne Dinge. Aber … ich kann auch Böses erschaffen.«

»Du sollst mich nicht Sire nennen«, protestiert Art automatisch. »Und ich habe es dir doch schon so oft gesagt, Wyll: Ich habe keine Angst vor dir.« Er mustert den schlaksigen Jungen, der schon halb zum Mann geworden ist. »In jedem von uns steckt die Kraft, Böses zu erschaffen. Man muss sich entscheiden. Entscheidet man sich dafür, wird man zu einem bestimmten Typ Mensch.«

»Der Typ Mensch, den du verabscheust«, murmelt Wyll.

Erstaunt zieht Art die Brauen hoch. Mit wem hat der Junge wohl gesprochen?

Er lehnt sich zurück. »Meiner Meinung nach gibt es in diesem Universum nur einen Weg, um sich die Loyalität der Menschen zu sichern.«

»Durch haufenweise Kohle?«, stichelt Wyll.

Art tut das mit einem Achselzucken ab. »Die Kohle kann einem irgendwann ausgehen, oder sie finden jemanden, der ihnen mehr bietet.«

»Durch Macht.«

»Jede Macht hat ihre Grenzen, außerdem weckt sie Widerstand.«

»Wie dann?«

»Indem man die Art von Mensch ist, dem andere ihre Loyalität schenken *wollen*.«

Darauf erwidert Wyll nichts. Art denkt an das Pferd im Theater, an das Reh hier auf der Wiese, und unwillkürlich fragt er sich, ob dieser Ort vielleicht einfach nur eine neue Art von Gefängnis für den Jungen ist.

»Ich glaube, in gewisser Weise weiß ich, wie du dich jetzt fühlst«, beginnt er vorsichtig, erntet aber nur skeptisches Schweigen.

»Du hast dieses … Etwas in dir, das dich einfach nicht in Ruhe lässt. Ständig zerrt es an dir, sorgt dafür, dass nichts gut genug ist, egal, was du tust oder bist. Dir reicht es nicht, einfach nur zu leben. Du musst *mehr* sein, musst *mehr* tun. Jeder Tag, an dem du nicht nach diesem *mehr* strebst, ist ein verlorener Tag, bis du irgendwann aufwachst und diese Schwere in dir spürst, die dich immer weiter in die Tiefe zieht und dich zu der Frage drängt, warum du überhaupt existierst.«

Nun starrt Wyll ihn mit offenem Mund an. »Woher weißt du das?«

Lächelnd erwidert Art: »Glaub mir, du bist nicht der Einzige, der so empfindet. Das ist der Fluch eines Verstandes, der sich über das reine Überleben hinausentwickelt hat. Wir haben uns das selbst angetan, weil wir uns unbedingt von den Tieren unterscheiden wollten. Und jetzt müssen wir mit den Konsequenzen leben.«

Wyll lässt sich wieder auf seinen Stuhl fallen. »Manchmal frage ich mich, ob ich als Reh nicht besser dran wäre.«

»Klingt ziemlich langweilig«, findet Art. »Aber es ist dein Leben, du musst selbst entscheiden, was du damit anfängst.«

Plötzlich stößt Wyll ein bellendes Lachen aus. »Nein, ist es nicht! Es gehört dir!«

Verwundert sieht Art ihn an.

»Es *gehört* mir?«, wiederholt er langsam. »Menschen können einander nicht besitzen und auch nicht das Leben eines anderen. Wer hat dir denn diese hirnverbrannte Idee eingepflanzt?«

»Meine Gefühle sind also hirnverbrannt?« Wyll springt auf und schlägt sich mit der Faust gegen die Brust. »Begreifst du es denn nicht? Du hast mir alles gegeben. Das ist schlimmer als die Abhängigkeit von meinem Pa damals, denn jetzt bin ich auch noch dankbar dafür. Ich werde erst frei sein, wenn das beglichen ist.«

»Wenn *was* beglichen ist?«, fragt Art bestürzt.

»Meine Schuld. Ich habe in diesem Keller vor mich hin vegetiert, und irgendwann wäre aus mir etwas geworden, das ... Etwas wie er. Ich weiß das. Ich habe keinen Ausweg gesehen, aber dann kamst du und hast mir diesen Ausweg verschafft. Du hast mein Leben gerettet, und nun werde ich deines retten müssen.« Wyll reißt beide Arme hoch. Diese Geste ist so voller Dramatik, so untypisch für den ruhigen, beherrschten Jungen, als den Art ihn bisher gesehen hat, dass es beinahe etwas Komisches an sich hat.

»So lautet also die Prophezeiung, Herr Wahrsager?« Bevor er es verhindern kann, ist ihm der Spruch auch schon herausgerutscht. Normalerweise wird er im übertragenen Sinne gebraucht, als sarkastischer Seitenhieb, wenn ein Besserwisser lautstark seine Meinung kundtut. In diesem Fall allerdings könnte er beinahe wörtlich gemeint sein.

Wyll lässt die Arme sinken und setzt sich wieder.

»Ich bin kein Wahrsager«, murmelt er schließlich. »Aber du bist der König. Es gibt sicher viele Leute, die dich lieber tot sehen würden, oder? Da ist es doch nur logisch, dass dein Leben irgendwann einmal gerettet werden muss.«

»Welch berauschender Optimismus«, stellt Art trocken fest. »Warum sagst du mir nicht einfach, was du wirklich willst?«

»Ich will nach Cair Lleon kommen«, platzt es aus Wyll heraus. »Um ... um dir zu dienen, so gut ich es vermag.«

Wortlos starrt Art auf die dämmrige Wiese hinaus. Ein beklemmender Sog scheint sein Innerstes zu erfassen. Dieses Gefühl überkommt ihn immer, wenn die Möglichkeiten weniger und weniger werden, bis schließlich nur ein einziger, unausweichlicher Schluss übrig bleibt.

»Warum?«, fragt er schließlich. »Weil du glaubst, mir etwas schuldig zu sein?«

»Es ist nicht nur das. Du bist der erste Herrscher, der ... der Mitgefühl zeigt.« Offenbar ist Wyll bewusst, dass er sich auf dünnes Eis begibt, denn er fährt hastig fort: »Nachdem mein

Vater … Danach wurde für uns alles viel schlimmer. Uther hat die Registrierung der Gottgleichen eingeführt, oder nicht? Angeblich sollte uns das zu mehr Legitimität verhelfen, aber es hat das genaue Gegenteil bewirkt. Und diese Jäger, die auf uns angesetzt werden? Die Waffen Gottes?« Er holt tief Luft. »Das war die Strafe dafür, Sire.«

Was hat der Junge gelesen, und wer hat ihn so etwas lesen lassen, verdammt?

»Ich kenne unsere Geschichte«, fährt Wyll fort. »Ich weiß alles darüber. Aber das ist so lange her, und wir haben dafür gebüßt. Wir haben *genug* gebüßt. Es ist einfach ungerecht, uns immer weiter leiden zu lassen für jahrhundertealte Vergehen, an denen wir gar nicht beteiligt waren. Wir werden angespuckt und geschlagen, man lässt nicht zu, dass wir erfolgreich sind, und das alles nur, weil wir sind, was wir nun einmal sind. Ich hatte nie eine Wahl. Ich wurde nie gefragt, ob ich ein Gottgleicher sein möchte, oder? Es ist einfach so. Ich wurde so geboren. Damit muss ich leben, und entweder finde ich einen Weg, damit glücklich zu werden, oder ich werde mich mein Leben lang selbst hassen. Wie kann man das von mir verlangen? Warum kann ich nicht einfach … nützlich sein? Warum kann ich nicht gut sein? Du hast es doch gesagt. *Du* hast gesagt, ich könnte gut sein.«

Betroffen schließt Art die Augen.

In Wyll brennt der leidenschaftliche Idealismus der Jugend, befeuert von überwältigendem Schmerz. »Ich weiß, dass du keiner von uns bist, aber du könntest etwas ändern! Alles könnte anders werden, besser werden. Und ich könnte dir dabei helfen.«

»Nein.«

Stille breitet sich aus.

»Aber …«, setzt Wyll erneut an.

»Nein. Auf gar keinen Fall. Hast du mich verstanden? Das wird nicht passieren, niemals.« Art versucht angestrengt, die Ruhe zu bewahren. »Aus der Verbrüderung unserer Väter ist etwas hervorgegangen, was ich mit aller Kraft rückgängig zu machen versucht habe. Wie würde es da wohl aussehen, wenn plötzlich du an meiner Seite auftauchst?«

Als würde die Geschichte sich wiederholen – so würde das aussehen.

»Nicht an deiner Seite.« Wyll bleibt hartnäckig. »Nur irgendwo in deiner Nähe. Im Hintergrund. Als dein Helfer und Beschützer.«

Hat es so etwa auch bei Uther und Edler angefangen? Mit Schutz? Beistand? Guten Absichten?

»Nein«, betont Art noch einmal. »Ich möchte, dass du dich vom Hof fernhältst.«

Ich möchte, dass du dich von mir fernhältst.

Wyll presst die Lippen zusammen, und seine Miene verfinstert sich.

Was Art nur weiter bestärkt. »Das ist keine Bitte, Wyll.«

»Dann lass mich kämpfen lernen«, antwortet der prompt.

Der plötzliche Themenwechsel wirft Art etwas aus der Bahn. »Wozu?«

»Ich will in die Caballaria eintreten.«

Art zögert. Technisch gesehen spricht nichts dagegen, dass ein Gottgleicher dem Ritterorden beitritt, doch es ist so außergewöhnlich, dass er ebenso gut versuchen könnte, die Sonne zu erobern. Kein Kämpfender würde jemals gegen einen Gegner antreten, der magische Fähigkeiten besitzt.

»Das wird vermutlich sehr schwierig werden«, sagt er vorsichtig.

Wyll zuckt nur mit den Schultern. »Du bist der König. Du könntest es leichter machen, oder nicht?«

Art lacht laut auf. »Ich fürchte, da überschätzt du meine Macht ein wenig.«

»Liegt es daran, dass du uns hasst?«

»Wie bitte?«

»Ich würde es dir nicht übel nehmen«, fährt Wyll hastig fort, »nach allem, was mein Vater getan hat. Ehrlich nicht. Aber ich bin nicht wie er. So *bin* ich nicht.«

Nie geweinte Tränen ersticken seine Stimme, und er hält inne.

Er ist Arts Geist, sein Spiegel, sein lebendes Mahnmal.

»Das ist kompliziert«, sagt Art sanft. »Ein solcher Versuch könnte lange dauern.«

Wyll schnieft kurz, dann drängt er die Tränen zurück. »Na ja, ich kann mich sowieso erst mit achtzehn bei der Caballaria bewerben, richtig? Du hast also mehr als ein Jahr Zeit.«

Nun schwingt leises Bedauern in Arts Lachen mit.

Doch es bleibt wirklich noch Zeit, tröstet sich Art. Zeit, in der Wyll weiter heranwachsen wird, sich verändern wird und vielleicht das Interesse an dieser imaginären Schuld verliert. Schließlich muss niemand erfahren, wer er ist. Er hat die Möglichkeit, seine Vergangenheit hinter sich zu lassen – im Gegensatz zu Art, dem das immer verwehrt geblieben ist. Der Junge weiß nicht, wie viele verschiedene Wege ihm das Leben präsentiert, weil ihm all diese Wahlmöglichkeiten nie aufgezeigt wurden. Art wird sie ihm zeigen, und wenn er damit fertig ist, wird Wyll nie wieder auch nur einen Fuß nach London setzen wollen, geschweige denn bei Hofe auftauchen.

Es wird Zeit, ihn fortzuschicken. Fort von den Menschen, die ihn als Waffe missbrauchen könnten, fort von dem König, der in seinen dunkelsten Stunden den Drang verspürt, das ebenfalls zu tun.

Nur so ist er geschützt. Es ist das einzig Richtige.

Art räuspert sich kurz, dann fragt er: »Hattest du eigentlich nie den Wunsch, auf Reisen zu gehen?«

KAPITEL 34

Stredforthe, Marvoltown

Eine Woche zuvor

»'n Abend, Si Red.«

»'n Abend, Ford.« Red zieht die Autotür mit einem dumpfen Knall hinter sich zu.

»Es könnte heute etwas dauern, nach Marvoltown reinzukommen, da findet momentan das Herbstfest statt«, erklärt ihr Ford, während sie über den Spittelgrounds Boulevard fahren.

»Wirklich?« Red begreift nicht ganz, was daran wichtig sein soll.

»Allerdings, ja. Ich habe Si Wyll wissen lassen, dass Sie etwas später kommen werden als sonst.«

Der Wagen gleitet in die dunklen Straßen hinaus.

»Dann bringen Sie mich also nach Marvoltown«, stellt Red nach kurzem Schweigen fest.

»Nach Stredforthe, um genau zu sein«, erklärt Ford. »Bisschen trist, diese Ecke, wenn Sie mich fragen. Ich bevorzuge inzwischen die familienfreundlichen Viertel. Aber ich verstehe schon, warum Si Wyll es so eingerichtet hat.«

»Hm.«

Ford ist nicht dumm. Er würde nie gegen die Verschwiegenheitsforderungen des Hexenritters verstoßen, indem er achtlos den Standort ihrer privaten Trainingshalle ausplaudert. Offenbar wurde ihm gesagt, dass es okay ist.

Aber warum?

Eine Weile fahren sie schweigend weiter, dann lässt Ford erneut ihre Alarmglocken schrillen, als er ihr voller Begeisterung beschreibt, in welcher Form er heute noch an den Feierlichkeiten in Marvoltown teilzunehmen gedenkt. Er zählt ein so ungeheuerliches Programm auf, dass Red ihn scherzhaft fragt, ob ihm da überhaupt noch genug Zeit bleiben wird, um sie wieder abzuholen.

»Oh, ich werde Sie heute nicht abholen, Si. Man hat mir gesagt, das sei nicht nötig.«

Red versucht angestrengt, die aufsteigende Nervosität zu unterdrücken. Weil man davon ausgeht, dass sie über Nacht bleibt? Oder weil sie nie wieder zurückkommen wird?

Tote brauchen keinen Fahrdienst, raunt ihr die Paranoia leise zu.

Den Rest der Fahrt verbringt Red damit, mithilfe der Lektionen der Stille die Anspannung in ihrem Innern zu lösen. Als sie ihr Ziel erreichen, ist sie um einiges ruhiger. Sie ist bereit.

Dann öffnet er ihr die Tür, und das erste Mal seit Wochen steht sie ihm gegenüber.

Scheiße, sieht er gut aus. Scheiße, Scheiße, Scheiße.

»Komm rein.«

Sie tritt über die Schwelle, spürt ihn hinter sich in der Dunkelheit. Ihr verräterisches Hirn schickt ihr ein Bild: er, nackt und stöhnend unter ihr.

Die Tür fällt mit einem bedrohlichen Klicken ins Schloss.

»Heute versuchen wir etwas anderes«, erklärt er ihr. »Folge mir.«

Er geht voraus, und trotz der spärlichen Beleuchtung verrät seine Haltung deutlich, dass er sämtliche Schotten dicht gemacht hat. Wortlos führt er sie auf eine Seite der riesigen Halle. Schweigend ragen die Maschinen auf, warten auf ihren Einsatz. Die riesigen Monster könnten sie fressen, wenn sie ihnen zu nahe kommt, die Kolben könnten sich stampfend in Bewegung setzen, genährt durch ihr Fleisch. Hinter den düsteren, massigen Schemen ist die Wand mit einem großen Tuch verhängt. Der Hexenritter bleibt an einer Seite des Tuches stehen, direkt neben einer langen Metallwinde.

»Hast du schon einmal eine Galdor-Wand gesehen?«, fragt er.

Red schüttelt den Kopf.

Er greift nach der Winde und beginnt, sie zu drehen. Oben an der Mauer setzen sich Metallarme in Bewegung, packen das Tuch und ziehen es langsam in die Höhe.

Unter dem Stoff kommt ein grelles Chaos aus leuchtenden Farben zum Vorschein. Die ganze Wand ist damit bedeckt: winzige Buchstaben in geisterhaftem Weiß, in weiten Schwüngen hingeschmierte Gedichte, einzelne Liedzeilen, vollkommen sinnlos aneinandergereihte Sätze, fette Worte in Regenbogenfarben, so groß wie ein Pferd. Fast drei Meter hohe grüne und gelbe Mäuse tanzen um ein Feuer herum; karikaturenhaft dargestellte Ritter streiten sich um Schwerter. Schmale Mädchen in Gardeuniform mit gezückten Pistolen, kleine Jungen mit Affenköpfen, Katzen mit sieben Beinen und weisem Blick. Gesichter, Sonnenuntergänge, Blut, Schwerter, Schädel, Blumen, Stiefel, Häuserzeilen, Sonnen und Monde. Namen und Zahlen, die sich unendlich oft wiederholen und noch in die kleinste Lücke zwischen den Kunstwerken hineingequetscht wurden.

Galdor-Wände findet man in allen Bezirken Londons. Kahle Wände aus Ziegelstein, Metall, Beton oder Glas in Gassen und Tunneln oder Bahnhöfen, an Wohnhäusern oder aufgegebenen Lagerhäusern, ja, manchmal sogar der Boden – alles wird mit Bildern und Botschaften bemalt. Manche dieser Wände sind uralt und werden sorgsam erhalten, sozusagen als Fenster in die Vergangenheit. Andere sind noch aktiv, und Teile von ihnen werden regelmäßig übermalt, um Platz für neue Zeichen zu schaffen. Oft werden auch ältere Bilder von neuen Künstlern mit einbezogen oder ergänzt. Eine aktive Wand verändert sich im Laufe der Monate stetig.

Man sagt, nur Gottgleiche könnten solche Galdor-Wände erschaffen. Angeblich erkennen sie auf den ersten Blick, was von einem Gewöhnlichen gemalt wurde. Das wird dann sofort entfernt. Unter den Gewöhnlichen wiederum finden sich jene, die behaupten, diese Wände enthielten gefährliche, verschlüsselte Botschaften, und die ihre sofortige Vernichtung fordern. Andere sehen darin Prophezeiungen oder Kunstwerke und wollen sie erhalten. Aber für die meisten sind sie nichts weiter als sinnlose Schmierereien gelangweilter Kreativer oder halb wahnsinniger Wahrsager. So oder so ist es zwecklos, sie zu zerstören, da ständig neue auftauchen. In London gibt es unendlich viele Flächen, die man bemalen kann.

Red starrt wie in Trance auf die Wand. Es würde Stunden dauern, sich alles genau anzusehen.

»Sie ist schon alt«, erklärt ihr der Hexenritter leise. »Seit Jahrzehnten ist hier nichts mehr hinzugefügt worden. Und vermutlich gehört sie zu den geheimnisvolleren, da sie sich in einem verlassenen Gebäude befindet.«

»Kennst du die Bedeutung der einzelnen Bilder?«

Er lässt die Winde los und tritt einen Schritt zurück, um die Wand zu betrachten. Sobald er sich ihr nähert, erwacht eine beinahe schmerzliche Gier in Red.

»Dieses hier.« Er zeigt auf einen Schriftzug. »Das wurde wohl von Lailoken gemalt. Hast du schon von ihm gehört? Angeblich gehört er zu den mächtigsten Wahrsagern der letzten hundert Jahre. Manche Gelehrte halten es für eine Prophezeiung, die sich auf unseren aktuellen König bezieht.« Er schnaubt abfällig.

Red streicht mit den Fingern über die Worte.

DAS VERGESSENE KIND
WIRD DAS SCHWERT ERRINGEN
UND LONDON WIRD BLUTEN

»Die Galdor-Wände verlieren an Lebendigkeit«, sagt der Ritter, ohne den Blick von der Mauer zu wenden. »Es gibt immer weniger aktive Wände, und auch diese werden nicht mehr halb so oft aktualisiert wie früher.«

»Warum ist das so?«

Er verschränkt die Arme vor der Brust. »Weil es immer weniger Gottgleiche gibt, die Zahlen gehen schon seit einiger Zeit zurück. Die Geburtenrate von unseresgleichen sinkt. Es wird eine magiefreie Welt herangezüchtet. Bald kann man uns zu den bedrohten Arten zählen.« Sein Zorn, den er normalerweise so stark unter Kontrolle hat, dass er kaum sichtbar wird, tritt nun erschreckend klar zutage. »Lieber haben sie eine Welt ohne Magie, als ein Element in ihrer Welt zu dulden, das nicht ganz und gar ihnen gehört. Sie sind wie verzogene Kleinkinder, die immer das beste Spielzeug für sich beanspruchen, damit es kein anderer bekommt. Wir müssen an der kurzen Leine gehalten werden. Als wären wir ihre Schoßhunde.«

Red beobachtet ihn wachsam. Bis jetzt ist es ihr unlogisch vorgekommen, dass er sie die Kontrolle über das eine lehren will, was sie zu einer noch größeren Bedrohung werden lässt, aber langsam beginnt sie zu begreifen.

»Du willst mir nicht beibringen, meine Magie zu zügeln«, folgert sie. »Du willst mich mit einer neuen Waffe ausstatten.«

Finster sieht der Ritter sie an. »Ich will einfach etwas tun – irgendetwas –, um unseren Verfall zu stoppen. Deine Fähigkeiten sollten nicht hinter Mauern weggesperrt werden, wo sie irgendwann verfaulen. Sie sollten gefördert werden. Sonst geht wieder nur ein Talent verloren, ein Leben. Und wofür? Damit wir alle immer eindimensionaler werden? Immer gewöhnlicher?«

»Ich habe kein Interesse daran, mich an einer politischen Revolte zu beteiligen, oder was auch immer das hier werden soll.« Sie widersetzt sich dem Impuls, vor ihm zurückzuweichen. »Ich bin nur aus einem einzigen Grund hier.«

Jetzt erst wendet sich der Ritter ihr ganz zu. »Und der wäre?«

Tod.

»Die Ritterwürde«, sagt sie.

»Ein Ritter zu sein, ist nicht alles, Red.«

»Du hast leicht reden. Du hast ja schon, was du wolltest.«

»Es ist ein einsames Leben«, erwidert er. »Ist dir das denn nicht klar? Man wird verehrt oder man wird gehasst. Es ist ermüdend.«

»Sicher doch«, höhnt Red. »Aber ein Teil von dir liebt es – den Hass ebenso wie die Verehrung. Macht in gewisser Weise auch alles einfacher, oder? Wenigstens bleibt so jeder auf Distanz.«

Er sagt nichts, doch sie sieht ihm an, dass sie ins Schwarze getroffen hat.

Vielleicht hat seine Suche nach anderen Gottgleichen ja überhaupt nichts mit dem zu tun, was die Paranoiker ihm immer unterstellen: dass er eine magische Armee erschaffen und irgendwann die Kontrolle über London an sich reißen wolle. Vielleicht ist Kontrolle vielmehr das Gegenteil dessen, was er anstrebt.

»Warum bist du wirklich hier, Red?«, fragt er unvermittelt.

»Um von dir zu lernen, wie …«

»Nein.« Grob fällt er ihr ins Wort. »Du hast eine Menge riskiert, um es bis hierher zu schaffen, sicherlich noch viel mehr als irgendjemand ahnt. Warum? Geht es dir bloß um die Aufmerksamkeit, um ein spektakuläres Debüt?«

»Nein, ich …«

»Ich bin nicht der Einzige hier, der Geheimnisse mit sich herumschleppt. Warum bist du hier? Warum drängst du dich in mein Leben?«

Wie eine Würgeschlange hält seine konzentrierte Aufmerksamkeit sie gefangen, drückt gegen ihren Körper, immer fester, bis sie meint, ihre Rippen müssten brechen.

Sie gibt auf. »Ich weiß es nicht! Ich weiß es nicht!«

»Willst du meine Bekanntheit ausnutzen, um selbst berühmt zu werden? Ist es das?«

»Das ist mir vollkommen egal! Die haben gesagt, die lokalen Auswahlkämpfe würden gar nicht aufgezeichnet werden. Ich wollte nicht auf den verdammten Leuchtschirmen landen und über den Himmel flackern. Du hast mir gesagt, dass ich niemandem von unseren Übungsstunden erzählen darf, und ich habe mich daran gehalten. Ich will einfach nur …«

»*Was* willst du?« Groß ragt der Mann vor ihr auf, unbestreitbar ein Mann, kein Junge mehr. Jetzt, wo er lebendig und schwer atmend vor ihr steht, kommen Red ihre Fantasien nur noch kindisch vor.

»Dir beweisen, dass ich deine Aufmerksamkeit verdient habe. Nicht die Aufmerksamkeit irgendwelcher Fremden, sondern deine. Ich wäre auch ganz allein gegen dich angetreten, wenn das möglich gewesen wäre, aber dieser Auswahlkampf war nun einmal meine einzige Chance.« Red zögert kurz. »Du kannst mich jetzt gerne auslachen, wenn du willst. Kannst mich als arrogantes Würstchen beschimpfen und mich rausschmeißen.«

Der Hexenritter mustert sie durchdringend.

»Und wenn ich von dir verlangen würde, auf alles zu schwören, was dir lieb und teuer ist, meinen Namen niemals irgendjemandem gegenüber zu erwähnen, egal wie sehr du ihm auch traust?«

»Ich würde es tun.«

Vollkommen ausdruckslos erwidert er: »Ich glaube dir nicht.«

»Ich würde es tun, weil ich den Kampf bereits verloren habe«, faucht Red ihn an. Ihre Nerven liegen blank. »Weil ich alles versucht habe, aber trotzdem ständig dieses Ziehen im Bauch habe, wenn ich an dich denke. Weil diese eine Nachricht von dir nach meinem ersten Ausbildungstag mich fast hat durchdrehen lassen, aber dann kam nichts mehr von dir, nie wieder, und ich konnte einfach nicht begreifen, warum ich überhaupt noch etwas von dir hören wollte. Weil es mich bis ins Mark getroffen hat, als du nicht zu meinem ersten Kampf erschienen bist, und auch da habe ich nicht kapiert, warum es so war. Ich habe dich dafür gehasst, dass du mir nach dem geplatzten Kampf den Hintern gerettet hast. Ich habe mich vor allen erniedrigt, aber nur bei dir hat es mir etwas ausgemacht. Und eigentlich hätte ich dir sagen sollen, dass ich deine Hilfe nicht will, hätte mich ehrenvoll verhalten und den Schlag einstecken sollen, aber das konnte ich einfach nicht. Ich konnte es nicht, weil ich dann jede Möglichkeit verloren hätte, in deiner Nähe zu sein. Also bin ich deinetwegen zu einem Feigling geworden, und dafür hasse ich mich selbst. Und ich hasse es, dass ich mir mehr als reines Training erhofft habe, als ich heute hierherkam, ich hasse es, dass ich dir das alles sage, denn so erniedrige ich mich vor dir nur immer weiter, und du stehst einfach nur da und siehst mir dabei zu, dabei weiß ich noch nicht einmal, ob du mich überhaupt willst oder nur irgendwelche Spielchen mit mir spielst. Doch selbst wenn es so wäre, würde ich es geschehen lassen, denn vielleicht könnte ich dir dann wenigstens noch nahe sein …«

Sie hält inne. Der Druck in ihrer Brust ist unerträglich. So etwas hat sie noch nie gespürt. Was, bei allen sieben Höllen, tut sie sich hier eigentlich an?

»Sag mir nicht, ich soll mich von dir fernhalten«, flüstert sie. »Denn das kann ich nicht.«

Es ist die Wahrheit, das spürt sie. Und es lindert den Schmerz.

»Red.«

Ihren Namen aus seinem Mund zu hören, löst ein wundervolles Schaudern in ihr aus.

»Ich … will einfach nicht von dir ausgenutzt werden.«

Unsicher klingt er, beinahe verloren.

»Und ich will nicht von dir ausgenutzt werden«, erwidert sie. Auch das ist wahr, das spürt sie. Vielleicht nur in diesem Moment. Vielleicht ist das aber schon genug.

»Komm näher«, fordert sie, einfach um zu sehen, ob er es tut.

Ein Schauer scheint ihn zu erfassen, doch dann kommt er zu ihr. Diesmal will er sie nicht unterwerfen, doch viel anders ist es nicht, und es löst dasselbe unbeirrbare Verlangen in ihr aus. Es droht sie von den Füßen zu reißen, fühlt sich an wie ein Sturz in einen tiefen Abgrund.

Reglos stehen sie sich gegenüber, ohne sich zu berühren.

»Sag mir, dass ich dem nicht nachgeben darf«, verlangt er.

»Dann sag du mir, dass ich gehen soll«, gibt Red zurück.

»Dafür ist es jetzt zu spät. Ich sehne mich seit unserer ersten Begegnung jede Nacht nach dir.«

Sanft wie ein Kuss umschmeicheln sie seine Worte. Sie versucht zu schlucken, aber ihr Hals ist so ausgetrocknet, dass sie ebenso gut Staub hätte trinken können. Abwartend steht der Ritter vor ihr, hart und unverrückbar wie Stein. Reds Blick wandert nach unten. Bei allen Heiligen. Ja, da ist wirklich etwas hart wie Stein.

»Sagst du mir jetzt, was du willst?«, fragt er – kontrolliert wie immer, doch Red hört die unterschwellige Nervosität in seiner Stimme.

»Dich.«

»Sag es noch einmal.«

»Ich will dich.«

»Mich hast du nun. Und was willst du jetzt von mir?«

Irgendwie wird es immer schwieriger, wie ein Mensch zu atmen und nicht wie ein verschrecktes Kaninchen. Schnell, viel zu schnell.

»Einen Kuss, Si.«

Der Ritter schiebt sich auf sie zu, hält aber noch einmal inne. »Bitte, nenn mich nicht so. Einfach nur Wyll.«

Prüfend lässt sie seinen Namen über ihre Zunge gleiten. »Wyll.«

Seine nächste Frage lässt das Feuer in ihrem Inneren unaufhaltsam auflodern. »Wo soll ich dich küssen?«

Red greift nach seiner Hand und drückt sie auf die pulsierende Hitze, die zwischen ihren Schenkeln hervorzubrechen droht.

»Hier«, sagt sie leise. »Küss mich hier.«

Niemals hätte sie es für möglich gehalten, dass zwei Menschen sich reglos gegenüberstehen und einander so sehr wollen können, dass es wie eine Sturzflut aus ihnen herausströmt – ohne jede Scham, ohne jede Zurückhaltung. Ihr Atem geht so schnell, dass sie sicher bald in Ohnmacht fallen wird. Dabei haben sie sich noch nicht einmal ausgezogen.

Bei allen Heiligen.

Wyll sinkt vor ihr auf die Knie. Er lässt sich Zeit. Dann hockt er, verwundbar wie ein kleines Tier, zu ihren Füßen. Sie streckt die Hand aus, will unbedingt seine nackte Haut sehen, und gemeinsam streifen sie ihm das Hemd ab. Seine schlanken, sehnigen Finger packen Reds Gürtel, öffnen ihn, lassen die beiden Enden lose herabfallen. Dann widmen sie sich dem Knopf ihrer Hose. Leicht benommen registriert sie die Sommersprossen auf seiner Schulter. Wie ein Sternbild sehen sie aus, doch wohin wollen sie sie führen?

Er hebt den Kopf. Aus diesem Winkel scheint er starr und gleichzeitig flehend zu ihr aufzublicken. Dann öffnet er den Mund und lässt seine Zunge über sie gleiten. Ohne dass ihr Gehirn einen derartigen Befehl gegeben hätte, werden ihre Knie weich. Einen Moment lang ringt sie um ihr Gleichgewicht, bis sie sanft nach hinten geschoben wird.

»Die Wand«, murmelt Wyll. »Direkt hinter dir.«

Sie streckt die Hände aus und ertastet den kühlen Stein, spürt ihn im selben Moment auch am Rücken, vom Steißbein bis hinauf zum Kopf. Sobald sie sich angelehnt hat, kehrt seine Zunge zurück und gleitet in gleichmäßigen Zügen in sie hinein.

Wieder lässt er sich Zeit, erkundet quälend langsam jeden einzelnen Winkel. Sie folgt seiner Bewegung, reckt sich voller Erwartung, als er viel zu schnell auf den einen Punkt zusteuert, sinkt zurück, als er ein wenig nachgibt. Sein linker Arm streift ihre Hüfte, er schiebt ihre Beine auseinander, um sich ihr noch intensiver widmen zu können, verschafft sich besseren Zugang mithilfe seiner Finger. Mag sein, dass er vor ihr auf die Knie gefallen ist, aber nun ist sie diejenige, die ihm hilflos ausgeliefert ist.

Bevor sie vollständig die Kontrolle verliert, zieht sie ihn zu sich hoch und küsst ihn, hat nun ihren eigenen Geschmack auf der Zunge. Red zieht den Kopf ein, legt ihn an seine Brust. Ihre Stirn streicht über seine Haut, als sie das Kinn reckt und ihr Gesicht an seinen Hals schmiegt.

»Verrätst du mir jetzt auch, was du willst?«, fragt sie. Seine weiche Haut kitzelt ihre Lippen.

Wortlos packt er sie an den Schultern, drängt sich an sie, presst sie gegen die Mauer.

»Sag es mir«, fordert sie, knabbert sanft an seinem Hals und lässt ihre Hände nach unten wandern.

»Mach einfach weiter.« Unbeholfen stößt er die Worte hervor. »Bitte, hör nicht auf, mich zu berühren. Ich werde dir noch sagen, was ich will.«

»Versprich es mir.« Red hat seine Kehle erreicht und spürt das sanfte Zittern seines Kehlkopfs, als er leise zu stöhnen beginnt.

»Ich verspreche es«, presst er mühsam hervor.

Sie ziehen sich gegenseitig aus. Wyll hat seine Gier nun unter Kontrolle und zieht es genüsslich in die Länge. Als sie ihn packt und in sich aufnehmen will, entzieht er sich ihr. Er reizt sie, bis sie beinahe wütend wird. Dann erst dringt er in sie ein, quälend langsam, bis er so tief in ihr ist, dass der leise Schmerz sie aufschreien lässt und sie ihn beißt.

Beinahe träge ist ihr Akt dort an der Galdor-Wand, oft halten sie inne, finden zu einem neuen Rhythmus. Red versinkt vollständig, ist überwältigt von dem Genuss, ihn in sich zu spüren, in ihrer Hand, in ihrem Körper, von hinten, von vorne.

Nur ein einziges Mal wird sie für einen kurzen Moment aus diesem Taumel herausgerissen. Wyll liegt unter ihr, und sie richtet sich auf, während sie ihn reitet, öffnet die Augen. Genau über ihr prangt Lailokens Prophezeiung an der Wand. Die Worte scheinen sie regelrecht anzuspringen: *das vergessene Kind*; *London wird bluten*.

Überall Blut. Morgen erwartet sie der Tod, die einzige Gewissheit in dieser Welt. Dorthin führt ihr Weg. Dorthin führt sie das Sternbild.

»Was ist los?«, flüstert Wyll atemlos.

»Nichts«, antwortet sie schnell. »Gar nichts.«

Hastig beugt sie sich wieder über ihn, versinkt in seiner warmen Haut, auf der sich am Schlüsselbein feine Schweißtröpfchen gesammelt haben, überlässt sich seinen wundervollen, drängenden, erbarmungslosen Händen.

Wyll hat hier ein Bett stehen, ein ganz schlichtes Ding, versteckt hinter einer halbhohen Wand. Er hat ihr erklärt, dass er oft hier und nicht in seiner luxuriösen Suite im königlichen Stall von Cair Lleon übernachtet. Es gefällt ihm, wie ruhig es hier ist.

Schweißgetränkte Stunden vergehen, die Zeit teilt sich ein in verschlungene und entschlungene Körper. Während einer der kurzen entschlungenen Phasen liegt Red entspannt auf der Seite und sieht zu, wie Wyll sich mit durchgedrücktem Rücken streckt, als wäre er eine zufriedene Katze. Unter seiner Haut zeichnet sich jede einzelne Rippe ab.

»Hast du noch andere Liebschaften?«, fragt sie.

Wyll hält inne. »Wäre es dir lieber, wenn nicht?«

Red denkt kurz nach. »Ich weiß nicht.« Zögernd weicht sie seinem Blick aus. »Vielleicht magst du mich ja nicht mehr, wenn ich jetzt Ja sage.«

Das Bett bewegt sich, als Wyll heranrutscht und über ihre Wange streicht.

»Das würde rein gar nichts ändern«, versichert er ihr. »Aber da du schon fragst, kann ich es dir auch sagen. Ich habe keine anderen Liebschaften.«

»Oh.« Beiläufig fragt sie weiter: »Nicht einmal mit dem König?«

Wyll gibt ein ersticktes Würgen von sich.

»Art?«, krächzt er dann. »Das soll wohl ein Witz sein.«

Der König von ganz London wird also Art genannt. Welch kurzer, niedlicher Name für solch einen Mann.

»Ihr steht euch sehr nahe …« Red beendet den Satz nicht.

»Er ist wie ein großer Bruder für mich«, erklärt Wyll ihr sanft, »aber sicher kein Liebhaber. Du solltest nicht auf solches Geschwätz hereinfallen.«

»Tue ich nicht«, setzt sich Red zur Wehr. »Ich dachte nur … na ja … weil er eben noch unverheiratet ist.«

»Aus freien Stücken.« Wyll zuckt die Achseln. »Eigentlich

weiß ich gar nicht genau, warum. Aber allein ist er nicht, er hat schon jemanden.«

»Tatsächlich?«, fragt Red überrascht. »Wen denn?«

»Das geht einzig und allein ihn etwas an, Red.«

Sie zupft an dem Bettlaken herum. »Ich habe mich immer gefragt, wie er wohl so ist.«

»Er ist ein großer König«, erwidert Wyll prompt. »Mehr muss man über ihn nicht wissen.«

»Du liebst ihn«, stellt sie fest.

Schmunzelnd erwidert er: »Du klingst überrascht.«

»Ach, ich … Keine Ahnung. Ich habe einfach ein paar üble Dinge gehört.«

Wyll schnaubt empört. »Er ist der beste Herrscher, den London seit Ewigkeiten hatte. Die haben alle keine Ahnung, wie gut es ihnen geht.«

»Tja, wenn er einen solchen Eindruck auf dich gemacht hat, würde ich ihn schon gerne mal persönlich kennenlernen«, erwidert sie fröhlich. »Allerdings erzählt man sich, dass heutzutage niemand mehr in seine Nähe kommt.«

»Nicht, solange ich es verhindern kann.«

Lachend hält Red dagegen: »Aber du bist sein Streiter, nicht seine Leibgarde. Er hat ungefähr tausend Ritter, die ihn bewachen.«

»Und wenn die versagen, bin ich da.«

»Wie damals in Mafelon.«

Wyll reagiert nicht.

»Komm schon, dagegen kannst du jetzt wirklich nichts sagen. Das ist eine der berühmtesten Geschichten über dich.«

»Geschichten sind das eine«, erwidert er, »die Realität das andere.«

Er schließt die Augen, und Red ist klar, dass das Thema damit beendet ist. Entschlossen rollt sie sich auf den Bauch.

»Kennst du eigentlich schon deinen Spitznamen?«, fragt sie neckend.

Wyll schiebt sich eine Hand unter den Kopf und starrt zu dem Stahlgitter hinauf, das sich verschwommen im Halbdunkel unter der Decke abzeichnet. »Ich kenne so einige, und ich finde sie alle schrecklich.«

Mit einem breiten Grinsen erklärt Red: »Klar, aber der hier stammt aus einer dieser Late-Night-Shows, in der sie stundenlang darüber diskutieren, welcher Caballaria-Ritter wohl wie gut im Bett ist und ob sie ihre Waffen auch als *Freudenspender* benutzen …«

»Bitte sag mir nicht, dass du dir diesen grauenhaften Dreck tatsächlich ansiehst.«

»… und dort nennt man dich bevorzugt *pulchra belua.*«

Was in der Sprache der Caballaria so viel heißt wie *das schöne Monster.*

»Ach, der«, erwidert Wyll trocken. »Tja, ich bin weder schön, noch bin ich ein Monster, was ihn wohl zu einem ziemlich dämlichen Namen macht.«

»Oh, schön bist du. Die Leute mögen Angst vor dir haben, aber sie finden dich trotzdem schön. Und aus der Nähe betrachtet erst recht.« Nachdenklich spitzt Red die Lippen. »Dabei sollte man doch meinen, dass es andersherum wäre. Ich habe gesehen, wie manche Kämpfer mit Farbe zugekleistert werden, damit sie auf dem Bildschirm gut aussehen, aber du bist ganz ohne noch attraktiver.«

Frustrierenderweise beschließt Wyll, dieses Kompliment einfach zu ignorieren. »Bist du eigentlich zufrieden?«

Verwirrt runzelt Red die Stirn. »Was genau meinst du?«

»Mit dem, was ich vorhin mit dir gemacht habe. Hat es dir gefallen?«

Im letzten Moment gelingt es ihr, den Lachanfall in ein Husten umzuwandeln. »War das nicht offensichtlich? Ich habe Geräusche von mir gegeben, die … von denen ich nicht einmal wusste, dass ich sie in mir habe.«

»Dann spricht nur die Befriedigung aus dir«, befindet Wyll, den Blick wieder Richtung Decke gerichtet. »Nichts weiter.«

Red geht im Kopf noch einmal ihre ganze Unterhaltung durch.

»Nur damit ich das richtig verstehe«, beginnt sie dann. »Du behauptest also, du wärst kein schöner Mann.«

»Nein, ich behaupte lediglich, dass deine Sicht durch deine momentanen Empfindungen getrübt ist.«

Red streckt die Hand aus und streicht langsam über Wylls Hüfte. Er sagt nichts, schließt aber genüsslich die Augen.

»Ich denke, ich habe nie einen attraktiveren nackten Mann gesehen als dich«, verkündet sie sachlich.

Wyll seufzt schwer.

Ihre Finger wandern ein Stückchen weiter nach innen. »Prachtvoll.«

»Hör auf damit, Phrasendrescherin.«

»Ein atemberaubender Anblick.«

Das Laken unter Reds Körper spannt sich, als Wyll sich auf die Seite rollt und sie dann unter sich schiebt.

»Wenn du nicht sofort den Mund hältst, werde ich dafür sorgen, dass du still bist«, warnt er sie.

»Regelrecht *majestätisch* …«

Prompt macht er seine Drohung wahr und bringt sie durch einen Biss in die Lippe zum Schweigen. Anschließend lässt er seine Zunge folgen, und sofort spürt Red einen unmissverständlichen Druck an der Innenseite ihres Schenkels.

»Dieser Teil des Ganzen«, raunt sie leise, während sie schon wieder anfängt zu keuchen, »ist mir allerdings mit Abstand der liebste …«

»Du redest zu viel«, beschließt ihr Geliebter und macht sich daran, sie für gut eine Stunde zum Schweigen zu bringen.

Danach schmiegt er sich beinahe kindlich an sie und legt eine Hand auf ihren Bauch. Diese Hände, mit denen er sie zur Ekstase treiben kann, die so mühelos ein Schwert halten und mit denen er immer wieder seine Lippen berührt, wenn er spricht, in dieser schnellen, knappen Geste, die er vermutlich öfter vollzieht, als ihm bewusst ist.

Kaum hörbar flüstert er: »Ich bin sehr froh, dass du dich nicht von mir ferngehalten hast, Red.«

Schweigend starrt sie in die Dunkelheit.

Eine ganze Weile später wird Wylls Atem tief und gleichmäßig und zieht ihn weit hinab in den Schlaf. Wenn sie sich konzentriert, kann sie den Pulsschlag an seinem Hals spüren, das stete Pumpen seines Herzens. Menschen sind nicht mehr als Säcke voller Flüssigkeit, die sich leicht aufstechen lassen. Macht man das Loch groß genug, laufen sie vollständig aus. Ganz einfach ist das. Warum hat sie es also noch nicht getan?

Vorsichtig löst sie sich aus seiner Umarmung, rückt Zentimeter für Zentimeter von ihm ab. Wyll regt sich kurz und kuschelt sich dann in die Wärme, die von ihr im Laken zurückgeblieben ist. Red hebt ihre Kleidung vom Boden auf und zieht sich möglichst leise an. Er rührt sich nicht.

Alles wäre gut, wenn er bedeutungslos für sie wäre. Sie muss sich also nur dazu entschließen, ihn bedeutungslos zu finden.

Mit dem unheilvollen Schimmer der Galdor-Wand im Rücken mustert sie den schlafenden Wyll.

Das ist ihre Chance. Jetzt ist er verwundbar und sie sicher außerhalb seiner Reichweite. Was spielt es schon für eine Rolle, dass ihr hin und wieder die Frage im Kopf herumspukt, ob sie sich vielleicht in ihn verlieben könnte? Hals über Kopf, bis sie von diesem Rausch einfach mitgerissen wird? Na und? Hat sie etwa geglaubt, so etwas haben zu können? Hat sie wirklich geglaubt, sie wäre dafür gemacht? Ihr Dasein hat einen einzigen, simplen Zweck, und er ist ihr dabei im Weg.

Doch da ist kein Kribbeln in ihren Händen, kein innerer Drang.

Entheiligte Scheiße! Ja, er hat es ihr ziemlich besorgt, und er sieht definitiv gut aus – und nur deshalb kann sie ihn nicht erledigen? Hat er es vielleicht mehr verdient, zu leben, als andere? Gerechtigkeit gibt es nur im Märchen.

Töte ihn, du beschissener Feigling.

Töte ihn, du weinerliche, erbärmliche …

Sie hört in sich hinein, aber nichts passiert. Es kommt einfach nicht.

Sie spürt die Mauer hinter sich. All diese Botschaften, die Gesichter, berührt von unzähligen Händen, die ihre Magie, ihre Emotionen, ihr ganzes Selbst in diese Wand haben einfließen lassen. Ihre Gier, ihre Sehnsucht, Gräben zu überwinden und zu sprechen. Was werden sie über sie sagen? Was sehen sie hier vor sich? Schwäche sehen sie.

Denn verflucht noch eins, sie *mag* das alles.

Es ist nicht nur Wyll, es ist auch diese Stadt. Diese verblüffende, funkelnde, strahlende, erbarmungslose, wunderschöne Stadt mit ihrem nervenaufreibenden, dämlichen, herrlichen Lebensstil. Allein schon dieses sagenhafte Tempo treibt sie an. Diese Anhäufung von Unmöglichkeiten. Es fühlt sich an, als könnte man hier fünfzehn neue Dimensionen entdecken, zusätzlich zu den vieren, die es angeblich nur geben kann. Hier ist sie nicht die Verführerin, sondern die Verführte. Faraday hat sie gewarnt: Neugier ist der Katze Sieg, hat er gesagt. Und sie ist neugierig, so neugierig, dass es wehtut.

Aber es sollte nichts anderes für sie geben! Sie sollte nicht mehr haben als das!

Und mit diesem Gedanken kommt der Schmerz, kommt der Drang – aber er schläft weiter, unversehrt, während die Welt um sie herum brüchig wird, auseinanderfällt und all die Hässlichkeit zutage tritt, die sich hinter der Fassade verbirgt …

»Wie, bei allen sieben Höllen, hast du das gemacht?«

Wylls Stimme dringt vom Bett zu ihr herüber. Er hat sich aufgesetzt, die leichte Decke liegt in seinem Schoß. Verschlafen klingt er, aber auch unglaublich schockiert, und sein Blick geht über ihre Schulter hinweg.

Die Galdor-Wand ist zerstört. Jahrzehntealte Farbe ist zu nutzlosen Flocken zerfallen und hat sich mit dem losen Ziegelstaub zu grellen Streifen vermischt, die sich wie Blitze über den Boden ziehen. Tiefe Risse spalten die Gedichte, ganze Zeilen fehlen. Manche Gesichter sind zerfetzt. Aus Worten sind sinnlos dahindümpelnde Buchstaben geworden, deren Nachbarn spurlos verschwunden sind.

Mit starrer Miene und wild rasendem Puls dreht sich Red zu Wyll um.

»Irgendetwas stimmt nicht, oder?«, fragt er leise. »Du verbirgst etwas. Bitte sag es mir. Lass mich dir helfen.«

So viel Mitgefühl. Leidenschaftlich in jeder Hinsicht. Ganz deutlich sieht sie jetzt diese unglaubliche Leidenschaft in ihm. Kein Wunder, dass er sie mit aller Kraft unter Kontrolle hält – sie wäre sonst zu überwältigend.

Sie spürt, wie die Sehnsucht sie zurück zu ihm treibt, und reißt sich los.

»Red!« Flehend ruft er ihren Namen, während sie geht.

Doch sie bleibt nicht stehen. Wenn sie jetzt stehen bleibt, wird sie den falschen Weg wählen.

KAPITEL 35

Mafelon, Blackheart

Drei Jahre zuvor

Art ist dreiunddreißig Jahre alt, als er zum zweiten Mal Zeuge davon wird, wie ein Mensch stirbt.

Er befindet sich auf einer Abendveranstaltung der Behörde für diplomatische Angelegenheiten, einem prunkvollen Essen, bei dem Diplomaten aus allen Sieben Königreichen zusammenkommen. Lillath sitzt ihm gegenüber und unterhält den eiranianschen Würdenträger an ihrer Seite. Art weiß noch genau, dass er sich gefragt hat, was dieser Mann wohl sagen würde, wenn er wüsste, dass sie die Spinne des Königs ist. Dass diese kichernde Frau mit der blauen Entensoße am Mund seit nunmehr fünfzehn Jahren den berüchtigtsten und geheimnisumwittertsten Posten des gesamten Königreichs innehat. Er weiß noch, wie er über ihre Scherze gelacht hat, was vielleicht auch erklärt, warum er es nicht sofort begriffen hat, als der erste Schuss fiel.

Beim zweiten Schuss fährt Lilliths Kopf herum; für Art das erste Anzeichen, dass etwas nicht stimmt. Gewaltakte sind immer viel unzusammenhängender und verworrener, als sie sein sollten, denkt er sich hinterher. Warum wird nie klar, was eigentlich passiert, bevor es zu spät ist? Zu spät, um etwas zu unternehmen, um es irgendwie zu verhindern?

Es dauert beinahe einen ganzen Tag, bis die Abfolge rekonstruiert ist, ein schlecht gearbeitetes Puzzle aus chaotischen Zeugenaussagen, doch nach allem, was Art später gehört hat, war es so:

Die ersten Kugeln treffen den Nachbartisch. Das Essen findet in einem wunderschön restaurierten historischen Speisesaal in einem Gebäude in Mafelon statt, einem Viertel von Blackheart. Heutzutage verlässt Art kaum noch das Areal von Cair Lleon – und nach diesem Ereignis wird er das offiziell nie wieder tun.

Mehrere Kugeln dringen in das Holz ein, ohne mehr als Geschirr zu zerschlagen; die dort sitzenden Gäste werden mit Essen und Wein bespritzt. Drei treffen einen schottischen Ritter, der sofort stirbt. Dabei ist das Geräusch der Schüsse so leise und hohl, dass im ersten Moment niemand begreift, was eigentlich geschieht.

An einem Tisch nahe der Tür ist eine Frau aufgestanden. Sie hält eine Waffe in der Hand.

»BEFREIT UNS VON FRIAS BRUT!«, schreit sie.

Der allgemeine Hintergrundlärm ist beinahe verebbt, sodass man sie gut hören kann.

Dann rennt die Frau los, schiebt sich zwischen den Sitzenden hindurch, direkt auf Arts Tisch am anderen Ende des Saales zu. Dabei schießt sie wahllos um sich. Der Abgesandte von Königin Hafa von Ingoland – ein freundlicher Mann mit dem Namen Kolé, der oft in Cair Lleon zu Gast ist und nicht nur aus politischem Kalkül den Platz neben Art zugewiesen bekommen hat, sondern auch aus dem einfachen Grund, dass der König gerne mit ihm Zeit verbringt – wird von zwei Kugeln am Hals getroffen. Er stirbt dreiundzwanzig Stunden später im palasteigenen Beinhaus, wo die besten Mediziner des Landes alles versuchen, um ihn zu retten.

Erst jetzt fällt einigen Leuten auf, dass sich keine Garderitter im Saal befinden. Normalerweise besteht dafür auch keine Notwendigkeit in einem abgesicherten Raum wie diesem. Sie warten draußen vor dem Saal, nur Sekunden entfernt; doch dem Tod reichen wenige Sekunden.

Die Lippen der Frau bewegen sich, allerdings kann Art sie bei dem schrillen Geschrei nicht hören, das inzwischen eingesetzt hat und sich in einzelnen Schüben immer weiter steigert. Sie rennt auf ihn zu, und in diesem sich hinziehenden Moment überlegt er angestrengt, was sie wohl sagt: Betet sie, bittet sie um Vergebung, singt sie ein Lied? Aber vermutlich wiederholt sie einfach immer wieder den klangvollen Slogan, der einer berüchtigten extremistischen Gruppierung zugeschrieben wird. BEFREIT UNS VON FRIAS BRUT. Dann wird er gepackt und zu Boden gezerrt.

Die Türen des Saals müssen geöffnet worden sein, denn plötzlich ist ein Panther im Saal. Art ist sich ziemlich sicher, dass zu Beginn der Veranstaltung kein Panther im Saal war, also muss er durch die offenen Türen hereingekommen sein.

Direkt vor Arts Tisch steht das Tier, das eigentlich gar nicht da sein kann, nur wenige Meter von der Frau entfernt, die schon viel zu dicht herangekommen ist. Es füllt Arts Gesichtsfeld komplett aus, riesenhaft ragt die Raubkatze mit dem glänzenden schwarzen Fell vor ihm auf. Dann stürzt sich der Panther auf die Angreiferin.

Die Frau wirbelt herum, als sie die Bewegung im Augenwinkel registriert. Beim Anblick der Raubkatze reißt sie den Mund auf, überweit wie eine Schlange, die ein Tier verschlingen will, das größer ist als sie selbst. Dabei ist doch sie diejenige, die nun verschlungen wird. Instinktiv lässt sie sich zu Boden fallen.

Von jetzt auf gleich verschwindet der Panther, so schnell, dass es dem Beobachter Magenschmerzen bereiten muss. Arts Gehirn summt angestrengt, als es den leeren Fleck registriert, den das Tier zurücklässt.

Die Frau liegt zusammengekauert auf dem Rücken. Vor ihr steht anstelle der Raubkatze nun eine hochgewachsene Gestalt in lederner Reisekluft mit halb kahl geschorenem Kopf. Die Gestalt sagt etwas, was durch den Lärm der brüllenden und flüchtenden Menschen nicht zu verstehen ist.

Mit zitternden Händen richtet die Frau ihre Waffe auf die Gestalt. Plötzlich ist ihre ganze Hand in Flammen gehüllt, dichter Rauch quillt zwischen ihren Fingern hervor und steigt zur Decke auf. Der Arm der Frau zuckt, sie wirft die brennende Waffe von sich, bevor ihr Gehirn eingreifen kann.

Die Waffe landet direkt vor der Gestalt mit dem rasierten Schädel, die sich gelassen bückt und sie aufhebt; anscheinend ist sie mit feuerfester Haut gesegnet. Sie hält das tödliche Werkzeug beinahe ungeschickt fest, so als hätte sie etwas Derartiges noch nie in der Hand gehabt. Die Flammen haben sich aufgelöst, als hätten sie nie existiert.

Inzwischen ist es um einiges ruhiger geworden, nachdem die meisten Gäste geflohen sind. Deshalb hört Art klar und deutlich, was die Gestalt zu der Frau sagt, die mit regloser Miene vor ihr auf dem Boden hockt.

»Solche Waffen verwenden nur Feiglinge. Sie sollten sich schämen.«

Lass das bloß nicht meine Garde hören, denkt Art, während er krampfhaft ein hysterisches Lachen unterdrückt.

*

Der Schreibtisch im privaten Arbeitszimmer des Königs ist mit Büchern, Unterlagen und den Resten der Mahlzeit übersät, die Art wegen der langen Überstunden der letzten Nacht dort verzehrt hat: Auf silbernen Tellern sind eine halb gegessene Käsepastete und das bräunliche Kerngehäuse eines Apfels zurückgeblieben, in einem Silberkelch schimmert noch ein letzter Schluck Rotwein. Spät in der Nacht braucht Art einfach einen Nahrungsschub, wenn sein Gehirn sich zu vehement gegen die extreme Belastung zur Wehr setzt.

Silber, Silber überall. Silber ist die Farbe dieser funkelnden, strahlenden, kraftraubenden Stadt, die ebenso Mörder wie Unschuldige heranzieht. Die ebenso Leben bringt wie den Tod.

Trauer und Frustration lassen unaufhaltsam Tränen in Arts Augen aufsteigen, dann strömen sie aus ihm heraus wie aus einem undichten Ballon. Sein Zorn verschafft ihnen ein Ventil. Ungehemmt dringt er in die Nacht hinaus und raubt Art dabei den letzten Rest von Energie. Er schlägt mit den Fäusten auf die Tischplatte ein, lässt Papiere und Geschirr hüpfen. Schon im nächsten Moment schämt er sich dafür. Gewalt ist eine inhaltsleere Reaktion, selbst wenn niemand etwas davon mitbekommt. Natürlich ist sie eine effektive Waffe, doch er lebt in der ständigen Angst, zu einem Menschen zu werden, für den sie zur Gewohnheit wird.

Das Feuer im Kamin flackert und faucht, die langen Vorhänge an den Fenstern in der Ecke bauschen sich leicht. In London bringt der Winter lange, kalte Nächte, deshalb sind sämtliche Fenster geschlossen. Die Vorhänge dürften sich also eigentlich nicht bauschen.

Art spürt, wie er eine Gänsehaut bekommt.

»Ich habe keine Zeit für Geister«, flüstert er.

»Keine Geister«, erwidert eine körperlose Stimme.

Vollkommen reglos verharrt Art auf seinem Stuhl und versucht, seinen wild rasenden Puls unter Kontrolle zu bekommen.

»Tut mir leid«, fährt die Stimme zögernd fort. »Ich kann auch ein andermal wiederkommen.«

»Komm raus und zeig dich«, fordert Art.

Eigentlich spielt es keine Rolle, denn er weiß genau, wer es ist.

Trotzdem ist es irgendwie schwieriger, sich mit einer körperlosen Stimme zu unterhalten. Außerdem möchte er dem Menschen ins Gesicht sehen, der ihm heute das Leben gerettet hat.

Eine Art Flackern erfasst die Luft drüben am Fenster, dann tritt ein Mann daraus hervor.

Bei genauerem Hinsehen wird klar, dass der Mann noch fast ein Junge ist. Wer in lebensbedrohlichen Situationen wie aus dem Nichts einen schwarzen Panther heraufbeschwören kann, wirkt wohl automatisch älter, als er in Wahrheit ist. Art hat ihn in den letzten vier Jahren nur hin und wieder zu Gesicht bekommen, doch jedes Mal wieder ist er verblüfft darüber, wie sehr er sich verändert hat. Die Zeit wandelt die Jugend so schnell, fegt wie ein Wirbelwind über ihre Züge hinweg.

»Du hast eindeutig an deinem Befehlston gearbeitet«, stellt Wyll nun fest.

»Nun ja, es ist wohl verständlich, wenn ich momentan etwas angespannt bin – wo hier ständig Leute auftauchen, mit denen man nicht gerechnet hat.«

Wylls Züge wirken mehr denn je wie gemeißelt und trotzdem vertraut, was eine seltsame Mischung ergibt. Er hat sich das Haar auf der einen Seite des Schädels bis auf die Kopfhaut abrasiert, während es auf der anderen schulterlang herabhängt. Seine Kleidung ist praktisch und unauffällig, auf volle Bewegungsfreiheit ausgelegt, und an seinen Stiefeln hängt Dreck.

Art sieht sich Elders Sohn genau an. Er ist eindeutig kein Sechzehnjähriger mehr.

»Du hast gegen ein Dutzend Gesetze verstoßen, indem du hergekommen bist«, stellt er fest. »Ich sollte dich verhaften lassen.«

Wyll neigt schweigend den Kopf und wartet ab.

Er will dir zeigen, dass er nicht länger handzahm ist.

Art neigt ebenfalls den Kopf. »Wie *bist* du überhaupt hier reingekommen?«

Mit einem feinen Lächeln erklärt Wyll: »Deine Security ist nicht so kompetent, wie du glaubst. Da solltest du dich unbedingt drum kümmern.«

»Vermutlich haben sie nicht mit einkalkuliert, dass sie mich vor einem meisterhaften *thwimoren* beschützen müssen, was äußerst verständlich ist. Von euch gibt es nicht gerade viele.«

»Wirst du mich jetzt einsperren lassen?«

»Gibt es denn überhaupt ein Gefängnis, aus dem du nicht entkommen könntest?«

»Natürlich. Ihr müsst mich nur in Eisen schlagen.« Ein trockenes Grinsen huscht über Wylls Gesicht und lässt die wuchtigen Worte zerbersten wie Glas.

Art schnaubt spöttisch. »Ich hatte ganz vergessen, wie melodramatisch Kinder doch sein können.«

»Immer noch besser als müde alte Männer.«

»Ja, eine solche Ansicht erwartet man von einem Baby.«

Wyll lacht laut auf. Oh ja, es hat sich einiges geändert. Nun befinden sie sich beinahe auf Augenhöhe. Der Graben, der sie trennt, ist um einiges schmaler geworden.

»Es hat sich niemand die Mühe gemacht, mir mitzuteilen, dass du wieder in London bist.« Art schafft es, nicht allzu vorwurfsvoll zu klingen.

Nach kurzem Zögern sagt Wyll: »Bin gerade erst zurückgekehrt. Hast du meinen letzten Brief bekommen?«

»Ich bin mir nicht ganz sicher. Welcher war das?«

»Ist doch egal.«

Art lenkt ein. »Ich lese alle deine Briefe, Wyll. Es tut mir leid, wenn es immer etwas dauert, bis ich sie beantworte.«

»Du hast viel zu tun«, erwidert Wyll mit einem betont lässigen Schulterzucken.

»Zum Beispiel, wenn auf mich geschossen wird«, stimmt Art ihm zu.

Wyll wirft ihm einen überraschten Blick zu, während Art das Zittern zu unterdrücken versucht, das seinen Körper erfassen will. Heute hat Marvol an seine Tür geklopft, aber jetzt ist nicht der richtige Moment, um sich mit dem dumpfen Entsetzen zu befassen, das er in ihm ausgelöst hat.

»Wie lange wirst du diesmal in der Stadt bleiben?«, fragt er deshalb schnell. »Ein paar Tage?«

Verlegen tritt Wyll von einem Fuß auf den anderen. »Eigentlich … hatte ich gehofft, jetzt für immer bleiben zu können.«

Was er in seinem letzten Brief mit keiner Silbe erwähnt hat. Und frustrierenderweise ist es absolut typisch für ihn, Art ohne jede Vorwarnung mit solchen Plänen zu überfallen.

»Gibt es dort draußen in der Welt nichts mehr für dich zu lernen?«, erwidert er ruhig.

Sicher hat Wyll damit gerechnet, dass er wütend wird; so bleibt ihm zumindest die kleine Befriedigung, sich seinen Erwartungen widersetzt zu haben.

»Sie unterscheidet sich nicht besonders von der, aus der ich komme«, stellt Wyll mit geübtem Zynismus fest. »Schmerz und Glück, Ungerechtigkeit und Schönheit, wohin man auch geht – alles nur etwas anders verpackt. Da dachte ich mir eben, so etwas kann ich genauso gut hier lernen.« Nach kurzem Zögern fügt er hinzu: »Aber ich bin nicht gekommen, um dich um irgendetwas zu bitten. Ich weiß bereits, wo ich hinkann und was ich machen werde.«

Einen Moment lang ringt Art mit der uralten Pattsituation, in der sich zwei Menschen wiederfinden, die einander wichtig genug sind, um die Wahrheit vorsichtig anzugehen.

»Aber nur wenn du möchtest …«

»Nein, nur wenn *du* möchtest …«

»Ich bin froh, dass du bleiben willst«, sagt er schließlich.

Wylls Schultern sacken herab, und er scheint einen Teil der

Anspannung abzulegen, die ihn quasi über dem Boden hat schweben lassen. »Ich dachte, du wärst vielleicht froh, wenn ich weg bin.«

Art schüttelt den Kopf. »Ich habe befürchtet, du würdest gar nicht zurückkommen.«

Er deutet auf die beiden Sessel am Kamin, und für einen kurzen Augenblick scheint es, als würde ein Fremder in das flackernde Licht des Feuers eintauchen. Erst als Wyll sich in den Sessel sinken lässt, sich kurz zurechtsetzt und dann so herzzerreißend gähnt, dass die beherrschte Miene von ihm abfällt, hat Art wieder den Jungen vor sich, den er bisher gekannt hat.

Er geht zu der Vitrine hinter seinem Schreibtisch, öffnet sie und nimmt eine grüne Flasche heraus. Mit der anderen Hand greift er zwei kleine Gläser. Dann geht er zu Wyll hinüber und stellt alles auf einem Beistelltischchen ab.

»Was ist das?«, fragt Wyll.

»Eine Art Traubenlikör. Du siehst so aus, als könntest du einen Zuckerschub gebrauchen.«

Art schenkt ihnen ein, und sie stoßen an.

»Du hast das Bahnnetz ja ziemlich ausgebaut«, stellt Wyll nach einem kräftigen Schluck fest. »Diese neuen Verbindungen zwischen den einzelnen Distrikten sind richtig gut.«

Sicherlich kann man das Ergebnis von zwei Jahren bahnbrechender und halsabschneiderisch teurer Arbeit auch mit »richtig gut« zusammenfassen. Und sie ist noch nicht beendet, bei Weitem nicht.

»Die Außenbezirke sind immer noch schwer zu erreichen«, brummt Art. »Man will sich einfach nicht festlegen, wie lange es dauern wird. Sagen sie zwei Jahre, bedeutet das drei, dann fünf, oh, und weil es so viel länger gedauert hat, sind die Materialkosten natürlich auch gestiegen, ja, wir wissen, dass wir eine andere Summe genannt haben, tut uns auch leid, aber wenn wir damit fertig sind, euch abzuzocken, wird es wohl das Dreifache kosten …«

Wyll lacht fröhlich. »Wer hätte gedacht, dass es so viel Spaß macht, König zu sein?«

»Infrastruktur«, erwidert Art leidend. »Niemand hat mich vor der Infrastruktur gewarnt.«

»Hast du nicht einen ganzen Haufen Leute, die dir das abnehmen?«

Art überlegt kurz. »Möglicherweise ist hin und wieder der Vorwurf laut geworden, ich würde mich ›zu stark einbringen‹.«

»Warum nur?« Vielsagend sieht Wyll zu Arts übervollem Schreibtisch hinüber. »Du hast echt nicht viel vom Leben, oder?«

»Ach, keine Sorge, es geht nicht immer bloß um Infrastruktur.«

»Nein, manchmal kommt auch versuchter Mord dazu.«

Art sieht ihn ausdruckslos an.

»Wie oft haben die inzwischen versucht, dich umzubringen?«, fragt Wyll unbekümmert.

»Jetzt sag mir nicht, du bist einer von diesen überängstlichen Verschwörungstheoretikern.«

»Wie oft?«

»Wer sind überhaupt ›die‹?«, fragt Art abwehrend.

»Wer auch immer dir gerade nach dem Leben trachtet, mein König. Also, wie oft? Für mich sieht es jedenfalls so aus, als könntest du etwas besseren Schutz gebrauchen.«

»Ich bin ständig von Hunderten extrem gut ausgebildeten Garderittern umgeben, deren Job es ist, mich an jedem einzelnen Tag zu beschützen.«

»Und diesen Job machen sie ja auch *so* gut.«

»Bis jetzt haben sie es geschafft, mich am Leben zu erhalten.«

»Bis jetzt, ja.« Wyll sieht ihn durchdringend an. »Du hättest sterben können, wenn ich heute nicht da gewesen wäre.«

Art ignoriert die lähmende Furcht, die plötzlich in ihm aufsteigt.

»Und warum genau warst du dort, Wyll?«, entgegnet er. »Ich kann mich nicht daran erinnern, deinen Namen auf der Gästeliste gesehen zu haben.«

»Du warst es doch, der mich im Gefolge des Botschafters von Baroch untergebracht hat. Weil er so gerne Gottgleiche für sich arbeiten lässt, schon vergessen?«

Art erinnert sich vage daran, dass aus dem kleinen Kreis jener Leute, die während der letzten Jahre mit Wylls Wohlergehen betraut waren, ein solcher Vorschlag an ihn herangetragen wurde.

»Jedenfalls wäre mir deine Anwesenheit bei diesem Dinner doch so oder so irgendwann aufgefallen«, schießt er zurück.

»Vielleicht habe ich ja darum gebeten, meinen Namen nicht auf die offizielle Liste zu setzen. Deine Security wusste jedenfalls Bescheid«, gibt Wyll abwehrend zu.

Ergeben spreizt Art die Finger. »Eine ausgedehnte Abendveranstaltung, auf der du dich die ganze Zeit versteckst. Wolltest du mir überhaupt mitteilen, dass du wieder in London bist – geschweige denn, dass du nur ein paar Tische weiter sitzt?«

»Natürlich wollte ich das!« Beinahe gequält setzt sich Wyll zur Wehr. »Ich war nur … *Du hast mich doch weggeschickt!* Du hast mich aus London verbannt.«

»Nein, Wyll …«

»Du hast eindeutig klargestellt, dass du mich nicht in deiner Nähe haben willst.« Er ist aufgestanden und wendet Art den Rücken zu, bevor er fortfährt: »Was ich auch verstehe, glaub mir. Ich stelle eine Gefahr für dich dar. Das weiß ich. Ich bin ein potenzieller Skandal. Deshalb wusste ich, dass du wütend sein würdest, wenn du denkst, ich wollte zurückkehren. Ich wusste, dass du mich nicht hier haben willst. Also habe ich es dir nicht gesagt. Und das tut mir leid. Ja, es tut mir leid, aber ich werde nicht wieder gehen. London ist auch meine Heimat. Ich gehöre hierher, genau wie alle anderen.«

Art stellt sein Glas ab.

Das hast du ja prima hingekriegt, sagt er sich im Stillen. *Du bist so ein Idiot, Art.*

»Ich wäre noch zu dir gekommen, ganz bestimmt. Aber ich wusste einfach nicht, wann der richtige Moment dafür ist. Zwischen der Ente und dem Käse? Nach dem Wein, aber vor dem Digestif?« Wyll sackt in sich zusammen. »Und dann ist diese Frau aufgestanden und hat angefangen, um sich zu schießen. Da habe ich nicht weiter nachgedacht. Ich habe einfach … unüberlegt reagiert. Es tut mir leid.«

Art mustert ihn durchdringend; in diesem Moment wird mehr als deutlich, wie jung Wyll noch ist. Trotz all seiner Macht ist er gerade mal zwanzig – und er weiß nicht, wo er hingehört, was ihm erlaubt ist, ob er willkommen sein wird. Nach allem, was heute passiert ist, dürfte das niemanden wundern. So mächtig – und gleichzeitig so verletzlich.

Und mit einem Mal wird Art einiges klar: Wyll hat ihm gefehlt. Er hat sich Sorgen um ihn gemacht. Er will ihn beschützen. Und er will ihn benutzen. Vor allem Letzteres hat ihn während der letzten vier Jahre vor ihm zurückscheuen lassen.

»Gleich einen Panther erscheinen zu lassen, war aber doch ein wenig sehr dramatisch«, stellt er fest.

Wyll stößt ein zittriges Lachen aus. »Tja, ich hatte eben schon immer ein starkes Geltungsbedürfnis.«

»Ich nehme mal an, du hast schon echte Panther gesehen?«

»Ja.«

»Ich noch nie. Jetzt bin ich neidisch.« Art denkt kurz nach, dann sagt er vorsichtig: »Wie ich hörte, hast du auch weiter die Kampfkunst studiert.«

Wylls Schweigen reicht als Zustimmung. Eigentlich scheint er sogar über das reine Studium hinausgegangen zu sein und eine regelrechte Obsession entwickelt zu haben.

»Dann ist die Caballaria also noch immer dein Ziel?«

Obwohl er sich nur halb zu Art umdreht, ist Wylls Eifer nicht zu übersehen. »Mein oberstes Ziel, ja. Aber ich erwarte keine Gefälligkeiten. Ich will genauso behandelt werden wie alle anderen.«

»Sei nicht albern.« Art stößt ein höhnisches Schnauben aus. »Ich kann dich jetzt nicht mehr behandeln wie jeden anderen. Ein ganzer Saal voller Diplomaten hat gesehen, wie du den König von London vor einem Mordanschlag bewahrt hast. Glaubst du wirklich, danach bist du noch einer von vielen?«

Wyll setzt zum Sprechen an, schweigt dann aber klugerweise.

Art denkt fieberhaft nach. »Wir müssen das sehr vorsichtig angehen – um deinetwillen ebenso wie um meinetwillen.«

»Dann findest du also, ich sollte mich bewerben?« Schmerzliche Hoffnung schwingt in Wylls Frage mit.

»Das wird ein steiniger Weg, Wyll. Ich hätte mir ein einfacheres Leben für dich gewünscht.«

»Du hast mir einmal gesagt, es wäre mein Leben und ich könne entscheiden, was ich damit anfangen will.«

Art seufzt schwer. »Wenn du doch bloß kein so gutes Gedächtnis hättest!«

Ein Gottgleicher im Fokus der Öffentlichkeit, der daran mitarbeitet, das Land für alle besser zu machen, nicht nur für seinesgleichen. Ein Gottgleicher mit immensen Kräften, der im grellen Scheinwerferlicht auftritt, nicht im Verborgenen wirkt wie sein Vater, wo Geheimnisse und Misstrauen wuchern können wie Schimmel. Ein Gottgleicher, der für Gerechtigkeit kämpft – und zwar ganz ohne Magie.

Welch ein machtvolles Symbol.

Art sieht dem beinahe erwachsenen Jungen in die Augen. Die

goldenen Ränder um seine Iriden leuchten im Schein der Flammen, der über sein Gesicht flackert. Er scheint zu begreifen, welche Rolle er dann spielen muss. Und er scheint sich nicht daran zu stören. Aber vielleicht muss Art sich das auch einreden, weil er es sonst nicht durchziehen wird.

Zum Wohle aller, sagt er sich. *Immer zum Wohle aller.*

KAPITEL 36

Fitzroy Market, Blackheart

Zwei Tage zuvor

Da er in einer alten Fischerei untergebracht ist, ist der Boden des Fitzroy Market mit einer jahrhundertealten Schicht aus Schuppen und Blut überzogen, die alles in einen leicht metallischen Gestank hüllt.

An seinem Haupteingang zweigt eine kleine Straße von der Lebensader Blackhearts ab, die sich im weiteren Verlauf bis vor die Tore von Cair Lleon zieht. Auf diesem Markt wird alles angeboten, was sich verkaufen lässt, von Haaröl bis hin zu Maschinenteilen. Doch er ist vor allem wegen der hinteren Bereiche berühmt, jenen, die am weitesten von der Hauptstraße entfernt liegen, denn dort floriert der Handel mit Schutzmitteln vor allem Magischen.

An den Ständen werden Abwehrmittel ebenso angeboten wie Heilmittel, darunter Tränke, deren Verzehr einen immun machen soll gegen jede Art von magischer Manipulation. Hier gibt es speziell geformte und von natürlichen schwarzen Adern durchzogene Steine, die den dunklen Adern der *thwimoren* ähneln und deren Illusionen unsichtbar machen sollen, solange man den Stein in der Hand hält. Kopftücher, die verhindern, dass *wearden* deine Gedanken lesen können, und Netze – von grob gestrickt bis hin zu herrlichen filigranen Gespinsten –, die über dem Bett aufgehängt werden, um die schlechten Träume abzufangen, die *dremen* einem eingeben können.

Red kommt an einem Stand vorbei, an dem altersschwache, dreckige Apparaturen angeboten werden. Zwei Kinder werfen kreischend einen kleinen Kolben hin und her und kriegen mit jeder Runde mehr schwarze Schmiere an die Finger. Sie zieht ihre Kappe tiefer ins Gesicht, froh um den breiten Schirm, der ihre Augen verdeckt. Langsam sucht sie sich einen Weg über den Markt, prüft an jeder größeren Abzweigung die sanft leuchtenden Schilder an den Wänden. Der Machinette von der Party hat gesagt, sie müsse nach einem Stand mit spärlichem, unauffälligem Warenangebot Ausschau halten. Trotzdem dauert es eine Weile, bis sie ihn findet.

Der Verkäufer ist ein kleiner Mann in einem traditionellen Arztkittel – blutrot mit einem Aufnäher an der Schulter, auf dem das vertraute Symbol der sich windenden Schlange zu sehen ist. Vorgeblich verkauft er diverse Tränke. Größtenteils zumindest. Wer die richtigen Fragen stellt, kann hier allerdings auch Dinge erwerben, die nicht auf dem Verkaufstisch zu sehen sind.

Er entdeckt Red bereits, als sie an den Stand herantritt.

»Hey-ho«, grüßt er sie. »Suchst du etwas Bestimmtes?«

Red zögert. Hier ist sie eindeutig richtig, die Beschreibung stimmt.

»Ja, etwas aus der Küstenregion«, antwortet sie.

Ein vorgegebenes Passwort, außerdem ist Red zu einer vorgegebenen Zeit gekommen.

Ohne mit der Wimper zu zucken, meint der Mann: »Ah ja, eine frische Meeresbrise ist gut für die Seele.«

Ihm gehen langsam die Haare aus, die er kurz geschoren trägt, um das zu kaschieren. Er wirkt freundlich, gepflegt und harmlos – gesichtsloser Typ Jedermann.

Nach kurzem Schweigen sagt er: »Kauf einen Trank.«

»Was?« Red ist nicht wegen irgendwelcher Schwachsinnstränke hier.

»Kauf einen Trank«, wiederholt er freundlich.

»Und welchen?«

»Ist doch egal, oder?«

Red lässt den Blick über das lange Metallgestell auf dem Verkaufstisch wandern, in dem verschiedene transparente Glasröhrchen befestigt sind. Jedes Röhrchen ist etikettiert; Red erkennt auf den Schildern die uralte Sprache Laeden, die sie während ihrer Ausbildung bei der Caballaria gelernt hat.

Der Verkäufer zeigt auf einen kränklich grünen Trank links außen. »*Verwirrte Herzen*«, erklärt er. »Für all jene, die zu einem unruhigen Geist neigen. Wirkt richtig dosiert angenehm beruhigend.« Dann richtet sich sein Finger auf die Phiole daneben. »*Der Babybringer*. Erhöht die Fruchtbarkeit. Und hier haben wir den *Bluttreiber*, er stärkt den Kreislauf und die Ausdauer. Sehr beliebt bei Kämpfenden.«

»Einmal *Verwirrte Herzen*«, entscheidet Red. »Ich habe da einen Freund, der etwas Entspannung vertragen kann.«

»Gute Wahl. Es handelt sich hierbei um einen etwas … experimentellen Trank. Er kann interessante Nebenwirkungen haben, wirkt aber dafür sehr schnell.«

Er sieht sie durchdringend an. Das klingt schon eher so, als ginge es um das, was Red hier in Wahrheit zu kaufen gedenkt.

»Und wie wirkt er?«, hakt sie nach.

»Es handelt sich um eine sorgfältig hergestellte Kombination aus Ingredienzien, basierend auf den neuesten Studien zu Hirnchemie und Biorhythmus«, führt der Mann vollkommen gelassen aus. »Weißt du, jeder Mensch hat eine ganz eigene Energiefrequenz. Das Mittel verstärkt sozusagen dieses Wellensignal – und das äußerst effektiv, wenn ich das sagen darf.«

»Um wie viel?«

»Um das Zehnfache, bei dreifacher Dosierung.« Der Verkäufer beugt sich über den Tresen. »Aber es ist nicht empfehlenswert, so viel auf einmal zu nehmen. Bei einer derart starken Wirkung ist es schwer, die Kontrolle zu behalten. Da kann so manches vollkommen ungewollt passieren.«

Genau das braucht Red: etwas, was sie, falls nötig, dazu zwingt, das zu tun, was sie längst hätte tun sollen. Ihr Körper wird zehnmal so stark agieren, ohne dass ihr nervtötendes Gehirn dazwischenfunkt.

Sie nickt dem Verkäufer zu, der daraufhin eine Phiole *Verwirrte Herzen* nimmt und sie für sie einpackt. Im letzten Moment schiebt er unauffällig ein Tütchen mit mehreren Tabletten in das Päckchen mit rein. Anschließend verlangt er das Dreifache dessen, was der Trank normalweise kostet, bevor er ihr das Päckchen in die Hand drückt.

Plötzlich wird Red von Zweifeln gepackt, aber jetzt ist es zu spät. Sie hat es riskiert, hat bereits bezahlt. Also nimmt sie das Päckchen, bedankt sich bei dem Verkäufer und wendet sich ab.

»Viel Glück bei der Rückkehr in die Arena, Si«, sagt er noch.

Verdammt. Er hat sie erkannt.

Deshalb hat er ihr also diesen komischen Blick zugeworfen, als er den Trank für Kämpfende angepriesen hat. Eigentlich standen ihre Chancen gar nicht schlecht: Sie ist schon lange kein Gesprächsthema mehr, denn die Medien interessieren sich nicht für Ritter, die nicht kämpfen, außerdem sieht sie ohne Kostüm und Make-up vollkommen anders aus, da die verräterischen schwarzen Haare in der Arena stets bedeckt sind. Der Mistkerl hat einen viel zu scharfen Blick.

»Ich bin kein Ritter«, sagt sie schnell.

Wenn du mich trittst, trete ich zurück. So läuft das doch auf dem Schwarzmarkt, oder nicht? Sollte er Red hinhängen, wird er mit ihr untergehen.

Der Mann neigt entschuldigend den Kopf. »Mein Fehler.«

Nachdem sie ihm noch einen (hoffentlich) verwirrten Blick zugeworfen hat, geht sie davon. Ihr Herz pocht wie wild.

Im Prinzip spielt es keine Rolle, ob er sie wegen der Drogen bloßstellt: Schon bald wird sie nicht mehr da sein, und ihre Karriere, die ihr eigentlich nicht das Geringste bedeuten sollte, wird nichts weiter sein als ein Scherbenhaufen. Ritter zu werden, war immer nur ein Mittel zum Zweck.

Sie tritt auf die Hauptstraße hinaus. Der Abend hat feinen Nieselregen mit sich gebracht, und die Passanten ducken sich unter ihre Schirme; auf den transparenten Kunststoffpilzen spiegeln sich bunte Neonreklamen.

Ihr bleibt noch eine Stunde, bis Ford sie zu ihrem Treffen mit Wyll abholt, und von hier aus wird sie auch beinahe so lange brauchen, um nach Spittelgrounds zurückzukommen. Also sollte sie das Tidal jetzt nehmen, damit es seine volle Wirkung entfalten kann, bevor sie Wyll gegenübertritt. Dreifache Dosis, die maximale Menge. Das wird reichen müssen, um ihn zu überwältigen.

Schnell tritt sie in eine Seitenstraße. Weiter hinten steht eine kleine Gruppe zusammen, doch hier vorne am Eingang der Gasse ist es ruhig. Mit nassen Fingern greift sie in ihre Tasche, holt das Päckchen hervor, tastet sich an dem kühlen Glasröhrchen entlang … da ist es: ein knubbeliges Rechteck, in dem die schäbig bunten Pillen warten.

Red fischt drei heraus, hebt die Hand an den Mund und legt die Tabletten auf ihre Zunge. Dann atmet sie einmal tief durch und macht sich auf den Rückweg nach Spittelgrounds.

Die Tabletten schmecken bitter, als hätte sie faulige Orangenschalen im Mund, doch es dauert nur ein paar Minuten, bis sie die einsetzende Wirkung spürt. Es fängt mit einem leichten Kribbeln an, das sich von ihrer Zunge aus blitzschnell bis in den Hals ausbreitet. Anschließend setzt es sich langsam fort, sammelt sich an ihren Schlüsselbeinen, rinnt über ihr Brustbein zu den Rippen hinab. Strahlende Finger graben sich in ihren Bauch, strecken sich nach unten zu den Oberschenkeln, entzünden ihre Beinmuskeln bis hinab zu den Füßen.

Das Gefühl nimmt sie so sehr in Anspruch, dass sie mit voller Wucht in jemanden hineinrennt. »Hey!«, ruft die Frau mit dem strengen Haarschnitt und den rosa gefärbten Augenbrauen, als sie beinahe das Gleichgewicht verliert.

»Tut mir leid«, murmelt Red. »'tschuldigung.«

Sie dreht sich um und geht hastig weiter. Ihre Beine bewegen sich viel zu schnell. Warum werden sie nicht langsamer? Wer kontrolliert sie denn? Ist sie überhaupt noch da? Oder hat jemand anders ihren Platz eingenommen? Bei der niedrigsten Dosierung bemerkt man eigentlich gar nicht, dass man Tidal genommen hat, hat der Machinette ihr erklärt. Dann hat man nur das Gefühl, alles voll unter Kontrolle zu haben.

Red hat im Moment rein gar nichts unter Kontrolle.

Vor ihr taucht plötzlich ein senkrechtes Leuchtschild auf, in grellem Violett flammt das Wort VERRÄTER auf. Red starrt es an, dann blinzelt sie krampfhaft. Doch es verändert sich nicht. VERRÄTER. Nur dieses eine Wort. Welches Geschäft oder welche Bar nennt sich denn bitte VERRÄTER?

Sie will nur weg von dem Schild und taumelt über die Straße. Ein Pedalo-Fahrer schreit sie wütend an, aber sie geht einfach weiter, wird von den allgegenwärtigen Schirmpilzen herumgeschoben, die mit einem feuchten Quietschen von ihr abgleiten. Ihre Beine scheinen plötzlich aus Karamellbonbons zu bestehen – sie sind viel zu weich, und sie kleben am Boden fest, wann immer sie einen Fuß anhebt.

Das alles ist falsch. So soll das bestimmt nicht laufen. Hat dieser beschissene Verkäufer ihr etwa die falsche Droge gegeben? Sie ist allein, ganz allein, und in ihrem Kopf kreist die nackte Panik.

Ihr Geist besteht nur noch aus Spiegeln, die alle ihr Gesicht zeigen, und jedes dieser Gesichter schreit ihr entgegen, wie dämlich sie ist, wie schlecht, wie absolut wertlos.

Doch mitten in diesem Chaos gibt es eine kleine rationale Stimme, die trocken feststellt, dass es eine astronomisch schlechte Entscheidung war, sich eine experimentelle Droge reinzuziehen und anzunehmen, dass schon alles gut gehen wird. Ihr Körper scheint aufzureißen, sodass sie wie eine offene Wunde durch die Straßen läuft und überall ihr giftiges magisches Blut verteilt. Wohin es auch tropft, überall schmilzt zischend der Boden weg. Die Stadt spürt, wie sie von Red vollgeblutet wird, und ihr Alarm sendet gellende Warnrufe aus.

Sie muss von der Straße runter, aber in Spittelgrounds kann sie sich keine Hilfe suchen – die würden sie hochkant rausschmeißen. Und zu Wyll wird sie in diesem Zustand ganz bestimmt nicht gehen. Sie kann ja kaum geradeaus laufen. So wird sie es sicher nicht schaffen, ihn umzubringen.

Es gibt nur einen Menschen, der ihr jetzt helfen kann.

Red torkelt zu einem hell erleuchteten Bahnhof. Alles ist viel zu scharf umrissen, viel zu klar. Der Boden ist zu glatt. Zum Glück kommt sofort eine halb leere Bahn, und so macht sie sich auf den weiten Weg zu Fin. Als die Waggons zwischen hohen Häuserblocks hindurchgleiten, ordnen sich die Lichter in den Fenstern neu an und schreien Reds sorgsam gehütetes Geheimnis heraus, sodass die ganze Welt es sehen kann.

*

»Red!«

Fin steht in der Tür ihrer Privatwohnung in den Unterkünften ihres Stalles und blickt Red sichtlich besorgt entgegen.

Das hätte das erste Warnsignal sein müssen.

Red allerdings wird nur panischer – wenn Fin so entsetzt ist, muss sie noch schlimmer aussehen als gedacht.

»Ich brauche Hilfe. Ich habe etwas genommen, aber das wirkt irgendwie ganz falsch.«

Sie hat keine Ahnung, wie das rübergekommen ist. Hat sie gelallt? Einzelne Wörter ausgelassen? Irgendwie hört sie ihre eigene Stimme nicht richtig. Es fühlt sich an, als hätte sie ihren Körper verlassen, als schwebte sie irgendwo über ihm, nur noch durch eine dünne Schnur mit ihm verbunden, die jederzeit reißen kann. Aber Fin hat offenbar genug von dem verstanden, was sie gesagt hat, denn sie ruft leise einen Heiligen an und gibt zumindest so weit nach, dass sie Red in die Wohnung lässt.

Panik schiebt Red voran wie ein spürbarer Druck zwischen den Schulterblättern. Sie muss ganz schnell rein und die Tür hinter sich schließen, um das Alarmgeschrei der Stadt zu ersticken, bevor Fin es hört. Wenn sie nur tief genug in die Wohnung hineinkommt, weg von dem Geheul …

Hinter ihr ruft Fin: »Nicht da entlang, geh nach rechts!«

Doch es ist bereits zu spät. Red stürmt den kurzen Flur hinunter und durch die erste Tür, die sie findet. Ihr Gehirn hat den Anschluss verloren, es lebt jetzt in einer alternativen Version der Realität, in der die Zeit immer ein bis zwei Sekunden hinterherhinkt: Hirn im trägen Universum, Körper im hyperschnellen Universum. Das erklärt auch, warum es im ersten Moment überhaupt nicht begreift, was sie in dem Zimmer, das sie gerade betreten hat, vor sich sieht.

Dort steht es gut sichtbar an der Wand: ihr Geheimnis, das sie ihr Leben lang gehütet hat.

In dicken, fetten Buchstaben.

Fast die gesamte Wand nimmt es ein.

Es ist eingezwängt zwischen wirren, miteinander kollidierenden Kunstwerken, die sich bis zur Decke strecken und unten erst auf dem Fußboden auslaufen: grelle, explosionsartig schreiende Farbflecken, Schriftzeilen, Runen, wildes Gekritzel, das nicht zu entziffern ist. Die Farben scheinen zu pulsieren, zu fließen, von einem merkwürdigen Eigenleben durchdrungen zu sein.

Fin hat eine Galdor-Wand in ihrer Wohnung. Warum hat Fin eine Galdor-Wand in ihrer Wohnung?

Vor der Wand sitzt – im Vergleich zu dem Farbenspiel so unscheinbar, dass Red ihn zunächst gar nicht bemerkt hat – ein Mann mit lockigen Haaren. Er hat die Beine untergeschlagen und trägt kupfern glänzende Handschuhe. Nun hebt er den Kopf.

Einen Augenblick lang starren sie sich wortlos an.

Dann rastet das träge Universum in das schnellere ein, und Reds Gehirn findet wieder Anschluss an das Geschehen.

Gleichzeitig springt der lockige Wahrsager auf und ruft: »Scheiße! Verdammte Scheiße! Was machst *du* denn hier, verdammt?«

Er weicht vor ihr zurück und drückt sich in eine Ecke. Hinter ihm kreischt die wirre Kunst an der Wand. Seine Kupferhandschuhe funkeln im Licht, was es so aussehen lässt, als zwinkerten seine Finger ihr zu. In der einen Hand hält er einen Stift. Also war er es, der ihr Geheimnis dort an die Wand geschrieben hat.

»Was ist hier los?«, hört Red sich sagen.

Sie dreht sich um. Fin hat das Zimmer betreten und steht nun zwischen ihr und der Tür. Ihr Blick huscht zu dem Wahrsager hinüber.

»Ihr zwei kennt euch also schon«, stellt sie beinahe kleinlaut fest. Nicht verwirrt, sondern kleinlaut.

Das hätte das zweite Warnsignal sein müssen.

Der Wahrsager schaltet sich wieder ein: »Halte sie bloß von mir fern. Warum hast du sie hergebracht? Was ist los mit dir?«

»Ich habe sie nicht hergebracht«, wehrt sich Fin. »Sie ist einfach aufgetaucht, gerade eben.«

»Du kennst ihn«, folgert Red.

Fin mustert sie abschätzend. »Ja, ich kenne ihn. Aber es ist nicht so, wie du denkst.«

»Nicht so, wie ich denke?« Red stößt ein raues Lachen aus. »Nicht, wie ich denke? Was denke ich denn? Ich weiß ja nicht einmal selbst, was ich denken soll.«

»Du musst dich beruhigen.«

»Schaff sie hier raus«, verlangt der Wahrsager. »Sie ist eine verdammte Mörderin.«

»Halt die Klappe, Roben.« Fin hebt beschwichtigend die Hände. »Wir sollten jetzt alle erst mal runterkommen. Red, hör mir nur eine Minute zu, ja?« Sie atmet einmal tief durch. »Was hast du eingeworfen?«

Reds Geheimnis scheint regelrecht aus der Wand herauszuspringen, stetig zu pulsieren wie das Blut in ihren Adern.

»Das ist real, oder?«, fragt sie. »Mag sein, dass ich gerade high bin, aber das hier ist real, nicht wahr? Diese kleine Ratte ist tatsächlich hier, und er hat deine Wand vollgeschmiert.«

»Er sieht Dinge«, behauptet Fin.

»Ein Blender ist er, nichts weiter.« Aufgebracht fährt Red zu Roben herum, der so verängstigt aussieht, wie sie selbst sich gerade fühlt. »Was hast du ihr über mich erzählt?«

Doch es ist Fin, die antwortet. Langsam, viel zu langsam kommen die Worte aus ihrem Mund. »Du musst mir jetzt sagen, wer du wirklich bist, Red.«

»Wie bitte? *Wie* bitte? Du weißt, wer ich bin.« Mit aller Kraft versucht Red, die Panik unter Kontrolle zu halten. »Er ist ein Lügner. Glaubst du tatsächlich so einem schäbigen kleinen Betrüger? Der macht dir doch bloß etwas vor, um dir Geld aus der Tasche zu leiern!«

»Ich kenne Roben, seit ich sechs Jahre alt war«, erwidert Fin ruhig. »Und er irrt sich nie.«

In heißen und kalten Wellen bricht die Furcht über Red herein. Dann folgt das haltlose Gefühl abgrundtiefen Verrats. Die Enttäuschung, weil es so unausweichlich war. Denn so ist die Welt nun einmal. Gerechtigkeit gibt es nur im Märchen, und jede Freundschaft hat ihren Preis. Wie hat sie je etwas anderes glauben können?

»Ihr habt das von Anfang an so geplant, oder? Du hast nur so getan, als wären wir Freundinnen, richtig? Dabei hast du mich eigentlich die ganze Zeit bespitzelt.«

»Wer bist du?«, fragt Fin wieder. »Wer bist du wirklich?«

»Fin«, meldet sich Roben weinerlich zu Wort, »du hast es doch selbst gesagt. Ich irre mich nie. Und ich habe es dir erklärt. Ich habe dir gesagt, wozu sie hier ist.«

Red geht einen Schritt auf Fin zu, die sich sichtlich verkrampft.

»Was hat er dir erzählt?« Plötzlich ist Red vollkommen ruhig. So ruhig, dass sie keinerlei Reaktion zeigt, als Fin sich nervös die Lippen befeuchtet und dann ihr dunkelstes Geheimnis ausspricht.

Na also, seufzt sie innerlich. *Jetzt ist es raus. Die Karten liegen auf dem Tisch, alles ist vorbei. Fühlt sich das nicht irgendwie gut an?*

Das Geheimnis scheint wie eine dicke, giftige Wolke zwischen ihnen in der Luft zu hängen.

»Töte sie!«, kreischt Roben auf einmal. »Fin, du musst sie töten, bevor sie …«

Der Rest des Satzes geht in einem erstickten Würgen unter. Er reißt die Hände hoch, der Kupfermantel an seinen Fingern blitzt auf. Klimpernd schlägt das Metall gegen die Klinge, die aus seiner Kehle ragt.

Red kann sich nicht daran erinnern, das Messer geworfen zu haben, aber ihr Arm ist noch immer ausgestreckt.

Roben zuckt, sein Fuß tritt ins Leere. Dann bricht er langsam zusammen.

Es ist schon erstaunlich, wie leicht man erkennen kann, ob jemand tot ist. Die Augen verraten es. Der Blick wird irgendwie schal, als existierten die Augen plötzlich nur noch in einer einzigen Dimension. Wäre ich nicht absolut sicher, dass ich keine Seele besitze, könnte ich fast an diesen Mythos glauben. Vielleicht werden Gottgleiche ja seelenlos geboren. Darauf sollten sie uns testen, nicht auf Magie.

Schweigend steht Fin vor ihr.

Red sieht, wie sie eine Entscheidung fällt; es ist, als wäre ihr Gesicht eine Blüte, die sich langsam öffnet.

»Nicht«, sagt Red leise. »Bitte, tu es nicht.«

Aber Fin hört gar nicht hin. Sie dreht sich um, reißt die Tür auf und flieht.

KAPITEL 37

Cair Lleon, Blackheart

Zwei Jahre zuvor

Wyll steht mit hängendem Kopf da, als wäre er tief in Gedanken versunken.

Ihm scheint überhaupt nicht bewusst zu sein, dass ihn gerade einige der mächtigsten Köpfe der Caballaria beäugen. Warmer Kerzenschein umspielt seinen Nacken und lässt seine leuchtenden Finger über die sichelförmige Klinge gleiten, die er locker in der Hand hält.

Reglos steht Wyll dort.

Dann setzt er sich in Bewegung – langsam, entschlossen, fließend. Kein Zucken, keine Hektik, keine wilden Stöße. Es ist mehr Tanz als Kampf, elegant und kontrolliert. Sein Arm streckt sich, die geschwungene Klinge erhebt sich weit über seinen Kopf. Plötzlich hält er inne, auf einem Fuß balancierend, den Blick in die Ferne gerichtet.

Und dann fängt er richtig an.

Begeistertes Keuchen wird laut.

»Bei Gwanharas Antlitz«, haucht Art.

Garad beugt sich von xieses Platz zu ihm herüber und flüstert ihm ins Ohr: »Ich habe dir ja gesagt, du solltest dir öfter seine Kämpfe ansehen.«

»Du hältst mich ja immer auf dem Laufenden«, erwidert er geistesabwesend, den Blick noch immer starr auf Wyll gerichtet. »Wie hat er …? Wo hat er diesen Stil aufgeschnappt?«

»Er nennt es ›Luft drücken‹. Diesen langsamen Tanz trainiert er jeden Morgen und jeden Abend. Er fließt automatisch in seine Kämpfe mit ein, sagt er.«

Der passende Begriff ist wohl ungezähmt, sagt sich Art.

»Du hast mich darum gebeten, mir ein Bild davon zu machen, ob er sich wirklich zum Ritter der Caballaria eignet«, fährt Garad leise fort. »Was meinst du denn?«

»Da bist du der Experte.« Angespannt trommelt Art mit den Fingern auf seiner Armlehne herum. »Aber du hast mir erzählt, seine letzten drei Kämpfe wurden für ungültig erklärt.«

Garad schnaubt höhnisch. »Wegen des Verdachts der Magieanwendung – war ja klar. Die Filmapparate in der Arena funktionieren einwandfrei, und bei seinen Kämpfen wird jede Bewegung von einem ganzen Haufen Schiedsrichter genauestens unter die Lupe genommen. Seine Gegner behaupten bloß, dass etwas faul war, weil ihnen peinlich ist, wie vernichtend sie von ihm geschlagen wurden. Diese Annullierungen werden wir aufheben lassen.«

Plötzlich wird Art bewusst, dass sich eine beinahe drückende Stille über die Menge gesenkt hat. Dann bricht sich, zunächst zögernd, aber mit zunehmender Wucht, eine so lautstarke Begeisterung Bahn, dass die Kronleuchter an der Decke anfangen zu beben.

Es war ein langer Weg, bis Wyllt Caballarias Ambrosias o'Gwanharatown auch nur annähernd so etwas wie Akzeptanz erfahren durfte. Die heutige Präsentation, die so jubelnd aufgenommen worden ist, stellt nur den letzten in einer ganzen Reihe von Spielzügen dar. Manche waren ihrer Sache förderlich, anderen begegnete man mit vehementer Ablehnung. Doch immer war Garad da, das unnachgiebige Rückgrat des Ganzen.

»Keine Probleme bei den Massen?«, fragt Art im Schutz des allgemeinen Tumults.

»Am Anfang schon ein wenig, aber das legt sich langsam. Seine Beliebtheit steigt immer mehr. Man sieht einfach, dass er sie alle gepackt hat, und nur das zählt. Der Rest ist reine Bürokratie. Man mag ihn vergöttern oder hassen – London ist jedenfalls auf dem besten Weg, sich in ihn zu verlieben.« Garad hält kurz inne, um dann hinzuzufügen: »Du hast es geschafft. Du hast einen Gottgleichen in der Caballaria.«

»Vielleicht werden sie darin meinen größten Triumph sehen, wenn ich einmal nicht mehr bin«, stellt Art nachdenklich fest. »Dabei hatte ich kaum etwas damit zu tun. Wenn sich jemand diesen Sieg auf die Fahnen schreiben kann, dann wohl du. Du hast ihn ausgebildet, hast ihn unterstützt.« Art zögert kurz. »Und das alles, obwohl du Zweifel hattest.«

Garad schnaubt leise. »Er ist ein *thwimoren* mit immensen Kräften, der nicht einmal an den Kodex glaubt. Wusstest du das? Seiner Meinung nach gibt es keinen höheren Sinn. Es ist nicht leicht, so jemandem zu vertrauen.«

Art reibt sich die Stirn. »Gottgleiche sind auch nur Menschen, Garad, genau wie alle anderen.«

»Wir erschaffen hier aber keine Menschen, wir erschaffen Ritter der Caballaria. Ich bin einfach nur der Meinung, du solltest bei ihm auf der Hut sein, mehr nicht.«

»Wenn du so über ihn denkst, warum hilfst du ihm dann überhaupt?«

»Ich diene dem Schwert.«

»Ja, aber … Mir wäre es lieber, wenn du aus Überzeugung handelst und nicht nur, weil der Depp mit der Krone es dir befiehlt.«

»Zum Wohle aller, schon vergessen? Wir handeln stets zum Wohle aller.«

Art sieht seinen Streitenden nachdenklich an. Es ist schon eine Weile her, dass sie einander so nahegekommen sind. Plötzlich fällt ihm auf, wie viel älter Garad aussieht, vor allem die Augen. Zwar haben Garads Züge noch immer Ähnlichkeit mit dem Bild, das Art von xiem in seinem Kopf mit sich herumträgt, doch die sichtbare und spürbare Wahrheit, die sich nun vor ihm auftut, fügt diesem Bild weitere Schichten hinzu, eine neue Tiefe, mit der eine gewisse Enttäuschung einhergeht. Enttäuschung darüber, dass ihr die Perfektion der reinen Erinnerung fehlt, darüber, dass sie so viel komplizierter ist.

»Danke«, sagt er schlicht.

Garad neigt gemessen den Kopf. »Ich denke, die Welt dort draußen ist nun bereit dafür, ihn als deinen Streiter zu akzeptieren. Anfangs hätte ich das nie so gesehen, aber jetzt … schon.«

Irritiert runzelt Art die Stirn. »Was redest du denn da?«

Einen Moment lang sitzt Garad reglos da, die hellen Augen starren ins Leere.

»Ich werde mich bald zurückziehen«, sagt xier schließlich.

Beinahe hätte sich Art an seinem Wein verschluckt.

Mit einem kaum wahrnehmbaren Lächeln fügt Garad hinzu: »Du wusstest doch, dass dieser Tag einmal kommen würde.« Xier deutet mit dem Kopf auf Wyll. »Und war das nicht von Anfang an dein Plan?«

Art schämt sich etwas. Er hat es nie offen angesprochen, aber der richtige Moment dafür wäre sicher noch gekommen. Eines Tages. Irgendwann.

»Schon«, gibt er zu, »aber … doch erst irgendwann. In ferner, ferner Zukunft, Garad!«

»Ich bin nun seit neunzehn Jahren dein Streitender«, gibt Garad zu bedenken. »Damit war meine Karriere länger als alles, was die meisten anderen sich erträumen können. Und ich werde langsam alt.«

»Du bist ein Jahr jünger als ich«, erwidert Art beleidigt.

»Aber rein körperlich fühle ich mich mindestens doppelt so alt. Die Caballaria geht nicht gerade freundlich mit der Physis um.« Xier hat einen sorgsam neutralen Ton angeschlagen. »Außerdem hätte ich gerne mehr Zeit, um auch anderen Leidenschaften nachzugehen.«

Lillath hat Garad einmal als Mönch bezeichnet, und nun ist dieser Spitzname hängen geblieben. Der Schutz der Privatsphäre geht xiem über alles. Doch im Laufe der Jahre hat xier durchaus Partner gehabt, da ist Art sich sicher. Mehrere. Drei oder vier bestimmt.

Oder zumindest ein oder zwei.

»Und mit Leidenschaften meinst du die Liebe, richtig?« Art kann einfach nicht widerstehen.

Garad setzt zu einer Antwort an, wird aber von dem sturzbetrunkenen Lucan unterbrochen, der plötzlich vor ihnen auftaucht. »Habe ich gerade ›Liebe‹ gehört? Ist hier etwa jemand verliebt? Oooohh jaaaaa, nämlich ICH.«

Garad mustert ihn skeptisch. »Ich glaube, ich habe dich seit deiner Hochzeit kein einziges Mal nüchtern erlebt.«

»Was daran liegen könnte, dass ich es nicht war. Kein einziges Mal.«

»Das ist jetzt über einen Monat her, Lucan.«

»Wirklich? So lang schon?« Lucan starrt das Glas in seiner Hand an. »Wie die Zeit vergeht …«

»Setzt dann wenigstens dein Ehemann gewisse moralische Maßstäbe?«, will Art von ihm wissen.

»Natürlich nicht, er ist der Chef eines großen Senders.« Lucan rülpst geziert.

»Bei allen Heiligen«, stöhnt Garad. »Du bist wie ein kleines Kind.«

Lucan breitet einladend die Arme aus. »Die Liebe macht uns

wieder zu Kindern. Das ist sehr befreiend, Garad, solltest du auch mal versuchen.«

Garad verdreht nur die Augen.

Nun fährt Lucan mit erhobenem Zeigefinger zu Art herum. »Und du solltest hier eindeutig auf meiner Seite sein, Sire, König.« Mit cartoonhafter Langsamkeit verzieht sich sein Gesicht, als ihm ebenso behäbig ein Gedanke kommt. »Oooooh, Moment mal. Darüber reden wir ja nicht, richtig? Streng geheim.« Er will den Zeigefinger an die Lippen heben, landet aber weit daneben.

Art wirft ihm einen ausdruckslosen Blick zu. »Ich weiß ja nicht, ob es gut ist, wenn der Kommunikationsbeauftragte des Königs eine solche Klatschbase ist.«

»Ah, und genau da liegt der Fehler! Kommunikationsbeauftragter, da geht es ja um *Kommunikation.* Soll heißen, es muss Kommunikation stattfinden, damit Kommunikation stattfindet.« Lucan wedelt mit der Hand. »Lillath ist hier die Chefin aller Geheimnisse, nicht ich.«

Garad lässt mit finsterer Miene den Blick zwischen den beiden hin und her wandern. »Es sollte aber nicht darüber getratscht werden, wen Art zu einem Teil seines Privatlebens macht.«

»Es sei denn«, wendet Lucan ein, »es ist eine *Berühmtheit.* Außerdem ist es kein Klatsch, wenn es zwischen Freunden stattfindet. Dann ist es Teilhabe.«

»Ich könnte dich ins Exil schicken, Lucan«, gibt Art mit einem humorlosen Lächeln zu bedenken.

Trotz aller Skepsis zieht Garad neugierig eine Braue hoch. »Moment mal. Eine Caballaria-Berühmtheit?«

Lucan grinst fröhlich. »Der Streitende landet den ersten Treffer!«

»Lux, ich schwöre dir …«

»Rate, wer es ist, Garad«, fällt Lucan Art ins Wort. »Los, rate mal. Da kommst du nie drauf.«

Nachdenklich klopft Garad sich mit der Fingerspitze gegen die Zähne. »Hester Blood. Nein? Dabei dachte ich immer, er steht auf sie. Dann die Iochitown-Zwillinge. Auch nicht? Wer ist denn diese niedliche Kleine mit der riesigen Streitaxt?«

»Heilige Scheiße«, brummt Art.

»Es hat einen bestimmten Grund, warum alle darüber reden, dass dieser gewisse Ritter zu einem Stall in Blackheart gewechselt hat«, säuselt Lucan. »Was sie allerdings nicht wissen, iiiiiist, dass dieser Grund hier direkt vor mir sitzt!«

»Das stimmt nicht«, protestiert Art. »Sie wollte schon lange in den privaten Sektor wechseln.«

Garad schnaubt verblüfft. »Du redest doch nicht etwa von Finnavair? Absolut unmöglich!«

»BW-Treffer«, jubelt Lucan. »Der Silberne Engel gewinnt!«

Art reibt sich die Wangen.

»Was?« Garad ist fassungslos. »Fin?«

»Mir ist bewusst, dass ihr befreundet seid«, sagt Art vorsichtig.

Aufgewühlt sieht Garad ihn an. »Nein … ich meine, ja, aber … das ist nicht … das sollte dabei keine Rolle spielen. Und immerhin haben wir sie beinahe zeitgleich kennengelernt.«

»Das ist ewig her.«

Als seine Freunde ihn auffordernd ansehen, wird Art klar, dass er aus dieser Sache nicht mehr so leicht herauskommen wird.

Resigniert verschränkt er die Arme vor der Brust. »Ich hatte sie seit Jahren nicht mehr gesehen. Dann hat Wyll sie vor ein paar Monaten mit in den Palast gebracht, zu einem Dinner der Caballaria oder so. Heilige Scheiße, inzwischen scheint es fast jede Woche irgend so eine Veranstaltung zu geben.« Verlegen rutscht er auf seinem Stuhl herum. »Wie dem auch sei, so sind wir uns wiederbegegnet, und wir haben uns dann lange unterhalten.«

»Und anschließend habt ihr gevögelt«, ergänzt Lucan.

»Könntest du bitte mal die Klappe halten?«, fleht Art ihn an.

Lucan zeigt die typische Zerknirschtheit des Betrunkenen.

»Jedenfalls haben wir … in den letzten Monaten … immer wieder Versäumtes nachgeholt. Es ist schön.« Abwehrend sieht Art seine Freunde an. »Mehr gibt es nicht zu sagen.«

»Und warum machst du so ein Geheimnis daraus?«, wundert sich Lucan.

»Das weißt du ganz genau. Die Medien drehen ja schon durch, wenn ich nur jemanden ansehe. Und sie steht auch so schon genug im Fokus.«

Lucan winkt ab. »Daran ist sie doch gewöhnt. Das kann nicht der Grund sein. Du wirst immer nur zum Geheimniskrämer, wenn du verliebt bist.«

»Bin ich aber nicht.«

»Doch, bist du.«

»Bin ich *nicht*«, betont Art, wohl wissend, dass Lucan mit seiner Vermutung absolut recht hat.

»Komm schon.« Lucan breitet die Arme aus. »Was wäre denn so schrecklich daran?«

»Das ist eine vorübergehende Sache. Es würde nie funktionieren.«

»Hör mal, du solltest dich nicht verstecken. Du solltest dich nicht darum kümmern, ob es peinlich ist oder ob es langfristig funktionieren kann. Muss ich dich etwa daran erinnern, dass niemand weiß, was die Zukunft bringt? Nicht einmal dem König von uns allen.«

Garad hat die Arme vor der Brust verschränkt. Xiem scheint dieses Gespräch unangenehm zu sein. Vollkommen ungerührt schiebt sich Lucan zwischen xien und Art.

»Also, wir sollten zumindest rein *theoretisch* überlegen, wie sich dieses Häschen wohl fangen lässt«, beschließt er. »Nur so zum Spaß. Kann doch nicht schaden, oder?«

Dass niemand widerspricht, verbucht Lucan als Sieg.

»Soll ich euch meine Strategie vortragen?«, fragt er strahlend und verschüttet dabei einen Schluck Bier. »Sie ist extrem galant und unglaublich clever.«

»So wie ich dich kenne, baut diese Strategie darauf auf, dass ich mich bis auf die Knochen blamiere.«

»Wie kannst du es wagen?«, protestiert Lucan gekränkt. »Aber du hast recht.«

Art lacht laut auf. »Dann lieber nicht. Außerdem habe ich es dir gesagt. Es ist zu früh für große Gesten. Immerhin sind es erst ein paar Monate.«

»Na und?«

»So etwas braucht Zeit, Lucan.«

Wieder reckt Lucan belehrend den Finger. »Na schön, na schön, hier ist mein Vorschlag. Wenn sie in einem Jahr noch immer deine ›besondere Freundin‹ ist, musst du es tun. Auf den Tag genau in einem Jahr, wenn dir das lieber ist.«

»Zwei Jahre«, fordert Art.

Lucan ist empört. »Zwei? Warum denn zwei?«

»Weil das die Wahrscheinlichkeit herabsetzt?«

»Zwei Jahre sind eine Ewigkeit!«

»Hast du deinen Liebsten nicht ganze drei Jahre umgarnt, bevor es ernst wurde?«, gibt Art zurück.

Lucan will etwas erwidern, bringt aber keinen Ton heraus.

Triumphierend reckt Art das Kinn.

»Also schön.« Lucan gibt sich geschlagen. »Dann eben zwei Jahre. Aber wir machen eine offizielle Wette daraus. Du bist unser Bezeugender, Garad, okay?«

»Ich will damit nichts zu tun haben«, brummt Garad.

Mit einem fröhlichen Zungenschnalzen stellt Lucan fest: »Du bist aber mies drauf. Was ist denn los, schwärmst du etwa selbst heimlich für die Flinke Fee?«

»Bei allen Heiligen! Also schön, ich mache den Bezeugenden bei einer kindischen Wette um eine Frau, die es ganz sicher nicht verdient hat, zum Objekt solch alberner Spielchen degradiert zu werden.«

»Die Liebe ist nichts anderes als ein Spiel«, verkündet Lucan. »Aber du hast es gehört!« Er wendet sich wieder Art zu. »Mit Garad als Bezeugenden wird es offiziell. Genau heute in zwei Jahren musst du meinen Plan in die Tat umsetzen, sonst verlierst du Ehre und Ansehen.«

»Das Ganze macht dir eindeutig zu viel Spaß«, stellt Art zähneknirschend fest.

»Dabei kennst du meinen Plan ja noch gar nicht«, erwidert Lucan fröhlich.

Zwei Jahre? Keine von Arts bisherigen Liebschaften hat länger gedauert als ein Jahr. Durch dieses Wissen beruhigt, zögert er nicht, die Wette mit Handschlag zu besiegeln. Der Sieg ist ihm bereits so gut wie sicher.

KAPITEL 38

Endstation, Marvoltown

Zwei Tage zuvor

Laut hallen die Stiefeltritte auf den Stufen wider.

Das Geräusch reißt Red aus ihrer Benommenheit, aus der gebannten Reflexion ihrer eigenen Monstrosität. Fin wird entkommen, doch das darf sie nicht. Wenn sie entkommt, wenn sie es schafft, andere zu warnen, ist es vorbei. Dann ist alles hinfällig, worauf Red hingearbeitet hat. Ihr Daseinszweck. Ihre über Jahre aufrechterhaltene Obsession. Das ist alles, was sie ist, alles, was sie hat, und Fin steht kurz davor, es ihr wegzunehmen.

Red reißt die Tür auf. Ohne einen weiteren Blick lässt sie Robens Leiche zurück. Hier kann er bleiben; soll er sie doch für den Rest ihres sicherlich kurzen Lebens heimsuchen. Vermutlich wird sie sowieso heute Nacht noch sterben.

Diesem Gedanken folgt ein Hochgefühl, das besser wirkt als jedes Aufputschmittel. Red entdeckt eine offene Tür, dahinter eine Treppe – der Keller. Sie stürmt hinunter, landet in einem hell erleuchteten Raum, der zu einer Seite hin offen ist. Gerade noch kann sie die Rückleuchten eines Motorrads erkennen, das summend in der Dunkelheit verschwindet, gefahren von einer kleinen, geduckten Gestalt.

In schwindelerregender Abfolge prasseln mehrere Schlussfolgerungen auf sie ein:

Fin hat ein Motorrad. Jetzt kann Red sie nicht mehr einholen.

Vor ihr steht noch ein Motorrad. Fin besitzt zwei Bikes, wahrscheinlich hat sie irgendwo sogar noch mehr. Sie ist besessen von Maschinen.

Auf dem Boden unter dem zweiten Bike funkelt eine silberne Münze – mit ihr lässt sich das Motorrad starten. Fin muss sie dorthin geworfen haben.

Also ist Fin gar nicht geflohen, um andere zu warnen.

Fin will, dass Red ihr folgt.

Mühsam und unter leisem Protest ihrer Armmuskulatur zerrt Red das Motorrad vom Ständer, schiebt die Münze in den Schlitz, nimmt auf der Maschine Platz, startet den Motor und rollt unsicher in die Nacht hinaus.

Als sie die erste belebtere Straße erreicht, scheint es ihr ein Ding der Unmöglichkeit zu sein: Zwischen all den Menschen und Fahrzeugen wird sie Fin niemals finden. Dann aber wird sie schnell daran erinnert, welche Kraft unter ihr pulsiert. Der Straßenverkehr teilt sich vor ihr wie das Fleisch unter dem Skalpell eines Chirurgen.

Und es ist ganz einfach, Fin zu folgen – zu einfach. Heute Abend sind offenbar nicht viele Ritter unterwegs, denn es sind kaum Motorräder auf der Straße. Fin legt ein ordentliches Tempo vor, allerdings reicht es nicht aus, um Red in Bedrängnis zu bringen. Über eine Stunde lang führt sie sie durch die großen und kleinen Lebensadern von London. Die Stadt spürt das, lässt es geschehen. Der schrille Alarm reißt ab. Nun verharrt sie reglos, beobachtet, wartet ab, wer der Sieger sein wird.

Sie überqueren die Grenze nach Marvoltown, halten sich Richtung Daeccanham. Der Verkehr um sie herum wird weniger, dünnt sich aus, bis sie fast allein über den Asphalt rollen. Die

Straßen werden ruhiger, schmaler, rücken enger zusammen wie ein Rudel auf der Jagd. Zwischen all den hohen Gebäuden hier wird es sicher früh dunkel.

Da.

Fins Bike steht reglos und fahrerlos vor einem hohen Zaun. Dahinter befindet sich ein kleiner Hof zwischen schmutzig weißen Ziegelbauten, die ein Stück von der Straße abgerückt sind. Doch das quirlige Leben ist nur Momente entfernt.

Red lässt ihre Maschine ausrollen und parkt sie ein Stück von Fins Bike entfernt. Dann zerrt sie ein schmales, spitzes Messer aus der Scheide in ihrem Stiefel und sieht sich suchend um.

Hinter dem Zaun bewegt sich etwas.

Vorsichtig schleicht Red näher heran, bis sie mitten auf dem Hof Fins geduckte Gestalt entdeckt; offenbar ist sie ganz auf etwas konzentriert, das sich vor ihr auf dem Boden befindet. Ein Scheppern ertönt, dann ein schleifendes Geräusch, und schließlich stemmt Fin ein dickes Eisengitter in die Höhe. Darunter kommt ein dunkles Loch zum Vorschein. Red ist zu weit entfernt, um sie aufzuhalten oder anzugreifen, außerdem trennt sie der Metallzaun ebenso effektiv wie eine Mauer.

Die umliegenden Gebäude ragen wie finstere, hungrige, klaffende Mäuler hinter Fin auf, während sie in das Loch hinabsteigt.

Fin sieht Red direkt an, dann verschwindet sie in dem dunklen Schacht.

Red fackelt nicht lange. So schnell und lautlos wie möglich klettert sie über den Zaun, hängt sich wie eine Gottesanbeterin an die dicken Eisenringe, die leicht im Wind schaukeln. Wollte Fin ihren Tod oder sie auch nur abhängen, hätte sie auf der Fahrt hierher mehr als einmal die Gelegenheit dazu gehabt. Sie ist eine exzellente Fahrerin, während Red kaum richtig lenken kann. Nein, Fin will einen Kampf, und zwar zu ihren Bedingungen.

Red hat keine Wahl, was das angeht. Sie darf Fin nicht entkommen lassen, also muss sie ihr folgen. Steht einem nur noch ein einziger Weg offen, bringt das eine wundervolle Klarheit mit sich. Auch im Fehlen jeder Freiheit liegt eine Art Freiheit verborgen. Trotzdem schrillen sämtliche Alarmglocken in ihr, als sie in die Dunkelheit hinabsteigt. Ihr Gehirn schickt eine frische Welle Adrenalin durch ihre Adern.

Du bist die Jägerin, nicht die Gejagte.

Immer wieder sagt sie sich das vor, während sie die grob aus der nackten Felswand gehauenen Stufen hinabsteigt, die in einen bedrückend engen, aber begehbaren Tunnel führen. In den Wänden sind in regelmäßigen Abständen münzgroße Lichter eingelassen, die ein gelb-schwarzes Streifenmuster auf den Boden malen, immer abwechselnd hell und dunkel. Nach ungefähr einer Minute stößt Red auf einen von Steinen durchsetzten Dreckhaufen und ein klaffendes Loch in der Tunnelwand. Vorsichtig schiebt sie sich hindurch.

Dahinter befindet sich ein kahler quadratischer Raum voller Säulen. Die Ecken sind in undurchdringliche Schatten getaucht. An den Wänden türmen sich Scherbenhaufen auf; die einzelnen Bruchstücke lassen erkennen, dass die zersprungenen Fliesen einst mit geschwungenen Mustern verziert waren. Staub hängt in der reglosen Luft. Red spürt das kalte, schmale Messer in ihrer Hand.

»Weißt du, wo wir hier sind?«, fragt eine Stimme aus der Dunkelheit.

Fins Stimme.

Reds Gedanken überschlagen sich, während sie versucht, in dem trüben Licht etwas zu erkennen. Sie bewegt sich langsam rückwärts, sucht nach einer Mauer, die ihr den Rücken freihält.

»Nein«, antwortet sie.

»Sagt dir der Name Beconthree Station etwas?«

Jetzt nickt Red. »Die Endstation.«

Endstation ist die gängige Bezeichnung eines beinahe mythisch anmutenden Bahnhofs aus der Zeit von vor fast hundert Jahren, als ein Großteil des Schienennetzes noch unterirdisch verlief und die tausend Jahre alten Katakomben von London zu einem ausgeklügelten Tunnelsystem umfunktioniert wurden, in dem sich die Züge fortbewegen konnten.

Nach einigen Jahren, in denen es zu brutalen Bürgerkriegen und zu etlichen Tunneleinstürzen kam, bei denen zu viele Menschen ihr Leben verloren, wurden die Bahnstrecken nach und nach wieder an die Oberfläche verlegt oder sogar darüber hinaus. Die alten Tunnel wurden versiegelt. Der Endstation kam hier ein gewisser Sonderstatus zu, da mit ihr nicht nur ein Tunnel, sondern ein ganzer Bahnhof der Finsternis überlassen wurde.

»Lange Zeit hieß sie einfach nur Beconthree«, erklärt Fin nun. »Endstation heißt sie erst seit Kurzem. Weißt du, warum die Leute angefangen haben, sie so zu nennen?«

Red schüttelt den Kopf. Nach und nach gewöhnen sich ihre Augen an das Halbdunkel, und quälend langsam schälen sich scharfe Umrisse aus dem verschwommenen Grau. Wenn Fin auch nur die kleinste Bewegung macht …

»Vor ungefähr fünfzig Jahren«, erzählt Fin, »entdeckten ein paar Kinder einen Gully, durch den man zu einem verlassenen Bahnhof hinabsteigen konnte, allerdings nur, wenn man klein genug war, um sich zwischen dem Schutt hindurchzuquetschen. Der ansässige Zweig der Wardogs bekam Wind davon. Sie erweiterten den Zugang und richteten hier unten einen illegalen Kampfplatz ein. Nannten ihn die Todesbahn. Nun ja, wer in den Besitz eines Tickets für die Todesbahn kam, fand sich plötzlich in einem hundert Jahre alten Zug wieder, der zwischen Beconthree und Daeccanham hin und her fuhr, und konnte während der Fahrt dabei zusehen, wie sich heruntergekommene ehemalige

Ritter der Caballaria, die offenbar das Glück verlassen hatte, einen Kampf auf Leben und Tod lieferten.«

Stille.

»In der Todesbahn gab es keine Möglichkeit, sich zu ergeben. Nur einer überlebte. Doch der Gewinner konnte eine Menge Geld gewinnen und seinem Schicksal so vielleicht noch einmal eine Wendung geben. Beconthree Station bekam den Namen Endstation, weil sie hier angeblich die Leichen der Verlierer entsorgt haben. Haben sie einfach hier abgeladen und verrotten lassen.« In Fins Stimme schwingt leise Faszination mit. »Irgendwann wurde die Todesbahn dann dichtgemacht, und die Endstation ging im letzten Bezirkskrieg verloren. Aber weil der Bahnhof so tief unter der Erde liegt und durch einen Bombenangriff zu Uthers Zeiten komplett verschüttet wurde, behaupten manche, die Leichen seien unglaublich gut konserviert worden. Dass manche von ihnen nicht einmal tot aussehen.«

Für einen ehemaligen Bahnhof scheint dieser Raum erstaunlich klein zu sein, und es sind auch nirgendwo tote Ritter zu sehen, weder gut erhaltene noch sonst irgendwelche.

»Ich sehe hier keine Leichen«, stellt Red deshalb fest.

»Wirklich enttäuschend, nicht wahr? Er wurde ausgeräumt, wird jetzt für andere Zwecke genutzt.«

»Welche Zwecke?«

Fin schweigt.

Hinrichtungen.

»Warum wolltest du mich unbedingt hierherlocken?«, fragt Red weiter.

Je länger das alles dauert, desto stärker drängt ihr Gehirn darauf, die Sache zu durchdenken. Aber sie will nicht nachdenken. Sie kann es sich nicht leisten, nachzudenken.

»Schien mir irgendwie passend«, erklärt Fin. »Aufgrund der Geschichte dieses Ortes.«

Red entspannt ihre verkrampften Finger, bereitet sich auf das vor, was kommt. »Ich hätte nicht gedacht, dass du so eine Romantikerin bist.«

»Und ich hätte nicht gedacht, dass du eine Verräterin bist«, erwidert Fin scharf. »Hier unten kannst du sterben wie all die anderen damals. Du bist jetzt eine von ihnen: entehrt.«

Der blanke Hass in ihrer Stimme tut weh.

Red schluckt den Schmerz hinunter und verschließt sich dagegen. »Da liegst du falsch«, sagt sie. »Um entehrt zu werden, muss man zunächst einmal ehrenvoll sein, und das habe ich nie von mir behauptet. So war ich schon immer, von Anfang an. Du hast es nur nicht gesehen.«

»Dann bist du eine gute Lügnerin«, stellt Fin gelassen fest.

Red schüttelt den Kopf. »Ich habe dich nie angelogen. Du hast einfach nicht die richtigen Fragen gestellt. Bis heute nicht.«

»Bis du meinen Freund getötet hast. Und nun werde ich dich töten. Das nennt man Gerechtigkeit.«

In Fins Vorstellung ist das ein Caballaria-Kampf. Rechtmäßige Vergeltung durch *moldra lagha*, Kompensation für das Leben, das Red ausgelöscht hat. Dämliche, ehrenhafte Ritterspielchen? Hier und jetzt, wo Ehre so gar keine Rolle spielen sollte?

»Für Roben?«, spottet sie. »Den Wahrsager, der es nicht einmal geschafft hat, seinen eigenen Tod vorherzusehen?«

Es folgt eine unheilschwangere Pause, aber Fin lässt sich nicht aus der Reserve locken. »Immerhin hat er es geschafft, die Wahrheit über dich zu sehen.« Das zähe Echo hier unten verleiht Fins Stimme einen zischenden Unterton. »Willst du das wirklich durchziehen?«

Red lacht bloß. Wie befreiend es doch ist, keine Wahl mehr zu haben!

»Dann habe ich nun zwei Gründe, dich zu töten«, sagt Fin.

Hinter einer der Säulen blitzt etwas auf, ein leises Surren setzt ein. Red registriert beides, wirbelt im letzten Moment herum, doch sie ist nicht schnell genug. Eine rotierende Wurfklinge schlitzt ihr den Arm auf. Schon im nächsten Moment flammt ein beißender Schmerz rund um die Wunde auf. Es hat ihren Schwertarm getroffen. Gleich wird die Hand, mit der sie die Waffe hält, glitschig sein von ihrem Blut.

Das hat nichts von einer schnellen Hinrichtung. Das Miststück will Spielchen spielen.

Wenigstens hat Fin so eine wichtige Waffe eingebüßt. Die Wurfklinge prallt scheppernd irgendwo hinter Red gegen die Wand. Ein riskanter, nicht besonders kluger Spielzug.

»Ich dachte, hierbei ginge es um Ehre«, faucht Red zähneknirschend und verdrängt den Schmerz, der sich durch ein schrilles Pfeifen in ihren Ohren bemerkbar macht. »Bist du so ein Feigling, Fin? Nur Feiglinge verstecken sich vor ihrem Gegner.«

»Du hast also doch noch die Kunst des Spottens erlernt.« Endlich tritt Fin hinter der Säule hervor.

Ein wildes Feuer flackert in ihrem Blick. Red kennt es nur zu gut, und sie heißt es willkommen wie einen alten Freund. Jetzt ist sie wieder auf vertrautem Terrain. All die Komplikationen, Zweifel, politischen Winkelzüge, Schuld, Liebe, Scham – sie sind weg. Das hier ist einfach.

Bis zum Tod, bis zum Tod, bis zum Tod, trällert eine Stimme in ihrem Kopf, während sie die Chance ergreift und das Messer wirft, das sie noch immer in der Hand hält. Sie zielt direkt auf Fins Herz, doch die reißt schützend den Arm hoch. So bohrt sich die Klinge in ihren schlanken Unterarm. Ihr Mund öffnet sich zu einem lautlosen Schrei.

Nun hat jede von ihnen eine Waffe eingebüßt – allerdings hat Red noch ein zweites Messer in ihrem Stiefel.

Fin starrt sie an, dann huscht ihr Blick für den Bruchteil einer Sekunde nach links. Instinktiv lässt Red sich zu Boden fallen.

Sie hört das leise Zischen einer Klinge, die nun harmlos die Luft durchschneidet, wo gerade eben noch Reds wichtigste Organe waren.

Hier ist noch jemand im Raum.

Verdammt!, brüllt die Stimme in ihrem Kopf. *Ist wohl doch nicht so ehrenhaft, die berühmte Fee, wie?*

Red rollt sich ab und springt auf, um sich diesem neuen Gegner zu stellen.

Der Fin ist.

Eine Fin hockt sprungbereit vor ihr, vollkommen unverletzt. Die andere steht ein Stück entfernt und hält sich den Arm, in dem noch immer Reds schmale Klinge steckt.

Zwei Fins, die abgesehen von der Verletzung vollkommen identisch sind: Haare, Kleidung, wutentbrannte Miene. Eineiige Zwillinge? Ausgeschlossen. Niemand schafft es, ein ganzes Leben lang zu verheimlichen, dass er einen Zwilling hat.

Plötzlich ertönt ein merkwürdiges dumpfes Ploppen, und die neue, unverletzte Fin löst sich auf.

Reds Gehirn macht einen schwindelerregenden Satz.

»Du bist eine entheiligte Illusionistin«, faucht sie. »Genau wie Wyll.«

Wie praktisch, dass sie bei ihm so oft üben musste, sich gegen Illusionen zur Wehr zu setzen. Jetzt hat das doch noch einen Sinn.

Die unverletzte Fin taucht direkt vor Red auf, verlagert ihr Gewicht und tritt Red mit voller Kraft in den Bauch. Dann verschwindet sie wieder. Diesmal ist das Ploppen so laut, dass es in den Ohren wehtut.

»Falsch«, verkündet die verletzte Fin.

Red kriecht hilflos auf dem Boden herum und ringt verzweifelt nach Luft. Illusionen können einen nicht berühren. Und Illusionen geben auch kein Geräusch von sich, wenn sie sich auflösen.

»Was, bei allen sieben Höllen, bist du?«, presst sie mühsam hervor.

»Du bist nicht die einzige Gottgleiche in der Caballaria.«

»Von … so etwas … habe ich noch nie gehört …«

»Ich ebenfalls nicht.« Fins Stimme ist rau geworden durch den unterdrückten Schmerz. »Es gibt noch keinen Begriff für das, was ich bin.«

Red denkt angestrengt nach, während sie im Halbdunkel nach Fins Duplikat sucht. Die echte Fin hält noch immer ihren Arm umklammert. Selbst mit verletzter Schwerthand kann sie noch eine Menge Schaden anrichten.

Gegen eine von ihrer Sorte zu kämpfen, ist schwer genug. Und jetzt zwei?

»Du bist nicht registriert«, ruft sie schnell, um etwas Zeit zu gewinnen. »Eine Illegale.«

»Oh, verdammt«, flucht Fin höhnisch. »Aber wem könntest du das noch verraten?«

Zwei mächtige Gottgleiche, die quasi Tür an Tür im selben Viertel aufwachsen – wie unwahrscheinlich ist das denn? Kein Wunder, dass Roben sich an sie gewandt hat. Kein Wunder, dass die beiden Freunde wurden. Schon dass sie die Lüge im normalen Leben so lange aufrechterhalten hat, könnte Fin in den Knast bringen. Doch als Ritter der Caballaria? Jeder Kampf, bei dem sie jemals angetreten ist, könnte annulliert werden. Es wäre das reinste Chaos. Ihr Leben wäre damit ruiniert.

Damit hat sie nun also drei Gründe, Red zu töten.

Ein ohrenbetäubendes Knacken ertönt, und das Fin-Duplikat erscheint wieder direkt vor Red. Es täuscht an und springt dann vor, während Red ihren protestierenden Körper außer Reichweite bringt, angetrieben vom nackten Überlebensinstinkt. Sie versucht, an das Messer in ihrem Stiefel heranzukommen, ist aber zu langsam – Fins Duplikat tritt nach ihrer Hand. Es ist real, stofflich, besteht aus festem menschlichem Fleisch, dazu noch kraftvoll und unverbraucht wie eine frisch geschnittene Blume. Reds Arm ist voller Blut, das noch immer aus der Wunde quillt, die Fin ihr zugefügt hat. Es tropft von ihren Fingerspitzen auf den Boden und scheint all ihre Energie mitzunehmen.

Die echte Fin schließt sich nun ihrem Duplikat an. Nach und nach drängen die beiden Red in eine Ecke. Jedes Mal, wenn sie ausbrechen will, versperrt das Duplikat ihr unerbittlich den Weg.

Red spürt, dass ihr die Kraft ausgeht. Die Wunde ist tief und macht sie träge, egal wie sehr sie sich auch dagegen wehrt. Krampfhaft versucht sie, nicht in Panik zu verfallen, doch das Gefühl ist bereits da, es hat sich in ihr festgebissen, lenkt sie ab wie eine Ratte, die eifrig an ihren Eingeweiden nagt.

Vollkommen synchron stürzen sich die beiden auf sie. Jetzt ist sie erledigt. Red versucht, noch einmal alle Kraftreserven zu mobilisieren, doch genauso gut könnte sie versuchen, fließendes Wasser festzuhalten. Unaufhaltsam rinnt auch die letzte Energie ihr durch die Finger, und die beiden sind bereits da, packen sie, suchen auf dem glitschigen Boden nach Halt, der mit Fins und ihrem Blut verschmiert ist.

Dann fangen sie an, Red zu würgen.

Es geschieht so schnell – sie registriert kaum, dass sie nun sterben wird. Der Druck an ihrer Kehle lässt die Welt schrumpfen, reduziert alles auf das Hier und Jetzt. Wie von weit her dringt ein Heulen in Reds Bewusstsein – ist das ihr verbliebenes Blut, das dröhnend in ihren Ohren rauscht? Plötzlich scheint der Druck am Hals nachzulassen, gleichzeitig nimmt die Benommenheit zu. Für einen furchtbaren Moment wird alles schwarz, dann aber nehmen ihre Sinne die Arbeit wieder auf.

Das Heulen hat den gesamten Raum erfasst. Ein heftiger Wind hat eingesetzt und schiebt Staub und Dreck in Reds Gesicht. Lose Fliesenscherben und Steine werden durch die Luft geschleudert und treffen sie ebenso wie die beiden Körper über ihr. Reds Magie bricht wild kreischend aus ihr hervor und fegt durch den Raum, schleudert den Angreifern alles entgegen, was sie zu fassen bekommt.

Und anstatt sie unter Kontrolle zu halten, lässt Red los. Sie lässt alles los – ihr Blut, ihr Leben, was immer sie auch sein mag. Unter alldem bricht sie zusammen, scheint sich aufzulösen, sich in sämtliche Richtungen zu verteilen, brüllt mit letzter Kraft heraus, was sie in Wahrheit ist.

Wenn du schon sterben musst, stirb laut.

KAPITEL 39

Mynchen-Arena, Blackheart

Zwei Tage zuvor

Der Ritter kniet gebeugt im Sand der Arena.

Seine Gegnerin lässt eine haarfeine Wurfklinge an seiner Kehle verharren.

»Ich ergebe mich«, knurrt der Wüstenwolf.

Die Flinke Fee schenkt ihm ein triumphierendes Lächeln und reißt dann die Hand mit der Klinge in die Höhe. Die Menge skandiert ihren Namen wie im Gebetsrausch.

Es war ein langes Turnier, das viel Aufmerksamkeit auf sich gezogen hat, da einige Grenzstreitigkeiten in der Arena ausgetragen wurden. Der heutige Kampf sollte einen Schlussstrich unter die gewaltsamen Vorfälle ziehen, allerdings finden die Londoner immer irgendetwas, worum sie sich prügeln können. Der Spaß beginnt mit dem ersten Schlag, sagt ein bekanntes Sprichwort.

Beide Kämpfer stemmen sich hoch, die Offiziellen steigen aus dem verborgenen Ring am Rand des Kampfplatzes und strömen auf das Feld, um den Verlierer wegzubringen und dem Sieger seinen Preis zu überreichen – einen brandneuen Aufnäher mit den Symbolen und Farben von Blackheart, der diesen Sieg für immer festhalten soll. Manche Ritter bevorzugen ein noch unauslöschlicheres Andenken und lassen sich das Design des

Aufnähers in die Haut stechen, doch die Flinke Fee hat eine höchst ungewöhnliche Abneigung gegen Tattoos.

Man hilft dem Wüstenwolf, der von dem Kampf noch ziemlich mitgenommen ist, auf die Beine. Die Rolltrage, die vorsichtshalber herangeschafft wird, stößt er allerdings gereizt beiseite und humpelt dann, umringt von Ärzten, vom Platz.

Die Flinke Fee richtet sich konzentriert auf, als die weiß gekleidete Meute auf sie zukommt. Ganz vorne läuft der oberste Schiedsrichter der Arena, der ihr persönlich den Preis überreichen wird, wie es bei einem Turnier dieser Größenordnung üblich ist. Leitende Schiedsrichter können beinahe so berühmt werden wie Ritter, vor allem wenn sie genügend Charisma mit sich bringen, und dieser hier ist bekannt dafür, dass er es liebt, sein Gesicht auf den Leuchtschirmen zu sehen. Heute allerdings sind seine Züge hinter einer Zweithaut verborgen, was zunächst nicht weiter verwunderlich ist – viel eher hätte wohl jemandem auffallen können, dass er ungefähr dreißig Zentimeter größer zu sein scheint als sonst. Die Zweithaut ist mit einem Muster aus glänzenden schwarzen Federn geschmückt, die sich über die Wangen bis zu den Ohren ausbreiten und den Blick auf die zurückgekämmten blonden Haare des Mannes lenken.

Die Filmapparate halten fest, wie er vor der Flinken Fee stehen bleibt, und zoomen dann ganz nah an sein verhülltes Gesicht heran. Erwartungsvolle Stille senkt sich über die Arena, da alle den zeremoniellen Wortwechsel hören wollen, der das Turnier offiziell beendet.

Es beginnt wie immer.

»Finnavair Caballarias o'Rhyfentown, du wurdest zur Siegerin erklärt. Akzeptierst du den Willen der Heiligen und ihrer sterblichen Helfer?«

Erst jetzt merkt das Publikum, dass irgendetwas nicht stimmt. Die Stimme des Oberschiedsrichters klingt anders. Normalerweise ist sie schrill und leicht näselnd, dringt einem beinahe gewaltsam ins Ohr, jetzt aber scheint sie um einiges weicher und leiser.

Der Flinken Fee ist das offenbar auch aufgefallen, denn sie zögert kurz, bevor sie antwortet.

»Ja, das tue ich.«

»Und akzeptierst du außerdem die Folgen dessen, was ich gleich tun werde?«

Sämtliche Filmapparate sind auf ihr Gesicht gerichtet.

Sie blinzelt verwirrt. »Wie bitte?«

Der Oberschiedsrichter antwortet nicht. Stattdessen hebt er die Hände ans Kinn und fängt an, sich die Zweithaut vom Gesicht zu ziehen. Quälend langsam kommen darunter seine wahren Züge zum Vorschein. Schließlich lässt er die Zweithaut achtlos in den Sand fallen. Die Filmapparate halten diesen unglaublichen, herrlichen Moment für die Nachwelt fest.

Der König von London steht in der Arena.

Er lässt die Arme hängen und ist ganz auf die Flinke Fee konzentriert, fast scheint es, als würde er überhaupt nicht merken, wie die Menge auf den Rängen ausrastet. Während seiner gesamten Regentschaft hat er nur ein einziges Mal eine Arena betreten: als er mithilfe seines Silbernen Engels das Schwert von London errungen hat. Das liegt nun fast zwanzig Jahre zurück, und seit dem Massaker von Mafelon hat er sich bekanntlich in seinem Palast verschanzt. Der Trickreiche König verlässt Cair Lleon nicht – für nichts und niemanden.

Niemals.

Nun sprechen die Flinke Fee und er miteinander, doch ihre Stimmen werden von dem lauten Jubel übertönt. Sie wirkt verblüfft, er gelassen. Gierig saugen die Filmapparate jede Lippenbewegung auf, jede Geste, jeden Blick. Als das Gespräch sich hinzieht, wird aus dem lauten Brüllen der Menge ein gedämpftes Raunen.

Und gerade als klar wird, dass die beiden sich offenbar gut kennen – was allein schon einen ganzen Monat mit Schlagzeilen gefüllt hätte –, beugt sich der König vor, zögert kurz (als wollte er um Erlaubnis bitten, wie später spekuliert wird), umfasst den verschwitzten Nacken der Flinken Fee und küsst sie.

Das einsetzende Getöse lässt Trommelfelle platzen.

*

»Was, bei allen sieben Höllen, hast du dir nur dabei gedacht?«

Art steht an der Tür und hat die Arme schützend vor dem Körper verschränkt, während Fin wie eine aufgebrachte Hornisse durch den Umkleideraum schießt.

»Nun ja«, beginnt er, »mir ist schon vor einiger Zeit eines klar geworden: Wenn nicht einmal *ich* weiß, was ich in zwei Stunden tun werde, wie soll es da ein anderer wissen? Also habe ich die Entscheidung ganz spontan gefällt. So ist es quasi narrensicher.«

»Das ist kein Spiel«, faucht sie ihn an. »Das ist dein *Leben.* Und mit seinem Leben spielt man nicht!«

Er sieht zu, wie sie weiter wütend durch den Raum stiefelt, und fragt sich, was das Wachpersonal der Arena, das draußen vor der Tür postiert ist und sicherlich alles mithört, wohl von diesem Streit halten mag. Aber vermutlich haben die im Moment alle Hände voll zu tun, da sie plötzlich den König von London schützen müssen, auch bekannt als die mieseste Überraschung aller Zeiten. Art macht sich eine gedankliche Notiz, ihrem Ritter in Grün später ein Entschuldigungsschreiben zu schicken.

»Fin«, versucht er, sie zu beruhigen. »Glaubst du denn wirklich, das war heute das erste Mal seit Mafelon, dass ich mich heimlich aus Caer Lleon hinausgeschlichen habe? Ernsthaft?«

Ruckartig bleibt sie stehen.

»Nein«, gibt sie dann zu. »Aber es ist das erste Mal vor großem Publikum.«

Sorge und Wut lassen sie jedes Wort einzeln betonen.

Art tut so, als würde er nachdenken. »Ja, da könntest du recht haben. Aber ich bin immer verkleidet, wenn ich draußen unterwegs bin, und ich bin immer allein. Ich weiß, das klingt erst mal so, als wäre es noch gefährlicher, aber eigentlich …«

»Heilige Scheiße, Art«, fällt sie ihm ins Wort. »Ich bin doch nicht wegen des Risikos so wütend, begreifst du das nicht?«

Er schüttelt den Kopf. »Nein.«

Mit einem bitteren Lächeln erklärt sie ihm: »Der König und der Straßenköter, welch eine fantastische Geschichte für die Medien! Du hast mich benutzt für ein politisches Statement!«

»Ja, das habe ich.«

Aufgebracht fährt sie zu ihm herum. »Wie bitte?«

Sie wirft ihm einen Blick zu, der in Art unwillkürlich die Frage aufkommen lässt, wie auch nur ein Gegner in der Arena gegen diese Frau bestehen kann.

»Ja, das habe ich«, wiederholt er ruhig. »Soll ich vielleicht lügen? Damit würde ich dir keinen Gefallen tun. Alles, was ich sage oder tue, ist politisch, Fin. Ich bin das gleißende Leuchtfeuer des Politischen. Kein Aspekt meines Lebens ist davon befreit.«

Er sieht, wie sie das verarbeitet.

»Wenn du allerdings glaubst, das wäre der einzige Grund gewesen, liegst du falsch.«

»Evron hilf, da kommt noch mehr?« Voller Dramatik richtet Fin den Blick zur Decke. »Welchen Grund hattest du denn noch?«

Ich habe mit Lucan gewettet und verloren.

Da dies jedoch nicht der richtige Moment für Späße zu sein scheint, sagt er: »Ich wollte deine Aufmerksamkeit erregen.«

Frustriert reißt sie beide Arme hoch. »Gratuliere, das ist dir gelungen! Warum konntest du mir nicht einfach ein Geschenk schicken?«

»Weil ich dir etwas wirklich Wichtiges beweisen musste.«

»Was, im Namen aller Heiligen, hast du denn bitte zu beweisen, das etwas derart Dämliches rechtfertigen würde?«

»Die Tatsache, dass ich dich liebe.«

Die Wirkung dieser Worte ist nicht zu übersehen. Fin lässt die Arme sinken, und ihre Kinnlade fällt herab.

»Oh.«

Schweigend sehen sie sich an. Art versucht tapfer, seine Atmung unter Kontrolle zu halten.

»Das mit uns läuft jetzt schon seit über zwei Jahren«, stellt sie schließlich fest. »Warum hast du nie etwas gesagt?«

Aus so vielen Gründen.

Art schüttelt den Kopf. »Es war einfach zu heftig. Sobald ich mich verliebe, sobald ich es ausspreche, war's das. Dann komme ich da nicht mehr raus, und alles wird kompliziert. Ich habe eine Weile gebraucht, um damit klarzukommen. Außerdem sind wir beide ja ständig beschäftigt. Jeder hat eigene Interessen. Da kam mir das irgendwie nicht richtig vor.«

»Und warum jetzt?«

»Vermutlich, weil ich endlich den Mut dazu gefunden habe. Außerdem werde ich langsam alt.«

Fin bleibt ernst.

»Liebe allein entschuldigt aber nicht ein solches Verhalten«, sagt sie schließlich, plötzlich doch wieder zornig.

»Das ist wahr«, räumt Art ein. »Es war ein gewisses Kalkül dabei. Du solltest sozusagen eine Ahnung davon bekommen, was es heißt, richtig mit mir zusammen zu sein – so, wie ich mir das wünsche. Nicht so einfach zu verkaufen, das gebe ich zu. Aber ich setze ganz auf das, was ich bereits von dir weiß.«

Schweigend wartet sie ab.

Wenigstens wirft sie nicht mit Gegenständen. »Du liebst Herausforderungen«, fährt er hastig fort. »Wie könnte es auch anders sein, nachdem du in deinem Leben schon so viele gemeistert hast? Leichte Siege langweilen dich, das habe ich oft genug gesehen. Erst wenn dich etwas fordert, fühlst du dich richtig lebendig.«

Fin schnaubt leise.

»Das ist so«, betont er noch einmal.

Eine gewisse Wachsamkeit schleicht sich in ihren Blick. »Es ist nicht gut, für keinen von uns.«

Doch Art weigert sich, die Segel zu streichen. »Ich will, was ich will. Und ich will dich. Ständig sehe ich, wie die Menschen in meiner Umgebung das pure Glück genießen, und das wünsche ich mir auch. Mir ist schon klar, dass es bei mir nie so sein wird wie bei ihnen, und lange habe ich geglaubt, dass ich es deswegen nie wirklich versucht habe: weil ich dachte, es wäre einfach unmöglich. Ich dachte, es wäre mir nicht gestattet. Aber das war nicht der Grund. Denn eigentlich hatte ich die ganze Zeit bloß Angst.«

»Wovor denn?«

»Vor den Anstrengungen, die es mit sich bringen würde, dieses Glück für mich zu schaffen. Denn dann müsste ich es wirklich wagen und würde möglicherweise scheitern. Und ich fürchte mich davor, zu scheitern. Ich fürchte mich vor dem Schmerz.«

»Davor fürchten wir uns alle.«

»Ich weiß. Immer wieder habe ich mir gesagt, dass ich nicht der Selbstverherrlichung anheimfallen werde, aber nun stellt sich heraus, dass ich genau das getan habe. Nur eben in die andere Richtung.« Mit leidender Stimme fährt er fort: »Oh nein, es ist so schwer, ich zu sein! Ich bin so schlecht, ich habe es verdient, bestraft zu werden!«

Ihre Mundwinkel zucken. »Manche Leute stehen auf Bestrafung.«

»Hör auf, mich in Verlegenheit zu bringen, wenn ich gerade etwas essenziell Wichtiges erkläre.«

»Tut mir leid.«

»Ich habe inzwischen so lange darüber nachgedacht, dass mich mein eigenes Gehirn ankotzt. Ständig habe ich nach Lösungen gesucht, wo keine sind. Bisher habe ich in meinem Leben eigentlich nur eines gelernt: In Wahrheit haben wir keine Ahnung, wohin unsere Entscheidungen uns führen. Das ist das Erschreckende an der Bauweise des Menschen. Man weiß nie mehr als im aktuellen Moment. Danach kann man nur noch tief Luft holen und springen.«

Art hält inne. Das war's. Mehr hat er nicht zu sagen, komme, was da wolle.

Fin kaut ein wenig auf ihrer Unterlippe herum, dann fragt sie: »Hast du das vorher auswendig gelernt? Das kam viel zu glatt rüber.«

»Ich lerne so vieles von dem, was ich sage, vorher auswendig, dass ich wohl verlernt habe, wie ein normaler Mensch zu reden.« Art denkt kurz nach. »Zu glatt? Ja, es war wohl zu glatt.«

Sie legt eine Hand an seine Brust. »Es war aufrichtig.«

So *muss* sie einfach spüren, wie wild sein Herz pocht.

»Ist das … ein Ja?«, fragt er leise.

Fin antwortet nicht, verzieht nur gequält das Gesicht.

»Wovor hast *du* Angst, Fin?«

»Davor, dass man mir meine Freiheit nimmt«, sagt sie kaum hörbar.

»Du kannst gehen, wann immer du möchtest«, erklärt ihr Art fest. »Dein Leben gehört allein dir. Ich werde dir nicht im Weg stehen. Das will ich gar nicht. Mir gefällt dein Freiheitsdrang, ich finde ihn wundervoll. Ich bitte dich nur um eines. Sei da, wenn ich dich brauche. Sei mein Glück.«

»Das ist viel verlangt.«

»Ich weiß. Aber im Gegenzug wird es dir an nichts fehlen. Ich will dich glücklich machen. Ich brauche dich, Fin. Ich will das nicht mehr alleine machen.«

Jetzt bettelt er regelrecht, fleht sie an. Nackt und bloß steht er vor ihr, setzt selbst seine empfindlichsten Stellen ihrer Kritik aus, dem Risiko, von ihr abgewiesen zu werden. Sie hält sein Leben in der Hand, hat die Wurfklinge an seiner Kehle.

Schließlich sieht sie ihn an, kommt zu einer Entscheidung. »Okay«, sagt sie leise.

Art wagt es kaum, zu atmen. »Okay?«

Sie nickt. Art stößt einen gellenden Freudenschrei aus und zieht sie in seine Arme.

Endlich, endlich, endlich bekommt er, was er sich wünscht.

Endlich darf auch er glücklich werden.

KAPITEL 40

Endstation, Marvoltown

Gestern

Das Aufwachen ist ein holpriger Prozess.

Ihr Gehirn springt nur widerwillig an – Lichter an, Lichter aus.

An, aus.

Dann wieder an, diesmal länger.

Red versucht, sich zu bewegen. Sie hört ein gequältes Stöhnen, begreift vollkommen unbeteiligt, dass es wohl von ihr stammt. Die Zeit scheint ein wenig hinterherzuhinken, denn es vergeht ein Moment, bis der Schmerz einsetzt. Wie eine Flutwelle überschwemmt er ihren Körper und schickt wirre, flackernde Signale, die ihr wohl mitteilen sollen, dass nichts richtig funktioniert.

Irgendwie schafft sie es, sich halb aufzurichten. Hart und kalt drückt der Boden gegen ihre Handflächen. Eine Hand ist mit geronnenem Blut verklebt. Ihre Augen schaffen es nur langsam, sich scharf zu stellen, und als sie dann wieder richtig sieht, bereut sie es sofort.

Was sie für einen kleinen, hellen Stein gehalten hat, der direkt vor ihr in der Dunkelheit schimmert, ist in Wahrheit ein Auge. Was für sie zunächst wie ein halb unter Schutt begrabenes Miniaturrad ausgesehen hat, ist eine Wurfklinge. Und bei dem Schuttberg handelt es sich um Fins Körper. Die Wurfklinge steckt in ihrem Hals.

Es ist die Waffe, mit der sie Reds Schwertarm aufgerissen hat und die anschließend in der Ecke gelandet ist. Reds Magie muss sie erfasst und auf Fin geschleudert haben, wie so ziemlich alles hier im Raum.

Nein, nicht ihre Magie. Das klingt so, als wäre sie ein unabhängiges Wesen, das eigenverantwortlich handelt. Sie selbst war das, Red. Sie hat das getan.

Red zwingt sich, genauer hinzusehen. Das Blut an Fins Hals ist dunkel und klumpig. Offenbar hat sie sich eine ganze Weile nicht mehr bewegt.

Fin ist tot.

Du musst sichergehen. Du kannst noch nicht abhauen. Was, wenn sie wieder aufwacht? Was, wenn ihr Duplikat auftaucht?

Ein Teil von Red weiß, dass es längst zu spät ist. Trotzdem zieht sie die Beine an, rollt sich mit dem Rücken zur Wand zusammen und harrt eine gefühlte Ewigkeit neben Fins Leichnam aus.

Fin rührt sich nicht. Ihre Augen bleiben offen.

Red schafft es, sich zur Wand zu drehen, bevor sie erbricht. Ihre misshandelte Kehle schreit gequält auf, als die Magensäure sie verbrennt. Wieder ein Schmerz, den Red ignoriert – er soll sich hinten anstellen, denn ihr Körper hat bereits eine lange Mängelliste erstellt. Langsam schleppt sie sich durch den Raum, hin zu dem Loch in der Tunnelwand. In tödlicher Stille bleibt die Endstation hinter ihr zurück. Humpelnd wandert sie den Tunnel entlang bis zur Treppe. Sie steigt hinauf. Zweimal rutscht sie ab. Ihr Gehirn bleibt die ganze Zeit leer – ein kleiner Segen.

Zumindest, bis sie ins Freie tritt und zum Himmel hinaufblickt.

Flackernd ziehen die Nachrichten über das schwarze Firmament und künden von den Wundern des Tages. Einen Augenblick lang bleibt Red reglos stehen und starrt. Es könnte an dem kühlen Nachtwind liegen, der über ihre Haut streicht, aber viel wahrscheinlicher ist, dass Finnavairs Gesicht sie innehalten lässt: Das Gesicht der Toten dort unten, das Gesicht der Frau, die Red umgebracht hat, prangt überlebensgroß auf einer dicken schwarzen Wolke. So groß, dass der gesamte Bezirk es sehen kann.

Fins Haut schimmert durch die typische Caballaria-Schminke, in ihrem Blick zeigt sich eine Mischung aus Verwirrung und Entsetzen. Unter ihrem Kinn leuchtet die Schlagzeile:

DIE FLINKE FEE ANGELT SICH EINEN KÖNIG

Das Schwert von London verlässt nach drei Jahren erstmalig den Palast – für eine Liebeserklärung

Wieder und wieder liest Red diese Worte.

Dann fällt sie auf die Knie und fängt hysterisch an zu lachen.

*

Wyll öffnet die Tür. Kurz entgleist ihm das Gesicht.

»Ich muss den König sprechen«, keucht Red. »Sofort.«

KAPITEL 41

Cair lleon, Blackheart

Gestern Abend

Wölfe an den Wänden.

Sie springen in großen Sätzen über den Stein, die lackierten Augen starr auf Red gerichtet. Vor ungefähr einer Stunde hat ein gehetzt wirkender Vastos sie in dieses Vorzimmer gesetzt und ihr befohlen zu warten.

Sie hat die ganze Zeit die Wölfe angestarrt. Ihre sehnigen Körper und die goldenen Augen erinnern sie an Wyll. Er hat sie mit einem ähnlich stechenden Blick fixiert, während sein Privatarzt sie wenige Stunden zuvor in seiner heimlichen Trainingshalle zusammengeflickt hat.

Es gab sonst niemanden, an den sie sich hätte wenden können – er war die logische Wahl. Offenbar hätte sie ihr Ziel schon längst erreichen können, indem sie einfach dem Heiligen des Todes die Hand geschüttelt hätte.

»Warum willst du mir nicht sagen, wer dir das angetan hat?«, fragte Wyll, sobald der Arzt verschwunden war.

Red hockte schweigend auf seinem Bett. Ihr gequetschter Kehlkopf war eine gute Ausrede, um nicht reden zu müssen – zumindest bis Wyll einen elektrischen Stift samt Block hervorzauberte und ihr befahl, trotz ihrer Verletzungen genau aufzuschreiben, was passiert war. Was sie ihm nicht einmal übel nehmen konnte. Sie sah genauso aus, wie sie sich fühlte: beschissen.

»Ich finde es ja doch heraus, Red.« Prüfend sah er sie an.

Ungerührt erwiderte sie seinen Blick, wohl wissend, dass die einzigen beiden Menschen, die es ihm hätten verraten können, tot waren.

Bitte, schrieb sie möglichst deutlich, *verschaff mir eine Audienz, so bald wie möglich.*

Bitte.

Er las die Worte. »Warum musst du persönlich zu ihm?«

Denen im Palast kann ich nicht trauen. Ich muss es ihm selbst sagen.

»Und mir kannst du auch nicht trauen?«

Doch. Aber das ist nur für seine Ohren bestimmt.

»Kannst du mir gegenüber nicht wenigstens andeuten, worum es geht? Man kann nicht einfach eine Audienz beim König von London verlangen, ohne irgendetwas in der Hand zu haben. Das kann nicht einmal ich, verstehst du? Du hältst mich für allmächtig, schon klar, aber der Palast …« Er beendete den Satz nicht, denn sie fing bereits wieder an zu schreiben.

Finnavair. Verrat.

Wyll entzifferte die zittrigen Buchstaben, dann blickte er hoch. Sein fein geschnittenes Gesicht verzog sich überrascht.

Red schrieb weiter.

Vertraust du mir, Wyll?

Es war das erste Mal, dass sie seinen Vornamen niederschrieb. So schien er viel mehr Gewicht zu haben. Als er seinen Namen las, hielt er inne. Seine Lippen teilten sich, als gefiele ihm der Anblick.

Bizarrerweise kam Red dieser Missbrauch ihrer zerbrechlichen, gerade erst gewonnenen Intimität schlimmer vor als alles, was sie bislang getan hatte. Ja, sie hatte zwei Menschen getötet, aber die waren wenigstens gewarnt gewesen.

»Ja«, sagte Wyll dann. »Ich vertraue dir. Versuch, dich ein wenig auszuruhen. Ich kümmere mich darum.«

Und genau das tat er dann auch …

Red wird abrupt aus ihren Gedanken gerissen. »Hier entlang, bitte.«

Ein herrisch wirkender Vastos ist in der Tür des Vorzimmers aufgetaucht.

Red trägt das Outfit, das für das isolierte Training vor ihrem ersten Kampf als Rotes Phantom geschneidert wurde. Der figurbetonte dunkelrote Anzug mit den schwarzen und burgunderroten Akzenten ist etwas eindrucksvoller als ihre normale Trainingskleidung, aber nicht so übertrieben wie ihr Kostüm für die öffentlichen Kämpfe. Trotzdem gehört er zu den schicksten Sachen, die sie je besessen hat. Denn auch wenn es sich um eine heimliche und inoffizielle Audienz handelt, wird sie immerhin gleich dem König von London gegenüberstehen.

Dies ist der bedeutungsvollste Augenblick ihres gesamten Lebens.

Allerdings fehlen bei ihrem Outfit die Waffen. In Caer Lleon sind keinerlei Waffen erlaubt, nicht einmal zu zeremoniellen Zwecken. Die einzige Ausnahme bilden die Pistolen der Garde, die hier wirklich überall auftaucht – in jeder Ecke und auf jedem Flur. Man muss schon lebensmüde sein, um auf dem Palastgelände irgendetwas anzuzetteln.

Es ist drei Uhr morgens, und trotzdem ist jeder Vastos, dem Red in diesem unüberschaubaren Labyrinth begegnet, tadellos zurechtgemacht. Und es sind eine Menge von ihnen unterwegs. Viel mehr, als Red jemals gedacht hätte. Blackheart schläft nie, sagt ein Sprichwort. Bis heute dachte Red, das wäre übertrieben.

Sie folgt dem Vastos auf den Gang hinaus, wo sich ihnen ein zweiter wortlos anschließt. Wo man auch geht und steht, wird man von zwei Leuten eskortiert, einer vor ihr, der andere hinter ihr. Angeblich, damit man sich nicht verläuft. Jemanden so dicht hinter sich zu spüren, zerrt noch zusätzlich an Reds Nerven, die bereits erschreckend angespannt sind. Auf dieses Extrazittern könnte sie gut verzichten.

Sie nähern sich einer Tür.

Und dahinter … endet alles.

Der vordere Vastos klopft an. Von drinnen kommt eine unverständliche Antwort. Die Tür wird geöffnet, Red geht hindurch. Hinter ihr wird die Tür wieder zugezogen.

Zunächst springt ihr die geschmackvolle Einrichtung ins Auge: Alles ist in glänzendem Schwarz und Gold gehalten, mehrere Wandschirme unterteilen den Raum, die Tische weisen ein feines Rillenmuster auf. Dann erst konzentriert sie sich auf die einzige andere anwesende Person.

Der König sitzt in einem bequemen Sessel, neben ihm steht ein schlichter Becher mit einer bernsteinfarbenen Flüssigkeit. Ohne die Lavaglaskrone wirkt er wie ein ganz normaler Mann. Bis jetzt hat sie ihn immer nur auf Bildern oder Leuchtschirmen gesehen, wo sich stets die Last eines ganzen Königreichs auf seinem Gesicht abzeichnete. Die Person in diesem Sessel wirkt so viel jünger als erwartet. Es ist beinahe verstörend.

So jung.

Aber alt genug.

»Guten Abend«, begrüßt er sie und wirft damit das Protokoll über den Haufen. »Es tut mir leid, dass du warten musstest. Hier ist alles mit einem Rattenschwanz von Ritualen versehen. Man sollte meinen, dass ich das loswerden könnte, wenn es mich so stört, aber ich muss zugeben, dass der Palast leider sämtliche Trümpfe in der Hand hält. Ich bin nur das nette Gesicht auf der Verpackung.«

Lächelnd sieht er sie an. Seine Augen strahlen, was Red innerlich schaudern lässt.

So sollte es nicht laufen. Sie hat nicht erwartet, in einem kleinen, hübschen Zimmer auf einen Mann ohne Krone zu treffen, der sich freundlich mit ihr unterhält. Nein, sie hat mit einem misstrauischen, paranoiden Schwächling gerechnet, abgeschottet durch unzählige Schutzmaßnahmen – immerhin ist er bekannt dafür, sich hinter Mauern zu verstecken.

Sicher, Wyll ist sie losgeworden, das gefährlichste, tödlichste Hindernis auf ihrem Weg, aber trotzdem sollten in diesem Raum jede Menge Garderitter postiert sein, die Waffen quasi schon im Anschlag. Doch der König verzichtet auf die Zurschaustellung seiner Macht. Warum hält er sie alle versteckt? Warum ist er so entspannt?

Ist das vielleicht eine Falle?

»Wyll hat mir von dir erzählt«, fährt der König fort. »Er ist sehr beeindruckt, und was Wyll beeindruckt, beeindruckt mich normalerweise ebenfalls. Hoffentlich ist das jetzt nicht unangenehm für dich. Doch anscheinend ist dein Name in aller Munde. Es heißt, du seist mit das Aufregendste, was die Caballaria in den letzten Jahren hervorgebracht hat.«

Red hat diesen Moment in ihrem Kopf immer wieder durchgespielt, hat sich unzählige Varianten überlegt, bis sie schließlich davon überzeugt war, dass es nichts gab, was sie noch überraschen könnte. Damit lag sie falsch. Nun steht sie endlich, endlich vor ihm, und seine Aufmerksamkeit ist voll und ganz auf sie gerichtet. Er mustert sie eingehend, während er spricht, macht sich nicht die Mühe, seine Neugier und sein Interesse zu verbergen. Er sieht sie. Er sieht sie wirklich.

Und er hat absolut keine Ahnung, wer sie ist.

»Man hat mir gesagt, du hättest wichtige Informationen für mich«, fährt er fort. »Warum setzt du dich nicht?«

Ganz freundlich schlägt er das vor, aber auch mit einem gewissen Nachdruck, was Red bewusst macht, dass sie sich weder von der Stelle gerührt noch einen einzigen Ton gesagt hat, seit sie ins

Zimmer getreten ist. Man setzt sich nicht einfach zum König, als wäre man ihm gleichstellt. Das geht nicht. Warum macht er so einen Vorschlag?

Ganz langsam lässt sich Red in den Sessel sinken, der seinem gegenübersteht.

Er streckt die Hand aus. Nun sieht sie die berühmten Tattoos an seinen Fingern – ein kleines Tintensymbol für jeden Sieg, den er als König zu verzeichnen hat. Bislang sind es dreizehn, wie jeder weiß. Dabei sucht er jedes Symbol persönlich aus. So ist es in den Bars der Stadt im Laufe der Jahre zu einem festen Ritual geworden, Wetten darüber abzuschließen, für welches Zeichen er sich nach jedem Sieg entscheiden wird.

Nun schieben die tätowierten Finger einen elektrischen Stift und einen Block zu Red hinüber.

»Ich kann sprechen«, krächzt sie.

Falls ihm das fehlende »Sire« auffällt, lässt er es sich nicht anmerken.

»Wie du wünschst.« Er nickt knapp. »Aber bitte überanstrenge deine Stimme nicht. Parnere meinte, es brauche Zeit, bis deine Kehle ganz verheilt ist, und ich möchte nicht, dass er mir die Schuld gibt, wenn es länger dauert, als es sollte.«

Parnere. Anscheinend ist sogar der Privatarzt des Hexenritters mit dem König auf Du und Du.

»Nun, kannst du mir denn erklären, worum es eigentlich geht?«, fragt er weiter.

Red versucht, mit ihrer Stimme den dröhnenden Herzschlag in ihren Ohren zu übertönen. »Ich habe einen Disput auszufechten. Mit jemandem hier in Cair Lleon.«

»Welche Art von Disput?«, erkundigt er sich.

»*Moldra lagha.*«

»Ich verstehe.« Der König presst die Lippen zusammen. »Und wer ist betroffen?«

Ganz offensichtlich rechnet er damit, nun Fins Namen zu hören. Wyll wird ihm verraten haben, um wen es geht.

»Das sind Sie.«

Wie gebannt starrt sie in sein Gesicht, um keine Regung zu verpassen.

Bestimmt ruft er jetzt die Wachen.

Doch das tut er nicht.

Die folgenden Sekunden ziehen sich quälend lang hin. Nach einer gefühlten Ewigkeit sagt er schließlich: »Jetzt, wo ich dich genauer ansehen kann, scheinst du eine gewisse Ähnlichkeit mit jemandem zu haben, den ich einmal kannte.«

Das ist es.

»Sie war meine Mutter«, teilt Red ihm mit. »Sie haben sie umgebracht. Sie haben mein Leben zerstört.«

Sein Gesicht gibt nichts preis. Absolut gar nichts. Kein Entsetzen, kein Zorn, keine Verleugnung zeichnet sich dort ab.

Red spürt, wie ihr Innerstes in tausend kleine Stückchen zerfällt. »Bitte, sag mir, wer ich bin«, fleht sie leise. »Bitte. Du musst doch wissen, wer ich bin.«

Eigentlich müsste sie beschämt darüber sein, jegliche Höflichkeit fahren zu lassen und ihn derartig anzubetteln, aber über so etwas wie Scham ist sie längst hinaus.

»Wie alt bist du?«, fragt der König schließlich.

»Achtzehn.«

»Wann wurdest du geboren?«

Sie sagt es ihm, und nun sieht sie deutlich, wie die Wahrheit in sein Bewusstsein einsinkt; wie ein geisterhafter Schatten gleitet die Erkenntnis über sein Gesicht. Acht Monate, nachdem Belisan den Palast fluchtartig verlassen hat, wurde Red geboren.

»Warum habe ich nie von dir erfahren?«, will er wissen.

Noch immer bleibt er erschreckend gelassen.

»Weil sie nicht wollte, dass du von mir erfährst. Sie hatte

Angst davor, was du dann vielleicht tun würdest.« Red klammert sich an die Armlehnen ihres Sessels. »Und dann hast du sie umgebracht.«

»So war das nicht.«

»Lüg mich nicht an!«, kreischt sie unvermittelt. Ihre gequetschte Kehle pocht schmerzhaft. »Ich war da. *Ich habe es gesehen!*«

Zum ersten Mal, seit sie den Raum betreten hat, verliert er die Fassung. Nacktes Entsetzen spiegelt sich in seiner Miene wider.

»Das … das kann nicht sein«, stammelt er. »Wie kannst du denn dort gewesen sein?«

»Lord Welyen hat von meiner Existenz erfahren. Er hat mich geschnappt, hat mich *entführt*. Weil er selbst zu feige war, hat er meine Mutter benutzt – sie sollte Kontakt zu dir aufnehmen, um dich aus der Reserve zu locken. Mich haben sie im Blickfeld meiner Mutter postiert und mir ein Messer an die Kehle gehalten, während Lord Welyen zwei Tische von ihr entfernt Stellung bezogen hat. Sie hat mich die ganze Zeit gesehen, während sie mit dir gesprochen hat.«

Red zögert. Selbst jetzt noch spürt sie den Druck dieses Messers an ihrem Hals. Selbst jetzt noch überwältigt sie die unerbittliche Kraft, mit der sie festgehalten wurde, fühlt sie die dünnen, aber stahlharten Arme, die jede Bewegung unmöglich machten. Und den weiß glühenden Zorn, der sie erfasste. Alles in ihr schrie danach, zu entkommen, doch es war zwecklos.

Dann sah sie, wie der Fremde in der Montur eines Ritters ihrer Mutter eine Waffe an den Kopf hielt, wie ihre Mutter auf diese grauenvolle Weise nach hinten geschleudert wurde. Und auch wenn sie noch nie zuvor dabei gewesen war, wenn eine Waffe abgefeuert wurde, wusste die achtjährige Red sofort: Wer so fällt, so verdreht, so absolut widernatürlich, der steht nicht wieder auf.

Auch heute weiß sie nicht, was als Nächstes geschah, aber plötzlich hockte die Frau, die sie festhielt, gekrümmt auf dem

Boden und hielt sich die Hüfte. Ihr Mund verzerrte sich vor Schmerz, so weit, dass es beinahe komisch wirkte. Reds Hände brannten, als wären sie über ein Feuer gehalten worden. Ohne auch nur einen Finger zu rühren, hatte sie sämtliche Tische in der Nähe umgeworfen, die Gläser waren zerplatzt, überall waren nasse Flecken auf den Kissen.

Es war eine Riesensauerei, aber im Saal herrschte sowieso Chaos: Die Menschen rannten kopflos vor den Schüssen und dem drohenden Tod davon, sodass niemandem auffiel, was sie getan hatte. Keiner bemerkte das kleine Kind, das sich blind durch die Menge schob und in der Nacht verschwand. Sie schaffte es bis zur Grenze von Evrontown, bevor der Schock nachließ, bevor sie überhaupt begriff, was geschehen war oder wo sie sich befand.

Damals zeigte sich ihre Magie zum ersten Mal, aber zu spät. Ja, sie konnte sich aus der Umklammerung der Frau befreien, die sie festhielt, während ihre Mutter bedroht wurde. Konnte sich von der Frau losreißen, die versucht hatte, ihr ihre Kraft zu nehmen. Ja, sie hatte gewonnen. Aber der Sieg kam nicht mehr rechtzeitig – ihre Mutter war tot, ihr Leben zerstört.

Von diesem Moment an sorgte sie dafür, dass sie sich niemals wieder so hilflos fühlen musste.

Von diesem Moment an wurde *sie* zum Messer an der Kehle.

»Ich verstehe nicht«, flüsterte der König. »Ich verstehe das nicht.«

»Meine Mutter war eine Bedrohung für dich«, hält Red ihm vor, »weil sie mächtiger war als du.«

»Sie wollte mich töten …«

»Sie hat sich einen Dreck um dich geschert! Sie wollte nichts mit dir zu tun haben! Sie wollte mich beschützen, nichts weiter, vor dir und vor Lord Welyen. Aber das hat sie nicht geschafft. Er hat uns aufgespürt.«

Reglos sitzt der König da, dann senkt er langsam den Kopf. Er presst die Handballen gegen die Stirn und fängt an zu weinen.

Red erstarrt.

Was nicht passieren dürfte. Seit zehn Jahren malt sie sich nun diesen Moment aus. Auf jede nur erdenkliche Reaktion hat sie sich vorbereitet. Ganz egal, ob er es leugnet, gewalttätig wird oder um sein Leben fleht – sie wird unerbittlich bleiben. Das hat sie sich immer wieder gesagt. Eis statt Feuer. Tod statt Leben.

Doch der Schmerz des Königs ist so echt, dass er sie in einen Schockzustand versetzt, den rein gar nichts – auch nicht tausend Stunden voller Rachefantasien – verhindern könnte.

Still ist es im Zimmer, während er weint und es gleichzeitig zu unterdrücken versucht. Um den Mund herum ist seine Haut etwas schlaff. Er ist schlank und sehnig wie ein Hirsch. Schiefe Zähne hat er. Eine Augenbraue läuft etwas schmaler aus als die andere. Am Kinn leuchtet ein kleiner Schnitt. Offenbar hat er sich vor dem Treffen mit ihr in aller Eile rasiert und es gar nicht bemerkt. Der König hat sich beeilt, um es noch zu diesem Treffen zu schaffen, wollte trotz aller Hast präsentabel aussehen für eine Ritterin, der er nie zuvor begegnet ist.

Er ist kein Monster. Er ist einfach nur ein Mensch. Ein weicher, verletzlicher Mensch, der sich genauso leicht aufstechen lässt wie jeder andere. Der bittere Geschmack von Trauer hängt in der Luft.

Ein Klopfen an der Tür hinter Red stört die Stille.

Dann explodiert der Raum.

Glas splittert, Tische fliegen durch die Luft und zerfetzen die hauchdünnen Stränge der Wandschirme. Reds Hände schließen sich um die Kehle des Königs, obwohl sie sich nicht daran erinnern kann, ihren Sessel verlassen zu haben. Die Furcht und der Schmerz so vieler Jahre, Furcht und Schmerz eines ganzen

Lebens, lassen sie erbarmungslos zudrücken. Seine Beine zucken, er keucht erstickt. Aber er wehrt sich nicht.

Daran wird sie sich später immer erinnern: dass er sich nicht gewehrt hat.

Ein Teil von ihr registriert, dass sie selbst angefangen hat zu weinen, dass zornige, wortlose Schluchzer ihr den Atem rauben, während sie ihrem Vater die Kehle zudrückt.

»Ich wusste nichts von dir«, stößt er mit seinem letzten Atemzug hervor. »Ich wusste es nicht. Sonst hätte ich …«

Seine Augen schließen sich, als die Zimmertür krachend eingetreten wird.

Wer auch immer dort kommt, er ist zu spät.

KAPITEL 42

Zellentrakt von Cair Lleon, Blackheart

Jetzt

Im Zellentrakt von Cair Lleon werden nur die wichtigsten Gefangenen festgehalten.

Für ein Gefängnis verfügt er über einige sehr angenehme Räumlichkeiten: üppig ausgestattete Suiten, nicht weniger luxuriös als im Rest des Palasts, bei denen lediglich das Fehlen von Fenstern und die schweren Schlösser außen an den Türen den eigentlichen Zweck verraten.

Und dann gibt es noch die anderen Zellen, die mit den transparenten Wänden aus doppelten Kunststoffscheiben, absolut unzerstörbar. Hier ist die wuchtige, spartanische Möblierung am Boden festgeschraubt, sodass nichts zerbrochen und als Waffe benutzt werden kann. In die Decke sind schmale Lampen eingelassen, die niemals ausgeschaltet werden.

Das ist eindeutig das Schlimmste. Keinerlei Schatten, keine Dunkelheit, die sich mildernd über die hässlichen Kanten des Selbst legen könnte. Der Gefangene und sein Verbrechen werden grell ausgeleuchtet, er hockt da wie ein Tier im Zoo. Lange Ketten, deren Metallstränge so fein gearbeitet sind, dass sie aussehen wie Seile, fesseln ihn an einen eisernen Haken, dick wie ein Oberarm, der auf Hüfthöhe in die Wand eingelassen ist. Ein Gefängnis für Gottgleiche, in dem der Körper angestrahlt und das Hirn vernebelt wird, in dem die Magie so weit zurückgedrängt wird, dass sie irgendwo tief in der Wirbelsäule verschwindet, eingefroren an einem Ort, wo sie nicht erreichbar ist, beinahe unerreichbar …

Andererseits, was sollte man schon mit ihr anfangen, wenn man an sie herankäme? Hier gibt es nichts, was geschleudert oder zerbrochen werden könnte. Und du trägst keinen Zorn mehr in dir, keinen Zweck.

Du hast deine Lebensaufgabe erfüllt, nun bist du leer und hohl.

Das Türschloss gibt ein schabendes Geräusch von sich, das an Insekten erinnert. Eine Frau betritt die Zelle. Sie trägt einen langen dunklen Mantel, dessen Saum die Absätze ihrer hohen Stiefel umspielt. Die Tür wird unverzüglich hinter ihr geschlossen, doch sie bleibt erst einmal stehen. Leise Neugier spiegelt sich auf ihrem Gesicht wider, während sie die Gefangene mustert.

Red hockt in der Ecke, wo der Eisenring in der Wand hängt. Diese Frau ist die erste Besucherin, seit man sie hierhergebracht hat. Wie viele Stunden mag das her sein? Es könnten genauso gut Tage sein; hier drin geht die Sonne niemals unter. Sie sieht zu, wie die Frau zu dem festgeschraubten kleinen Tisch hinübergeht und sich auf einen der festgeschraubten Stühle setzt. Sorgfältig zieht sie ihren Mantel zurecht, damit er keine Falten bekommt.

Red richtet sich auf dem Boden auf. Dabei verrutschen ihre Ketten, und ihr metallisches Scheppern hallt überlaut in dem stillen Raum wider.

Die Frau mustert sie noch einen Moment lang.

»Si Dracones«, grüßt sie dann.

Reds Herz macht einen nervösen Satz. Nun kennen sie auch ihr letztes Geheimnis, irgendwie merkwürdig. Bestimmt wäre sie erleichtert, wenn sie überhaupt noch etwas fühlen könnte.

Sicher wäre es so, als hätten jahrelang schwere Gewichte an ihren Gliedern gehangen, die nun zerbrechen und wie nasser Sand von ihrer Haut abgleiten.

»Weißt du, wer ich bin?«, fragt die Frau.

Natürlich weiß sie das. Schließlich war das unverkennbare Gesicht von Lady Orcade Welyen jahrelang auf allen Leuchtschirmen präsent. Ihre Wangenknochen und das helle Haar haben sie zu einem bevorzugten Motiv gemacht. Große Teile der Gesellschaft folgen in modischen Dingen ihrem Vorbild. Sie ist eine Ikone.

Und sie ist die Schwester des Mannes, der dabei geholfen hat, Reds Mutter zu ermorden. Des Mannes, der sie entführt und die größte Katastrophe ihres Lebens initiiert hat.

»Interessante Familie haben Sie«, stellt Red ausdruckslos fest.

Lady Orcade lacht. »Dasselbe könnte ich von dir behaupten. Die Dracones bringen offenbar recht eindrucksvolle Persönlichkeiten hervor, nicht wahr?«

Sie hat mehr Falten, als auf den Leuchtschirmen zu erkennen wäre, doch das tut ihrer beinahe hypnotischen Ausstrahlung keinen Abbruch, ganz im Gegenteil.

»Es war nicht ganz einfach, ein Vieraugengespräch mit dir zu arrangieren«, fährt sie fort. »Dafür musste ich die eine oder andere Gefälligkeit einfordern. Vermutlich hängt das mit der Abstammung zusammen. Wir sind nichts anderes als glamouröse Kaufleute, und Glamour wiederum ist nichts anderes als die Irreführung der breiten Masse. Wenn die Leute morgen beschließen, dass etwas wertlos ist, dann wird es das auch. Der Glaube ist die stärkste Kraft im Universum. So wie dein Glaube daran, ein Recht auf deine Rache zu haben. Sieh dir nur einmal an, was du dadurch alles erreicht hast.« Sie zählt an den Fingern ab: »Du bist eine Ritterin geworden, und das als Gottgleiche. Das allein ist schon äußerst beeindruckend. Dann hast du dafür gesorgt, dass der mächtigste Ritter des ganzen Landes dein Mentor wurde. Und schließlich hast du die artorische Ära beendet, und das allein mit deinen magischen Händen. Ich versuche schon seit Jahren, ihn um die Ecke zu bringen, und dann tauchst du auf und schnappst mir den Sieg vor der Nase weg.«

Prüfend sieht sie Red an.

»Na also, endlich schenkst du mir deine ungeteilte Aufmerksamkeit. Keine Sorge, hier drin gibt es keine Filmapparate, niemand hört uns zu. Wir können ganz offen reden. Ich selbst habe nur äußerst selten die Gelegenheit dazu, deshalb möchte ich sie nicht verschwenden.«

Reds Geist wehrt sich träge gegen den grauen Nebel, in dem sie versunken ist, aufgeschreckt durch die leisen Alarmglocken, die eine Gefahr ankündigen, der sie sich langsam erst bewusst wird.

»Warum wollten *Sie* ihn denn töten lassen?«

Lady Orcade tippt mit dem Finger gegen ihre Lippen. Sie trägt Handschuhe.

»Eigentlich gab es keinen konkreten Grund. Um zu sehen, ob ich es kann? Ich langweile mich schnell, weißt du? Deshalb spiele ich gerne. Oft nur gegen mich selbst, da sich äußerst selten ein adäquater Gegner findet. Mein Bruder und ich haben sehr lange miteinander gespielt, und es war ein gutes Spiel. Doch am Ende hat er verloren.«

Red starrt sie verwirrt an.

»Ein Spiel«, wiederholt sie dann verständnislos.

»Ja, die Leute sind oft verwirrt, wenn ich es so ausdrücke.« Die Lady schenkt Red ein aufmunterndes Lächeln. »Weißt du, als Kind dachte ich oft, mit mir stimmt etwas nicht. Die Menschen um mich herum schienen ständig von irgendwelchen Leidenschaften beherrscht zu werden, die sie sozusagen verrückt machten. Was auch immer sie taten, es schien nur darauf abzuzielen, entweder an etwas heranzukommen, das sie haben wollten, oder das abzuwehren, was sie nicht haben wollten. Es war offensichtlich, doch sie taten immer so, als wären ihre Beweggründe ein großes Geheimnis, das niemand außer ihnen durchschauen konnte. Mir ist völlig schleierhaft, wie ihr alle so leben könnt. Es klingt schrecklich anstrengend.« Sie unterbricht sich kurz. »Doch wie ich bereits sagte, langweile ich mich schnell. In diesem Punkt sollte ich ehrlich sein. Und du bist das Interessanteste, was seit langer Zeit passiert ist. Das habe ich schon gespürt, als ich dich damals im Arm hielt. Das ist ein ganz besonderes Mädchen, dachte ich so bei mir. Doch dann, als deine Mutter erschossen wurde und deine Magie zutage trat …« Ein Schatten huscht über das Gesicht der Lady. »Diese Zerstörungskraft – es war, als hätte man eine Bombe gezündet. Niemand hat auch nur geahnt, dass du dazu in der Lage warst! Großartig.«

Der stahlharte Griff, der Red gefangen hielt. Das Messer, das vor so vielen Jahren gegen die dünne, verletzliche Haut an ihrer Kehle drückte. Die Arme und das Messer, die dazu beitrugen, dass ihre Mutter starb.

»Es hat wirklich keinen Zweck, sich aufzuregen«, stellt Lady Orcade fest, als sie sieht, wie Red mühsam auf die Beine kommt und sich blind gegen ihre Ketten stemmt, lautlose Flüche ausstößt. »Diese Mittel, die sie dir eingeflößt haben … Nun ja, sie sind nicht zum allgemeinen Gebrauch freigegeben, aber anscheinend erfüllen sie ihren Zweck. Offenbar legen sie den Teil deines Gehirns lahm, der deine Emotionen mit deiner Magie in Kontakt bringt. So ganz habe ich es nicht verstanden, das gebe ich zu.«

Zerquetsch ihr die Luftröhre, fordert Reds Geist, doch es ist nur ein flüchtiges Aufbäumen, ein flackernder Funke, der sofort wieder erlischt.

Lady Orcade streicht glättend über ihren Mantel. »Du solltest mir dankbar sein, immerhin habe ich dir geholfen. Ohne mich hättest du es wohl kaum zum Ritter geschafft.«

»Was reden Sie da?«

»Oh, ich hatte schon gehofft, du wärst etwas cleverer. Nun, es mag sein, dass der liebe Wyll so entzückt von dir war, dass er für dich bezahlt hat, aber ich habe die Leute in Stellung gebracht, die auf dich aufgepasst haben. Dich geführt haben. Sichergestellt haben, dass du die Ausbildung schaffst.« Sie nickt bekräftigend. »Si Timor ist ein alter Freund der Familie. Und dein Ausbilder Frome? Ich kannte seinen Vater. Gefälligkeiten, wie ich schon sagte. Ganz oben an der Spitze ist die Welt dann doch ziemlich klein.«

Red stößt ein freudloses Lachen aus.

»Aber, aber, der Sieg ist nach wie vor dein«, versichert die Lady großmütig. »Du solltest dich nicht daran stören, dass ich ein klein wenig Hilfestellung geleistet habe. Ich fand es einfach unglaublich spannend. Jahrelang habe ich erfolglos nach dir Ausschau gehalten, und dann tauchst du nicht einfach so auf, nein. Dein Gesicht war plötzlich auf meinem Leuchtschirm! Ich war wahnsinnig neugierig darauf, weshalb du wohl hergekommen warst. Ja, ich hatte hohe Erwartungen, und du hast sie mehr als erfüllt.«

Kraftlos sackt Red in sich zusammen. »Was wollen Sie von mir, verdammt?«

Lady Orcade faltet die Hände im Schoß. »Wie du dir vielleicht vorstellen kannst, wurde hitzig darüber diskutiert, wie es in Zukunft mit dir weitergehen soll. Eine Möglichkeit wäre, dass du Königin wirst.«

Das klingt wie ein Witz, doch auf dem Gesicht der Lady zeigt sich kein Lächeln, nur ein Hauch von höflichem Interesse.

»Dabei dachte ich, das Datum meiner Hinrichtung stünde bereits fest«, erwidert Red.

»*Moldra lagha*«, ruft die Lady ihr in Erinnerung. »Wenn wir uns an die Geschichte halten, hast du ein Recht auf diesen Tod, oder nicht?«

»Gottgleiche werden nicht einmal in die Nähe des Schwertes gelassen«, stellt Red ausdruckslos fest.

»Ach nein? Dann verrate mir doch mal, wer in diesem Königreich momentan der absoluten Macht am nächsten ist: Du, da du technisch gesehen die rechtmäßige Kandidatin Rhyfens bist?« Sie neigt fragend den Kopf. »Oder vielleicht Si Wyll, als der extrem fähige Streiter des Königs? Gottgleiche, wohin man auch blickt, oder nicht?«

Red sieht sie bloß an.

»Nur so aus Neugier«, fährt die Lady fort, »was würdest du davon halten, Königin zu werden, Red?«

»Lieber würde ich sterben«, faucht sie.

»Das könnte passieren«, nickt Lady Orcade. »Aber wir sollten sehen, dass wir dich noch ein wenig länger am Leben erhalten, oder nicht? Immerhin war ich mit deinem Großvater verheiratet. Schieben wir es also einfach auf die letzten verbliebenen Familienbande, ja?«

Sie steht auf, verschränkt die Hände vor dem Körper und schenkt Red einen strahlenden, nicht einmal unfreundlichen Blick. »Hab ein wenig Geduld. Schon bald wird sich dir ein neuer Daseinszweck enthüllen. Dein Leben wird noch äußerst interessant werden, Mordred Dracones.«

Ihr Mantel bauscht sich, als sie zur Tür geht. Die Absätze ihrer Stiefel klappern über den Boden. Dann schließt sich die Tür hinter ihr, und Red sinkt erschöpft zu Boden. Erst jetzt wird ihr bewusst, dass jeder Muskel ihres Körpers sich verkrampft hat.

So bleibt sie sitzen, allein in dem grellen elektrischen Licht, und wartet ab, ob Wyll kommen wird, um sie zu töten.

DANKSAGUNG

Mein schier endloser Dank gilt den Heiligen, die uns mit unschätzbar wertvollen Internetquellen versorgen – dirtysexyhistory.co.uk, Gutenberg für ihr prägnantes Wörterbuch Mittelenglisch, oldenglishtranslator.co.uk und einem Dutzend anderer Seiten mit Themen von »Wie genau funktioniert eigentlich so ein städtisches Stromnetz?« bis hin zu »Ist es merkwürdig, dass ich den Aufbau des Strafjustizsystems nicht verstehe?«. Keiner von ihnen ist schuld daran, dass ich mir immer nur das herausgepickt habe, was mir in den Kram gepasst hat, und es dann auch noch so verdreht habe, dass jegliche Logik flöten ging. Ich berufe mich hierbei auf den treuesten Freund eines jeden Künstlers, die dichterische Freiheit.

Ich danke Antonio Lulic dafür, dass er so ist, wie er ist – ein Mensch, der sich freiwillig auf eine Tour durch das unterirdische Tunnelsystem von Euston begibt und mir auf langen Motorradtouren die merkwürdigeren Ecken der Stadt zeigt.

Ich danke der Band Tool, vor allem für ihren Song »Right In Two«. In gewisser Weise habt ihr damit für mich Teile dieses Buches geschrieben.

Wie immer danke ich auch meinem Agenten Sam Copeland, stets mein Erstleser und damit der nervenaufreibendste von allen. Deine Meinung bedeutet mir einfach alles.

Besonders dankbar bin ich Jo Fletcher und Molly Powell für

ihre begeisterte Anteilnahme an *Knights On Bikes* (ja, meine Arbeitstitel sind immer toll); vor allem Jo hat ein wahnsinnig scharfes Lektorinnenauge und ist mir eine monumentale Stütze. Außerdem danke ich Ajebowale Roberts, Ella Patel und allen anderen bei Jo Fletcher Books und Quercus, die so hart daran gearbeitet haben, dieses Buch in diesen einzigartigen Zeiten auf seinen Weg in die Welt zu schicken.

Ich danke meinen frühen Leser*innen Samantha Shannon, Jay Kristoff und Krystal Sutherland – euer positives Feedback war eine große Erleichterung und Ermutigung für mich. Alwyn Hamilton danke ich für Plotbrainstorming und Crosstown-Donut-Lieferungen; es gibt kein besseres Arbeitsfutter. Katie Webber und Nina Douglas danke ich, weil sie einfach wundervolle Cheerleader sind.

Außerdem danke ich meiner Schwester, meiner Mutter, meinem Vater und meiner Stiefmutter für ihre Liebe und ihre Unterstützung. Und, geliebte Verschlagenheit, auch dir.

Laure Eve
London, März 2021